# 글로벌마케팅

반병길 · 이인세

傳 英 社

# GLOBAL MARKETING

Byung Gil Van
In Sei Lee

Pakyoung Publishing Co.
Seoul, Korea

# 머 리 말

이「글로벌마케팅」은 다음과 같은 목적으로 집필한 21세기형 글로벌마케팅 교재이다.

이 책은 21세기가 점점 진전되면서 새로이 떠오르고 더 중요해지고 있는 글로벌마케팅과 직결된 자료 · 이슈 · 과제 · 전략 등을 포함시킴으로써, 최신 체제 및 내용을 갖춘 21세기형 글로벌마케팅 교재 및 지침서를 독자들에게 제공하는 데 목적을 두고 있다.

구체적으로 이 책에서는 표지 그림에서 보듯이 21세기 글로벌마케팅의 핵심적 특징들이며 전략들인 ① 마케팅의 글로벌화, ② 글로벌 제품표준화, ③ 브랜드의 글로벌화, ④ 글로벌 e마케팅 등에 초점을 맞추어 설명함으로써, 독자들이 이들에 대해 각별히 관심을 갖고, 이해하고, 전문성을 기르도록 하는 데도 목적을 두고 있다.

또한 본서에서는 우리나라 기업의 입장에서 글로벌마케팅 이슈를 다루려고 노력하였다. 이를 위해 우리나라 기업들에게 글로벌마케팅의 도입을 촉진하는 주요 환경요인들을 간략하게 간추려 이해시키려고 하였다. 삽입한 예증들도 이러한 환경하에서 이루어진 우리나라 기업의 글로벌마케팅 사례들이다.

전반적인 목적으로서, 이 책에서는 글로벌마케팅과 직결된 학문적 · 실용적 지식을 독자들에게 제공함으로써, 고학년 대학생 · 대학원생 · 기업체 임직원 등이 글로벌마케팅 분야에 관한 확고한 학문적 기반과 실용적인 프로페셔널 전문성(a solid academic foundation as well as pragmatic professional expertise)을 갖추도록 돕는 데 목적을 두고 있다.

이「글로벌마케팅」을 내면서, 성심성의껏 편집을 해주신 博英社의 馬燦玉 부장님과 많은 격려를 해주신 李龜萬 부장님에게 감사드린다.

표지 그림은 글로벌 마케팅활동을 직접 결정하고 집행하는 글로벌 마케터들이 해외시장별로 존재하는 그리고 계속 변화하는 특유하고도 이질적인 마케팅환경(unique and heterogeneous marketing environments)과 상호작용하면서, 글로벌 마케팅의사결정을 전략적으로 결정하여 집행해야 함을 보여주고 있다.

반병길 · 이인세

# 목 차

## 제1부 글로벌마케팅의 이해

### 제 1 장 글로벌마케팅의 개념과 과업


제 1 절 글로벌마케팅의 개념 ······ 3
1. 글로벌마케팅의 컨셉트 ······ 3
2. 글로벌마케팅의 특유성 ······ 4
3. 글로벌마케팅의 범위 ······ 6

제 2 절 글로벌마케팅의 과제 ······ 10
1. 글로벌마케팅 환경분석 ······ 11
2. 기업의 내부환경분석 ······ 12
3. 글로벌마케팅 목표설정 ······ 12
4. 글로벌마케팅 전략수립 ······ 13
5. 글로벌마케팅 전략조정 ······ 16


### 제 2 장 글로벌마케팅의 필요성


제 1 절 기업의 글로벌화 ······ 19
1. 국제화 · 현지화 · 글로벌화의 개념 ······ 20
2. 기업글로벌화의 범주 ······ 21

제 2 절 글로벌마케팅 오리엔테이션 촉진요인 ······ 24
1. 산업의 글로벌화 ······ 24
2. 소비자수요의 동질화 ······ 26
3. 자유무역과 시장경제의 활성화 ······ 26
4. 인터넷마케팅의 활성화 ······ 27

# 제 2 부 글로벌마케팅의 환경

## 제 3 장 경제환경

제 1 절 세계무역기구(WTO) ······ 33
1. WTO의 주요내용 ······ 34
2. WTO의 주요원칙 ······ 38
3. WTO가 주는 시사점 ······ 41

제 2 절 지역경제통합 ······ 43
1. 지역경제통합의 유형 ······ 43
2. 지역경제통합의 목적 ······ 45
3. 유럽연합(EU) ······ 47
4. 주목할 만한 기타 지역경제통합 ······ 54

제 3 절 국가시장의 경제환경 ······ 58
1. 국가시장의 규모를 파악하는 일반지침 ······ 58
2. 국가시장의 규모를 파악하는 기타 국민경제 특성 ······ 62
3. 국가시장의 경쟁환경 ······ 64

## 제 4 장 사회-문화 환경

제 1 절 언어와 미학 ······ 69
1. 언어와 글로벌마케팅 ······ 69
2. 미학과 글로벌마케팅 ······ 73

제 2 절 교육수준과 종교 ······ 77
1. 교육수준과 글로벌마케팅 ······ 77
2. 종교와 글로벌마케팅 ······ 79

제 3 절 가 치 관 ······ 81
1. 홉스테드 모형 ······ 82
2. 홀의 모형 ······ 86

## 제 5 장 정치-법 환경

제 1 절 정치적 환경 ··· 91
1. 정부의 역할 ··· 92
2. 정치적 위험 ··· 93

제 2 절 법적 환경 ··· 98
1. 국제법적 환경 ··· 99
2. 개별국의 법적 환경 ··· 99
3. 재판관할권 ··· 100

# 제 3 부 글로벌 시장기회 분석

## 제 6 장 해외시장 선정

제 1 절 글로벌 시장세분화 ··· 106
1. 글로벌 시장세분화의 개념 ··· 106
2. 글로벌 시장세분화의 기준 ··· 107
3. 글로벌 시장세분화의 전제조건 ··· 111

제 2 절 글로벌 표적시장의 선정 ··· 112
1. 글로벌 시장세분화 유형 ··· 112
2. 표적시장 선정 ··· 116
3. 글로벌 포지셔닝전략 ··· 121

제 3 절 해외시장 확대전략 ··· 122
1. 해외시장 확대전략의 유형 ··· 122
2. 해외시장 확대순서의 결정요인 ··· 123

## 제 7 장 해외고객행동 이해

제 1 절 구매행동의 이해 ··· 127
1. 구매행동모형 ··· 127
2. 구매의사결정과정 ··· 129
3. 소비자 반응 ··· 132

제 2 절 원산지효과 …… 133
1. 원산지효과의 특성 …… 134
2. 부정적 원산지효과에 대한 대응책 …… 134

## 제 8 장 해외시장 진출전략

제 1 절 수 출 …… 140
1. 수출경로의 형태 …… 140
2. 구상무역 …… 146

제 2 절 계약방식 …… 149
1. 국제라이선싱 …… 149
2. 프랜차이징 …… 153
3. 관리계약 …… 154

제 3 절 해외직접투자 …… 154
1. 해외직접투자의 개념 …… 155
2. 해외직접투자의 장 · 단점 …… 155
3. 해외직접투자의 유형 …… 159

제 4 절 해외시장 진출방식의 결정요인 …… 164
1. 진출방식결정의 이론적 배경 …… 165
2. 진출방식의 결정요인 …… 167

# 제 4 부 글로벌 마케팅믹스 전략

## 제 9 장 글로벌 제품전략

제 1 절 제품의 개념과 글로벌 제품믹스 …… 173
1. 제품의 개념 …… 173
2. 글로벌 제품유형 …… 176
3. 글로벌 제품믹스전략 …… 177

제 2 절 글로벌 제품표준화와 제품적응화 …… 182
1. 글로벌 제품표준화 전략의 장 · 단점 …… 182

2. 글로벌 표준화를 촉진하는 요인 ········· 183
3. 현지시장 적응화를 촉진하는 요인 ········· 187
4. 제품의 적응화 수준을 결정하는 기준 ········· 189

제 3 절 신제품의 개발전략 ········· 191
1. 신제품개발 과정 ········· 191
2. 유리한 신제품 특성 ········· 195
3. 글로벌 신제품 추가전략 ········· 196

제 4 절 브랜드전략 ········· 198
1. 브랜드의 개념과 기능 ········· 198
2. 글로벌 브랜드전략 ········· 201
3. 브랜드의 보호 ········· 211

제 5 절 글로벌 제품포장 전략 ········· 213
1. 제품포장의 개념과 기능 ········· 213
2. 글로벌 포장: 표준화와 적응화 ········· 215
3. 글로벌 레이블링 ········· 216

제 6 절 글로벌 보증 및 서비스 ········· 218
1. 글로벌 제품보증과 서비스의 필요성 ········· 218
2. 보증 및 서비스가 필요한 분야 ········· 219
3. 제공되는 보증 및 서비스 내용 ········· 219

## 제10장 글로벌 가격전략

제 1 절 글로벌 가격결정의 고려요인 ········· 223
1. 가격의 중요성 ········· 223
2. 글로벌 가격결정의 유형 ········· 224
3. 글로벌 가격결정의 고려요인 ········· 225

제 2 절 수출가격 결정 ········· 232
1. 수출가격의 결정방식 ········· 232
2. 수출가격 에스컬레이션 문제 ········· 236
3. 수출가격의 표시 ········· 238

제 3 절 글로벌 이전가격 전략 ········· 241

1. 글로벌 이전가격의 성격 ··· 241
2. 글로벌 이전가격 결정의 고려요인 ··· 242
3. 글로벌 이전가격의 결정방법 ··· 244
4. 글로벌 이전가격 전략의 한계 ··· 245

제 4 절 글로벌 가격조정 및 변경 ··· 246
1. 글로벌 가격조정 ··· 246
2. 글로벌 가격변경 ··· 247

제 5 절 글로벌 가격전략의 특수문제 ··· 251
1. 국제덤핑규제 ··· 251
2. 글로벌 가격표준화 및 적응화 ··· 252

## 제11장 글로벌 촉진전략

제 1 절 커뮤니케이션 기본이론 ··· 257
1. 커뮤니케이션의 구성요소 ··· 258
2. 커뮤니케이션효과의 영향요인 ··· 260
3. 커뮤니케이션매체의 유형과 기능 ··· 263

제 2 절 글로벌 촉진의 고려요인 ··· 265
1. 글로벌 촉진의 장애요인 ··· 266
2. 글로벌 수신자의 유형 ··· 270

제 3 절 글로벌 광고전략 ··· 272
1. 광고목표의 설정 ··· 272
2. 글로벌 광고대행사의 선정 ··· 274
3. 글로벌 광고메시지의 작성 ··· 277
4. 글로벌 광고매체의 선정 ··· 282
5. 글로벌 광고예산 ··· 285
6. 글로벌 광고효과의 평가 ··· 287

제 4 절 글로벌 인적판매 ··· 288
1. 글로벌 인적판매의 본질 ··· 288
2. 글로벌 판매인력의 유형 ··· 291
3. 효과적인 글로벌 인적판매의 요건 ··· 296

제 5 절 기타의 글로벌 촉진수단 ··· 298
1. 글로벌 판매촉진 ··· 298
2. 글로벌 PR ··· 304
3. 특수형태의 글로벌 촉진전략 ··· 307

제 6 절 글로벌 촉진믹스 ··· 311
1. 촉진수단의 구매준비 단계별 기여도 ··· 312
2. 제품유형과 촉진믹스 ··· 312
3. 글로벌제품수명주기와 촉진믹스 ··· 313

## 제12장 글로벌 유통전략

제 1 절 글로벌 유통경로의 본질 ··· 317
1. 글로벌 유통경로의 개념 ··· 317
2. 글로벌 유통경로의 기능 ··· 319
3. 글로벌 유통경로의 복잡성 ··· 321

제 2 절 글로벌 유통경로의 구조 ··· 323
1. 유통기관의 유형 ··· 323
2. 소비재의 유통경로 ··· 325
3. 산업재의 유통경로 ··· 326

제 3 절 글로벌 유통동향 ··· 327
1. 전반적인 유통동향 ··· 327
2. 글로벌 유통구조의 변화 ··· 333

제 4 절 글로벌 유통경로의 설계 ··· 337
1. 글로벌 유통경로전략의 목표 ··· 337
2. 고객이 원하는 경로서비스 분석 ··· 340
3. 경로대안의 파악과 평가 ··· 341
4. 경로구성원의 선택 ··· 347
5. 경로구성원의 관리 ··· 347

제 5 절 글로벌 물적유통관리 ··· 348
1. 물적유통의 개념 ··· 349
2. 글로벌 물류관리의 목표 ··· 349

3. 글로벌 물적유통의 기능 ······ 350

# 제 5 부 글로벌마케팅의 조정과 통제

## 제13장 글로벌 마케팅활동의 조정과 통제

제 1 절 마케팅믹스의 글로벌표준화 ······ 359
1. 마케팅믹스 전략의 글로벌표준화 단계 ······ 359
2. 마케팅믹스의 글로벌표준화 결정요소 ······ 361

제 2 절 글로벌 마케팅믹스의 평가모형 ······ 364
1. 제품-커뮤니케이션 표준화 ······ 365
2. 제품표준화-커뮤니케이션적응화 ······ 365
3. 제품적응화-커뮤니케이션표준화 ······ 366
4. 제품-커뮤니케이션 적응화 ······ 366

제 3 절 글로벌마케팅운영 네트워킹전략 ······ 367
1. 부가가치활동의 글로벌네트워크 ······ 367
2. 글로벌 제조/소싱-마케팅 네트워크 ······ 369
3. 글로벌 소싱네트워크 ······ 371
4. 글로벌 연구개발-제조 네트워킹 ······ 372

제 4 절 글로벌 마케팅통제 ······ 375
1. 글로벌 마케팅통제의 필요성 ······ 375
2. 글로벌 마케팅통제의 방법 ······ 376

## 제14장 글로벌 마케팅조사

제 1 절 글로벌 마케팅조사의 특징 ······ 381

제 2 절 해외시장조사의 영역 ······ 382
1. 경제전반과 산업에 대한 조사 ······ 382
2. 마케팅기반 조사 ······ 383

제 3 절 글로벌 마케팅조사 과정 ······ 385

1. 조사문제의 정의 ··· 385
2. 조사의 설계 ··· 387
3. 자료의 수집 ··· 389
4. 자료의 분석 및 해석 ··· 390

국문색인 ··· 393

영문색인 ··· 401

# 글로벌 · 지역 · 주요국가 시장들의 지도

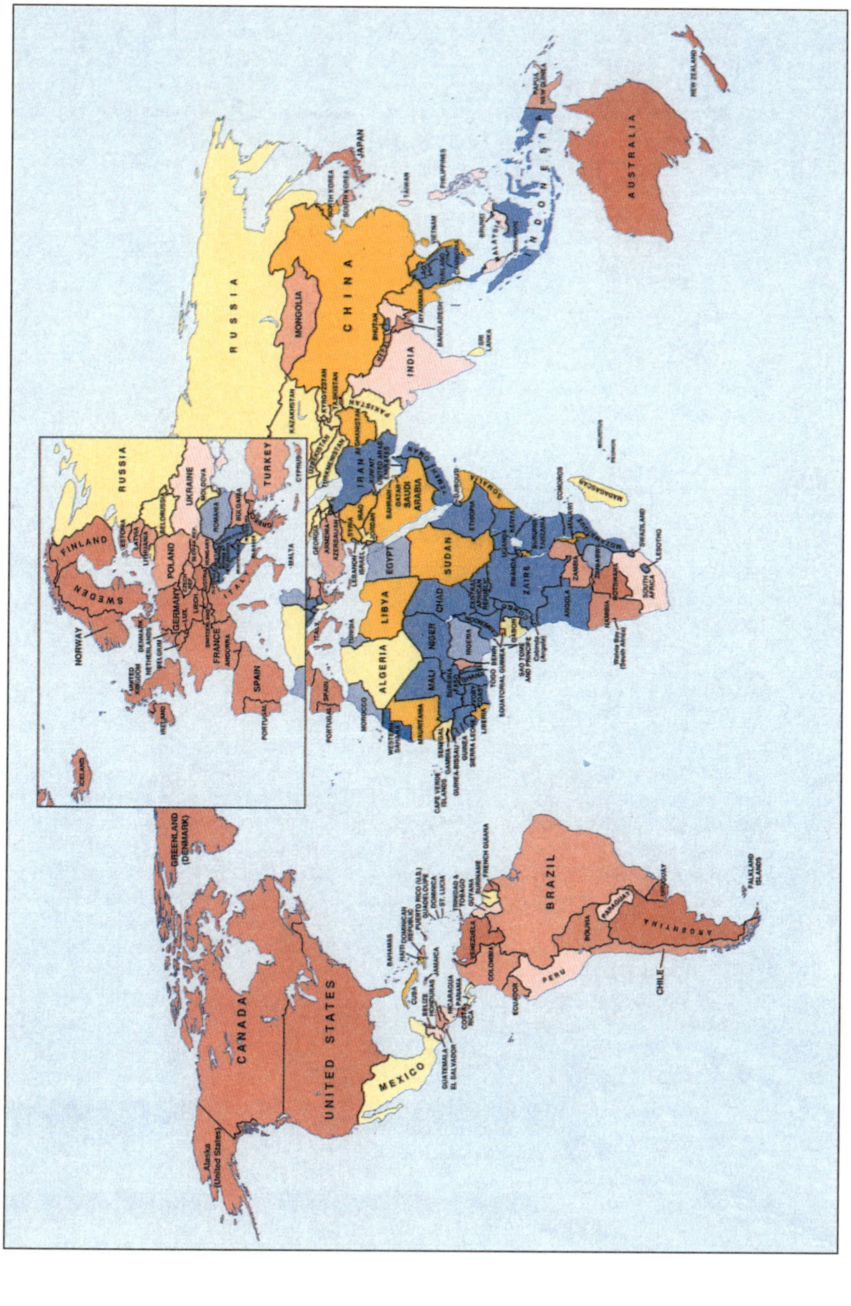


지도 1. 지구촌 국가들

지도 2. 아시아 국가들

지도 3. 대양주 국가들

지도 4. 북미주 국가들

지도 5. 남미주 국가들

지도 6. 유럽 국가들

지도 7. 아프리카 국가들

# 제 1 부
# 글로벌마케팅의 이해

제 1 장 글로벌마케팅의 개념과 과업
제 2 장 글로벌마케팅의 필요성

# 제 1 장 글로벌마케팅의 개념과 과업

## 제 1 절 글로벌마케팅의 개념

글로벌마케팅은 국내마케팅과 "유사하지만 다르다"라는 말로 표현할 수 있다. 이는 국내마케팅의 근본적인 개념과 원칙은 글로벌마케팅에서도 적용될 수 있으나, 글로벌마케팅의 독특한 측면을 이해하여야만 글로벌마케팅의 효율성이 높아진다는 의미이다. 본 절에서는 이러한 시각에서 글로벌마케팅의 개념을 설명하고자 한다.

### 1. 글로벌마케팅의 컨셉트

미국의 마케팅 학자 스탠튼(Stanton)은 마케팅을 다음과 같이 정의하고 있다. "마케팅이란 교환과정을 통하여 소비자의 욕구를 만족시키고자 하는 인간의 여러 가지 활동이다." 이 정의에 따르면 소비자의 욕구, 교환과정, 욕구를 충족시킬 수 있는 대상물, 이를 위한 인간의 여러 가지 활동 등이 마케팅의 핵심요소라고 할 수 있다.

이 개념에 기초하여 글로벌마케팅을 정의한다면 "글로벌마케팅이란 교환과정을 통하여 지구촌 소비자의 욕구를 만족시키고자 글로벌 수준에서 일어나는 인간의 여러 가지 활동"을 말한다. 이 정의가 함축하고 있는 글로벌마케팅의 컨셉트는 다음과 같다.

첫째, 글로벌마케팅은 교환과정을 통하여 이루어진다. 즉 지구촌 소비자의 욕구를 충족시킬 수 있는 메커니즘은 배급, 강탈(전쟁), 구걸(원조) 등과 같은 수단이 아니라 교환과정이라는 시장메커니즘인 것이다. 이는 글로벌마케팅이 가장 활발하게 발전할 수 있는 지역은 시장경제가 발달한 지역이라는 것을 시사한다.

둘째, 지구촌 소비자의 욕구 충족이 가장 중요한 과제이다. 이는 고객중심의 사고방식을 나타내는 것으로 글로벌마케팅의 최우선 과제가 해외소비자의 욕구를 파악하는 일이라는 것을 시사한다.

셋째, 해외소비자의 욕구를 충족시킬 수 있는 대상물을 창출하는 일이다. 해외소비자의 욕구를 파악했으면 기업은 욕구충족의 대상물을 만들어야 하는데, 욕구충족의 대상물로는 제품과 서비스가 있다. 이는 글로벌마케팅의 대상이 제품에만 국한되는 것이 아니라는 것을 시사한다.

넷째, 글로벌마케팅은 글로벌수준에서 일어나는 인간의 여러 가지 활동에 의해 이루어진다. 인간의 여러 가지 활동이란 해외시장환경 분석이나 해외시장기회 분석과 같은 시장조사활동과 해외시장을 대상으로 4P's 믹스 전략을 수립하고 조정하는 것과 같은 경쟁전략 활동 등으로 구성된다.

다섯째, 글로벌이란 용어는 넓은 개념으로 사용한다. 좁은 의미의 글로벌시장은 세계를 하나의 시장으로 보는 개념을 말하나 넓은 의미의 글로벌시장은 글로벌 세분시장, 지역시장, 국가시장 등을 모두 포함하되 이들이 네트워크에 의해 연결되어 마케팅전략에 상호영향을 주는 시장으로 이해한다.

## 2. 글로벌마케팅의 특유성

국내마케팅과 구별되는 글로벌마케팅의 특유성은 다음과 같다.

### ⑴ 다국가시장을 서브함

국내마케팅은 단지 1개의 국가시장에서만 마케팅활동을 전개하는 데 비해 글로벌마케팅은 2개국 이상에서 마케팅활동을 전개한다. 여기서 2개국 이상이란 복수의 국가시장, EU와 같은 지역시장, 세계를 하나의 시장으로 보는 관점 등과 같은 3개 차원의 지리적 시장들을 모두 포함하는 개념으로 본다.

### ⑵ 해외시장의 환경파악이 중요함

글로벌마케팅의 독특한 측면은 해외의 친숙하지 못한 다양한 문제들을 만나는 데 있다. 대부분의 문제들은 국내 경영자들이 익숙하지 못한 해외의 경제적 · 정치적 · 문화적 요소들에 의해 주로 발생한다. 따라서 국내마케팅에서 논의된 마케팅의 개념과 원칙들이 글로벌마케팅에 그대로 적용된다 하더라도 그들을 이질적인 환경들에 접목시킬 수 있는 특별한 방법을 글로벌마케팅에서 찾아내어야 하는 것이다. 다음의 보기는 이에 대한 좋은 설명이 될 것이다.

"사우디아라비아에서 한 항공사가 매력적인 여승무원이 남자 승객에게 포도주를 따르는 장면을 담은 신문광고를 게재하였을 때 사우디정부로부터 항공회사를 규제하겠다는 통보를 받았다. 사우디아라비아에서는 종교적인 이유로 알코올이 금지되어 있을 뿐만 아니라 베일을 쓰지 않은 여자는 외간 남자와 함께 있을 수 없기 때문이다. 즉 사우디정부는 그 광고를 종교적 관습에 도전하는 것으로 인식하였던 것이다."

### ⑶ 시장별로 상이한 마케팅전략

해외시장의 마케팅환경들이 이질적이라면 기업은 표적으로 삼은 해외시장별로 상이한 마케팅전략을 수립하여야 한다. 글로벌마케팅의 수많은 오류는 수요가 없어서가 아니라 시장환경과 수요에 맞지 않는 전략에 기인하는 경우가 많다. 외국시장에 대한 조사는 제품과 서비스에 대한 수요의 크기를 측정하고 평가하는 일에만 초점을 맞추는 경우가 많다. 이러한 접근방법의 기본전제는 국내에서 효과적이라고 증명된 마케팅전략들이 해외시장에서도 효과적일 것이라고 가정하는 것이다. 그러나 이러한 가정은 어긋나는 경우가 많다. 따라서 글로벌마케팅관리자의 가장 큰 과제는 마케팅믹스전략을 서로 다른 환경을 지닌 해외시장의 다양한 요구에 어떻게 적합시켜서 효과적인 마케팅활동을 수행하는가에 있다.

글로벌마케팅은 기업으로 하여금 투자와 교역, 그리고 생산시설의 입지가 한 나라의 경계선을 넘어서 여러 국가에 걸치게 한다. 기업의 조직과 시장이 세계를 향해 분산화가 증대되면 될수록 분산된 조직과 시장들 사이의 관계를 형성하고 결속을 유지시켜 주는 네트워킹전략이 더욱 중요해진다. 국내에 집중되어 있던 조직과 시장들이 해외로 분산될 수 있는 것은 분산화된 조직과 시장들을 엮어주는 연결망이 있기 때문이다. 즉 네트워킹이 분산화된 조직과 시장을 통합시키는 메커니즘으로 작용하게 된다.

## 3. 글로벌마케팅의 범위

기업이 글로벌마케팅에 개입하는 범위는 기업이 국제비즈니스 몰입을 높여 글로벌화의 단계를 확대함에 따라 단계적으로 높아진다. 기업들이 순차적으로 높여가는 글로벌화 단계들에 맞추어 글로벌마케팅의 발전단계를 설명하면 다음과 같다.

### (1) 간헐적인 수출마케팅 단계

이 단계의 수출마케팅은 해외시장에 나가서 시장과 고객을 능동적으로 찾지 않고 주로 간접적인 경로를 통하여 제품을 해외시장에 판매하는 단계를 말한다. 이러한 단계의 수출이 이루어지는 이유는 ① 수출경험이 없거나 기업내부에 수출관련 부서를 설치하기를 망설이는 중소제조기업의 경우, ② 기업의 주력시장이 국내시장인 경우, ③ 국내시장의 수요축소 등으로 인해 일시적인 재고상품이 존재하는 경우, ④ OEM생산과 같은 하청생산의 경우 등에서 수출이 이루어지는 때이다.

이 단계의 수출마케팅은 수출에 따른 비용이나 위험은 거의 없는 반면에, 제품 생산기업은 자사가 생산한 제품이 어떤 해외시장에서, 누구에게, 어떤 경로를 통해, 어떤 촉진방법으로, 어떤 가격에 판매되는지에 대해 거의 모를 가능성이 많다. 이 단계의 기업은 자국중심성향(ethnocentrism)을 가지고 있어 글로벌시장 곳곳에서 일어나는 변화나 기회에 대하여 별다른 관심을 기울이지 않는다.

#### (2) 정규적인 수출마케팅 단계

이 단계에서 기업은 해외시장을 국내시장과 더불어 주요 목표시장으로 간주하고 글로벌시장 곳곳에서 일어나는 변화와 기회에 관심을 기울이기 시작한다. 따라서 기업은 해외시장에 판매할 제품을 공급하기 위한 생산시설을 본사국 내에 갖추고, 해외시장을 대상으로 마케팅노력을 강화한다. 이 단계에서 기업은 ① 해외바이어를 통한 직접수출과, ② 국내수출업체나 국내주재 바이어 등을 통한 간접수출, ③ 주요 해외시장에 자체의 판매인력을 보유한 해외마케팅자회사를 통한 수출 등 다양한 경로를 활용하여 수출활동을 전개한다.

해외시장에 수출하는 제품은 ① 국내시장용으로 개발한 제품을 해외수요에 맞추어 개량 또는 수정하거나, ② 처음부터 해외시장용으로 제품을 개발한다.

이 단계에 있는 기업의 경영관리 시야나 마케팅 지향은 자국중심성향(ethnocentrism)에서 해외시장국중심성향(polycentrism)으로 이전하기 시작하나 여전히 전자의 비중이 높은 경향을 보인다.

#### (3) 국제마케팅 단계

이 단계에서 기업은 글로벌시장 곳곳에 존재하는 해외시장들을 적극적으로 개척하고 해외 현지에서의 마케팅활동에 초점을 맞춘다. 따라서 국제마케팅은 해외자회사의 현지마케팅을 주로 다룬다. 국제마케팅관리자는 현지의 마케팅환경을 면밀히 분석하고 이에 적합한 마케팅전략을 수립하여 집행하여야 한다.

이 단계에서는 ① 본사국에서 현지시장용 제품을 계획적으로 개발하여 마케팅하기도 하지만, ② 현지시장의 특성과 고객욕구에 보다 적극적으로 부응하기 위하여 현지에 해외자회사를 설립하여 현지시장을 위한 제품을 생산하고 판매한다.

이 단계에 있는 기업의 경영관리 시야나 마케팅 지향은 해외시장국중심성향(polycentrism)이 되어 현지시장을 위한 마케팅 의사결정은 주로 현지의 해외자회사가 독자적으로 수행할 수 있다. 그러나 해외자회사들의 시야는 개별 해외시장에 한정되어 있어 자회사간 마케팅의사결정의 유기적인 연결이 결여되어 있다.

#### (4) 다국적마케팅 단계

이 단계에서 기업은 여러 국가에 제조자회사를 가지고 복수의 해외시장을 대상으로 마케팅활동을 수행하게 된다. 이러한 기업을 다국적기업이라 하는데 다국적기업은 각각의 해외자회사가 개별 해외시장에서 독자적으로 마케팅활동을 수행하는 것만으로는 만족할 수 없다. 다국적기업은 국제마케팅활동의 부분적인 통합과 조정을 통하여 마케팅전략을 보다 효율적으로 수행하고자 한다. 예를 들면, 제품의 지역별 표준화나 지역별 상표의 도입 등과 같은, 일부 활동을 지역별로 통합함으로써 생산과 마케팅 활동에서 규모의 경제를 실현할 수 있다. 이 단계에 이르면 기업의 매출과 이익은 해외시장에 상당한 정도를 의존하게 된다.

이 단계에 이른 다국적기업의 경영관리 시야나 마케팅 지향은 복수 해외시장국중심성향(multi-polycentrism)이나 지역시장중심성향(regiocentrism)이 되어 해외시장을 위한 마케팅의사결정은 관련자회사 간 협의나 지역본부에 의해 수행되는 경향을 보인다.

#### (5) 글로벌마케팅 단계

이 단계에서 기업은 본사국시장과 해외시장을 구별하지 않고 전 세계시장을 하나의 시장으로 간주하고 통합된 마케팅전략을 적용하려 한다. 글로벌마케팅의 전제는 ① 세계 각국 소비자들의 수요가 동질화되는 추세에 있으며, ② 국가 간에 제품, 기술, 서비스의 이동이 자유화되고 있으며, ③ 이러한 추세는 막대한 규모의 동질적인 글로벌 세분시장을 형성하며, ④ 이러한 글로벌시장에서는 표준화된 마케팅전략이 강조된다는 것이다. 즉 세계 각국의 소비자들은 유사한 선호도를 보이고 동일한 상품을 소비함으로써 그들의 욕구를 충족시키는 경향이 증가한다는 것이다.

그러나 글로벌시장을 대상으로 하는 통합된 마케팅전략이 실효성을 높이기 위해서는 글로벌하게 표준화된 마케팅전략을 해외시장의 욕구나 환경에 부분적으로 적응시키는 것이 필요하다. 글로벌기업이 표준화된 마케팅전략을 해외시장에 적응시키는 방법으로는 ① 글로벌화와 현지화를 합쳐서 마케팅전략을 전개하는 글로컬리제이션(glocalization)과, ② 글로벌화와 지역화를 합쳐서 마케팅전략을 전개하는 글로지오널리제이션(glogionalization)을 들 수 있다.

글로벌시장을 위해 마케팅의 글로벌표준화가 진행되면 기업은 생산과 마케팅에서 규모의 경제 효과와 좋은 아이디어를 여러 시장에서 활용하는 이점을 얻는다. 반면에 글로벌표준화는 치열한 가격경쟁을 초래한다. 이를 극복하기 위해서 글로벌기업은 각 나라가 보유한 비교우위를 활용할 수 있도록 가치창출 활동을 배치하는 문제에 세심한 배려를 해야 한다. 예를 들면, ① 과학기술이 발달한 국가에서는 제품개발 활동과 고부가가치 부품생산 활동을 하고, ② 임금이 저렴한 국가에서는 노동집약적 부품을 생산하고, ③ 대규모시장이 인접한 국가에서는 이들 부품을 받아다가 조립생산 활동을 하는 것 등이다.

글로벌기업이 범세계적으로 분산된 가치활동을 유기적으로 통합하고 조정할 수 있을 때 비로소 글로벌차원에서 가격경쟁력을 갖춘 제품을 생산할 수 있고, 경쟁력이 있는 마케팅전략을 실행할 수 있게 된다. 즉, 글로벌하게 표준화된 마케팅전략을 실행하기 위해서는 본사국을 중심으로 가치활동을 범세계적으로 네트워킹하는 것이 필요하다.

결국 글로벌마케팅에서는 ① 마케팅전략의 글로벌 표준화, ② 가치활동의 글로벌 배치, ③ 가치활동의 글로벌 네트워킹 등이 중요한 과제로 대두된다.

이 단계에 이른 글로벌기업의 경영관리 시야나 마케팅 지향은 글로벌시장지향(geocentrism)으로 글로벌시장을 목표시장으로 한다. 그러면서도 지역시장지향(regiocentrism)이나 현지시장지향(polycentrism)의 성격 역시 띠고 있으며 이러한 지향들은 네트워크를 통하여 글로벌시장지향에 연결되어진다.

그러나 넓은 의미의 글로벌마케팅은 위의 다섯 가지 단계를 모두 포함하는 개념으로 정의할 수 있으며 본서에서는 글로벌마케팅을 넓은 의미로 사용한다. 위에서 설명한 글로벌마케팅의 각 발전단계는 기업의 국제화 단계에 따라 이에 상응하는 마케팅전략의 특징과 마케팅활동의 강조점이 달라지는 것을 설명할 뿐이다. 각 단계는 상호배제적인 것이 아니라 상호보완적인 것으로 글로벌기업은 처해 있는 상황에 따라 각 단계의 마케팅전략을 믹스하여 사용할 수 있다. 즉, 글로벌기업은 글로벌마케팅 전략도 실행하는 동시에 수출마케팅전략도 실행할 수 있는데, 이 모든 것을 포괄적으로 말하여 넓은 의미의 글로벌마케팅이라고 할 수 있다. 바꾸어 말한다면, 글로벌마케팅을 위해 마련한 네트워크의 구성요소 조합에 따라 수출마케팅, 국제마케팅, 다국적마케팅, 글로벌마케팅 등과 같은 마케팅전략을 구사할 수 있는 것이다.

## 제 2 절 글로벌마케팅의 과제

글로벌기업의 마케팅 담당자는 전세계시장을 대상으로 효과적으로 마케팅활동을 전개하여야 하는 과제를 갖게 된다. 본 절에서는 글로벌기업이 추구하는 글로벌마케팅전략의 기본적인 과제를 살펴보기로 한다. 글로벌마케팅전략을 수립하기 위한 기본과정은 먼저 ① 글로벌시장의 환경을 파악하여 마케팅환경을 이해한 후, ② 세계시장에 진출하고자 하는 기업의 현재의 위치를 분석하여야 한다. 그 다음, ③ 세계시장을 향한 마케팅 목표를 수립하고, ④ 현재의 위치에서 글로벌마케팅 목표를 달성하기 위한 경쟁전략을 모색하고 실행해야 한다.

## 1. 글로벌마케팅 환경분석

글로벌마케팅 관리자는 기업을 둘러싼 글로벌시장환경을 분석하여 환경이 주는 기회와 위협을 평가해야 한다.

### (1) 해외시장분석

기업은 국가 · 지역시장이나 글로벌 세분시장의 투자환경 및 상품시장 기회를 파악하고 해외시장 간의 유사성과 이질성을 평가 · 분석하여야 한다. 글로벌기업의 마케팅활동에 중요한 영향을 미치는 시장 환경요인으로는 경제 · 정치 · 법률 · 문화 · 산업 · 기술 등이 있다. 글로벌마케터는 이러한 환경요인들을 국가 · 지역시장별 또는 글로벌세분시장별로 평가하여 자사의 글로벌마케팅을 위한 기회와 위협 요인을 찾아내는 것이 중요하다. 해외시장분석에 대한 상세한 내용은 제 3 부에서 다루기로 한다.

### (2) 경쟁환경분석

글로벌기업이 당면한 경쟁환경을 살펴보기 위해서는 다음과 같이 해당산업의 경쟁구조분석과 경쟁자분석을 하여야 한다.

① 경쟁구조분석

기업의 장기적인 수익률은 산업의 경쟁구조에 의해 결정되기 때문에 국가 · 지역시장 또는 글로벌세분시장 수준에서 해당 산업의 경쟁구조를 파악하는 것이 필요하다.

포터(Porter)는 산업의 수익성을 결정하는 경쟁구조 요인으로 5가지 요인을 지적하였다. 수평적 경쟁요인으로 기존기업들 간의 경쟁, 새로운 진출기업의 위협, 대체품의 위협을, 그리고 수직적 경쟁요인으로 공급자의 교섭력과 구매자의 교섭력을 지적하였다. 각 경쟁요인들에 대하여는 제 6 장에서 상세히 다루기로 한다.

② 경쟁자분석

기업은 목표시장에 어떤 경쟁기업이 존재하는가에 항상 유념하여야 한다. 경쟁기업에 대한 분석은 먼저 경쟁의 범위를 정하여 주요 경쟁기업이 어떤 기업인지를 파악한 후, 그 기업들의 특성 · 전략 · 성과에 대한 분석을 실행한다.

## 2. 기업의 내부환경분석

기업이 글로벌마케팅전략의 실행가능성을 검토하기 위해서는 그러한 전략을 취하는데 요구되는 자원과 역량을 보유하고 있는가를 스스로 평가해 보는 것이 중요하다. 이를 위해서는 기업의 보유자원을 분석해야 한다.

보유자원의 분석이란 ① 유형자원의 풍부성 정도, 예를 들면 기업이 목표하는 해외시장에 진입하는데 자금면에서 제약은 없는가 등의 확인, ② 무형자원의 풍부성 정도, 예를 들면 기업이 세계시장에 진출하는데 필요한 기술, 상표, 디자인, 기업문화 등의 보유 여부, ③ 인적자원의 풍부성 정도, 예를 들면 세계시장이나 지역시장에 진출하기 위해 요구되는 마케팅인력이나 생산인력 등의 보유 여부, ④ 보유한 핵심역량의 유형, 예를 들면 기업이 유·무형의 경영자원을 기초로 하여 어떤 유형의 핵심역량을 가지고 있으며 이것에 기초하여 어떤 경쟁우위를 창출할 수 있는가 등을 확인하는 것을 말한다.

이러한 과정을 통해 기업은 자사의 강점(strength)과 약점(weakness)을 파악할 수 있으며, 이를 바탕으로 어떠한 해외마케팅전략이 자사에게 바람직한 것인가를 판단하고 나아가 약점을 보완할 수 있는 방법을 모색할 수 있다.

## 3. 글로벌마케팅 목표설정

기업은 해외시장에 개입하기 전에 시장목표를 명확히 설정하는 것이 중요하다. 기업의 글로벌마케팅 목표로 ① 해외시장 진출국 수 확대를 목표로 하는 범세계적인 시장카버리지 확장, ② 이익액, 현금흐름 등을 높이는 것을 목표로 하는 글로벌마케팅의 이익목표, ③ 국별·지역별 시장점유율과 세계시장 점유율을 높이는 것을 목표로 하는 글로벌시장점유율목표, ④ 본사와 해외자회사 및 전략적 제휴업체 등과 공동으로 마케팅 관련 가치활동을 수행하여 시너지효과를 최대화하는 것을 목표로 하는 글로벌네트워킹을 통한 글로벌마케팅 시너지효과의 제고, ⑤ 기업과 브랜드의 이미지와 명성제고 등을 설정할 수 있다.

## 4. 글로벌마케팅 전략수립

기업이 해외시장에 진출하고 세계시장을 확대해가는 과정에서 현지기업 혹은 국제기업과의 경쟁은 불가피하다. 이러한 경쟁 속에서 글로벌마케팅 목표에 도달하는 길을 찾는 방법을 모색해야 한다. 이에 관한 것은 제 4 부 글로벌 마케팅믹스 전략에서 자세하게 다룰 것이다. 그러나 글로벌 마케팅믹스 전략을 수립하는데 기본적인 도움을 줄 수 있는 몇 가지 모형이 있는데 여기에서는 두 가지 모형을 소개하고자 한다.

### (1) SWOT분석

SWOT 분석은 그림 1-1과 같은 환경적인 기회(opportunities) 및 위협(threats)과 기업이 보유한 강점(strengths)과 약점(weaknesses)을 결합시키는 틀을 통해 궁극적으로 마케팅 전략을 도출하고자 하는 것이다. 즉 기업은

그림 1-1 SWOT분석을 통한 마케팅전략 도출

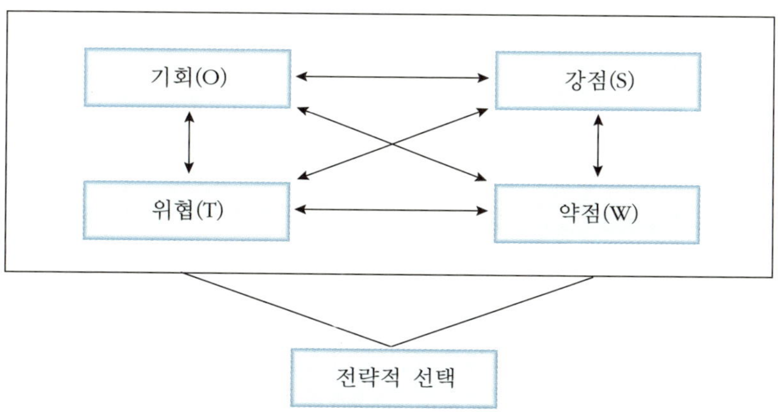

SWOT 분석을 통해 자사의 현재상황(SO, ST, WO, WT)를 파악하게 되고 이에 따라 적절한 글로벌마케팅전략을 수립할 수 있게 된다. 각 상황에 따른 마케팅전략의 지침은 다음과 같다.

① SO

기업이 경쟁우위를 보유한 상태에서 환경이 주는 기회가 유리한 경우로서 기업은 해당시장에서 성공할 가능성이 크다. 이러한 경우는 시장기회를 선점하는 전략이나 공격적인 전략을 추구할 수 있다.

② ST

기업이 경쟁우위는 보유하고 있으나 시장환경에 위협요인이 존재하는 경우로서 시장목표를 달성하기가 쉽지 않다. 이러한 경우, 기업은 자사의 경쟁우위를 잘 활용할 수 있는 경쟁전략을 추구하는 것이 바람직하나 지나치게 공격적인 전략은 자제하는 것이 바람직하다.

③ WO

시장환경은 호의적이나 기업이 경쟁우위를 보유하지 못한 경우이다. 따라서 기업이 목표하는 해외시장에 진출하기 위해서는 전략적 제휴와 같은 자사의 경쟁우위를 보완하는 전략을 우선적으로 도모하는 것이 바람직하다.

④ WT

시장환경도 호의적이지 않고 기업도 경쟁우위를 보유하지 못한 경우이다. 이러한 시장에서는 기업은 철수를 고려하거나 제품이나 시장을 축소하여 집중화시키는 전략이 바람직하다.

#### (2) 포터의 본원적 경쟁전략

포터(Porter)의 본원적 경쟁전략 모형(그림 1-2)에서도 글로벌마케팅목표에 도달할 수 있는 유용한 시사를 얻을 수 있다. 포터에 의하면 기업의 경쟁전략은 경쟁우위의 유형(원가우위 또는 차별화우위)과 목표시장의 폭(본류시장 또는 적소시장)에 기초하여 원가우위전략, 차별화전략, 집중화전략(원가집중 및 차별화집중)이라는 세 가지 전략으로 구별할 수 있다.

그림 1-2 포터의 본원적 경쟁전략

| 경쟁 범위 \ 경쟁우위 | 저원가 | 차별화 |
|---|---|---|
| 광범위한 시장 | 원가우위 전략 | 차별화 전략 |
| 좁은 시장 | 원가집중 전략 | 차별화집중 전략 |

① 원가우위전략

원가우위전략은 타사보다 저가격에 제품을 공급하는 전략이다. 원가절감의 대상으로는 생산원가, 조달원가, 유통원가, 개발원가, 정보원가 등이 고려될 수 있다. 이는 규모의 경제, 수직적 통합, 아웃소싱의 활용, 장소적 우위의 활용(저임금이나 저코스트) 등에 근거해서 원가우위를 가져올 수 있는 기업의 능력에 근거한다.

② 차별화전략

차별화전략은 경쟁기업이 쉽게 대응할 수 없는 차별화된 제품이나 서비스를 제공함으로써 고객의 욕구를 충족시키고자 하는 전략이다. 차별화의 대상으로는 제품, 광고, 판매경로, 판촉, A/S체계 등이 고려될 수 있다. 이는 뛰어난 품질, 유명한 브랜드, 독창적인 유통경로, 효율적인 A/S체계, 제품의 신뢰성과 혁신적인 제품 등에 근거해서 차별화를 가져올 수 있는 기업의 능력에 근거한다.

③ 집중화전략

목표시장을 좁게 한정하여 한정된 시장에 집중하는 전략으로서 이는 다시 원가에 기초한 집중과 차별화에 기초한 집중으로 구분할 수 있다. 어느 집중전략을 택하든 간에 목표시장을 집중화함으로써 그 목표시장에 최적의 전략을 전개하는 것이 가능하다. 예를 들면, 자동차업계에서 포르쉐는 목표시장을 최고급 스포츠카 시장에 집중함으로써 세계적인 명성을 유지할 수 있었다.

집중화전략이 성공하기 위해서는 목표시장이 다른 시장에 비하여 이질적이고 독특한 측면이 있어야 한다. 이런 경우에는 광범위한 시장을 목표로 하는 기업의 침투를 방지하기가 용이하기 때문이다.

## 5. 글로벌마케팅 전략조정

기업이 세계시장에서 마케팅활동을 수행하게 되면 전사적인 관점에서 마케팅활동을 조정하고 통합할 필요성을 느끼게 된다. 이는 세계시장에 흩어져 있는 자사의 자원과 활동들을 서로 연계시킴으로써 보다 효율적으로 자사의 글로벌마케팅 목표를 달성하기 위해서이다. 글로벌마케팅전략을 조정하는 방법에는 다음과 같은 것들이 있다.

① 글로벌마케팅전략의 표준화

해외마케팅전략들을 세계시장에서 동일하게 할 것인가 또는 현지시장에 맞게 적응화할 것인가를 결정하는 문제이다. 자세한 논의는 제13장에서 다루기로 한다.

② 글로벌마케팅의 협력전략

기업이 해외에서 시장을 개발하여 소비자의 욕구를 충족시키고자 하면 자사가 보유하지 못하거나 부족한 핵심역량이나 자원의 활용이 절실히 필요한 경우가 발생한다. 이러한 경우에는 자사특유의 마케팅전략을 고집하기보다는 다른 기업과 상호 협력하여 마케팅활동을 추진하는 방법들을 이해할 필요가 있다.

③ 글로벌마케팅활동의 통제

기업은 글로벌화의 단계에 따라 그 경영관리 시야나 마케팅지향이 조정되어야 한다. 따라서 글로벌마케터는 해외마케팅활동에 대한 자회사의 재량의 범위, 본사의 통제기준과 통제과정 등을 이해할 필요가 있다. 자세한 논의는 제14장에서 다루기로 한다.

## 토의문제

1. 글로벌마케팅의 개념을 정의하고 그 의미를 설명하시오.
2. 글로벌마케팅이 가지는 특유성을 설명하시오.
3. 글로벌마케팅의 발전단계를 설명하시오.
4. 글로벌마케팅전략을 수립하는 데 도움이 되는 모형들을 제시해 보시오.

## 참고문헌


반병길 외(2001), 국제마케팅 5판, 박영사.

Cateora, P. R., and J. L. Graham(2006), *International Marketing*, 13th ed., Irwin/McGraw-Hill.

Heenan, D. A., and H. V. Perlmutter(1979), *Multinational Organization Development*, Addison-Wesley.

Keegan, W. J.(2002), *Global Marketing Management*, Prentice-Hall.

Lavitt, T.(1983), "The Globalization of Market," *Harvard Business Review*, May-June.

Porter, M. E.(2005), *Competitive Advantage*, The Free Press.

Stanton, W.(1988), *Fundamentals of Marketing*, 7th ed., The Dryden Press.

# 제 2 장 글로벌마케팅의 필요성

## 제 1 절 기업의 글로벌화

오늘날 세계는 시간적 · 공간적으로 더욱 좁아지고 있으며, 궁극적으로 지구촌이라는 하나의 시장을 향해 나가고 있는 추세이다. 이는 인간의 활동이 국경을 초월하여 범세계적으로 이루어지고 있고 세계가 하나의 국가라는 모델을 지향하고 있다는 뜻이다. 기업은 세계화의 첨병역할을 담당하는 주체로서 자본과 기술을 토대로 환경변화에 민감해야 하는 속성을 가지고 있다. 따라서 글로벌화는 오늘날과 같이 좁아진 세계시장에서 기업들이 따라야만 하는 보편적 가치이며 생존전략이다. 기업의 글로벌화와 더불어 마케팅을 비롯하여 비즈니스 활동들도 글로벌화하게 되었다.

아래에서는 기업의 글로벌화와 관련된 유사한 용어를 정리해 보고 입(Yip)이 지적한 글로벌화 촉진요인에 기초하여 기업의 글로벌화 요인을 설명한다.

## 1. 국제화 · 현지화 · 글로벌화의 개념

국제화(internationalization)란 표현은 1950년대 미국기업이 유럽과 일본으로 진출하면서 사용되기 시작한 용어이다. 당시 미국기업들은 막강한 자금력과 기술력을 바탕으로 국내에서 대량생산한 우수한 품질의 제품을 전쟁후유증에서 벗어나지 못한 유럽과 일본으로 수출하면서 시장을 지배하였다. 즉, 국제화란 국내에서 생산한 제품을 해외시장으로 수출하는 단계인 것이다. 이러한 일을 주로 담당하는 기업을 국제기업이라 부른다. 국제화단계에서는 높은 품질의 제품을 누구보다도 싸게 생산하는 능력이 필요하다.

현지화(localization)란 기업이 현지국에 진출하여 국가단위로 각기 다른 전략을 수행하는 것을 의미하며 이러한 일을 주로 수행하는 기업을 다국적기업이라 부른다. 현지화단계에서는 각 지역의 제도 · 문화 · 관습 및 현지 소비자에 대한 전문적인 지식과 이해를 바탕으로 하는 마케팅능력이 필요하다. 현지화는 수입국들이 어느 정도 생산능력을 갖추게 되자 수출국으로부터 자국시장을 보호하기 위해 수입규제정책을 실시함으로써 생겨나게 되었다. 이 무렵 현지시장에는 소비자들에게 보다 밀착된 서비스를 제공하는 경쟁기업이 출현하게 되었다. 따라서 수출기업들은 이에 대처하기 위하여 현지시장의 유통분야에 침투하고 더 나아가 현지에서 생산활동과 마케팅활동을 벌이는 현지화를 추진하였다.

글로벌화(globalization)란 기업이 국가단위로 각기 다른 전략을 취하는 것에서 벗어나 전세계시장을 하나의 시장으로 보고 동일한 전략을 수행하는 것을 의미하며 이러한 일을 주로 담당하는 기업을 글로벌기업이라 부른다. 최근 들어 운송 및 통신수단이 크게 발전하고 국가 간 장벽이 낮아지면서 생산과 마케팅 활동을 여러 나라에서 수행하던 기업들은 이들 활동을 하나의 시각에서 총괄적으로 조정함으로써 더 나은 성과를 얻을 수 있게 되었기 때문에 글로벌화를 추진하고 있다. 글로벌화 단계에서는 수많은 지역시장을 네트워크로 연결시켜 효율적인 관리와 새로운 사업기회를 창출하는 동적인 정보관리와 전략능력이 요구된다.

## 2. 기업글로벌화의 범주

펄뮤터(Perlmutter)는 기업 최고경영층의 태도에 따라 기업의 글로벌화 범주를 다음과 같이 4가지로 범주화하였다.

① **본국시장지향**(ethnocentric) **기업**

기업의 활동과 자원배분이 본국시장을 중심으로 이루어진다. 해외시장은 본국에서 생산한 제품의 수출시장으로서 의미를 갖는다. 조직은 수출부 혹은 제품별 국제사업부의 형태를 가지고, 본사에서 설정한 목표에 따라 세계적 통합전략을 수립하고 해외지점이나 해외자회사에게 명령을 내린다.

② **현지시장지향**(polycentric) **기업**

기업의 활동과 자원의 배분이 해외현지시장을 중심으로 이루어진다. 기업은 현지시장에 자회사를 설립하여 이들이 현지시장을 위해 상품을 생산하고 마케팅을 하도록 한다. 현지자회사가 현지시장을 가장 잘 알기 때문에, 본국 모기업은 현지자회사가 현지시장에 적합한 목표와 전략을 자율적으로 수립하고 마케팅활동을 수행하도록 한다.

③ **지역시장지향**(regiocentric) **기업**

기업의 활동과 지원배분이 EU같은 지역시장을 중심으로 이루어진다. 해외시장의 지역적 통합이 이루어지면서 지역 내 자회사간의 협력이 요구된다. 이에 따라 모기업은 지역 내에 지역본사(regional headquarter)를 설립하고 이를 통하여 지역내 자회사를 통합하고 관리한다. 지역본사는 지역내 자회사들과 협의하여 지역실정에 맞는 목표를 설정하고 전략을 개발함으로써 지역시장에 적응하는 동시에 효율적인 지역시장개척을 도모한다.

④ **세계시장지향**(geocentric) **기업**

기업의 활동과 지원배분이 전세계시장을 중심으로 이루어진다. 이에 따라 본국과 해외시장을 구분하지 않고 세계적 관점에서 최적의 국가에 연구, 생산, 마케팅, 물류, 정보 등과 같은 기업활동을 배치한다. 또한 전사적 관점에서 전략을 수립하기 위하여 해외자회사들의 활동을 조정하고 통제한다. 이러한 해외자회사들의 활동과 조정은 기업의 네트워크를 통하여 전세

표 2-1 Perlmutter의 기업글로벌화의 범주

| | 본국시장지향형 (ethnocentric) | 현지시장지향형 (polycentric) | 지역시장지향형 (regiocentric) | 세계시장지향형 (geocentric) |
|---|---|---|---|---|
| 조직의 복잡성 | 본사는 복잡하나 자회사는 단순함 | 현지국별 다양하고 독립적인 형태 | 지역시장에 기초한 상호의존적 형태 | 세계시장에 기초한 상호의존적 형태 |
| 권한과 의사결정 | 본사 중심적 | 현지중심적 | 지역본부 중심적이나, 자회사간 긴밀한 협조 | 본사의 권한이 크나, 본사와 자회사간 긴밀한 협조 |
| 평가와 통제 | 본사의 평가기준 적용 | 현지에서 정함 | 지역에서 정함 | 범세계적이고 현지적인 평가기준 |
| 상벌제도 | 본사중심적 | 자회사에 따라 다양함 | 지역시장의 목표달성에 대한 보상 | 범세계적 목표달성 및 현지목표달성에 대한 포상 |
| 의사소통과 정보흐름 | 본사에서 자회사로 명령, 조언 | 본사 및 자회사간 정보교환 거의 없음 | 지역본부 → 자회사로 명령, 조언 | 본사 및 자회사간 활발한 정보교환 |
| 조직구성원 국적 | 본사국의 국적이 절대 다수임 | 현지국의 국적이 많음 | 지역소재국의 국적이 많음 | 범세계적 국적 |
| 인사정책 | 본사국 국적의 인재를 중용함 | 현지국 국적의 인재를 중용함 | 지역시장의 인재를 중용함 | 국적에 관계없이 능력을 중시함 |

계적으로 연계되어 시너지 효과를 발휘하게 된다.

위와 같은 4가지 유형의 글로벌화 범주를 영어의 머리글자를 따라 EPRG모형이라고 부른다.

## 예 증 ILLUSTRATION

### 해외 생산-매출 비중 90% 육박하는 삼성전자 · LG전자는 한국기업일까 글로벌기업일까?

'해외 공장에서 올리는 생산-매출 비중이 84%를 넘는 기업은 한국 기업일까, 다국적기업일까.'

한국의 대표적 전자업체인 삼성전자 · LG전자의 글로벌화가 가속화하고 있다. 본사만 한국에 있을 뿐 점점 다국적기업으로 진화하고 있는 것이다. LG전자의 2006년 매출액(385억 달러) 중 해외 생산-매출 비중은 84%에 달했다. 이 회사는 2007년 해

**외국인 직원 크게 늘고**(단위: 명)

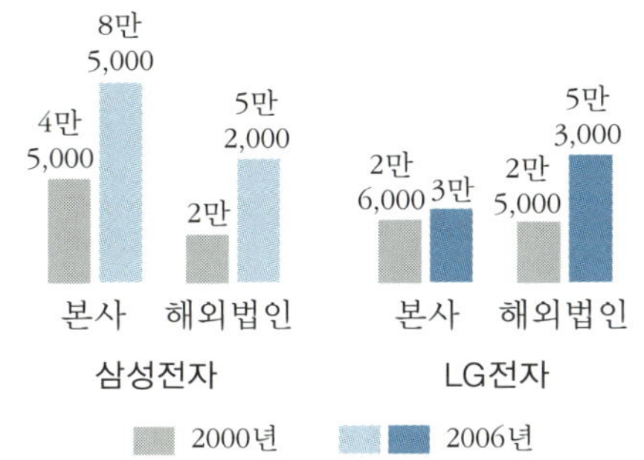


**해외 매출 비중도 커져**(단위: 원)

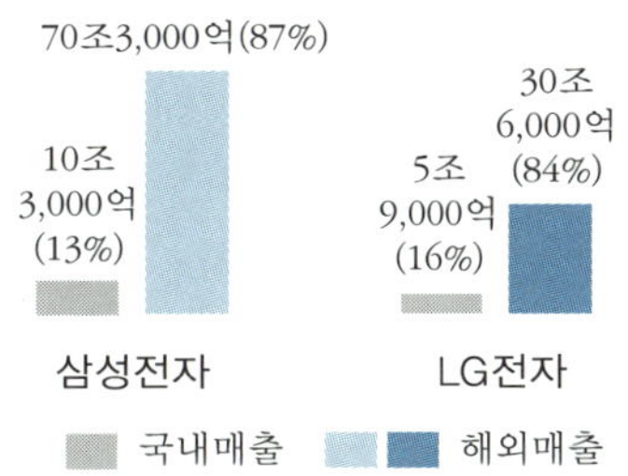


※ LG전자는 2006년 기준, 삼성전자는 2005년 기준

외 비중은 1%포인트 더 늘어날 전망이라고 밝혔다. LG전자는 매출이 약 730억 달러가 되는 2010년엔 해외 매출 비중을 90%까지 끌어올릴 계획이다. 삼성전자는 해외 생산-판매 비중이 더 높다. 2005년 글로벌 매출액(80조6,000억원) 중 87%를 해외에서 올렸다.

■ 생산 거점을 해외로 해외로

전자업체의 해외 비중이 크게 늘어나는 것은 2000년대 들어 해외에 집중적으로 생산-판매 거점을 마련했기 때문이다. LG전자의 경우 1998년 41곳이던 해외법인 수가 2007년 현재 80곳으로 늘어났다. 2006년 폴란드 므와바에 연 72만 장의 PDP를 생산할 수 있는 모듈 공장을 세워 유럽 공략에서 나서는 한편 인도 · 브라질 · 남아공 등 신흥시장에 대한 투자도 늘리고 있다.

해외 거점이 늘어나면서 외국인 직원 수도 크게 증가했다. 2006년 말 기준으로 이 회사의 임직원은 8만3,000명 수준. 이 가운데 외국인이 60%인 5만2,500명에 달한다. 국내 직원의 1.5배가 넘는 것이다. 2010년에는 외국인이 6만 명으로 국내 인력의 두 배에 이를 전망이다.

세계 48개국에 97곳에 달하는 현지법인과 지사를 둔 삼성전자는 외국인 직원이 5만2,000명으로 LG전자와 비슷하다. 다만 본사 직원이 8만5,000명 수준이라 아직 한국인 직원이 더 많다. 최근 인도 TV공장과 슬로바키아 LCD공장을 가동했으며 미국 오스틴의 반도체 공장, 헝가리의 TV 공장, 중국 쑤저우의 LCD공장 증설을 추진 중이다.

■ 비용절감과 무역장벽을 피하기 위해

전자업체들이 해외 공장을 늘리는 것은 비용절감을 통해 경쟁력을 높이고 무역장벽을 피하기 위해서다. 특히 인건비와 물류비 비중이 큰 가전제품의 경우 현지 생산-판매가 필수적이다.

최근 이건희 삼성 회장이 "(가전은) 한국에서 할 만한 사업이 아니다"고 언급한 것도 이 같은 점을 고려했다. 국내에서는 내수품 위주로 생산하고 수출 물량은 해외공장으로 넘기겠다는 것이다. 앞으로 삼성전자의 해외 생산-판매 비중은 더 높아질 수밖에 없는 상황이다.

이영하 LG전자 생활가전사업본부 사장은 "세탁기 · 냉장고 · 에어컨 등 백색가전은 물류비가 원가의 6%에 달한다"며 "10초에 한 대꼴로 제품을 만드는 높은 생산성을 자랑하는 창원 공장에서도 고급 제품 외에는 가격 경쟁이 어려울 정도"라고 말했다. 한국보다 인건비가 쌀 뿐 아니라 각국 정부가 일자리를 늘리기 위해 투자 유치에 적극적으로 나서고 있는 것도 해외 공장 증가의 한 원인이다.

이와 함께 무역장벽을 피할 수 있다는 이점도 있다. D램을 생산하는 삼성전자의 오스틴 반도체 공장이나 LG전자의 폴란드 TV공장은 각각 미국과 유럽 시장을 공략하는 전초기지 역할을 하고 있다. LG전자 관계자는 "현지 고급 인력 확보에 적극적으로 나서는 한편 최근에는 중국에서 뽑은 인력이 미국에서 일할 수 있는 통합 인사 시스템을 갖췄다"며 "해외법인은 단순한 제조 · 판매를 담당하는 데서 벗어나 해당 국가에 뿌리 내리고 자생력을 갖추도록 할 방침"이라고 말했다.

자료: 중앙경제, 2007년 3월 14일.

제 2 절

## 글로벌마케팅 오리엔테이션 촉진요인

### 1. 산업의 글로벌화

WTO 출범 이후부터 급속도로 지구촌의 국가시장들이 개방되고 세계시장에 통합됨에 따라 많은 산업들은 글로벌화되고 있다. 자동차, 가전, 제

그림 2-1 글로벌마케팅 촉진요인

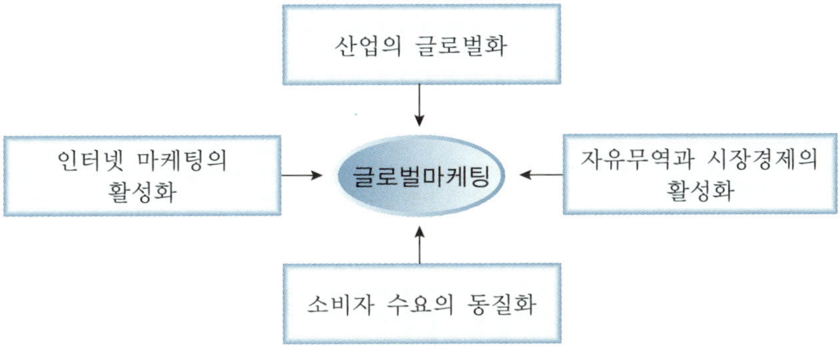


약, 반도체 등이 글로벌산업에 속하는데, 이러한 글로벌산업에서는 경쟁자는 국내기업뿐 아니라 세계적인 글로벌기업들로 구성되어 있다. 글로벌산업에서 나타나는 가장 두드러진 특징이 자본집약적 생산방식과 빠른 기술진보이다. 이는 ① 자본비용의 증대와, ② 연구개발(R&D)비용의 증대를 초래하였다.

자본비용이 증가함에 따라 규모의 경제(economy of scale)도 커지게 된다. 자본집약적 산업은 대규모 생산체제를 갖추지 않으면 안 된다. 따라서 이러한 산업은 국내시장의 수요만으로는 자본재에 대한 막대한 투자를 감당하기 어렵기 때문에, 세계시장 진출을 전제하고 자본재에 대한 투자를 하게 된다.

또한 연구개발비용이 많이 투자되는 사업에서도 국내시장의 수요만으로는 많은 연구개발비를 충당하기 힘들다. 이와 같은 산업에서는 세계시장을 염두에 두고 신제품을 개발하여야만 지속적으로 연구개발에 투자할 수 있다.

그 결과 글로벌산업에서는 국내시장과 해외시장의 구분이 없어지고 단일화되어 가는 글로벌시장에서 국경없는 무한경쟁을 치르도록 강요당하고 있다. 이와 같이 산업과 경쟁이 글로벌화하는 데 적응하고 대응하는 가장 효과적인 마케팅 오리엔테이션은 국내시장에 초점을 맞추었던 것에서 벗어나 글로벌시장에 초점을 맞추는 글로벌마케팅 오리엔테이션이다.

## 2. 소비자수요의 동질화

과거에는 이질적이었던 각국의 소비자의 기호가 점차 동질화되어 가고 있다. 특히 젊은 세대들을 중심으로 소비자의 수요나 구매행태가 동질화되고 있다. 이와 같이 소비자수요의 동질화를 초래하는 데 큰 기여를 한 요소들은 다음과 같다.

① 정보통신 기술의 발달이다. 예를 들면, 오늘날의 젊은이들은 인터넷과 같이 범세계적인 커뮤니케이션 매체를 통해 동일한 것을 보고 느끼고 경험할 수 있게 됨으로 인해 점차 동질화된 취향을 갖게 된다.

② 전세계적인 소득수준의 향상과 교육수준의 향상이다. 경제개발을 이룩한 신흥공업국의 국민들은 소득수준이 오르고 교육수준이 향상됨에 따라 가치관과 라이프스타일이 선진국 국민과 비슷해지고 선진국에서 소비되는 제품을 선호하는 경향이 늘어나고 있다.

③ 교통수단의 발달이다. 교통수단의 발달은 해외여행을 보편화시켰고 이로 인해 고립된 지역의 주민이나 가난한 사람들까지도 세계시장의 상품을 보고 경험할 수 있는 기회가 증가하였다. 이는 세계 각국의 사람들로 하여금 세계화에 대한 강렬한 욕구를 갖도록 하여 국가간 · 지역간 선호도의 차이를 완화시키는 요소로 작용하였다.

이러한 소비자수요의 동질성은 과거에는 상상조차 못했던 규모로 표준화된 소비재들에 관한 글로벌시장을 출현시키고 있다.

## 3. 자유무역과 시장경제의 활성화

WTO 출범 이후 기업활동에 대한 정부의 간섭이나 규제가 완화되면서 전세계적으로 자유무역과 시장경제 체제가 활성화되었다. 즉 전세계적으로 무역장벽이 낮아져 상품이나 생산요소의 이동이 자유로워지고 있고, 현지국에 진출한 외국기업들에 대한 현지정부의 규제가 완화되고 있어 기업이 해외시장에서 생산과 마케팅 활동을 하는 데 따르는 리스크가 크게 줄어들게 되었다. 이는 기업의 해외시장 진출과 글로벌마케팅을 촉진시키는 계기로 작용하였다.

또한 WTO체제의 출범에 따라서 각국에서 지적재산권에 대한 보호가 강화됨에 따라 국가간의 기술이전도 훨씬 활발해지고 자유로워졌다. 이에 따라 기술간에 호환성이 높아지고 해외시장에서 제품적응이나 제품의 표준화 등이 용이해졌다. 자본시장도 점차 개방되어 국가간 자본이동이 활발하게 일어나고 있어 해외투자와 이익금의 송금이 용이해지고 범세계적으로 자금을 효율적으로 조달하고 운영하는 것이 보다 원활해졌다.

이에 따라 기업은 전 세계 여러 지역의 경영자원과 고객욕구를 자사의 역량에 결합시켜 새로운 경쟁력을 창출하고 글로벌마케팅을 도모하게 되었다. 즉 상품과 서비스에 대해 다양한 지역에 있는 고객들의 이질적인 욕구와 범세계적 공통성을 조화시키면서 전세계시장에서 마케팅활동을 수행하는 것이 용이해졌다.

## 4. 인터넷마케팅의 활성화

인터넷의 도래와 보급은 전 지구촌 차원에서 인간과 기업의 활동에 혁명적이라 할 만큼 크나큰 영향과 파급효과를 미치고 있다. 인터넷을 통하여 공급자는 지구상의 소비자들과 가상공간(virtual space)에서 실시간적으로 만날 수 있게 되었으며, 이에 따라 산업과 경쟁의 글로벌화는 더욱더 가속화되고 있다.

Web을 기반으로 하는 인터넷마케팅은 그 자체로 글로벌한 속성을 가지고 있으므로, 글로벌마케팅을 하는 기업에게는 새로운 마케팅기회가 자연스럽게 생기게 된다. 기업들은 인터넷을 통해 전세계에 있는 소비자들에게 손쉽게 다가갈 수 있다(B to C). 예를 들어 한국의 소비자들은 Amazon을 통해 외국전문서적을 손쉽게 주문할 수 있다. 특히 인터넷은 소비자의 소비패턴에도 영향을 주고 있다. 소비자들은 인터넷을 통해 상품에 대한 많은 정보를 갖게 됨으로 소비자와 공급자간의 힘의 균형을 소비자에게 유리하게 바꾸고 있다. 이러한 효과는 인터넷을 통한 글로벌마케팅의 초점을 점점 더 대중마케팅이나 표적마케팅에서 일 대 일 마케팅으로 변환시키고 있다.

글로벌 e-business의 확대는 기업과 기업 간의 거래에서도 인터넷을 이용하는 거래를 크게 증가시키고 있다(B to B). 인터넷을 통해 가장 좋은 조건을 제시하는 기업과 거래를 할 수 있는 기회가 주어짐에 따라 점점 기업 간의 경쟁이 심화되고 있다. 이처럼 기업이 글로벌경영을 수행함에 있어 인터넷의 발달은 기존기업들과 신생기업들에게 새로운 사업을 수행할 수 있는 기회와 더욱 더 글로벌화할 수 있는 기회를 제공해 주고 있다. 특히 인터넷은 지리적, 시간적, 문화적 장벽을 더 이상 큰 의미가 없게 만들기 때문에 글로벌마케팅과 관련한 대폭적인 시간과 비용의 절약을 통해 글로벌마케팅의 능률을 향상시킬 수 있다.

## 토의문제

1. 기업의 국제화, 현지화, 글로벌화의 차이점을 설명하시오.
2. 기업글로벌화의 유형을 설명하시오.
3. 소비자수요의 동질화를 초래하는 요인을 설명하시오.
4. 산업의 글로벌화를 촉진하는 요인을 설명하시오.

## 참고문헌


반병길 외(2001), 국제마케팅 5판, 박영사.

조동성(2006), 국제경영, 경문사.

Griffin, R.W., and M. W. Pustay(2001), *International Business*, Prentice-Hall.

Heenan, D. A., and H. V. Perlmutter(1979), *Multinational Organization Development*, Addison-Wesley.

Yip, G. S.(1992), *Total Global Strategy*, Prentice-Hall.

# 제 2 부

# 글로벌마케팅의 환경

제 3 장 경제환경
제 4 장 사회-문화 환경
제 5 장 정치-법 환경

# 제 3 장 경 제 환 경

이 장에서는 기업의 글로벌마케팅 활동에 영향을 주는 경제환경에 관하여 설명한다. 경제환경은 크게 두 가지로 나눌 수 있다. 첫째는 글로벌차원에서 다수국가에 영향을 주는 국제경제환경이고 둘째는 개별국가의 경제환경이다. 국제경제환경은 국제기구나 국가간 협약을 말하는 것으로 여기서는 WTO와 지역시장 블록을 다룰 것이며, 개별국가의 경제환경은 국가특유의 경제환경을 말하는 것으로 여기서는 개별시장 환경을 조사할 때 핵심이 되는 주요항목만을 다루고자 한다.

## 제 1 절 세계무역기구(WTO)

세계무역기구(WTO: World Trade Organization)는 국가간 무역장벽을 낮추고 공정무역관행을 촉진함으로써 세계경제발전에 기여하고자 했던 GATT(General Agreement on Tariff and Trade: 관세 및 무역에 관한 일반협정)체제가 무력화되자 이를 대체하기 위하여 결성된 기구이다.

## 1. WTO의 주요내용

WTO는 국가간 무역규범을 다루는 유일한 국제기구로서 그 주요내용은 다음과 같다.

### (1) 시장개방 확대

WTO의 가장 중요한 목표는 부작용이 없는 범위 내에서 가능한 한 무역을 자유롭게 하는 것이다. 이는 무역장벽을 제거하여 시장개방을 확대하는 것을 의미하는데 WTO의 주요 시장개방 확대조치는 다음과 같다.

**① 공산품의 관세인하**

관세는 국내산업을 보호하기 위해 정부가 동원할 수 있는 전통적으로 중요한 무역정책수단이다. 일반적으로 관세가 부과되면 수입품의 가격이 높아지기 때문에 국산품의 경쟁력은 상대적으로 커지며 이에 따라 국내산업을 보호하는 기능을 한다.

WTO의 전신인 GATT가 8차에 걸쳐서 세계적 차원에서 관세를 크게 인하함에 따라 관세의 수입억제기능이 많이 감소되었으나 품목별로 보면 여전히 높은 관세율이 무역장벽으로 작용하였고 개도국의 경우에는 관세율이 선진국보다 높아 평균 15~20% 수준이므로 추가적으로 관세인하의 필요성이 컸다.

WTO는 출범 후 짧은 시일 내에 몇 단계에 걸쳐서 공산품의 관세를 추가 인하하였다. 이에 따라 일부품목의 경우는 무세화에 이르렀고, 국가별로 관세율의 차이가 심한 품목들은 관세율의 차이가 축소되도록 차별적으로 관세를 인하하는 관세조화조치를 취하였다. 그 결과 개도국이 선진국에 비하여 관세인하폭이 상대적으로 커지게 되었다.

**② 섬유류의 쿼터제도 폐지**

섬유류는 공산품인데도 불구하고 GATT규정의 적용을 받지 않고 수입국이 수입수량을 할당하는 쿼터제도에 의하여 무역이 이루어져 왔다. 이는 선진국이 그들의 전통산업인 섬유류산업을 보호하기 위해서였다. 그러나 WTO체제에서는 이러한 쿼터제도를 점진적으로 철폐하여 일정기간(WTO설립 후 11년)이 지난 후에는 섬유류 수입을 자유화하기로 하였다. 이는 섬유류의 주요시장인 선진국 섬유류시장이 개방된 것을 의미한다.

③ 농산물 수입자유화

WTO는 세계 농산물교역을 확대하고 국제농산물 시장에서 공정경쟁이 이루어지는 데 그 목적이 있다. 이를 위해 농업분야에서 광범위하게 시행되어 온 무역왜곡적인 지원을 줄여나가기로 하였고, 그 시행방법이 시장개방, 국내보조, 수출보조 세 분야로 나누어져 아래와 같은 논의가 이루어졌다.

첫째, 시장개방과 관련한 주요한 합의는 모든 비관세장벽(예: 수입수량규제, 수입인증제, 수출자율규제 등)을 철폐하기로 하였다. 대신 수입농산물에 대하여 국내 · 외 가격차이 만큼의 관세를 부과하는 관세화를 통하여 국내농업시장을 보호하기로 하였다. 즉 국산농산물 보호는 비관세장벽 대신 관세장벽을 활용하기로 한 것이다. 그러나 농산물관세도 점진적으로 인하해 궁극적으로는 농산물시장을 개방하는 것을 목표로 한다. WTO 농업협정은 "예외없는 관세화"를 기본원칙으로 하고 있으나, 관세화하기 어려운 특정 농산물에 대해서는 일정기간 동안 관세화를 유예하였다. 우리나라의 경우 쌀이 여기에 해당된다.

둘째, WTO는 국제시장에서 농산물의 공정경쟁을 유지하기 위해, 각국 정부가 자국 농민에게 지급하는 농업보조금을 감축시키기로 합의하였다. 농업보조금은 국내보조금과 수출보조금으로 구분되는데 국내보조금과 수출보조금은 상이한 방법으로 감축하기로 하였다.

셋째, 국내보조금은 다시 허용보조금과 감축보조금으로 나누어지는데 ⓐ 허용보조금이란 농업관련 하부구조 건설, 구조조정투자 지원, 친환경농업 보조 등 무역왜곡효과가 없거나 미미한 보조금으로 정부가 자유롭게 지원할 수 있다. ⓑ 감축보조금은 생산이나 가격에 영향을 주는 등 무역왜곡효과가 있기 때문에 사전에 정해진 계획에 따라 매년 줄여 나가야 하는 보조금을 말하는데 우리나라의 경우, 대표적인 것으로 쌀 가격을 유지하기 위해 시행되는 "쌀 수매가격"이 여기에 해당된다.

넷째, 농산물의 수출을 촉진하기 위하여 지급하는 수출보조금은 시장

왜곡효과가 크고 직접적이기 때문에 국내보조금보다 다소 큰 폭으로 감축하기로 합의하였다.

### (2) WTO의 기능강화

WTO는 국제무역질서를 유지하고 다자간 협정의 예측가능성을 높이기 위한 공식기구로서 그 기능을 강화하기 위하여 다음의 두 가지 제도를 채택하였다.

① 분쟁해결절차

WTO는 분쟁의 치료차원에서 객관적이고 투명한 분쟁해결 절차를 마련하고 이를 집행할 분쟁해결기구를 설치함으로써 안정적이고 예측 가능한 교역체제를 제공하고 있다. 이에 따라 회원국들은 쌍무적 분쟁해결보다는 WTO 분쟁해결제도를 적극적으로 활용하는 추세를 보이고 있다. 이는 일방적 조치를 취할 수 있는 여지를 감소시킴으로써 약소국들에게 공정한 무역을 보장해 주는 하나의 수단이 되고 있다.

② 무역정책검토제도

WTO는 무역분쟁의 예방차원에서 산하에 무역정책검토기구를 설치하여 각 회원국의 무역정책과 관련제도를 무역정책기구에 주기적으로 보고하도록 하고 이를 평가함으로써, 회원국 무역제도의 예측가능성을 제고하고 나아가 회원국들의 협정이행 여부를 감독한다.

### (3) 지적재산권 및 서비스무역

① 지적재산권

지적재산권 자체의 교역비중이 증가하고 국제무역에서 지적재산권이 상품의 경쟁력을 결정하는 중요한 요소로 등장함에 따라, WTO는 무역관련 지적재산권보호의 중요기준을 확립하여, 회원국들이 국내법으로 보호해야 하는 보호와 권리의 수준을 구체적으로 명시하였다. 권리가 침해받았을 경우에도 지적재산권 회복절차에 관한 규정과 분쟁절차를 명시하였다.

회원국이 지적재산권 협정을 위반하는 경우에는 무역을 통한 교차보복을 허용하였는데 예를 들면, 관세양허를 중지하거나 WTO가 주는 혜택을 중단시키는 것과 같은 보복 등이다.

WTO에서 관심을 보이는 지적재산권은 특허, 상표, 산업디자인, 상업비밀, 집적회로, 컴퓨터 · 정보통신의 소프트웨어 프로그램, 음반과 음악용 CD, 영상(비디오, 영화) 등이다.

② 서비스무역

WTO 서비스무역협정은 국제적으로 교역이 이루어지고 있는 모든 서비스를 다룬다. 서비스무역장벽의 일반적인 형태는 내국민대우 제한 및 규제조치로서 예를 들면, 외국서비스 공급자에 대한 시장접근 불허, 자격요건 제한, 인허가 제한, 국내 사업체 설립시 지분제한 등이다.

서비스무역 자유화를 위해서 WTO는 서비스무역에도 최혜국대우(most favored nation treatment)를 적용할 것을 권장하고 있으나 회원국들의 이해관계 대립으로 예외조항이 많으며 구체적인 적용은 무역파트너와 협상하도록 하고 있다. 서비스무역협정은 국제적으로 서비스가 공급되는 형태를 다음 4가지로 규정하고 있다.

첫째, 국경간 공급(cross-border supply)

서비스수요자(소비자)와 서비스공급자(생산자)의 국가간 이동은 없는 상태에서 서비스만 한 국가에서 다른 국가로 공급되는 형태로 국제전화가 이에 해당된다.

둘째, 해외소비(consumption abroad)

서비스수요자가 해외에 존재하는 서비스공급자로 이동하는 형태, 즉 소비자가 다른 국가에 가서 이용하는 서비스로 해외관광이 여기에 해당된다.

셋째, 상업적 주재(commercial presence)

법인 서비스공급자가 해외의 서비스수요자에게 이동하여 서비스를 제공하는 형태, 즉 기업이 다른 국가에 자회사나 지사를 설립하여 공급하는 서비스로 외국은행의 국내지점 영업이 이에 해당된다.

넷째, 자연인 주재(presence of natural persons)

개인 서비스공급자가 해외의 서비스수요자에게 이동하는 형태, 즉 개인이 외국에 가서 공급하는 서비스로 컨설턴트의 해외컨설팅이 이에 해당된다.

## 2. WTO의 주요원칙

WTO는 자유무역과 공정무역의 확대를 위하여 다음과 같은 몇 가지 중요한 원칙을 지니고 있다.

### (1) 무역자유화의 원칙

자유무역체제를 확립하여 세계경제발전을 도모하기 위해서는 국가간의 대외거래에서 협상을 통해 모든 제한규정이나 장벽을 점진적으로 제거해야 한다는 원칙이다. WTO는 이를 실행하기 위한 수단으로 관세인하와 비관세장벽 철폐를 추진하였다.

① 관세인하

관세는 수입을 억제하고 국내산업을 보호하는 가장 중요한 수단으로 활용되었다. 이를 위해 각국은 종가세, 종량세, 선택세, 복합세, 관세할당, 계절관세 등과 같은 다양한 형태의 관세제도를 운영하였다. WTO는 점진적인 관세인하를 위해 회원국과 협상을 통해 수차례에 걸쳐 관세를 인하하고 변칙적인 관세부과를 억제하였다.

② 비관세장벽철폐

비관세장벽은 수입수량제한, 수입허가, 수입금지, 자율수출규제 등 관세 이외의 수단으로 수출입에 영향을 미치는 조치들을 총칭한다. 이러한

그림 3-1 WTO의 주요원칙

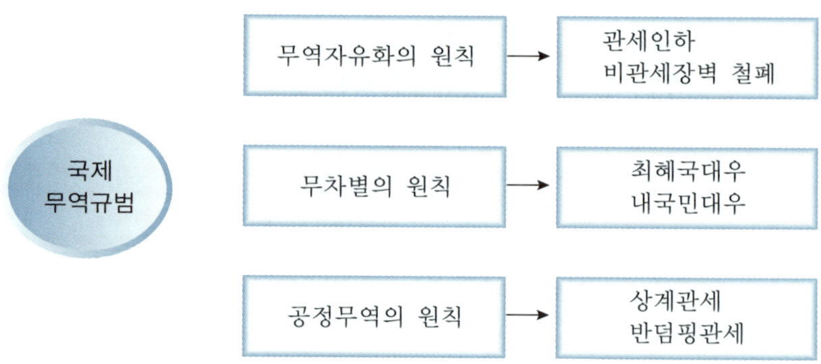

조치들은 주로 국가안보, 공공안전, 보건위생 및 환경보호 등을 표방하여 빈번하게 이루어져 보호무역의 도구로 활용되었다. 그러나 WTO는 긴급한 경우를 제외하고는 이러한 조치들의 사용을 금지하도록 하였다. 긴급한 사태로 비관세장벽을 이용할 경우에도 일정기간이 지나면 이러한 조치를 철폐하도록 규정하였다.

### ⑵ 무차별의 원칙

다자간 무역체제에 있어서는 교역상대국간에 차별대우를 해서는 안 된다는 원칙이다. WTO는 이러한 원칙을 실행하기 위한 수단으로 최혜국대우와 내국민대우를 운영하고 있다.

① 최혜국대우

최혜국대우란 일국이 특정국가에 대하여 특혜, 예를 들어 특정국가의 상품에 대해 낮은 관세를 부과하는 것과 같은 특혜를 부여한다면, 다른 모든 WTO회원국에게도 그와 동등하게 대우해야 한다는 것이다. 그러나 최혜국대우에는 몇 가지 예외가 허용되고 있다. 예를 들어, 몇몇 국가가 지역무역협정을 체결하여 지역무역협정 회원국에 적용되는 저율의 수입관세는, 역외국가에게는 적용되지 않을 수도 있다. 그러나 WTO는 그와 같은 예외를 엄격한 조건하에서만 허용하고 있다. 일반적으로 최혜국대우는 어느 국가가 무역장벽을 낮추거나 시장을 개방할 때에는 나라를 차별하지 않고 모든 교역상대국으로부터 수입되는 동일한 상품이나 서비스에 대해 같은 대우를 한다는 것을 의미한다.

② 내국민대우

외국상품이 정당한 절차를 거쳐서 국내에 수입된 이상 국내시장에서 수입품과 국산품은 동등하게 취급되어야 한다는 규정이다. 즉, 내국민대우는 외국의 상품이 국내시장에 진입했을 경우, 국내시장에서 유통이나 조세 등의 측면에서 국산품과 차별되어서는 안 된다는 것이다.

구체적인 예로 1999년 미국과 호주는 각각 우리나라의 수입쇠고기 판매방식이 WTO협정에 위배된다고 제소하였다. WTO는 패널을 설치하고 심의한 결과, 우리의 수입쇠고기 구분판매제도가 내국민대우 원칙에 위배

된다고 판정하였다. 우리나라는 상기 패널의 판정에 불복하고 상소하였으나 WTO상소기구는 2000년 11월 다시 우리나라의 수입쇠고기 구분판매제도에 대하여 수입쇠고기와 국산한우의 판매장소를 달리하는 우리나라의 쇠고기판매제도는 내국민대우 원칙에 위배된다고 최종판결하였다.

내국민대우와 최혜국대우를 비교해 보면, 최혜국대우는 수입시점에서 관세를 부과할 때 모든 회원국을 동등하게 대우해야 한다는 진입장벽과 관련된 원칙이고, 내국민대우는 회원국의 상품이 일단 수입된 이상 국내시장에서 외국산제품과 국산제품을 차별하지 말아야 한다는 국내시장유통과 관련된 원칙이다.

#### (3) 공정무역의 원칙

이는 시장의 개방을 촉진하기 위해서는 공정한 무역관행을 정착시켜야 한다는 원칙이다. 바꾸어 말한다면, WTO는 시장점유율을 높이기 위해 사용하는 불공정한 무역관행을 억제하겠다는 것을 의미한다. WTO는 이를 실행하기 위한 수단으로 상계관세(countervailing duties)와 반덤핑관세(antidumping duties)를 운영하고 있다.

**① 상계관세**

수출보조금은 아직도 많은 국가에서 사용되고 있는데, 이는 수입국의 효율적인 자원분배를 저해하고 시장질서를 문란시키므로 불공정무역으로 간주된다.

수입국정부는 수출국이 생산자에게 수출보조금을 지급했다는 증거를 확보하고 국내의 동종산업이 그 보조금으로 인해 실질적으로 피해를 입었거나 그럴 가능성이 있다고 판단되는 경우에는 국내산업을 보호하기 위하여 수출보조금액에 상당하는 관세를 부과할 수 있는데 이를 상계관세라 한다.

**② 반덤핑관세**

덤핑은 수출업자가 국내에서 통상적으로 거래되는 정상가격보다 낮은 가격으로 수출하는 것을 의미한다. 덤핑은 수입국의 효율적인 자원분배를 저해하고 시장질서를 문란하게 하므로 불공정무역으로 간주된다.

수입국정부는 수출업자가 덤핑을 했다는 증거를 확보하고 국내의 동종산업이 덤핑수입으로 인해 실질적인 피해를 입었거나 그럴 가능성이 있다고 판단되는 경우에는 국내산업을 보호하기 위해 덤핑금액에 상당하는 관세를 부과할 수 있는데 이를 반덤핑관세라고 한다.

## 3. WTO가 주는 시사점

WTO의 출범은 새로운 기회와 위험을 동시에 제공하기 때문에 이에 적절히 대처하기 위해서는 WTO가 주는 함축적 의미를 잘 파악할 필요가 있다.

### (1) 새로운 경쟁질서의 형성

WTO는 무역장벽을 완화시켜 전세계적인 경쟁시대를 초래하였다.

**① 시장의 확대**

국제적인 단일무역규범의 출현으로 상품은 물론이고 자본과 서비스 그리고 노동력까지 국경을 넘어 자유롭게 이동할 수 있게 되자 세계는 하나의 지구촌으로 통합되어 가는 길로 들어서게 되었다. 이러한 현상은 시장경제를 주축으로 하는 세계시장의 등장과 기업경영활동의 범세계화를 초래하였다. 즉 WTO의 출범으로 이전에는 국경으로 구분되었던 개별시장이 이제는 통합된 세계시장으로 변모하고 있고, 이에 따라 시장규모가 크게 확대되고 기업에게 보다 많은 기회를 제공하게 되었다.

**② 경쟁의 격화**

지구촌경제의 시장경제화는 전세계적인 차원에서 경쟁을 격화시켰다. 무역장벽이 높았던 시절에는 기업들은 개별국가 내에서 경쟁을 하면 되었으나 무역장벽이 낮아진 지금은 전세계의 기업들을 상대로 경쟁을 해야만 한다. 이는 그만큼 경쟁이 격화된 것을 의미하며 만약 기업이 경쟁력을 갖추지 못하였다면 전세계적으로 시장은 넓어졌지만 해당 기업의 몫은 더욱 축소되는 결과를 가져온다. 이는 경쟁력이 약한 국가나 기업에게 생존과 관련된 커다란 과제를 안겨준다.

### (2) 경제주체의 변화

WTO의 무역자유화는 규제완화를 의미하는데 이는 경제주체의 변화를 초래하였다.

① 시장경제 주체의 변화: 정부주도 → 기업주도로

WTO의 무역규범은 관세장벽이나 비관세장벽과 같은 정부규제를 완화하는 데 초점을 두고 있기 때문에 정부의 역할은 축소되고 시장경제가 강화되는 작용을 한다. 규제가 완화된 시장경제체제는 자유기업체제라고 할 수 있으므로 기업이 경제의 주체로 부각되게 된다.

② 경제활동 배경의 변화: 규제와 지시 → 규제철폐

정부가 주체일 때의 경제활동의 배경은 규제와 지시이나 기업이 경제의 주체일 때의 경제활동의 배경은 규제와 지시를 철폐하여 기업의 창의력과 경영능력을 제고시키는 것이다.

### (3) 기업의 과제

지구촌시대와 시장경제시대에서 경제의 주체가 된 기업은 관료를 대신해서 국가의 경제를 책임져야 하는 사명을 가져야 한다. 이를 위해 먼저 기업은 이익을 창출하여 존속을 유지하여야 하는데(going concern), 이익=매출−비용이라는 시각에서 본 기업의 주요사명은 다음과 같이 요약할 수 있다.

① 경영의 합리화

이는 기업의 비용을 절감할 수 있는 경영방식을 모색하는 것을 말한다. 예를 들면 리엔지니어링, 벤치마킹, 아웃소싱, 다운사이징 등과 같은 경영방식을 기업사정에 맞게 적용하도록 노력하는 것 등이다.

② 고객만족경영

이는 고객의 욕구를 충족시킴으로 기업의 매출을 증가시키는 방법을 모색하는 것을 말한다. 예를 들면 시장조사, 품질향상, 신제품개발, R&D활동, 관계마케팅 등과 같은 경영활동을 적절히 구사하는 것 등이다.

③ 글로벌경영

이는 무역장벽 완화로 넓어진 세계시장을 충분히 이용하는 것을 말한다. 예를 들면 핵심역량강화, 해외시장개척, 정보능력강화, 사업의 글로벌화 등과 같은 경영활동을 적절히 구사하는 것 등이다.

## 제 2 절
## 지역경제통합

지역경제통합이란 여러 국가들이 협정을 체결하여 이러한 협정에 가입한 회원국들 간에는 관세 및 비관세장벽을 완화하거나 철폐하여 재화와 서비스, 나아가 생산요소가 자유롭게 이동할 수 있도록 보장하는 것을 말한다. 현재 많은 수의 지역경제통합이 이루어지고 있는데 이는 140개국을 넘는 WTO 가입국들이 동시에 무역자유화를 추진하기에는 각국의 이해관계가 얽혀 상당한 시간과 노력이 필요하기 때문에, 일단 합의하기가 쉬운 국가들끼리 우선 지역통합을 이루어 WTO에만 의존할 때보다 훨씬 빠른 속도로 무역자유화를 이루기 위함이다. EU나 ASEAN과 같은 지역경제통합은 기업들의 글로벌비즈니스전략에 큰 영향을 미치고 있다.

### 1. 지역경제통합의 유형

지역경제통합에는 여러 가지 유형이 있다. 그림 3-2는 지역경제통합의 유형이 발전해가는 순으로 그 적용범위가 넓어지는 것을 보여 주고 있다.

① **자유무역지역**(free trade area)

이는 지역 내에 있는 회원국 간에는 각종 무역장벽을 철폐하여 무역자유화를 추진하는 반면에 비회원국에 대해서는 회원국들이 독자적인 무역규제를 하는 것을 의미한다. 따라서 자유무역협정에 참여하지 않은 역외 국

그림 3-2 지역경제통합의 유형

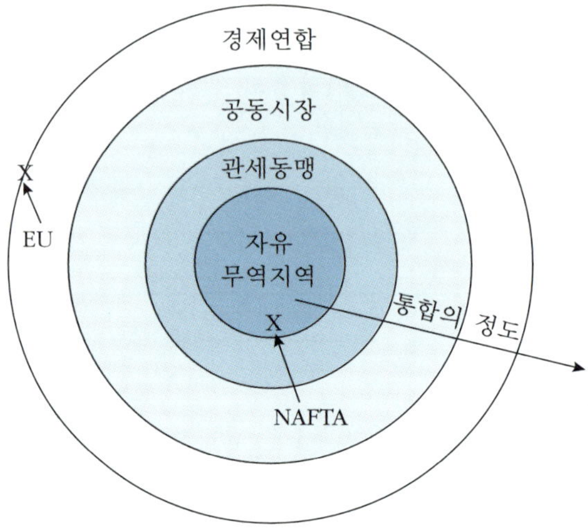


가에 대한 관세는 회원국마다 차이가 있을 수 있다.

② **관세동맹**(customs union)

자유무역지역에서 한걸음 진전하여 회원국 간에 무역장벽을 제거하는 것과 동시에 비회원국에 대해서도 공통의 관세정책을 취하는 것을 말한다. 즉 (관세동맹=자유무역지역+공통의 관세정책)이라는 관계가 성립한다.

③ **공동시장**(common market)

관세동맹보다 한걸음 발전한 것으로 재화뿐만 아니라 생산요소까지 자유로운 이동이 보장된다. 따라서 노동과 자본이 자유롭게 이동될 수 있으므로 회원국 간에는 무역의 자유화와 더불어 취업과 해외투자의 자유화가 이루어질 수 있다. 즉 원칙적으로는 회원국 A의 노동자는 회원국 B에 가서 자유롭게 취업할 수 있으며 회원국 B의 기업가는 회원국 A에 가서 자유롭게 기업활동을 할 수 있다. 여기서는 (공동시장=관세동맹+생산요소 이전의 자유화)라는 관계가 성립한다.

④ **경제연합**(economic union)

공동시장보다 더 발전된 형태로서 회원국 간에 공동통화의 통용, 공동의 조세제도, 공동의 재정금융정책 등을 실시하는 단계를 의미한다. 이와 같은 공동의 경제정책을 실시하기 위해서는 경제연합 회원국들을 전체적으로 통괄할 수 있는 부서나 기구(예: 유럽 중앙은행)들이 필요하며 회원국들이 자국의 경제주권을 어느 정도 포기해야 한다. 현재 유럽연합(EU: European Union)이 경제연합의 대표적인 예이며 보다 완벽한 경제연합이 되기 위해 노력하고 있다. 여기서도 (경제연합＝공동시장＋공동의 경제정책)이라는 관계가 성립한다.

지역경제통합은 회원국 간에 각종 무역장벽을 제거함으로써 자유무역의 효과를 빠르게 실현하는 장점을 가지고 있으나 지역통합에는 그 나름의 비용이 따른다.

먼저 지역경제통합을 하게 되면 빠른 속도로 자유무역이 실현되기 때문에 회원국의 산업 중 국제경쟁력이 약한 산업은 도산하거나 어려움에 처하게 된다. 그 결과 발생하는 일부 기업에서의 실직과 도산사태는 지역경제통합의 장애요인으로 작용하게 된다.

또한 지역경제통합의 촉진은 회원국의 주권행사에 제약을 초래한다. 지역통합이 진행됨에 따라 회원국은 과거 자신의 국가 내에서 실시하였던 산업보조금정책, 조세정책, 통화정책 등을 포기하고 지역통합체의 산업정책과 재정금융정책을 따라가야 하기 때문이다.

## 2. 지역경제통합의 목적

지역경제통합의 목적은 지역경제블럭의 통합정도에 따라 다소 다를 수 있으나 대략적인 목적은 다음과 같다.

① 대외협상력의 강화

지역경제통합의 주요 목적 중의 하나는 회원국들이 집단의 힘을 배경으로 해서 역외지역 국가들에 대해 협상력을 강화하는 것이다. 이는 지역경제통합으로 역내시장 규모가 커져 역내시장의 시장지위와 상쇄력(countervailing power)이 강화되었기 때문이다.

예를 들면 유럽연합(EU)은 미국 · 캐나다 · 멕시코로 구성된 북미자유무역협정(North American Free Trade Agreement: NAFTA)에 대해, 그리고 ASEAN은 EU · NAFTA · 일본 등에 대해 협상력을 강화하는 것을 주요목적으로 하고 있다.

② 자유무역의 편익 실현

역내시장에서 무역의 자유화가 실현되면 역내 국가들은 무역창출효과(trade creation effects), 무역전환효과(trade diversion effects), 규모의 경제(economy of scale) 등과 같은 편익을 누릴 수 있다.

무역창출효과란 경제통합 이전보다 낮아진 무역장벽으로 역내국가간의 무역이 증가하는 것을 말한다.

무역전환효과란 회원국들 사이에는 자유무역이 이루어지고 역외의 비회원국들에 대해서는 수입관세가 부과되기 때문에, 역외국가로부터의 수입이 회원국으로부터의 수입으로 전환되는 것을 말한다.

지역경제통합으로 인한 시장의 확대로 규모의 경제가 실현된다면 역내 생산비용이 하락되어 국제경쟁력이 강화될 수 있다.

③ 역내경제에 활력소 제공

역내에서 무역장벽 철폐와 더불어 기업활동의 자유화를 촉진시킴으로써 역내의 기업간에 경쟁이 조장되어 신제품개발, 제품의 품질향상, 생산기법의 효율화 등이 초래되고 경쟁력이 강화되어 역내경제가 활성화되는 효과를 가져올 수 있다.

또한 역내국가간 생산요소 이전의 자유화는 역내에서 기업간 제휴를 용이하게 하여 공동기술개발이나 공동생산 등을 촉진함으로써 역내경제에 활력을 가져올 수 있다.

만약 개도국간의 경제통합이라면 넓어진 시장을 배경으로 선진국의 자본과 기술을 유치하여 기술이전 효과와 더불어 역내 유휴자원의 활용도를 높임으로써 새로운 고용을 창출하고 경제전반의 효율성을 증대시킬 수 있다.

④ 역내 산업화 촉진

지역경제통합으로 인한 역내국간 무역장벽 철폐와 역내시장 확대는 역내국과 역외국을 막론하고 세계각국기업의 생산활동을 역내로 유인하는 효과를 발휘할 수 있다. 관세를 비롯한 무역장벽의 철폐와 역내시장 확대는 기업의 역내 경제활동 비용을 낮추어 기업의 이윤창출 기회를 확대시킬 수 있기 때문이다. 즉 해외직접투자를 역내시장으로 유인함으로써 역내산업의 활성화를 가져올 수 있다. 특히 역외국 기업이 역내에 생산거점을 확보할 경우, 지역무역협정에 참여하지 않으면서도 실질적인 역내무관세의 혜택을 누릴 수 있게 된다.

지역경제통합은 회원국간 재화와 서비스 그리고 생산요소의 이동에 관해 무역장벽을 철폐하고 이동의 자유화를 보장함으로써 시장기능에 의한 역내 자원배분의 효율성을 제고시켜 회원국이 각자의 비교우위산업의 경쟁력을 강화시킬 수 있다.

⑤ 지역요새의 구축

상호주의 원칙에 입각하여 역외지역시장이나 역외국가들이 시장을 공정하게 개방하지 않는 경우나, 역외기업들이 역내기업으로 대우받는데 필요한 요건을 충족시키지 못하는 경우에는 지역경제통합은 역외기업을 불리하게 차별대우함으로써 역내시장을 보호할 수 있다.

## 3. 유럽연합(EU)

유럽내 15개국이 회원국으로 있던 유럽연합(EU: European Union)은 2004년 중 · 동부 유럽 10개국을 새로 받아들여 25개국으로 확대되면서 범유럽경제권을 형성하였다. 이는 EU가 세계 최대의 단일시장을 도모하면서 세계시장에서 차지하는 위상과 중요성이 그만큼 높아짐을 의미한다.

### 1) EU의 주요내용

EU는 상품, 서비스, 노동, 자본 등의 자유로운 이동을 방해하는 역내의 장벽들을 제거하여 역내시장의 효율성을 높이고자 하였다.

#### (1) 공동무역정책

EU는 역외의 제3국에 대한 무역정책과 관련하여 공동무역정책을 실시하고 있다. 공동무역정책의 주요수단은 다음과 같다.

① 공동관세정책

EU공동관세정책의 특징은 첫째, 농산물에 대한 관세는 고율인 반면 공산품에 대한 관세는 비교적 낮은 수준이다. EU공동관세의 체계는 일반적으로 원자재에서 시작하여 가공도가 높을수록 관세율이 높아지는 경사(escalation)구조를 띠고 있다. 따라서 제조업부문의 명목관세율은 낮지만 이에 비하여 실질적인 보호효과는 높게 나타난다. 둘째, EU는 정치적, 역사적 이유로 지역별로 각각 상이한 특혜정책을 실시하고 있어 관세정책 역시 복잡한 형태를 띠고 있다. 예를 들어 유럽내 비EU회원국, 아프리카지역, 중근동지역, 동구지역 내의 국가들과 각종 협정을 체결하여 특혜관세를 운영하고 있다.

② 수량제한정책

회원국별로 실시되던 국별 수입쿼터제는 폐지되었으나 필요한 경우에는 예외적으로 WTO범주 내에서 EU쿼터제를 사용할 수 있다. 이는 주로 비WTO회원국들이 수출하는 민감품목(가공식품, 섬유류, 수송기기 등)에 집중되어 있다.

③ 반덤핑제도와 상계관세제도

EU는 비교적 반덤핑조치를 자주 실시하는 편이다. 이는 다른 정책수단에 비하여 WTO체제에서 타당성을 인정받기가 쉬울 뿐 아니라 EU당국의 정책적 판단이 개입할 여지가 크기 때문이다.

#### (2) 실물경제 통합조치

① 물리적 장벽의 제거

세관신고절차의 폐지와 운송분야의 자유화를 추진하였다. 세관신고절차는 비관세장벽으로 작용할 수 있으므로 EU는 역내국가간 상품이동을 원활하게 하기 위하여 세관신고절차를 폐지하기로 하였다. 운송분야의 경우는 국경통제의 철폐로 물류비용을 절감하였다. 이러한 물리적 장벽의 자유화는 물류비용절감, 운송기간의 불확실성 제거, 범유럽 물류서비스 체제, 범유럽을 대상으로 하는 just-in-time 방식의 생산체제 등을 가능하게 하였다.

② 기술적 장벽의 제거

이는 역내국가간 상품, 기술의 이동을 제한하는 각종 규정을 철폐하거나 완화하는 조치를 말한다. 주요내용은 첫째는 역내 표준규격의 제정이다. 유럽 표준규격을 제정함으로 역내국가간 부품의 상호교환을 가능하게 하여 생산활동에서 규모의 경제를 실현할 수 있게 하였다. 둘째는 EU특허제도의 도입이다. 유럽내 특허는 유럽특허청에 한번만 등록하면 전 회원국에서 동일한 법적 보호를 받도록 규정하고 있다.

### (3) 금융통합조치

① 금융산업의 자유화

EU는 공동체의 단일화된 금융업 허가원칙을 도입하였다. 이는 회원국 신용기관이 EU 어디에서든지 모든 기본적인 은행업을 할 수 있도록 허가하는 것이다. 회원국은 국내에서 은행기관의 전반적인 감독을 수행하고, 지점이 유치된 국가의 정부는 그 영토내에 설립된 지점을 감독하도록 하였다. 나아가 공동체에서 영업이 승인된 모든 신용기관에 공통적으로 적용될 기본규칙도 제정되었다. 여기에는 은행의 건전성을 감독하기 위한 지급준비금 비율과 한 회원국에서 설정된 보장이 타 회원국에 설립된 자회사에 있는 예금자들에게도 적용될 수 있도록 한 지침 등이 있다. 그러나 이러한 금융자유화조치는 역내시장에서 개별국가의 금융자유화를 촉진하는데 그 초점이 맞추어져 있지 실질적으로 통합된 유럽금융시장의 창출에 도달한 것은 아니다.

② 초국적 금융네트워크의 창출

EU는 미국의 나스닥제도를 벤치마킹하여 EU내 신기술부문에서 공동의 위험자본시장(risk capital market)을 창출하였다. 이러한 위험자본시장은 회원국의 유가증권시장, 신용대출, 투자자 재정지원 제도 등을 배경으로 하고 있다. 이런 노력의 일환으로 EU는 미국의 나스닥에 비교되는 나스

닥-유럽을 설립하였으며 이는 결국 개별회원국 금융시장들이 포괄적 유럽 네트워크 안에서 결합되는 형태를 보이는 방향으로 발전하게 되었다.

③ 유로화의 출범

1999년 유럽통화동맹(EMU: European Monetary Union)과 유로화 출범은 EU를 크게 활성화시켰다. EMU 참가국은 독일, 프랑스, 이탈리아, 베네룩스 3국, 오스트리아, 핀란드, 아일랜드, 스페인, 포르투갈, 그리스 12개국이며 참가국 중앙은행은 통화량과 금리정책 결정권한을 유럽중앙은행에 이양하였다. 이는 EMU 통화정책은 유럽중앙은행이 통합된 단일통화정책을 실시하게 됨을 의미한다. EMU 참가국들은 1999년 1월 1일부터 유로화를 단일통화로 채택하였고 2002년 1월 1일부터 유로화 실물화폐가 도입되면서 유로화는 국제통화로서 사용이 빠르게 확산되고 있다.

유로화의 도입으로 자본시장에서는 금융시장의 통합이 가속화되었다. 통화통합은 유로금융시장에서 자금이체 및 환전과 관련된 높은 수수료와 환율변동 위험 등 자본이동의 실질적 제약요인을 제거하였다. 이를 통해 기업들의 역내이동과 통합, 그리고 금융투자의 역내분산을 촉진하였으며, 금리, 주가 등과 같은 금융변수들의 동조화현상을 심화시켰다.

## 2) EU의 성과

EU는 유럽시장의 단일화를 촉진할 뿐만 아니라 유럽시장에서 경쟁을 활성화시켜 장기적으로 유럽 기업들의 경쟁력을 높이는 데 기여하는 것으로 평가된다.

### (1) 거대한 단일시장의 형성

2004년 5월 기준으로 EU는 25개 회원국에 인구 4억 6천만 명, 역내총생산 10억 달러, 대외무역량 4조 달러를 보임으로써, 경제블럭의 규모면에서 NAFTA 다음 가는 세계 2위의 경제권이 되었으며, 무역규모면에서는 세계 1위의 경제권이 되었다.

유럽통합의 초기인 1960년대 초반에는 역내무역 비중이 45% 정도이던 것이 2000년대에는 60% 수준으로 확대되었다. 이와 같은 역내무역의 증가는 ① 시장통합이 발전함에 따른 회원국 간의 무역창출효과에 의한 점과, ② 새로운 회원국의 가입으로 역내시장이 확대되었기 때문인 점과, ③ 유럽경제블럭의 형성에 따라 역외수입이 역내수입으로 전환되는 이른바 무역전환효과에 기인한 점 등으로 볼 수 있다.

EU 역내무역 중에서 산업내 무역이 차지하는 비중이 증가하고 있는 것으로 나타났다. 이처럼 역내무역 중 산업내 무역의 비중이 늘어나게 된 것은 ① 역내시장의 무역자유화로 각 회원국이 비교우위에 기초한 특화산업이 증대하였고, ② 다국적기업의 활동이 확대되었다는 것을 의미한다.

### (2) EU의 통상교섭력 강화

EU의 지속적인 확대와 교역규모 증가는 세계시장에서 EU의 협상력 강화에 큰 영향을 주었다. 이에 따라 EU는 미국과 함께 국제질서의 발전과정에서 양대 주축을 형성함으로써 상호견제를 통하여 균형을 이루게 되었다. EU는 역외국에 대한 무역규제수단으로 역내 공동무역정책을 활용하여, 교역상대국의 통상압력을 저지하거나 교역상대방의 시장개방을 유도할 수 있는 파워를 구비하게 되었다.

강화된 교섭력을 배경으로 EU는 역내 경쟁법의 기준을 역외시장에도 적용하고자 한다. EU는 우리나라 기업에 대해서도 자신의 경쟁법을 적용하여 상당한 액수의 벌금을 부과하였다. 예를 들어, 현대자동차가 기아자동차를 인수한 것을 시장지배적 사업자의 출현으로 간주하여 경쟁법을 위반한 것으로 판단해 상당한 금액의 벌금을 부과한 적이 있다.

표 3-1 주요 지역경제통합의 제조업 분야 교역현황(2003) (단위: 10억불, %)

| 지역경제통합 | 수 출 | 수 입 | 무역수지 | 역내무역비중 |
|---|---|---|---|---|
| EU | 2,900.7 | 2,919.6 | −18.9 | 62.0 |
| NAFTA | 1,161.9 | 1,721.3 | −559.4 | 56.1 |
| ASEAN | 450.7 | 389.2 | 61.5 | 23.3 |
| MERCOSUR | 105.9 | 68.7 | 37.3 | 11.9 |
| ANDEN | 52.9 | 38.9 | 14.0 | 9.4 |

자료: WTO. 2004, International Trade Statistics.

### (3) 국별 산업특화의 강화

EU는 여러 차례에 걸쳐 시장을 확대해 왔기 때문에 정치경제적으로 이질적인 회원국들을 포함하게 되었다. 독일이나 프랑스를 비롯한 대규모 선진경제국과 스페인 · 포르투갈 같은 남부 유럽국, 네덜란드 · 덴마크 같은 소규모 선진경제국, 헝가리 · 폴란드 같은 동구의 낙후된 경제국 등을 하나의 시장권에 포함하고 있다. 이는 이들 국가가 갖는 장소특유의 우위가 서로 다름을 의미하며 EU는 이미 이런 장소우위를 활용하여 지역별로 상이한 산업특화패턴을 보이고 있다. 예를 들면, EU기업들은 가격경쟁력 차원에서 아웃소싱 거점과 생산거점을 중·동 유럽지역으로 이전하는 데 박차를 가하고 있다.

Midelfart 등에 의하면 1980년대 이후 유럽국가들의 산업구조는 국가별로 점차 특화되는 경향을 보이는 것으로 나타났다. 회원국별로 보면 소국의 경우가 비교우위에 기초하여 산업을 특화하는 경향을 크게 보인 것으로 나타났는데 대체적으로 ① 규모의 경제가 크고 기술수준이 높은 산업은 역내 중심국으로, ② 기술수준이 낮은 산업은 역내 주변국으로, ③ 규모의 경제가 작고 기술수준이 높은 산업은 역내 기술소국으로 집중되는 경향을 보였다.

### (4) 가격인하 압력

유로존(Euro-zone) 지역은 상품, 서비스, 생산요소 가격이 모두 유로화로 표시되어 소비자가 국별로 상품가격을 비교하기가 용이해졌다. EU내 국가 간 재정거래(arbitrage)의 가능성은 국가별로 상이하던 가격을 낮은 가격대로 수렴(convergence)시키는 작용을 하였다. 이러한 현상은 시장통합에 따른 EU내 기업 간의 경쟁심화와 상승작용을 일으켜 EU기업들이 가격경쟁에 민감해지도록 작용하였다.

**예 증** *ILLUSTRATION*

## EU회원국 東 · 西장벽 허문다

### 21일부터 체코 등 9개국 여권심사 없이 왕래, 서유럽에선 불법이민 몰려들까봐 벌써 걱정

2007년 12월 동·서유럽의 EU회원국 사이를 가로막고 있던 경계가 무너졌다.

서유럽 선진국 사람들은 그동안 1985년 체결된 '솅겐(Schengen)조약'에 따라 국경에서 여권 검사를 받지 않고 자유롭게 여행해 왔으나 중 · 동유럽국 국민들은 예외였다. 하지만 21일 기존에 독일 · 프랑스 · 스페인 등 15개국에 적용됐던 이 솅겐조약이 2004년 EU에 가입한 중·동유럽 9개국에 확대 적용된다(지도). 지난 8일 브뤼셀 EU 내무장관회담 합의에 따른 조치다.

체코공화국과 에스토니아, 헝가리, 라트비아, 리투아니아, 몰타, 폴란드, 슬로바키아, 슬로베니아 등 9개국은 유럽의 '2등 시민' 신세를 드디어 면했다. 미렉 토폴라넥(Topolanek) 체코 총리는 "1989년 베를린 장벽 붕괴에 이어 21일 두 번째 장벽 붕괴를 보게 된 것"이라고 했고, 프랑코 프라티니(Frattini) EU안보대표는 "중·동유럽 시민들에게 멋진 크리스마스 선물"이라고 했다.

EU국경 개방국가에 새로 포함된 9개국

반면 일부 서유럽 국가들은 불법이민이 폭증할까봐 전전긍긍하고 있다고 영국 일간 텔레그래프는 전했다.

이전에 보안이 철저한 독일이나 오스트리아 쪽 국경을 넘기 위해 밀입국 브로커에게 수만달러씩 쥐어 줘야 했던 불법이민자들이 보안이 상대적으로 취약한 중 · 동유럽국에 숨어 들어 21일이 되기만 기다리고 있다는 것이다. 헝가리 경찰은 "지금 인원 · 장비로는 불법 이민자 셋 중 한 명 정도만 잡을 수 있다"고 털어났다.

자료: 조선일보, 2007년 12월 18일.

## 4. 주목할 만한 기타 지역경제통합

### (1) NAFTA

북미자유무역협정(NAFTA: North American Free Trade Agreement)은 1994년부터 발효된 미국, 캐나다, 멕시코 3개국 간에 이루어진 자유무역협정이다. 미국의 기술과 자금력, 캐나다의 자원과 기술, 멕시코의 풍부한 저임금 노동력과 자원이 상품과 생산요소의 이동이 자유화된 NAFTA시장에서 수직적으로 결합하여 3개국 경제구조의 상호보완성을 강화시켰다.

미국이 NAFTA를 통해 기대하는 것은 ① 유럽과 아시아 등의 지역주의에 효과적으로 대응하고, ② 미국의 자본과 멕시코의 저렴한 노동력을 상호 보완적으로 결합함으로써 미국 상품의 국제경쟁력을 회복시키고, ③ 멕시코시장과 캐나다시장에 미국의 상품과 서비스를 더 많이 수출하는 것을 기대하였다.

멕시코는 NAFTA를 통해 기대하는 것은 ① 미국 및 캐나다로의 수출증가와, ② 미국과 캐나다로부터의 자본과 기술의 도입, ③ 미국시장 진출 교두보로서 활용가치가 있는 멕시코에 대한 역외국의 직접투자가 확대되는 것 등을 기대하였다

캐나다는 ① 미국과 멕시코에 대해서 수출과 직접투자를 증대시키는 것과, ② 멕시코의 저임금을 활용하여 자국상품의 국제경쟁력을 증대시키는 것을 기대하였다.

NAFTA의 특징을 보면 ① 세계최대 경제대국인 미국을 포함하고 있는 거대한 지역시장이며, ② 회원국 상호간의 보완성으로 인해 역내무역비중이 비교적 높은 60%에 육박하고 있고, ③ 원산지규정은 원칙적으로 세번변경기준을 채택하고 있으나 역내산업의 보호가 필요한 자동차, 섬유류, 컴퓨터 등에서는 특별기준을 설치하고 있다. 예를 들어, 자동차에 대해서는 세번 변경과 현지부품 조달비율 요건을 동시에 충족시켜야 역내 생산품으로 인정하고 있다. 이는 역내에서의 단순조립생산 형태로 NAFTA시장에 진출하여 역내에서 부여하는 특혜를 누리는 것을 방지하기 위한 조치이다. 이러한 NAFTA의 특징이 시사하는 것은 역내 민감품목의 경우는 조립생산

보다는 현지생산을 통하여 진출하는 것이 바람직하다는 점이다.

### (2) 아세안 자유무역지대(AFTA)

아세안자유무역지대(AFTA: ASEAN Free Trade Area)는 1992년 제 4 차 ASEAN 정상회의에서 인도네시아, 말레이시아, 필리핀, 싱가포르, 태국, 브루나이 6개국이 합의함으로써 창설되었다.

그동안 역내무역을 활성화하고 지역경제의 발전을 도모하려는 아세안 국가들의 시도는 회원국 간의 경제구조와 산업구조가 상호경쟁적인 성격으로 인해 큰 결실을 보지 못하였다.

EU나 NAFTA의 추진 등 주요 경제권이 보호주의적 지역시장 경향을 보이자, 이들 지역에 수출을 크게 의존하고 있던 아세안국가들은 미국과 유럽의 지역시장화에 대처하기 위해 아세안의 대외협상력을 강화할 필요성을 크게 느끼게 되었다. 또한 아세안 경제성장의 큰 힘이 되었던 외국인 직접투자가 중국 · 인도 등 다른 개도국으로 빠져나가는 심각한 상황을 맞게 되었다.

이에 따라 AFTA는 ① 중국 등 경쟁지역에 비하여 외국인 직접투자를 유치할 수 있는 매력을 창출하고, ② 주요 수출시장인 미국, 유럽, 일본 등과 대등한 대외협상력을 유지하여 통상협상에서 유리한 입장을 확보하기 위한 필요성에서 추진되었다.

AFTA는 아세안 회원국 상호간에 관세 및 비관세장벽을 인하하거나 철폐함으로써 역내에서 자유무역을 보장하고 역외국가에 대해서는 독자적인 관세정책과 무역정책을 취하는 자유무역협정이다. AFTA가 주목받는 이유는 ① 아세안국가들이 5억 이상의 인구를 가지고 있는데다, ② 경제성장이 비교적 빨라, ③ 세계무역규모에서 차지하는 비중이 지속적으로 증가하고 있는 미래의 거대시장이기 때문이다.

그러나 아세안은 ① 역내시장이 협소하기 때문에 역외시장에 대한 의존도가 높다는 점과 ② 회원국 간의 산업구조가 보완성이 낮다는 점 등은 무역창출효과를 억제하고 회원국 간의 협력을 가로막는 요인으로 작용할 가능성이 크다.

### (3) 중화경제권

중국의 21세기 목표는 대중화경제권(Greater Chinese Economic Zone)건설이다. 1997년에 반환받은 홍콩과 1999년에 반환받은 마카오, 그리고 장기적으로 대만까지 목표해 하나의 대중국을 건설하겠다는 꿈을 중국은 가지고 있다.

세계 주요 경제권 중에서 이미 가장 활발한 곳이 중국이고 중화경제권이다. 거기다가 중국의 풍부한 인력과 자원, 홍콩의 금융산업과 정보산업, 대만의 자본과 경제발전 그리고 글로벌비즈니스에 대한 노하우 등을 서로 보조 보완하면서 중화경제권의 경제협력을 가속화시키고 있다.

IMF는 중국은 2010년경까지 미국, EU의 경제규모에 필적하고 2015~2020년 기간에 서구경제를 압도하고 세계경제의 20%를 점유하여 세계 최대의 경제국이 될 것이라고 전망하고 있다.

이러한 전망들이 시사하는 바는 한국기업들은 중화경제권을 EU나 NAFTA보다 오히려 더 중요하게 여기고 더욱 더 이익적으로 활용해야 할 필요성이 있다는 점이다.

**예 증** *ILLUSTRATION*

#### "격세지감" 한중수교 15년

한국과 중국의 수교가 2007년 8월 24일로 15주년을 맞는다. 1992년 수교한 이후 중국에 정착하기 시작한 한국인은 5년 만인 1997년 10만 명을 돌파해 2000년 20만 명을 넘어서더니 2004년부터 매년 10만 명씩 증가해 2007년 70만 명까지 급증했다. 1999년 발족한 재중국한인회는 2008년 베이징 올림픽을 계기로 중국에 상주하는 한국인이 급격히 늘어 2008년 말엔 "재중국 한국인 100만 명 시대"가 올 것으로 보고 있다. 재중한국인회 회장은 "중국에는 현재 205만 명의 조선족을 포함해 275만 명의 한민족이 살고 있다"고 말했다. 양국 정부는 2007년을 "한중교류의 해"로 정하고 100여건의 크고 작은 기념행사를 마련해 양국관계 발전의 새로운 전기를 마련하기 위해 노력하고 있다

■ '중국 속의 한국' 늘어

중국내 한국인의 증가는 대도시를 중심으로 이뤄지고 있다. 베이징의 동북쪽에 위

치한 왕징신청(望京新城), 한국인 7만 명이 모여 사는 중국 최대의 한국인 밀집지역이다. 중심가 '전주관' 앞거리의 간판만 보면 도대체 여기가 한국인지 중국인지 분간하기 어렵다.

'전주관, 이연이헤어모드, 이조갈비, 광명수산, 오대감, 한촌설렁탕, 현우항공, 동원참치…' 광순베이다제(廣順北大街)와 홍창(廣昌)로, 후광중제(湖光中街)라는 도로 표지판을 보고서야 여기가 중국이구나라고 느낄 정도다.

베이징 시내 한인촌은 이곳뿐이 아니다. 베이징대학 주변의 우다오거우(五道口)와 산동(山東)성 칭다오(青島)시의 청양(城陽)구, 텐진(天津)의 메이장(梅江), 상하이(上海)의 구베이(古北)와 룽바이(龍柏), 광저우의 위안징(遠景)로 등 곳곳에 한인촌이 들어서고 있다. 천여 년 전 '신라방'이 부활하고 있는 셈이다.

### ■ 활발한 인적 교류

2006년 한국과 중국을 오간 방문자는 482만 천여 명. 한국인 392만 4천여 명이 중국을 찾았고 중국인 89만 7천여 명이 한국에 왔다. 수교 첫해인 1992년에는 방한한 중국인이 8만 7천명, 방중한 한국인은 4만 3천명에 불과했다. 양국의 인적 교류는 15년 만에 37배 늘었다.

2006년 중국의 한국인 유학생은 6만여 명으로 중국내 외국인 유학생의 40%에 이른다. 1992년 매주 30여 회였던 항공편은 2006년 말 기준 780여 회로 늘었다.

### ■ 급증하는 경제교류

중국은 2004년 미국을 제치고 한국의 제 1 의 교역상대국으로 떠올랐다. 수출대상국으로는 1위이며 수입대상국은 일본에 이어 2위이다. 한국도 중국에서 홍콩을 제외하면 미국과 일본 다음의 3대 교역국이다.

양국 간 교역액은 1992년 63억 7천만 달러에서 2006년 1,180억 2천만 달러로 20배가량 늘었다. 연평균 증가율은 30%에 달한다.

한국의 대중 수출액은 1992년 26억 5천만 달러에서 2006년 694억 6천만 달러로 26배 증가했다. 2006년 한국이 수출한 물건 다섯 개 중 한 개는 중국에 판매됐다.

한국수출입은행에 따르면 한국의 대중국 직접투자는 1992년 1억 4천만 달러(170건)에서 지난 해 33억 4천만 달러(2,300건)로 금액은 24배, 투자건수는 14배가량 늘었다. 2002년에는 중국은 미국을 제치고 한국의 해외직접투자국 중 1위로 올라섰다.

자료: dongA.com, 2007. 8. 11.

제 3 절

# 국가시장의 경제환경

글로벌마케터는 아래와 같은 핵심요소들을 중심으로 표적으로 삼으려는 국가시장들의 경제적 환경을 분석해야 한다.

## 1. 국가시장의 규모를 파악하는 일반지침

관심있는 국가시장의 규모와 잠재성을 파악하기 위해서는 다음의 사항들을 면밀히 분석해야 한다.

### (1) 인구관련 지표분석

시장은 구매력과 욕구를 가진 사람을 의미하기 때문에 시장의 규모를 파악하기 위해서는 우선 인구와 관련된 지표를 분석해야 한다.

① 인 구 수

우선 인구수를 파악해야 한다. 만약 기타 모든 조건이 같다고 한다면 인구수가 많은 국가일수록 좋은 시장국이라 할 수 있다. 따라서 우선은 인구수가 많을수록 시장규모가 클 것으로 가정하고서, 기타조건을 살펴보는 것이 바람직하다. 인구수는 필수품이나 편의품 등 소비재 시장을 측정하는 데 유용한 지표가 된다. 그러나 사치성소비재나 내구성소비재의 경우는 인구 이외에 소득지표도 함께 살펴보아야 한다.

② 인구성장률

글로벌마케터는 국가시장별로 인구성장률 동향도 고려해야 한다. 국가별 인구성장률은 연간 마이너스성장 및 0%에 가까운 것으로부터 4% 이상에 이르기까지 격차가 크다. 인구성장률은 미래시장의 규모를 파악할 수 있는 중요한 지표가 된다. 예를 들면, 한국과 같이 인구가 감소하고 있는 국가에서는 유아를 주요고객으로 하는 산업은 미래가 밝지 않을 수 있다.

그림 3-3 예측되는 2050년도 주요 지역 · 국가별 인구

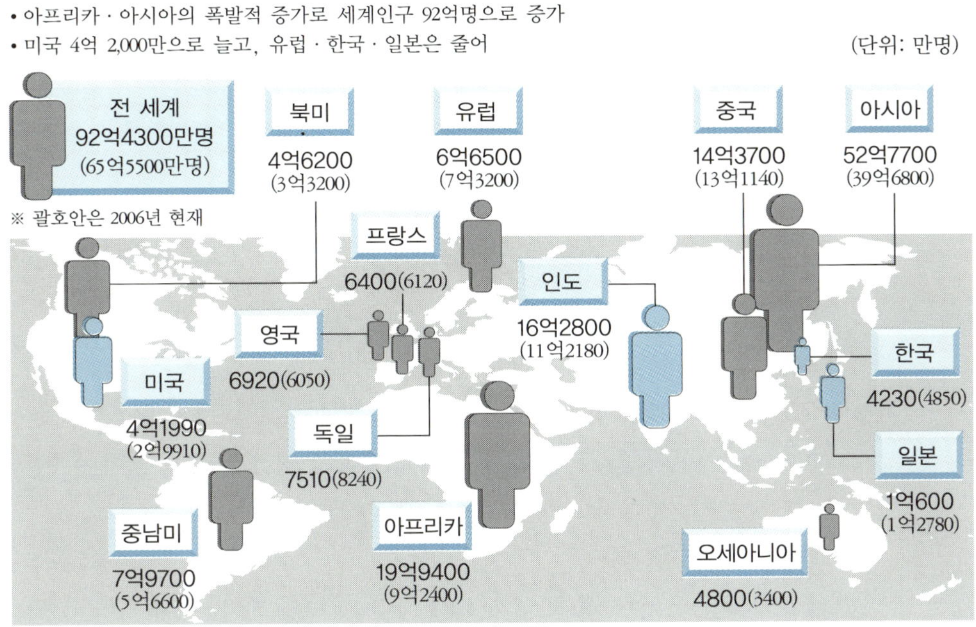


자료: DSW(독일 세계인구재단) 2006년 보고서.

③ 인구의 분포

먼저 인구의 연령별 분포를 고려해야 한다. 인간은 연령에 따라 니즈(needs)가 다르기 때문에 전체인구가 연령층별로 어떻게 배분되어 있는가는 제품의 수요에 상당한 영향을 미치게 된다. 다음으로 인구의 지리적 분포를 고려해야 한다. 인구가 대도시 등 제한된 도시지역에 집중되어 있을수록 글로벌마케팅에는 유리한 점이 많아진다. 인구밀도 내지 인구집중도가 높은 국가시장일수록 매출액 증대, 코스트 절감 등과 같은 마케팅 목표를 쉽게 달성할 수 있기 때문이다.

### (2) 소득관련 지표분석

소득은 구매력을 가늠할 수 있는 지표이기 때문에 시장의 규모를 파악하기 위해서는 소득관련 지표를 분석해야 한다.

① 1인당 소득

1인당 소득은 거의 모든 나라가 통계치를 발표하고 있기 때문에 구하기도 쉽고 국가 간 비교하기도 용이하다. 또한 1인당 소득은 그 나라 국민의 삶의 지표를 나타내는 지표이기도 하다. 따라서 1인당 소득이 높은 국가의 국민이 구매력도 높다고 할 수 있다. 그러나 1인당 소득을 해석할 때에는 다음과 같은 이유 때문에 주의를 해야 한다.

ⓐ 1인당 소득은 대부분 미국달러화로 표시되는데 환율의 왜곡이 있는 경우는, 달러표시 1인당 소득이 그 나라의 소득을 정확하게 표시하지 못한다.

ⓑ 인플레이션율이 국가마다 크게 차이가 나는 경우에는, 명목상의 1인당 소득이 국가간의 상대적 실질구매력을 정확히 반영하지 못한다.

ⓒ 국가마다 국민소득을 산정하는 방법이 동일하지 않기 때문에 1인당 소득이 국가간의 상대적 소득을 정확하게 반영하지 못한다.

② 총국민소득

1인당 소득은 인구를 반영하지 못하기 때문에 한 나라의 경제력을 나타낼 수 없다. 따라서 한 나라의 경제력을 측정하기 위해서는 1인당소득×인구수를 나타내는 총국민소득(GNP/GDP)을 사용해야 한다. 특히 산업재나

표 3-2 주요 국가들의 GNI 1인당 국민총소득(2005년) (단위: 달러)

| 국가명 | 2004년 | 2005년 | 순위[1] |
|---|---|---|---|
| 룩셈부르크 | 62,983 | 65,228 | 1 |
| 노르웨이 | 55,635 | 63,423 | 2 |
| 스위스 | 53,688 | … | 3 |
| 덴마크 | 45,093 | 47,720 | 4 |
| 미국 | 39,644 | 41,802 | 5 |
| 아이슬란드 | 41,042 | … | 6 |
| 아일랜드 | 37,313 | 40,667 | 7 |
| 일본 | 36,536 | 36,431 | 12 |
| 한국 | 14,193 | 16,291 | 29 |
| 대만 | 14,770 | 15,676 | 30 |

주: 1) 2005년 자료가 없는 국가는 2004년 자료를 비교하여 순위화하였음.
자료: 한국은행「http://ecos.bok.or.kr」 2006. 7, IMF「International Financial Statistics」 2006. 7.

### 표 3-3 국내총생산(GDP) 규모와 순위

| 2004년 순위 | 2004년 국가명 | 2005년 순위 | 2005년 국가명 | GDP |
|---|---|---|---|---|
| 1 | 미국 | 1 | 미국 | 12조4872억달러 |
| 2 | 일본 | 2 | 일본 | 4조5588억달러 |
| 3 | 독일 | 3 | 독일 | 2조7953억달러 |
| 4 | 영국 | 4 | 영국 | 2조1988억달러 |
| 5 | 프랑스 | 5 | 프랑스 | 2조1269억달러 |
| 6 | 이탈리아 | 6 | 중국※ | 1조9365억달러 |
| 7 | 중국※ | 7 | 이탈리아 | 1조7627억달러 |
| 8 | 캐나다 | 8 | 캐나다 | 1조1293억달러 |
| 9 | 스페인 | 9 | 스페인 | 1조1248억달러 |
| 10 | 인도※ | 10 | 인도※ | 8003억달러 |
| 11 | 한국 | 11 | 브라질※ | 7961억달러 |
| 12 | 멕시코 | 12 | 한국 | 7875억달러 |
| 14 | 브라질※ | 13 | 멕시코 | 7684억달러 |
| 16 | 러시아※ | 14 | 러시아※ | 7636억달러 |

※는 브릭스 국가 자료: 통계청 · 한국은행 · IMF

전 세계와 우리나라 성장률 추이(전기간 중 연 평균, %)

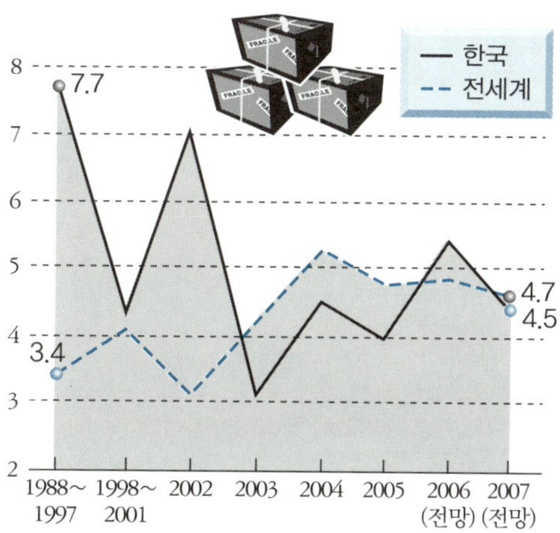


자료: 국제통화기금(IMF)

자본재 등의 시장규모를 나타내는 소득지표는 1인당 소득보다는 GNP/GDP가 더 적정한 것으로 평가되고 있다.

③ 소득의 배분

국가시장의 규모를 분석할 때 고려해야 할 또 하나의 소득관련 지표는 소득배분(income distribution)이다. 대부분의 인구가 벌어들이는 소득액이 평균치에 가까워야만, 즉 중산층이 두터워야만, 시장의 잠재성이 커지게 된다.

글로벌마케터는 시장의 규모를 파악하기 위해 소득관련지표를 분석할 때에는 1인당 소득, 총국민소득, 소득의 배분 등을 함께 활용해야 시장의 규모와 잠재성을 더욱 잘 파악할 수 있다.

그림 3-4 2015년 세계 경제력 지도

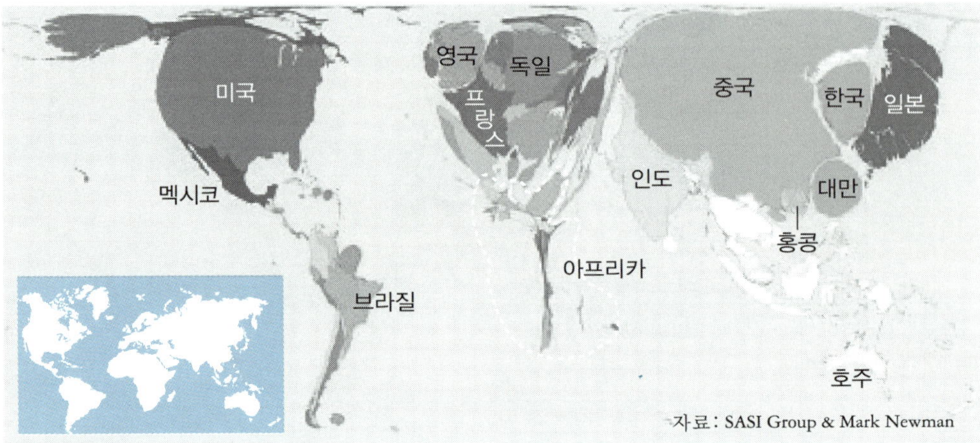


주: 영국 셰필드 대학 "SASI"(사회 및 공간 불평등 연구그룹)와 미시간대학 연구팀이 2005년도 "세계 경제력 지도"를 작성했다. 이는 해당국가의 영토의 크기가 아닌 경제력 크기를 지도에 표시한 것이다. 연구팀은 세계은행 · 미국 중앙정보부 · 유엔무역개발회의 등 9개 기관의 자료를 참고했다. "한국에 대한 미래 예측(세계 6위)은 과장되어 있다"는 것이 국내전문가들의 의견이다.

## 2. 국가시장의 규모를 파악하는 기타 국민경제 특성

관심 있는 국가시장별로 시장의 현재규모와 장래성을 분석할 때에는 다음 요소들을 중심으로 국민경제의 특성을 파악하는 것이 바람직하다.

### (1) 부존자원과 자연조건

① 부존자원

한 국가의 부존자원은 그 국가의 현재나 미래의 시장전망을 나타낸다. 특히 진출하고자 하는 기업이 필요로 하는 자원을 보유하고 있는 경우에는 시장의 매력도가 더욱 좋아진다.

② 지　형

지형은 국토표면의 모양을 말하는 것으로 강, 호수, 산림지대, 사막 등을 포함한다. 글로벌마케터의 입장에서 볼 때, 관심 있는 국가시장들의 지형은 현지에서의 생산입지결정, 제품적응, 물적유통 등의 측면에서 중대한 영향을 미친다.

③ 기 후

기후에는 보편적으로 온도의 범위, 바람, 강우량, 강설량, 습도 등을 포함한다. 기후는 제품의 적응, 제품의 보관시설, 소비자 심리 등에 중요한 영향을 미치기 때문에, 글로벌마케팅이나 현지마케팅을 계획할 때에 적절히 고려할 필요가 있다.

따라서 글로벌마케터는 국가시장을 분석할 때에는 경제지리를 분석함으로써, 마케팅운영상의 문제를 미리 파악하고 대응할 수 있어야 한다.

### (2) 경제발전 단계

로스토우(Rostow)는 경제발전단계를 전통적 사회, 도약준비단계, 도약단계, 성숙단계, 대량소비단계로 나누고 국가들은 도달한 경제발전 단계별로 서로 다른 유형의 생산-유통시스템을 운영한다고 한다. 이는 경제발전단계에 따라 국가시장별로 제공하는 시장의 규모와 마케팅기회 그리고 마케팅제약조건 등이 달라짐을 의미한다. 그러므로 글로벌마케터는 표적 국가시장들의 경제발전수준을 파악할 필요성이 있다.

### (3) 사회간접시설의 충분도

사회간접시설 내지 경제하부구조(social overhead facilities, economic infrastructure)란, ① 도로 · 수도 · 항만 · 공항 등의 수송시스템과, ② 전기 · 가스 등 에너지공급시스템, ③ 전신 · 전화 등 정보통신시스템 등을 말한다. 이는 한 나라의 산업화에 필수적인 기반으로서 기업활동의 생산성에 중요한 역할을 하는 지원시설이다.

사회간접시설이 잘 구비된 국가시장일수록 현지마케팅활동을 능률적으로 수행할 수 있으며, 반면에 사회간접시설이 불충분한 국가시장에서는 현지마케팅활동을 계획대로 수행하기 어려워 현지마케팅의 규모를 축소하거나 현지시장 진입을 단념하게 된다. 따라서 글로벌마케터는 표적 국가시장들이 보유한 사회간접시설의 수준을 분석해야 된다.

#### (4) 국민경제의 기타특성 분석

① 조세구조

법인세는 기업체가 해외생산자회사의 입지를 결정할 때 큰 영향을 미치고, 물품세와 판매세는 판매가격을 결정할 때에 큰 영향을 미친다. 즉 외국인에게 제공하는 조세유인(관세감면이나 법인세감면 등)은 외국인기업의 현지비즈니스 활동에 큰 영향을 미친다.

② 현지국의 행정능률

현지정부의 행정능률이나 행정투명성이 낮은 경우에는 준조세 명목의 각종 비용지출과 업무의 지연에서 초래되는 비용 등으로 현지 비즈니스비용이 증가하게 된다.

③ 인플레이션율과 외환율

인플레이션율이 높으면 비용통제, 가격책정 등에 어려움을 겪게 되고, 외환율의 변동이 심하면 환위험에 노출되어 환리스크비용이 커지게 된다. 즉 현지시장의 인플레율이 높고 환위험이 클수록 비즈니스거래에 추가적인 비용이 발생한다.

## 3. 국가시장의 경쟁환경

글로벌마케터는 진입하고자 하는 국가시장별로 전반적인 경쟁환경을 분석하고 경쟁업체들의 경쟁력을 평가해야 한다.

#### (1) 경쟁환경 분석

오마에(K. Ohmae)에 의하면 기업이 경쟁에서 이기기 위해선 자사가 소속한 산업의 고객 니즈와 경쟁방식을 파악해야 한다. 먼저 고객들이 무엇을 원하는가를 파악하는 것은 기업들로 하여금 소비자들이 원하는 제품을 만들 수 있게 한다. 다음으로 산업의 경쟁방식을 이해하기 위해서는 얼마나 경쟁이 치열하고, 경쟁에서 이기려면 어떤 요인이 가장 중요한 것인가를 이해하는 것이 필요하다. 이는 산업의 집중도, 진입장벽과 퇴거장벽의 크기, 소비자의 가격에 대한 민감도 등과 같은 산업구조를 파악하고 분석해야 한다. 산업구조에 대한 자세한 설명은 제 6 장에서 다루기로 한다.

### (2) 경쟁업체들의 경쟁력 평가

해외시장 진입에 앞서 자기회사와 경쟁회사의 경쟁력에 대한 평가가 선행되어야 한다. 경쟁기업의 경쟁력을 평가하기 위해서는 경쟁력 창출의 원천에 대한 이해가 선행되어야 할 것이다. 기업 경쟁력 창출의 주요원천은 다음과 같다.

① 독점적 자산

국제기업이 해외시장의 생소함을 극복하고 경쟁력을 가질 수 있는 원천은 다른 기업이 갖고 있지 못한 독점적 자산의 보유이다. 글로벌마케터는 경쟁기업이 이러한 독점적 자산을 어느 정도 보유하고 있는가를 평가해야 한다. 독점적 자산은 물질적(physical), 인적(human), 조직적(organizational) 자산의 세 가지 유형으로 분류할 수 있다.

ⓐ 물질적인 독점적 자산

이는 눈에 보이기 때문에 글로벌마케터가 가장 쉽게 파악할 수 있고 평가할 수 있다. 물적 자산이란 예를 들면, 공장과 설비의 규모와 위치, 기술의 정밀성과 유연성, 효율적인 생산공정과 생산기술, 특허권, 브랜드 등을 의미한다.

ⓑ 인적 자산

인적 자산은 그 자체가 기업이 보유한 독점적 우위의 원천이기도 하지만, 독점적 우위가 되는 유형 · 무형의 독점적 자산을 축적하고 관리하는 근본적인 주체이기 때문에 중요한 경영자원이 된다. 여기에는 경험, 판단력, 인적관계, 관리자와 노동자 개인의 통찰력, 탁월한 리더십, 헌신적인 종업원, 뛰어난 기술자 등이 있다.

ⓒ 조직상의 독점적 자산

이는 기업이 보유한 효율적인 의사전달 체계, 계획 · 통제 · 조정 시스템, 원활한 노사관계, 기업문화, 효율적인 네트워크 체계 등을 말한다.

② 독점적 자산의 지속성

위에서 말한 독점적 자산이 지속적인 경쟁우위를 창출하기 위해서는

그림 3-5 경쟁업체의 경쟁력 평가

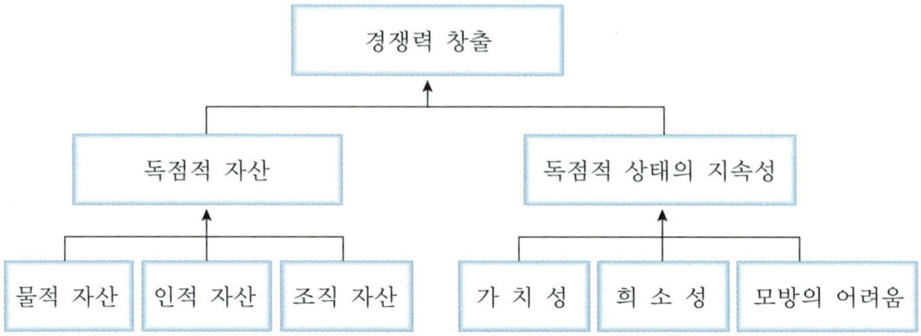


다음과 같은 특징을 가지고 있어야 한다.

ⓐ 가치가 있어야 한다. 즉 독점적 자산은 기업의 효과성과 효율성에 기여할 수 있어야 한다.

ⓑ 희소성이 있어야 한다. 희소성이 없어 다른 기업들도 쉽게 획득할 수 있다면 한 기업이 다른 기업에 비해 갖게 되는 경쟁우위는 쉽게 무효화될 수 있다.

ⓒ 경쟁자들이 모방하기 어려워야 한다. 경쟁우위를 가져다주는 자산은 다른 기업이 모방할 수 없거나 모방하더라도 쉽게 모방할 수 없는 것이어야 한다.

어느 국가시장에 모방하기 어려운 독점적 자산을 보유하고 있는 기업이 이미 존재하고 있다면, 이는 경쟁이 힘들다는 것을 의미하며 이러한 해외시장에 진입하고자 하는 기업은 좋은 수익률을 기대하기 어렵다.

## 토의문제

1. WTO의 주요원칙과 이것이 글로벌마케팅에 주는 영향을 설명하시오.
2. WTO가 주는 시사점을 설명하시오.
3. 지역경제통합의 주요 유형별 차이점을 설명하시오.
4. EU의 주요성과를 설명하시오.
5. 국별시장의 시장성을 평가하는 데 사용할 수 있는 주요항목들을 설명하시오.
6. 경쟁기업의 경쟁력을 평가하는 데 사용할 수 있는 주요항목들을 설명하시오.

## 참고문헌


김언수(2007), TOP을 위한 전략경영 2.7, 박영사.

박형래(2001), 국제무역환경의 이해, 두남.

반병길 외(2001), 국제마케팅, 박영사.

이인세(2004), "EU의 시장단일화 성과와 한국기업의 대응전략," 국제지역연구, 8권 2호, 국제지역학회.

장세진(2006), 글로벌경영, 박영사.

Barney, J.(1991), "Firm Resources and Sustained Competitive Advantage," *Journal of Management*, 17.

Keegan, W. J., and G. C. Mark(2004), *Global Marketing*, 4th ed., Prentice-Hall.

Ohmae, K.(1982), *The Mind of the Strategist*, McGraw-Hill.

WTO(2004), *International Trade Statistics*, WTO Press.

# 제 4 장 사회-문화 환경

인간은 사회적 동물이기 때문에 사회-문화적 환경은 인간과 밀접하게 상호작용을 주고받는다. 국제환경으로서의 사회-문화적 환경은 국가 또는 민족의 문화적 관습이나 가치관 등을 말하며 특히 마케팅활동에 중요한 영향을 미친다. 따라서 사회-문화적 환경을 어느 정도 정확하게 분석함으로써 기업은 보다 효과적인 마케팅계획을 수립할 수 있게 된다. 글로벌마케팅 관리자는 이와 관련하여 다음과 같은 요소들을 잘 고려해야 한다.

## 제 1 절 언어와 미학

### 1. 언어와 글로벌마케팅

#### (1) 사용언어의 선택기준

원칙적인 면에서 본다면, 글로벌마케팅활동을 성공으로 이끌려면 글로벌마케터는 지역이나 국가의 이질적 문화 사이에 존재하는 언어장벽을

**예 증** *ILLUSTRATION*

2007년 유엔 산하 세계지식재산권기구는 한국어를 국제특허협력조약(PCT)의 국제 공개어로 채택했다. 이 기구에 등록되는 국제특허 관련 문건을 한국어로 볼 수 있게 된 것이다. 한국어가 국제기구에서 최초로 공식언어로 지정됨으로써 한국어 위상이 그만큼 높아지게 된 셈이다.

전 세계 언어 7,000여개 중 사용자 수로 본 언어 순위(단위: 명)

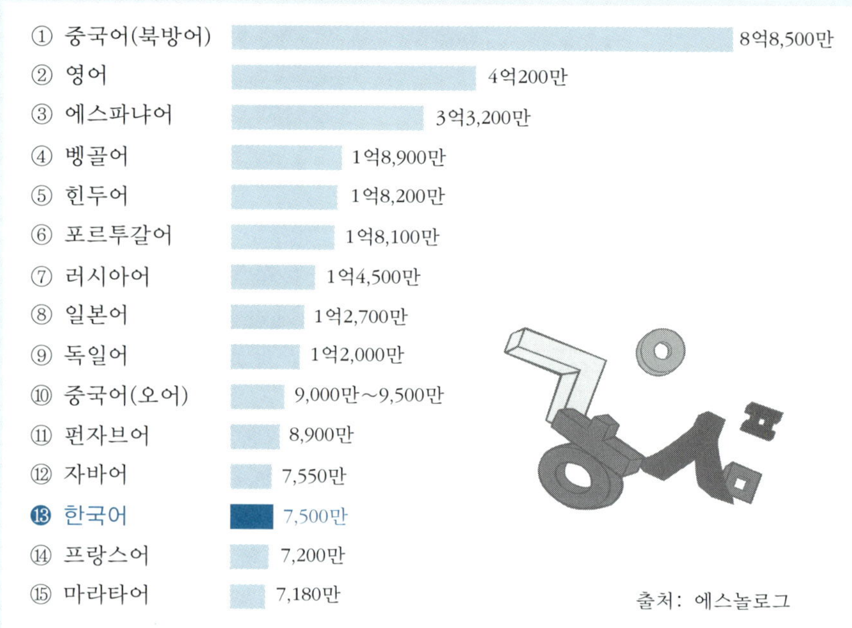


자료: 중앙일보, 2007년 10월 9일.

효과적으로 극복할 수 있어야 한다. 언어장벽을 극복하지 못하는 경우에는 글로벌마케터, 거래선, 고객 간에 효과적인 커뮤니케이션을 기대하기 어렵다. 그러나 글로벌마케터가 목표해외시장에서 사용하는 언어를 선택하는 기준은 경제성과 밀접한 관련을 갖는다.

① 현지어를 사용하는 경우

대다수 인구가 동일한 언어를 사용하는 국가에서는 해당언어를 배우고 활용하는 것이 바람직하다. 글로벌마케터가 특정 외국의 언어를 철저히 배우는 것은, 그 특정 외국의 문화를 배우는 올바른 길이기 때문이다. 특정 언어의 말이나 글은 ⓐ 특정문화를 생성시킨 문화적인 컨셉트와 아이디어 등을 설명해 주고, ⓑ 특정 국가시장의 문화를 이해하는 열쇠일 뿐만 아니라, ⓒ 그 문화권에서 마케팅활동을 전개하고 마케팅 커뮤니케이션하는 데 필요한 주요수단이기 때문이다. 따라서 진출하는 시장국의 언어와 문화를 철저히 배우게 되면, 글로벌마케터는 현지시장에서 마케팅과업을 효과적으로 수행할 수 있는 능력을 강화할 수가 있다.

② 공통언어를 사용하는 경우

다음과 같은 경우에는 진출하고자 하는 국가(지역)시장에서 공통언어를 사용하는 것이 바람직하다.

첫째, 한 국가 또는 동일지역 내에서도 다수언어가 사용되어 현지어 사용이 규모의 경제를 확보하기 어려운 경우에는, 글로벌마케터는 과거 식민종주국 언어들인 영어, 프랑스어, 스페인어 등과 같은 공통언어를 사용하여 접근하는 것이 바람직하다. 예컨대, 아프리카 지역에서는 특정 국가시장 내에 거주하는 부족들 간의 커뮤니케이션이나 인접국가에 거주하는 부족들 간의 커뮤니케이션은, 토착부족언어들보다는 과거 식민종주국 언어들로 빈번히 이루어지고 있다.

둘째, 기업을 상대로 하는 산업재마케팅의 경우에는 고객기업이 공통언어(예, 영어)로 커뮤니케이션할 수 있는 임직원을 채용하고 있고, 문화적 요인보다는 기술적 요인이 산업재 촉진요인으로 더 크게 작용하기 때문에, 글로벌마케터는 공통언어를 사용하더라도 비교적 성공적으로 마케팅활동을 수행할 수 있다.

**예 증** *ILLUSTRATION*

### 인류 4분의 1 묶는 '영어 제국' "미국의 시대보다 오래 갈 것"

인터내셔널 헤럴드 트리뷴(IHT)은 2007년 4월 10일 영어를 뜻하는 "단 하나의 언어가 세계 공용어로 지구촌 곳곳에서 인정받는 것은 역사상 전례를 찾아볼 수 없는

**세계 영어 사용 인구**(단위: 명)

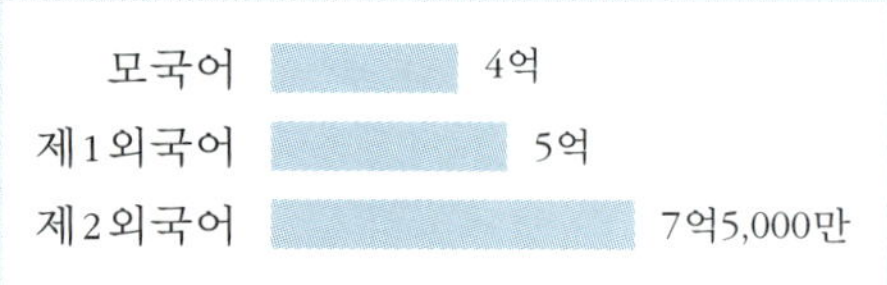


자료: 언어학자 데이비드 그래돌 논문.

현상"이라고 보도했다.

IHT는 현재 세계 인구 65억 명 중 4분의 1 정도가 영어로 의사소통을 할 수 있다고 전했다. 영어를 모국어로 쓰는 인구는 4억 명 정도에서 불과하지만 제1 외국어로 쓰는 사람이 5억 명에 육박한다. 여기에 제 2 외국어로 영어를 배워 의사소통이 가능한 인구가 또 7억 5,000만 명에 이른다. 영국 언어학자 데이비드 그래돌은 "조만간 영어 사용자가 세계 인구의 3분의 1로 늘어날 것"이라고 전망했다.

영어 열풍은 세계화에 따라 인력과 물자의 이동이 자유로워지면서 더욱 힘을 발휘하고 있다. 그 때문에 초강대국 미국과 영어의 본산인 영국의 힘이 오랫동안 이어질 것이라는 분석도 나오고 있다.

인터넷의 발달도 영어가 세계 공용어의 지위를 굳히는 데 큰 힘이 되고 있다. 현재 인터넷에 저장된 정보의 80%가 영어로 돼 있다.

영어의 세력 확장에 맞서고 있는 언어는 중국어와 스페인어 정도다. 두 언어는 모국어로 쓰는 사람이 워낙 많아 영어 열풍에도 기죽지 않고 있다. 중국은 영어를 경쟁언어로 삼아 중국어 해외 보급을 추진해 왔다. 브라질을 제외한 중남미 대부분 국가에서 모국어로 사용되는 스페인어는 빠른 인구 증가세를 바탕으로 꾸준히 저변을 늘려 가고 있다.

자료: 중앙일보, 2007년 4월 11일.

### (2) 언어장벽의 극복방안

글로벌기업으로서 글로벌비즈니스나 글로벌마케팅을 하려는 기업들이 언어장벽을 효과적으로 극복하기 위해서는 몇 가지 방안을 생각할 수 있다.

첫째는 회사공식언어(company official languages)를 지정하여 사용한다. 특히 해외자회사가 점점 늘어나고 현지인이나 제 3 국인들을 점점 더 많이 채용할수록, 본사와 자회사 또는 자회사와 자회사 상호간에 밀접한 커뮤니케이션이 요구될수록, 회사공식언어를 지정할 필요성이 커진다. 글로벌비즈니스 커뮤니케이션 언어로서는 영어가 가장 활용가치가 높다.

둘째, 한국기업들은 한국의 언어, 생활양식, 비즈니스관습, 관리방식 등에 비교적 익숙한 현지대학의 한국어학과 졸업생, 현지교포, 현지인 및 현지유학생 출신 한국인들을 해외자회사 마케팅부서의 관리자나 직원으로 적극 활용할 필요가 있다.

## 2. 미학과 글로벌마케팅

미학(aesthetics)은 특정 문화나 국가가 지니고 있는 음악, 그림, 연극, 무용 등 예술로 표현되는 미(beauty)와 풍취(good taste)에 대한 아이디어이며, 특히 색채(color) 및 형태(form)에 대한 이해/음미(appreciation)와 깊은 관련이 있다.

국가별, 지역별 미학적 선호의 차이는 다음과 같은 측면에서 글로벌마케팅활동에 영향을 미친다. 그러므로 글로벌마케터들은 진출하고자 하는 국가(지역)시장의 미학에 관하여 관심을 가지는 것이 바람직하다.

### (1) 디자인과 색채

#### ① 디 자 인

글로벌마케팅활동에 영향을 미치는 미학적 측면의 하나는 디자인(design)이다. 그러므로 해외시장을 표적으로 삼고 마케팅하려는 기업은 ⓐ 생산-마케팅하려는 제품과 포장을 디자인할 때, ⓑ 해외시장에 공장, 사무용 빌딩, 저장시설 등을 디자인할 때, 가급적 목표해외시장의 현지인들의 기호에 맞고 마음에 들도록 디자인하는 것이 바람직하다. 그러나 이 경우에도 코스트효율성에 타당성이 있어야 한다.

**예 증** *ILLUSTRATION*

**일본 시장에서도 'LG 초콜릿폰' 훨훨~~**

LG전자의 초콜릿폰이 일본 시장에서 돌풍을 일으키고 있다. 초콜릿폰은 LG전자가 세계 시장을 겨냥해 만든 야심작으로 2006년 상반기 해외 출시 이후 지금까지

1,400만대 이상 팔려나갔다. 일본에서는 2007년 1월 19일 출시 첫날 5,000대가 판매된데 이어 지금까지 하루 2,000대 이상 꾸준히 나가고 있다.

일본 휴대전화기시장은 세계 글로벌 강자들의 무덤으로 불린다. 샤프 · 파나소닉 · NEC 등 일본의 10대 메이커들이 시장의 90% 이상을 장악하고 있고, 노키아나 모토로라 같은 세계 모바일의 지존(至尊)들도 유독 일본에서는 힘을 못 쓰고 있다.

일본은 디지털 휴대전화기를 상용화할 때부터 자국 시장보호를 위해 글로벌 시장과는 다른 기술방식을 채택한 데다 일본인들의 성향도 외국산 제품에 대해 다소 배타적이라는 것, 그래서 LG전자 초콜릿폰의 선전이 단연 돋보인다.

LG전자 해외마케팅 담당 배재훈 부사장은 "지금 같은 추세라면 2006년 말까지 총 20만대 이상 판매는 무난할 것"이라고 전망했다.

뿐만 아니다. 초콜릿폰은 일본 최대의 이동통신 서비스업체 NTT도코모가 판매하는 중고가(中高價) 제품 8개 모델 중 판매 순위 3위에 올랐고, 일본의 IT 전문 인터넷 사이트 "카카쿠닷컴"이 최근 실시한 인기투표에서도 2위를 차지했다. 현재 일본에서 판매 중인 초콜릿폰은 고속 무선인터넷이 가능한 3세대 휴대전화기(HSDPA)로 블랙 · 화이트 · 레드 와인 등 세 가지 색상이다. 또 초콜릿폰의 상징인 터치 패드(touch pad · 압력 감지기가 있는 작은 평판을 손가락으로 눌러 작동하는 장치)를 장착했다.

비록 초기 단계이기는 하지만, 초콜릿폰이 이처럼 외국업체에 난공불락으로 꼽히는 일본 시장에서 성공적인 첫발을 내디딘 비결은 뭘까?

국내외 통신 전문가들은 주저 없이 '감성적 디자인'을 꼽았다.

초콜릿폰의 세계시장 누적판매 실적

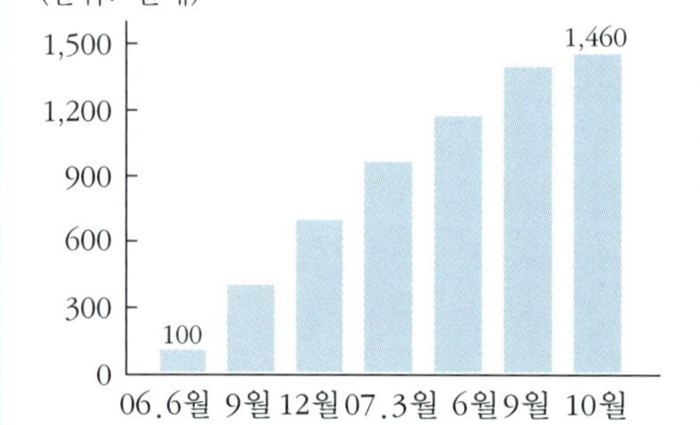


자료: LG전자.

'휴대전화기도 지금은 패션 상품화하고 있다.' 'LG전자가 제품의 기능에서 디자인으로 넘어가는 시장 트렌드를 잘 읽었다.' 그러면서 LG전자가 그동안 취약했던 중고가 시장에 성공적으로 진출했다는 것이다.

일본 역시 초콜릿폰이 출시되기도 전에 초콜릿폰의 디자인에 지대한 관심을 보였다고 한다. 예를 들어 일본의 대표적인 공영방송

NHK는 '디자인 경쟁' 이라는 특집 방송을 통해 초콜릿폰의 디자인과 터치패드 같은 감각적인 기능을 집중 소개했다.

또 NTT도코모와 적극적인 제휴 마케팅, 그리고 일본 전역의 이동통신 대리점을 일일이 방문하는 발로 뛰는 마케팅도 일본 유통시장의 높은 벽을 넘는 데 주효했다. 일본법인 마케팅팀은 초콜릿폰을 띄우기 위해 NTT도코모의 지역별 8개 판매법인은 물론, 홋카이도에서 규슈까지 일본 전역에 있는 주요 대리점을 직접 찾아가 초콜릿폰을 알렸다. 이규홍 법인장은 "마케팅 비용을 절감하고 무엇보다도 '일본 시장을 우리가 빼앗는다' 는 느낌을 주지 않기 위해 공동 마케팅을 전개하고 있다"면서 "일본인과 일본 기업에 거부감을 주지 않고 시장을 파고드는 전략이 제대로 맞아 들어가고 있다"고 말했다.

자료: 조선경제, 2007년 11월 14일.

② 색 채

국가시장문화에 따라서 소비자들은 색채에 대한 정서적 반응이 다르며 색채에 대한 이해와 의미 역시 서로 다르다(표 4-1 참조).

이와 같이 국가시장문화에 따라 색채에 대한 소비자들의 정서적 반응이 다르고 색채별로 특이한 뜻을 내포하고 있는 것은 종교, 애국심, 미학

표 4-1 지구촌 사람들은 어떤 색채를 좋아하나?

| | 좋아하는 나라 | 싫어하는 나라 |
|---|---|---|
| 흰 색 | 한국, 일본, 대만 등 아시아인 | 미국, 독일, 덴마크 등 서양인, 인도네시아인 |
| 핑크색 | 아시아 여러 나라 | 유럽, 미국 |
| 파란색 | 미국, 독일 | |
| 노란색 | 남아프리카공화국 | |
| 초록색 | 중 국 | |
| 녹 색 | 사우디아라비아 등 중동국가 | 남아프리카공화국 |
| 갈 색 | 서구인 | |
| 빨간색 | 중 국 | |

등의 영향 때문이다. 물론 유행하는 색채는 매년 또는 계절별로 바뀌는 가운데서도, 지구촌사람들이 공통적으로 고급색채로 여기는 것은 회색, 백색, 황금색 등이다.

따라서 국제마케터는 각종 제품, 포장, 광고 등을 계획할 때, 색채에 대한 기호 및 반응이 국가시장별로 각기 다르다는 사실을, 그리고 유행하는 색채가 매년 또는 계절별로 바뀐다는 사실을 인식하고 현지마케팅활동에 반영시켜야 한다.

### (2) 음악과 브랜드 네임

① 음 악

글로벌마케팅활동에 영향을 미치는 음악은, 국가시장문화에 따라서 차이점이 많다. 특히 전통적인 토속음악(native music)에 차이점이 많다. 영향력이 큰 서양식 현대음악은 시시각각으로 그 유행이 바뀌기도 하고, 지구촌으로 즉시 퍼져나가는 경향이 있다.

그런 상황 하에서 글로벌마케터가 문화간 음악의 차이 및 유행음악을 분석 · 파악하는 것은, 음악을 상업음악(commercial music)의 형태로 이용하여 광고메시지를 크리에이트(create)할 때 특히 중요하다.

그러므로 글로벌마케터는 첫째, 국가시장별로 또는 같은 국가시장 내에서도 표적소비자들이 어떤 연령층 · 사회경제계층 · 종교집단 · 민족집단 등에 속하느냐에 따라서 광고음악으로 어떤 유형의 토착음악을 또는 어떤 유형의 서양식 음악을 활용하는 것이 바람직한지 둘째, 아니면 광고음악을 전혀 활용하지 않는 것이 바람직한지 등을 판단하고 집행해야만 한다.

② 브랜드 네임

글로벌마케팅활동을 할 때에 어떠한 브랜드 네임(brand name)을 채택할 것인가는 미학적 요소뿐만 아니라 언어와 법규 등 다른 요소도 고려하여 결정해야 한다.

많이 사용하는 브랜드 네임의 선택기준은 첫째, 현지 소비자에게 호감을 주는 현지국 언어를 사용하는 경우 둘째, 특별한 의미는 지니지 않았지만 글로벌시장 어디서나 쉽게 발음할 수 있는 단어를 찾든지(예, Firestone,

Bridgestone), 창조하여(예, Kleenex, Xerox, Sony) 사용하는 경우 셋째, 창업자의 성(姓)을 브랜드 네임으로 사용하는 경우(예, Ford, Toyoda) 등이다.

## 제 2 절 교육수준과 종교

### 1. 교육수준과 글로벌마케팅

한 국가의 국민교육수준은 그 나라 국민이 소비자로서 어떤 특성과 어느 정도의 세련미를 지니고 있는가를 파악하는 단서와, 현지마케팅활동에 활용할 수 있는 인적자원이 어느 정도 가용한지를 판단할 단서를 제공한다.

한 나라의 국민교육수준을 파악할 수 있는 지침으로는 문맹률(illiteracy rate)과 취학률(school enrollment rate)을 많이 이용한다. 두 지표를 기준으로 국가시장들의 교육수준을 비교해 보면, 상당한 국제적 격차가 있음을 알 수 있다. 그림 4-1에서 보는 바와 같이 방글라데시, 인도, 인도네시아, 네팔, 파키스탄, 중국 등의 국가에서 취학률이 낮고 문맹률이 높음을 알 수 있다.

한 나라의 교육수준이 해외마케팅활동에 주는 영향을 간추려 보면 다음과 같다.

첫째, 한 국가내 많은 소비자들이 문맹자라면, 광고와 레이블 등을 현지시장 여건에 맞도록 적응시킬 필요가 있다. 이런 국가시장에서는 문자보다는 기호나 상징을 많이 사용하는 것이 바람직하다. 예를 들면, 문자로 된 브랜드 네임을 사용할 때에는 심볼로 된 브랜드 마크를 강조하는 것이 바람직하다.

둘째, 여성을 공식교육에서 제외시키거나 차별하고 있는 국가시장과 남녀를 동등하게 교육시키는 국가시장은 상이한 마케팅프로그램을 적용하

그림 4-1 아시아 국가들의 교육수준

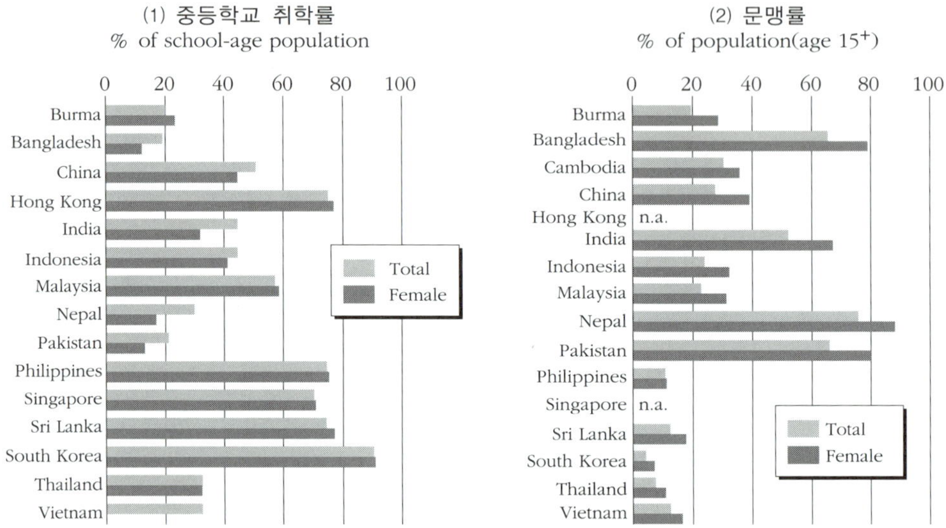

Source: World Bank.

는 것이 바람직하다. 여성에 대한 공식교육이 증가할수록 여성이 경제 · 사회활동에 참여하는 정도가 증가하고 의사표현이 분명해져, 여성들의 소비에 대한 영향력이 증가하게 된다.

셋째, 제품을 생산하는데 복잡한 기술을 활용해야 하고, 또 생산된 제품이 기술적으로 복잡하여 문서화된 사용설명서를 첨부해야 된다면, 교육수준과 기술수준이 낮은 국가시장에서는 그런 제품의 생산공정을 단순화시키고 제품자체도 단순하게 개조하든가 아니면 그런 제품의 생산 · 판매를 연기할 필요성이 있다.

넷째, 현지 유통기구들로부터 협력을 얻고 상호의존관계를 유지할 수 있는 정도는 유통기구를 운영하는 사람들의 교육수준에 따라서 영향을 받게 된다. 현지국의 마케팅인프라 수준 예컨대, 마케팅컨설팅 · 산업교육훈련 · 광고대행 등에 종사하는 서비스기관들의 수준 역시 국가시장별 교육제도와 교육수준에 영향을 받는다.

## 2. 종교와 글로벌마케팅

종교는 해외마케팅활동에 영향을 미치는 문화적 환경을 구성하는 중요 요소 중의 하나이다. 언어, 미학, 교육제도 등은 특정 국가시장문화에서 관찰가능한 겉으로 나타나는 현상이며 행동인 반면에 종교나 신앙 등은 관찰가능한 현상과 행동을 초래하는 초석(foundation)에 해당된다. 그러므로 글로벌마케터는 문화의 종교적 측면도 파악하여 현지마케팅활동에 반영시켜야 한다.

### (1) 종교가 소비자행동에 미치는 영향

국가시장별로 종교가 다를 경우에는 소비자들의 구매행동과 소비패턴은 서로 다른 종교적 니즈와 금기(religious needs and taboo) 등 때문에 종교에 따라 서로 다른 영향을 받는 경향이 많다.

예를 들면 ① 힌두교인은 쇠고기를 먹지 말아야 하고, ② 회교도와 유대인은 돼지고기를 먹지 말아야 하고, ③ 많은 회교국가에서는 술 마시는 것이 금기이기 때문에 주류의 판매는 금지되거나 제한된 반면에 생수 · 과일쥬스 · 청량음료수 · 비알코올 맥주 등에 대해서는 좋은 시장을 제공하고 있다.

### (2) 종교가 휴일에 미치는 영향

글로벌마케터가 해외시장에서 마케팅활동을 전개할 때에는 종교적 휴일과 공휴일을 고려해야 한다. 예를 들면 ① 기독교국가인 경우는 일요일은 물론이고, 부활절이나 성탄절 같은 종교적 기념일은 대부분 휴일로 지정되며, ② 회교국가에서는 금요일은 종교적 휴일이나, 일요일은 휴일로 취급되지 않는 경우가 있으며, Ramadan은 1개월간에 걸쳐 종교적 휴일로 지키며, ③ 유대인들에게는 금요일이 종교적으로 중요한 날이며, ④ 한국, 중국, 대만 등에서는 구정(舊正)기간을 얼마로 잡느냐에 따라서 신정(新正) 연휴의 기간이 결정되기도 한다.

글로벌마케터들은 종교적 휴일의 기간, 종교적 휴일의 성격, 즉 종교적 휴일이 축제의 형태로 지켜지는지 아니면 종교적 경건성을 유지하는 데 주력하는지 등을 파악하여 마케팅의 기회로 활용할 필요가 있다.

#### (3) 여러 종파의 반목이 마케팅전략에 미치는 영향

특정 국가시장에 여러 종교들이 또는 같은 종교일지라도 여러 종파들이 성행하는 경우는, 글로벌마케터에게 특별한 문제를 안겨 줄 수도 있다. 더욱이 여러 종교나 종파 간에 반목이 있는 경우, 그런 국가시장은 세분화될 수밖에 없다. 그러므로 글로벌마케터는 그런 국가시장에서는 여러 세분시장들을 상대로 각기 다른 마케팅전략을 적용하는 것이 바람직하다.

특히 인도 · 스리랑카 · 이라크 · 구 유고슬라비아 등과 같이 여러 종교의 신자들 사이에 반목 · 차별행위 · 폭력 · 전투 등이 난무하는 국가시장에서는 현지마케팅활동을 하는 데 필요한 현지인 채용 · 유통업자 선정 · 광고활동 전개 등에서 심각한 문제에 직면할 수도 있다.

### 예 증 *ILLUSTRATION*

#### 비즈니스 환경 악화시키고 있는 "화약고" 中東

**(1) 배경은 모두 이슬람 시아파 · 수니파 세력다툼**

현재까지 발생중인 중동의 위기는 시아파(맹주국 이란)와 수니파(代父격인 사우디아라비아)라는 이슬람 종파간 갈등과 깊숙이 연관돼 있다. 수니파와 매일 보복 참극을 빚고 있는 이라크 시아파 무장세력이나 레바논의 시아파 헤즈볼라, 팔레스타인 하마스(창립자는 수니파)는 모두 이란의 재정 · 무기 지원을 받는 것으로 서방 정보당국은 보고 있다. 시아파 맹주(盟主) 이란은 이라크 · 시리아와 함께 '시아파 연대' 구축을 노리고 있다.

**(2) 시아 · 수니파 왜 싸우나**

'수니파'는 정통파, '시아파'는 분파를 뜻한다. 아들이 없는 예언자 무하마드의 후계자(칼리프)문제를 둘러싸고 쪼개졌다. 수니파는 무하마드 사후 초대 칼리프로 뽑힌 아부 바크르를 정통으로, 시아파는 무하마드의 사위인 알리(4대 칼리프)와 그 후손만을 적통으로 인정한다. 수니파는 합리적 해석을 중시하는 반면, 시아파는 알리와 그 후손의 무덤 순례를 강조한다.

주요 중동국가의 시아파 인구 비율(괄호안은 인구수, 명)

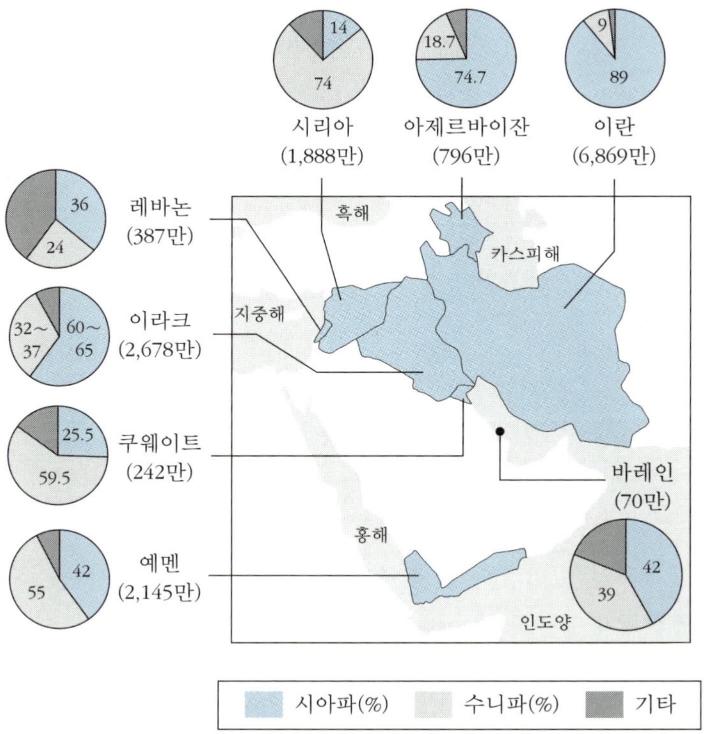


출처: 미 CIA월드팩트북 2006년판

자료: 조선일보, 2006년 6월 12일.

제 3 절

# 가 치 관

지구촌 어디에서나 인간의 거의 모든 행동들은 가치관에 의해서 비롯된다. 따라서 가치관은 어떤 제품이나 서비스 등에 대해 용납 · 인정 · 거부 등의 도덕적 · 사상적 판단을 하는 준거의 틀로 많이 사용된다. 이러한 가치관은 국가별로 이질적인 경향이 많아서 현지마케팅활동에 상당한 영향을 미칠 수 있다. 그렇기 때문에, 글로벌마케터는 해외시장국의 가치관을 파악하고 분석하는 데 유념해야 한다. 가치관은 앞에서 본 문화요인과는 달라 객관적 자료를 확보하기가 쉽지 않다. 여기서는 한 국가의 가치관을 파악하기 위해 개발된 두 가지 문화모형을 설명한다.

## 1. 홉스테드 모형

홉스테드(Hofstede)는 IBM의 40개국 10만 명에 달하는 직원들의 가치관을 분석해 본 결과 크게 네 가지 차원으로 요약할 수 있음을 발견하였다.

① 권력거리(power distance) 차원으로서 사회구성원이 불평등관계를 수용하는 정도를 말한다. 권력거리가 큰 국가에서는 부와 권력이 불평등하게 분포되어 있더라도 이를 수용하는 경향이 큰 국가이다. 이런 국가에서는 인간관계에서 강한 상하관계나 위계관계가 수용되는 경향이 크다. 반면에 권력거리가 작은 국가에서는 사람들 사이에 평등성이 강조되어 권력거리를 가능하면 줄이려고 노력하는 경향이 있다.

② 개인주의 성향(individualism) 차원으로서 사회구성원들이 집단활동보다는 개인활동에 얼마나 가치를 두는 성향이 있는가를 의미한다. 개인주의적 성향의 국가에서는 사람과 사람간의 관계는 중시되지 않는 반면에 개인의 성취와 자유가 높게 평가된다. 반면에 집단주의 성향(collectivism)의 국가에서는 집단의 이익이 우선시되며 사람간의 관계가 중요시된다.

③ 불확실성 회피성향(uncertainty avoidance) 차원으로서 사회구성원들이 불확실함과 모호함에 대해 불안감을 느끼고 이러한 상황을 피하려고 하는 성향을 말한다. 불확실성 회피성향이 높은 국가에서는 안정성이 높은 직업이나 명문화된 규정 등 불확실성을 피하고 안전성이 보장되는 상황을 선호한다. 반면에 불확실성 회피성향이 적은 국가에서는 성취를 위해 변화를 두려워하지 않고 위험을 극복하려는 성향이 높게 나타난다.

표 4-2 홉스테드 모형에 의한 국가별 가치관 차이

| 국 가 | 권력거리 | | 개인주의 성향 | | 남성주의 성향 | | 불확실성 회피 | |
|---|---|---|---|---|---|---|---|---|
| | 지 수 | 순 위 | 지 수 | 순 위 | 지 수 | 순 위 | 지 수 | 순 위 |
| 오스트리아 | 11 | 53 | 55 | 18 | 79 | 2 | 70 | 24 |
| 벨 기 에 | 56 | 20 | 75 | 8 | 54 | 22 | 94 | 5 |
| 덴 마 크 | 18 | 51 | 74 | 9 | 16 | 50 | 23 | 51 |
| 핀 란 드 | 33 | 46 | 63 | 17 | 26 | 47 | 59 | 31 |
| 프 랑 스 | 68 | 15 | 71 | 10 | 43 | 35 | 86 | 10 |
| 독 일 | 35 | 42 | 67 | 15 | 66 | 9 | 65 | 29 |
| 그 리 스 | 60 | 27 | 35 | 30 | 57 | 18 | 112 | 1 |
| 아일랜드 | 28 | 49 | 70 | 12 | 68 | 7 | 35 | 47 |
| 이탈리아 | 50 | 34 | 76 | 7 | 70 | 4 | 75 | 23 |
| 네덜란드 | 38 | 40 | 80 | 4-5 | 14 | 51 | 53 | 35 |
| 포르투갈 | 63 | 24 | 69 | 13 | 31 | 45 | 104 | 2 |
| 스 페 인 | 57 | 31 | 51 | 20 | 42 | 37 | 86 | 10 |
| 스 웨 덴 | 31 | 47 | 71 | 10 | 5 | 52 | 29 | 49 |
| 영 국 | 65 | 42 | 89 | 3 | 66 | 9 | 35 | 47 |
| 미 국 | 40 | 38 | 91 | 1 | 62 | 15 | 41 | 43 |
| 일 본 | 54 | 33 | 46 | 22 | 95 | 1 | 92 | 7 |
| 홍 콩 | 68 | 15 | 25 | 37 | 57 | 18 | 29 | 49 |
| 대 만 | 58 | 29 | 17 | 44 | 45 | 32 | 69 | 26 |

자료: Hofstede(1984), Culture's Consequences.

④ 남성주의적 성향(masculinity)을 나타내는 차원으로서 사회구성원들이 얼마나 남성적 가치를 추구하는 성향이 있는가를 의미한다. 남성적 가치란 물질적 부, 권력, 성공, 성과 등을 중시하는 경향이며 여성적 가치는 삶의 질, 관계, 배려, 애정 등을 의미한다. 따라서 남성주의적 성향이 강한 국가에서는 경쟁과 성취에 더 높은 가치를 두고, 여성주의적 성향이 강한 국가에서는 복지와 화목에 더 높은 가치를 두는 경향이 있다.

홉스테드는 이와 같은 4개의 차원을 점수로 파악하여 각국의 가치관이 어떠한 성향을 갖는지를 객관화하였다. 4개 차원의 조합을 매트릭스 상에 표시하면 각국의 문화를 보다 쉽게 파악할 수 있다.

## 그림 4-2 권력거리 차원과 불확실성 회피성향 차원

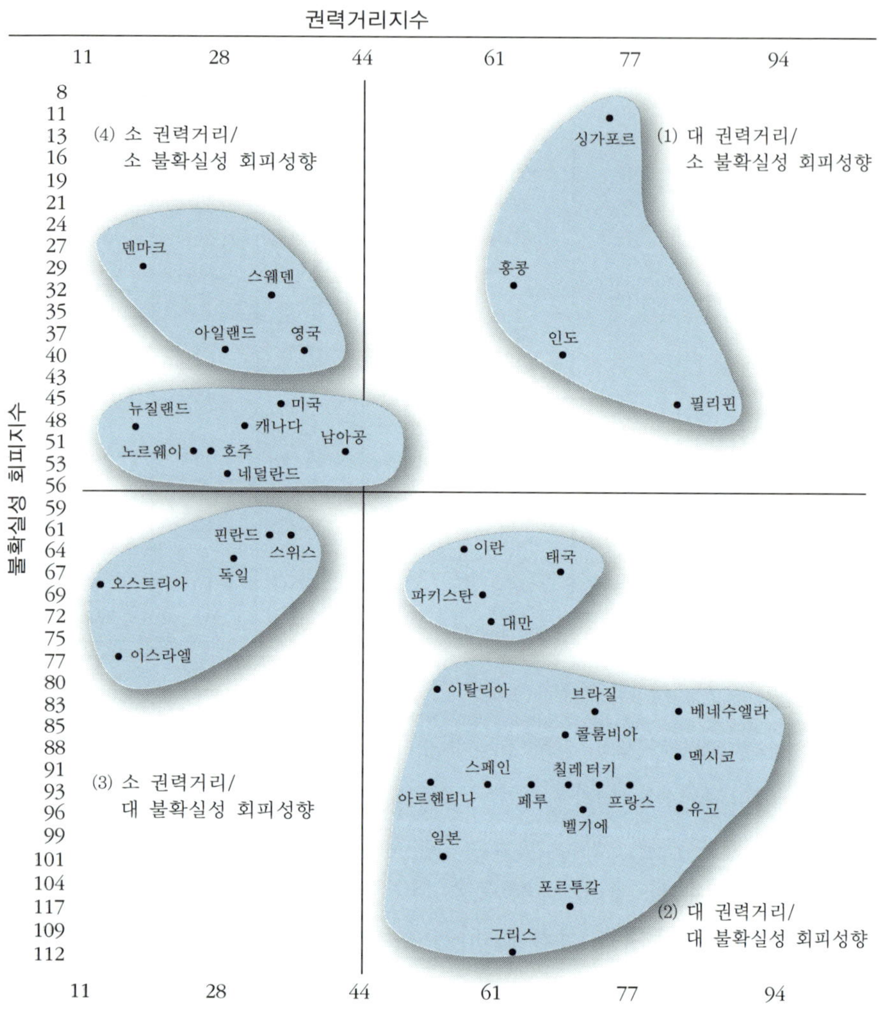


자료: Hofstede, G.(1980), "Motivation, Leadership, and Organization: Do American Theoris Apply Abroad?" *Organizational Dynamics*, Summer, p. 51.

그림 4-3 권력거리 차원과 개인주의 차원

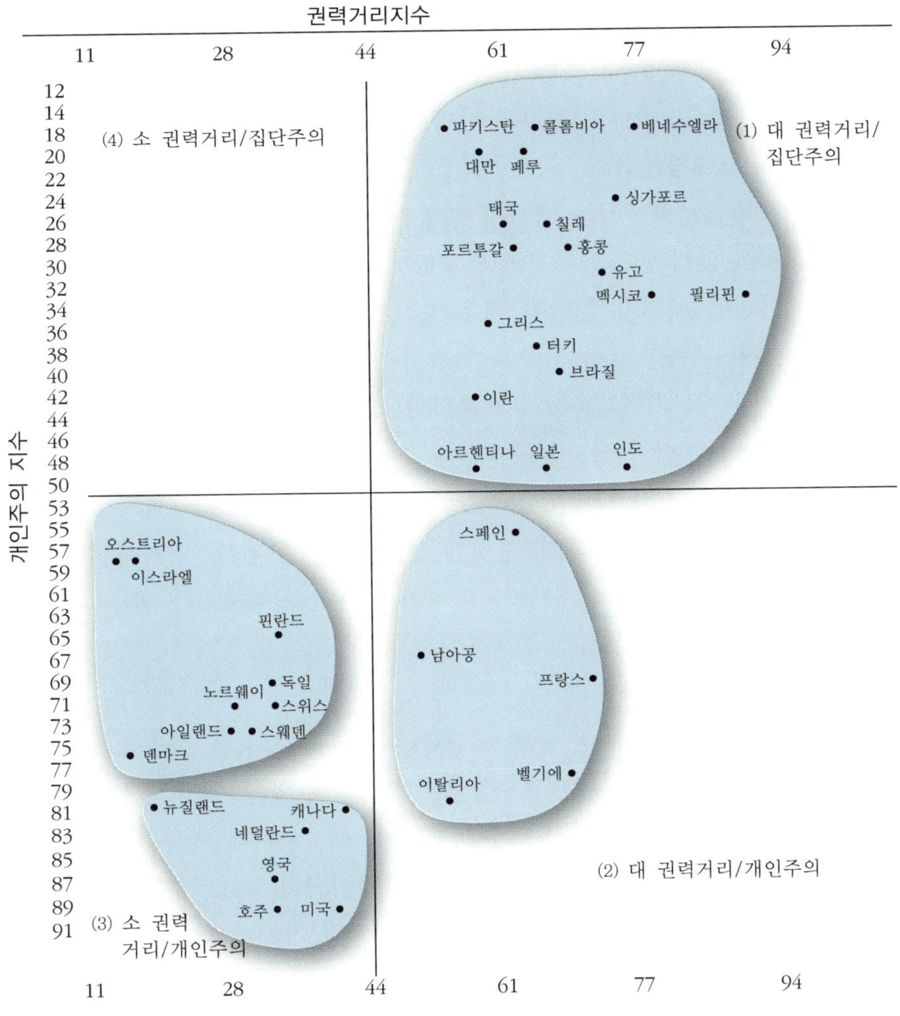


자료: Hofstede, G.(1980), "Motivation, Leadership, and Organization: Do American Theoris Apply Abroad?" *Organizational Dynamics*, Summer, p. 52.

## 2. 홀의 모형

홀(Hall)은 세계 여러 국가를 고배경문화(high-context culture)와 저배경문화(low-context culture)로 분류하였다. 이 구분은 한 사회 내에서 메시지가 소통되는 방식에 기초하고 있다.

① 고배경문화

고배경문화에서는 메시지 해석은 상황적 단서에 크게 의존한다. 말로 표현하지 않더라도 의사전달 환경의 상황과 이에 따른 묵시적(암묵적) 커뮤니케이션이 메시지 해석에 매우 중요한 역할을 한다. 이러한 문화에서는 신뢰, 의리, 책임감 등이 중요한 가치관이 된다. 고배경문화에 속하는 나라에는 한국, 중국, 일본 등 유교문화권 국가와 남미국가들이 있다.

고배경문화가 글로벌마케팅에 주는 영향은 예를 들면, 중국에서는 상거래에 관시(關係)가 매우 중요한 역할을 하는데 이러한 관시는 오랜 기간에 걸쳐 거래 파트너 간에 형성된 신뢰에서 비롯된다. 여기서 관시가 주는 의미는 묵시적 언어인 신뢰가 명시적 언어인 거래제의나 비즈니스 레터보다 훨씬 강력한 영향을 발휘한다는 것이다.

② 저배경문화

저배경문화에서는 말로 표현한 내용과 문서화된 내용을 중요시한다. 메시지가 전달되는 배경이나 상황은 중요하지 않고 내 의사를 전달하기 위해서는 말로 표현하고 문서화해야 한다. 즉, 묵시적 커뮤니케이션은 중요하지 않고 명시적이고 객관적인 커뮤니케이션이 중요한 역할을 한다. 이러한 문화에서는 법, 객관성, 절차 등이 중요한 가치관으로 작용한다. 저배경문화에 속하는 나라에는 미국, 스웨덴, 영국 등 북미국가와 북유럽 및 서유럽 국가들이 있다.

저배경문화가 글로벌마케팅에 주는 영향의 예를 보면, 저배경문화권인 미국이나 독일에서는 비즈니스 거래는 보편적으로 비즈니스 서신이나 공개입찰 등을 통하여 이루어진다. 이는 객관적이고 명시적인 커뮤니케이션이 강력한 영향력을 발휘한다는 것을 의미한다.

표 4-3 고배경문화와 저배경문화의 비교

| 구 분 | 고배경문화 | 저배경문화 |
|---|---|---|
| 법, 변호사 | 덜 중요하다 | 매우 중요하다 |
| 개인의 말 | 중요하며 개인에 대한 보증의 역할을 한다 | 믿을 수 없다. 서면으로 보증해야 한다 |
| 공 간 | 개인적 공간을 무시하며 사람간의 거리가 가깝다 | 개인적 공간을 중시하며 침해받는 것을 싫어한다 |
| 시 간 | "시간에 여유가 있다"는 자세다 | "시간은 돈이다"라는 관념이 강하다 |
| 실책에 대한 책임 | 상사가 책임진다 | 하위자가 책임진다 |
| 협 상 | 시간이 걸리며, 협상과정을 통해 서로를 이해한다 | 신속하게 처리하며, 협상자체의 목적 이외 다른 목적은 없다 |
| 경쟁입찰 | 일반적이지 않다 | 일반적이다 |

자료: Keegan, W. J.(1989), *Global Marketing Management*, Prentice-Hall.

그림 4-4 고배경문화와 저배경문화에 따른 국가분류

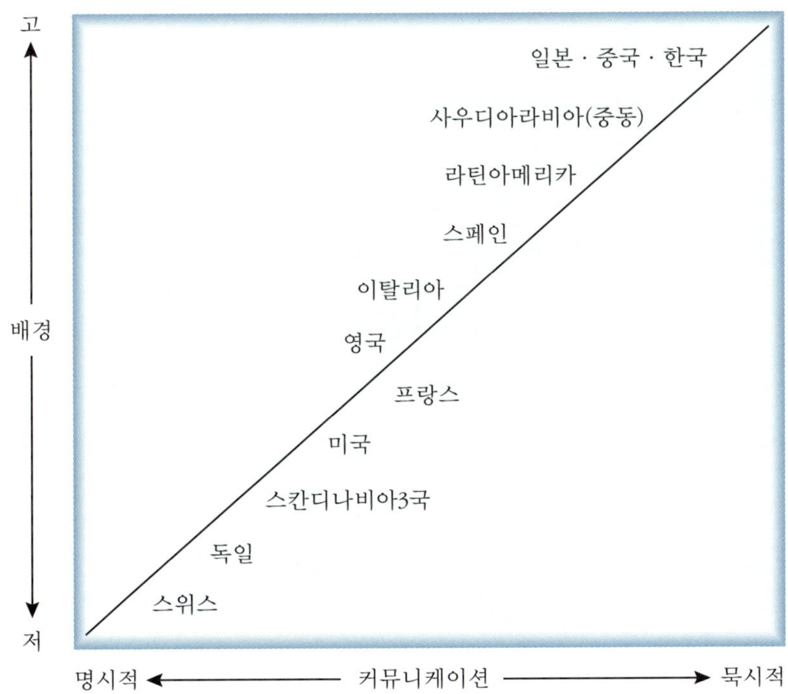

## 사 례 ILLUSTRATION

### 사자성어로 본 CEO들의 성공비결

**'성공하려면 인연을 소중히 하라'**

한국 기업 최고경영자(CEO) 5명 중 1명가량은 사람과의 관계나 인연을 소중히 여기는 습관 덕분에 오늘의 자리에 이르게 됐다고 생각하는 것으로 나타났다.

삼성경제연구소는 국내기업의 최고경영자 413명을 대상으로 '오늘의 내가 있기까지 가장 힘이 된 습관'을 사자성어로 물은 결과 응답자 중 19.7%가 '순망치한(脣亡齒寒)'을 꼽았다고 밝혔다.

순망치한은 '입술이 없으면 이가 시리다'는 뜻으로, 가까운 사이 중에서 하나가 없으면 다른 한편도 온전하기 어렵다는 의미로 관계나 인연의 소중함을 나타내는 말이다. 이어 응답자 중 16.1%는 어려운 처지에도 새로운 지식을 흡수하며 견문을 넓히는 '형설지공(螢雪之功)'을, 14.6%는 전통에 안주하지 않고 날마다 새로움을 추구하는 '일신우일신(日新又日新)'을 각각 성공의 비결로 꼽았다.

또 응답자의 9.9%는 한번 실패해도 포기하지 않고 끝까지 도전하는 '와신상담(臥薪嘗膽)'을, 9.2%는 훌륭한 인재를 등용하기 위해 최선을 다하는 '삼고초려(三顧草廬)'를 CEO에 이르게 한 '사자성어'라고 답했다.

(출처: dongA.com 2007년 8월 27일)

사자성어로 본 CEO들의 성공비결을 살펴보면 한국인의 가치관에는 아직도 고배경문화의 영향이 많은 것을 알 수 있다. '순망치한'이나 '삼고초려'는 인연이나 사람을 중시하는 가치관이고 '형설지공'이나 '와신상담'은 오랜 기간에 걸친 노력을 중시하는 가치관으로 상황적 단서나 묵시적 언어가 중요한 역할을 하는 문화이다.

## 토의문제

1. 언어가 글로벌마케팅에 주는 영향을 설명하시오.
2. 고배경문화와 저배경문화의 차이점에 관하여 설명하시오.
3. Hofstede의 문화분류에 대하여 설명하시오.
4. 현지마케팅활동을 할 때 주목해야 하는 교육관련 지표들을 설명하시오.

## 참고문헌

문병준 외(2007), 국제마케팅, 비즈프레스.

반병길 외(2001), 국제마케팅, 박영사.

Hall, E.(1976), *Beyond Culture*, Anchor Press.

Hofstede, G.(1984), *Culture's Consequences: International Differences in Work Related Values*, Sage.

Keegan, W. J.(2002), *Global Marketing Management*, Prentice-Hall.

Terpstra, V., and R. Sarathy(1990), *International Marketing*, 5th ed., Dryden Press.

# 제 5 장 정치-법 환경

각국의 상이한 정치적 · 법적 환경은 글로벌마케팅 활동을 어렵게 하고 있다. 글로벌기업의 활동 중에서 시장국의 정치적 · 법률적 규제나 통제를 가장 많이 받는 분야가 소비자를 직접 상대하게 되는 마케팅활동일 것이다. 글로벌마케터들은 진입하고자 하는 국가시장의 정치 및 법률 환경을 파악하여 현지시장에서의 마케팅전략에 반영시켜야 한다. 이 장에서는 기업의 글로벌마케팅활동에 영향을 미치는 정치 및 법적 요인에 대하여 설명하고자 한다.

## 제 1 절 정치적 환경

글로벌마케터가 해외시장에 진출하고자 할 때, 그리고 현지 마케팅을 할 때에 각별히 관심을 가져야 하는 것은 개별 국가시장의 정치적 환경요소들인 ① 경제활동에 대한 정부의 역할과 ② 국가와 산업에 대한 정치적 위험이다.

## 1. 정부의 역할

### (1) 정부의 규제적 역할

정부의 규제적 역할(regulatory role)이란 정부는 기업의 경영활동에는 직접 참여하지 않고 공익을 도모할 목적으로 기업의 활동을 규제하는 역할만을 수행하는 것을 말한다. 많은 선진국들이 WTO출범 이후 새롭게 규제완화에 박차를 가하고 있다. 이는 개방화와 세계화의 추세에 맞추어 기업의 자율성과 창의성을 발휘케 함으로써, 기업의 국내외 경쟁력을 촉진하고 지원하기 위해서다. 그러나 아직도 개도국을 비롯한 상당수 국가에서는 기업의 활동에 거미줄 같은 촘촘한 기업규제를 시행하고 있다. 이러한 국가들은 공무원의 재량권 남용가능성이 크고, 기업의 창의성을 발전시킬 바탕을 마련해 주지 않기 때문에 시장으로서의 매력도는 떨어지게 된다.

### (2) 정부의 참여적 역할

정부의 참여적 역할(participatory role)이란 정부가 주요 생산요소들과 기업들을 직접 소유하거나 공영기업을 통하여 기업 활동에 참여하는 것을 말한다. 개도국이나 사회주의 국가일수록 정부의 참여적 역할이 커지게 된다. 개도국에서는 주요기업을 운영할 민간의 능력이 부족해서 정부가 직접 기업경영에 나서게 되는 경향이 크며, 사회주의 국가에서는 주요 생산기관은 개인에 맡기지 않는다는 정치이념의 결과로 정부가 경영일선에 나서게 된다.

정부의 참여적 역할이 강한 국가에서는 외국인 기업들은 ① 처음부터 그 시장과 그 업종에 참여할 수 없게 되거나, ② 시장이 개방되어 외국인 기업이 참여하더라도 국가 또는 국영기업과 경쟁하여야 하므로 많은 제약을 받게 될 가능성이 크다. 즉 현지 합작파트너(국영기업)의 관료주의적 행동, 현지정부의 비호의적인 태도, 정부행정의 투명성 부족, 불공정한 경쟁룰의 적용 등으로 현지시장에 진출한 글로벌기업이 마케팅활동을 효율적으로 하기가 어렵게 된다. 따라서 정부가 참여적 역할을 하는 국가는 시장의 매력도가 크게 떨어지게 된다.

## 2. 정치적 위험

정치적 위험이 무엇인가에 대해서는 의견이 분분하나 다음과 같이 정의할 수 있다. 외국기업이 한 국가 내에서 사업을 할 때 ① 기업 활동에 영향을 주는 정치적 변화가, ② 예측하기 어렵게 급격하게 발생할 때 그것을 정치적 위험이라 할 수 있다. 만약 정치적 변화가 점진적으로 발생하여 충분히 예측가능하다면, 기업은 이러한 정치적 변화에 효과적으로 대비할 수 있기 때문에 이러한 변화는 정치적 위험이라 하지 않는다.

모든 제품이 정치적 위험에 똑같이 노출되는 것은 아니다. 따라서 정치적 위험을 보다 완전하게 분석하기 위해서는 현지국의 정치적 위험과 더불어 자사제품의 정치적 위험에 대한 취약성도 평가할 필요가 있다.

### (1) 국가관련 정치적 위험

국가가 처해 있는 상황과 관련하여 발생하는 정치적 위험의 기본요인들을 분류해 보면 다음과 같다.

① 정치적 세력의 세분화와 갈등

한 나라에 존재하는 정당의 수가 많을수록, 그리고 정당 상호간에 비생산적인 갈등이 심할수록 그 국가는 잠재적인 정치적 위험이 높아진다.

② 다양한 문화적 분단의 존재

한 국가 내에 다양한 언어, 다양한 인종, 종교적 대립 등이 존재하는 경우에는 정치적 위험을 고조시킬 가능성이 크다. 예컨대 아프리카에서 일어나는 분쟁의 대부분은 한 국가 내에 여러 부족이 거주하는 것이 주요 원인이며, 이스라엘과 아랍국가들 사이의 전쟁이나 레바논 내전 등은 종교간 갈등이 주요 원인이 되고 있다.

## 예 증 *ILLUSTRATION*

### 대한민국(2005년도 인구 48,497천명, 외국인 100만명)은 아직도 세계에서도 가장 동질적인 국가

인종언어분절도지수(Ethnolinguistic Fractionalization Index)는 어느 국가에서 무작위로 2명의 국민을 선정했을 때 이들이 다른 민족 집단에 속할 확률이다. 세계에서 가장 동질적인 국가인 대한민국은 그 확률이 0, 즉 불가능에 가깝다. 미국은 0.58이다. 탄자니아는 0.95다. 탄자니아 국민 두 사람이 만나면 서로 말이 안 통하는 등 이질감을 느낄 확률은 무려 95%나 된다는 뜻이다. 아프리카 국가들은 대부분 지수값이 높다. 부족 단위로 생활하던 상황에서 서구의 식민지가 됐기 때문이다. 한편 세계 각국에서 온 이민자로 구성된 미국 · 캐나다 · 호주 등도 분절된 정도가 높다.

| 순 위 | 국 가 | 지 수 값 | 확 률 |
|---|---|---|---|
| 1 | 대한민국 | 0.00 | 0% |
| 2 | 포르투갈 | 0.01 | 1% |
| 3 | 아이슬란드 | 0.03 | 3% |
| 3 | 일 본 | 0.03 | 3% |
| 3 | 통 가 | 0.03 | 3% |
| 6 | 덴 마 크 | 0.05 | 5% |
| 6 | 노르웨이 | 0.05 | 5% |
| 6 | 폴 란 드 | 0.05 | 5% |
| 9 | 사우디아라비아 | 0.06 | 6% |
| 13 | 이탈리아 | 0.08 | 8% |
| 20 | 독 일 | 0.12 | 12% |
| 51 | 오스트레일리아 | 0.32 | 32% |
| 52 | 프 랑 스 | 0.33 | 33% |
| 59 | 영 국 | 0.39 | 39% |
| 78 | 몽 골 | 0.53 | 53% |
| 87 | 미 국 | 0.58 | 58% |
| 90 | 중 국 | 0.60 | 60% |
| 144 | 인 도 | 0.90 | 90% |
| 148 | 탄자니아 | 0.95 | 95% |

출처: 앤서니 어네트, 2001. 사회분절화, 정치불안정, 그리고 정부의 크기. IMF, Vol. 48, No. 3.

자료: 중앙 SUNDAY, 2007년 9월 26일.

③ 권력유지수단의 적법성 여부

한 나라의 권력이 적법하지 않은 방법을 이용하여 성립하는 경우에는 정치적 불안정성의 가능성이 크다. 예를 들면 부정선거, 군사혁명, 언론통제, 계엄령과 같은 수단들을 동원하여 권력을 쟁취하가나 유지한다면 그러한 국가는 정치적 위험이 매우 커진다.

④ 심각한 사회적 불균형의 존재

한 국가 내에 극단적인 소득불균형, 지역갈등, 사회적 진출기회의 불균형 등이 존재한다면, 그 국가는 긴장된 사회분위기가 조성되고 정치적 위험이 커진다.

⑤ 주요 국제기구에 가입한 정도가 낮을 때

시장국정부가 국제기구에 전혀 가입하지 않았거나 가입한 국제기구가 극히 적을수록 잠재적인 정치적 위험이 커진다. 특정 국가시장이 일단 국제기구의 회원국이 되면 회원국으로서 얻게 되는 권리와 혜택의 대가로 지켜야 하는 원칙, 규범, 책무 등이 있기 때문에 가입국은 일방적 · 임의적으로 행동하기가 어렵게 된다. 따라서 특정시장국이 가입하고 있는 국제기구가 많을수록 그 국가시장의 국제적인 행동은 신뢰할 수 있고 예측가능성도 높아, 돌발적인 정치적 위험이 발생할 가능성은 낮아진다. 주요 국제기구로는 WTO, IMF,아시아 개발은행 등과 같은 국제경제기구나 UN, IAEA 등과 같은 국제정치기구 등이 있다.

⑥ 주변국가의 불안정성

목표시장국의 내부여건이 안정되어 있다 하더라도 주변의 국가들이 전쟁을 하는 등 정치적으로 불안정하면 주변국의 정치적 불안정에 감염되어 목표시장국도 높은 정치적 위험에 노출될 수 있다.

### (2) 제품관련 정치적 위험

정치적 위험의 크기는 기업이 만드는 제품의 성격에 따라서도 달라진다. 정치적 위험에 노출되는 정도에 영향을 주는 제품의 성격에는 다음과 같은 것이 있다.

① 신기술의 계속적 제공여부

현지국시장에 진출할 때 제공한 기술을 업그레이드시키지 않은 채 계속 사용하는 경우나, 성숙기 제품이어서 신기술을 더 이상 제공하기가 어려운 경우에는 현지국 정부로부터 많은 규제에 직면할 가능성이 있다.

② 현지기업과의 치열한 경쟁

현지국에 진출한 글로벌기업이 현지기업과 치열한 경쟁을 하여 현지기업의 생존을 위협할 때에는 의회나 언론기관, 시민사회단체 등이 원천이 되는 정치적 위험에 직면할 가능성이 크다.

③ 현지 천연자원에 대한 의존도가 높은 산업

부존량이 유한하여 고갈되면 재생이 불가능한 현지국의 천연자원을 외국기업이 이용하는 것을 현지국은 환영하지 않는다.

표 5-1 정치적 위험의 평가

| 주요 평가 항목 | 가중치(A) | 평가(B) | 점수(A×B) |
|---|---|---|---|
| (1) 국가관련 정치적 위험 | | | |
| 정치적 세력간 갈등 | | | |
| 문화적 분단의 존재 | | | |
| 권력의 합법성 | | | |
| 사회적 불균형의 심각도 | | | |
| 주요 국제기구에 가입한 정도 | | | |
| 주변국가들의 불안정성 | | | |
| (2) 제품관련 정치적 위험 | | | |
| 신기술을 계속해서 제공할 필요가 없는 제품 | | | |
| 현지기업과 경쟁이 치열한 제품 | | | |
| 현지 천연자원에 대한 의존도가 높은 제품 | | | |
| 현지국의 국제수지에 부정적 영향을 주는 제품 | | | |
| 현지국에서 사회적 · 경제적으로 필수품인 제품 | | | |
| 제품의 사용이 중요한 사회적 이슈가 될 때 | | | |
| 합　계 | 1.0 | | |

* 낮은 값은 정치적 위험이 작은 조건, 높은 값은 정치적 위험이 큰 조건을 나타냄.
* 가중치는 평가자의 주관에 의존함.
* 10점 척도.

④ 현지국의 국제수지에 좋지 않은 영향을 주는 제품

국제수지에 부정적 영향을 주는 수입품들 예를 들면, 현지소비를 목표로 하는 소비재 등은 현지국의 수입대체산업 육성정책에 의해 규제받을 가능성이 크다. 특히 이러한 소비재가 기술적으로 탁월함이 없거나 사치품인 경우에는 정치적 위험에 노출될 가능성이 더욱 커진다.

⑤ 현지국에서 사회적 · 경제적으로 필수적인 제품

현지국의 사회적 · 경제적 필수품을 해외 수입품에 의존한다는 것은 그 나라의 생존을 외국에 의존한다는 것과 유사한 감정을 갖게 하여, 민족적 감정을 자극할 가능성이 크다. 예를 들어, 한국이 주식인 쌀을 수입품에 크게 의존한다면 식량무기화와 같은 논쟁이 유발되고 수입쌀에 대한 거부감이 유발될 가능성이 있다.

⑥ 제품의 사용이 중요한 사회적 이슈가 될 때

수입국 국민의 건강과 관련되어 문제가 되는 식품, 예컨대 광우병 전염 우려가 있는 수입쇠고기라든가, 청소년들에게 좋지 않은 영향을 주는 제품, 사용자의 안전에 위험을 주는 제품 등을 수입하는 경우는 정치적 위험에 노출될 가능성이 크다.

### (3) 정치적 위험에 대한 글로벌마케터의 대응책

글로벌기업은 국가시장별로 상이한 정치적 위험에 대처하기 위하여 다음과 같은 방법을 고려하는 것이 바람직하다.

① 정치적 환경에 대한 정확한 사실 판단

가장 일반적인 방법은 먼저 목표시장에서 기업활동에 대한 현지정부의 역할과 정치적 위험을 구체적으로 예측해 보고, 그 이후에 이러한 위험을 어떻게 감소시키거나 없앨 수 있을까 하는 방법을 강구하는 것이다. 이를 위해서는 먼저 목표시장의 정치적 환경과 그 변화에 대한 정보를 계속적으로 수집하고 분석해야 한다. 이러한 정보는 일상적인 마케팅조사를 통하여 수집하는 것만으로는 불충분하므로 회사자체에 전문부서를 설치하거나 외부연구기관을 활용하는 것이 바람직하다.

② 정치적 중립 유지

해당 국가시장에서 정치적 중립을 지키는 것 역시 좋은 대응책이다. 어떤 형태로든지 해당 국가시장의 정치에 관여하게 되면, 정치적 환경의 변화에 따라서 외국인 기업은 언젠가는 피해를 볼 가능성이 높아진다.

③ 가시성 및 노출의 최소화

민족주의나 국가주의가 강한 해외시장에서 외국기업들은 공격의 목표가 되기 쉬우므로 노출과 가시성을 줄이는 것이 바람직하다. 그 방법으로 현지기업과의 합작투자를 추진하거나 인력충원 · 브랜드 · 광고 등에서 현지화를 추진할 수 있다.

④ 효과적인 대중관계 유지

해외시장에서 대중관계 프로그램을 운영함으로써 외국기업의 이미지를 선량한 기업으로 부각시키는 것이 바람직하다. 예를 들면, 해외시장국의 사회복지사업에 기여하거나 현지시장수요를 더욱 잘 충족시킬 수 있는 새로운 제품을 저렴하게 공급하는 것 등이다.

⑤ 시나리오 경영

해외시장국에서 정치적 위험이 발생했을 경우에 대비하여, 활용할 수 있는 마케팅 시나리오(행동계획)를 수립해 두었다가 필요한 경우에 집행할 수 있도록 하는 것이 바람직하다. 가장 소극적인 시나리오는 정치적 위험이 높은 시장에는 진출하지 않거나 철수하는 것이다. 그러나 위험을 감수하는 전략(risk taking strategy)을 취하는 기업인 경우에는, 해외시장국의 정치적 위험에 가장 중요하게 작용하는 요인을 파악하여 이에 대처하는 시나리오를 모색하는 것이 바람직하다.

## 제 2 절 법적 환경

글로벌마케터들은 국제법적 환경과 개별 국가시장의 법적 환경을 파악하여 글로벌마케팅 활동과 국가시장별 현지마케팅 활동에 활용해야 한다. 국제법적 환경은 주로 글로벌마케팅 활동에 영향을 미치고 국가별 법적 환경은 주로 개별 국가시장에서의 마케팅활동에 영향을 미친다.

## 1. 국제법적 환경

국제법이란 국가간의 합의에 따라 국가간의 관계나 기업의 국제적 비즈니스 활동을 규정하는 법률로서 일원적인 국제법은 존재하지 않으나 여러 국제협정이나 국제관습에 의하여 성립된다. 국제비즈니스 활동과 관련된 주요 규범에는 WTO규범, 국제신용장 통일규칙, 국제운송관련 약관 등이 있다. 이러한 규범 · 규칙들은 국제협정이나 계약의 참가국에만 구속력을 가지나 비참가국간의 분쟁에도 해결책으로 이용되는 경우가 있다.

## 2. 개별국의 법적 환경

대부분의 국가시장들의 법체제는 다음의 두 가지 중 하나에 기초를 두고 있다. 첫째는 성문법(Written Code of Law)체제로 문서화된 법전에 법체제의 기초를 두고 있는 국가들이다. 한국, 일본, 독일 등 대다수의 국가들이 여기에 속한다. 둘째는 관습법(Common Law)체제로 전통, 과거의 관례, 과거의 판결에 대해 법원이 해석한 법적 판례, 법령 등에 법체제의 기반을 두고 있는 국가들이다. 영국, 미국, 캐나다, 호주, 뉴질랜드 등 영어권 국가들이 주로 여기에 속한다.

기업들이 지역시장이나 국가시장에서 마케팅활동을 할 때에 빈번히 당면하는 법적 문제들은 다음과 같다.

① 지적재산권과 상표권

대다수 국가들이 속해 있는 성문법국가에서는 지적재산권은 소유권 등록(registration)에 의해서, 즉 누가 먼저 특허청에 등록했느냐에 따라서 소유권자가 결정된다. 그러나 미국이나 영국과 같은 관습법국가에서는 지적재산권이나 상표권은 사용(uses)에 의해서 확정된다. 즉, 현지시장에서 누가 먼저 특허나 상표를 사용했느냐에 따라서 소유권자가 결정된다. 따라서 글로벌기업이 해외시장에서 상표를 보호받기 위해서는 영국이나 미국과 같은 관습법국가를 제외하고는 현재 진출해 있거나 진출가능성이 있는 주요 국가에서 상표등록을 할 필요성이 있다.

② 공정거래

공정거래를 증진시키고 적정경쟁을 조성하는 데 목적을 둔 현지국의 법률들에 대하여 글로벌기업들은 세심한 주의를 기울일 필요가 있다. 왜냐하면 이러한 법률들은 외국기업에 대한 비관세장벽으로 활용될 소지가 크기 때문이다. 즉 기업들 간의 담합행위, 구매자의 유형이나 국적에 따른 차별행위, 마케팅 촉진상의 과도한 소비자 유인행위, 시장의 분할과 특약적 판매, 덤핑과 같이 공정경쟁을 저해하는 행위 등에 관해서는 엄격한 법 집행을 실시하고 있다. 이러한 경향은 선진국일수록 강력해지는 경향을 보이고 있다.

③ 제품관련 법규

개별국가시장에서 마케팅 활동을 하는 경우에는 현지국의 제품관련 법규에도 주의를 기울여야 한다. 이 분야 역시 현지국이 외국기업에 대하여 비관세장벽으로 많이 이용하고 있기 때문이다. 제품과 관련한 주요 법규에는 제품의 품질 · 규격 · 안전 · 성능 등을 규제하는 법률과 규정, 제품의 내용 · 포장 · 레이블링 · 국산화율을 규제하는 법률과 규정, 제품의 보증과 서비스 결함제품 보상에 관한 법률과 규정 등이 있다.

## 3. 재판관할권

국제마케팅 활동에서 빈번히 당면하는 문제 중의 하나는 국적이 다른 거래당사자간에 분쟁이 발생했을 때, 어느 국가의 법률을 적용할 것인가에 관한 것이다. 왜냐하면 서로 다른 나라의 국민들 사이에서 발생하는 상거래의 법적 분쟁을 관할하는 국제적 사법기구가 없기 때문이다. 거래당사자는 분쟁발생에 대비하여 계약서에 재판관할권(jurisdiction)에 관한 조항을 삽입하는 것이 바람직하다. 재판관할지에 관해서는 다음의 세 가지 방법 중에서 하나를 선택하는 것이 일반적이다.

① 계약에 명시된 재판관할 조항에 의거하여

② 계약이 체결된 국가에서

③ 계약조항이 실제로 이행된 국가에서

각 기업들은 위의 방법 중에서 자사에 유리한 방법을 선택하여 관할조항으로 계약서에 포함시키도록 노력해야 한다.

## 토의문제

1. 해외시장에서 발생하는 정치적 위험의 평가기준을 설명하시오.
2. 해외시장에서 정치적 위험을 초래하기 쉬운 제품특성을 설명하시오.
3. 정치적 위험에 대한 글로벌마케터의 대응책을 설명하시오.
4. 기업이 해외시장에서 빈번히 직면하는 법적 문제를 설명하시오.

## 참고문헌

반병길 외(2001), 국제마케팅, 박영사.

Cateora, P. R., and J. L. Graham(2006), *International Marketing*, 13th ed., Irwin/McGraw-Hill.

Keegan, W. J., and G. C. Mark(2006), *Global Marketing*, 4th ed., Prentice-Hall.

Terpstra, V., and R. Sarathy(1990), *International Marketing*, 5th ed., Dryden Press.

# 제 3 부

# 글로벌 시장기회 분석

제 6 장 해외시장 선정

제 7 장 해외고객행동 이해

제 8 장 해외시장 진출전략

# 제 6 장

# 해외시장 선정

글로벌기업이라고 해서 글로벌시장의 모든 소비자를 대상으로 마케팅 활동을 전개할 수 있는 것은 아니다. 왜냐하면 기업이 보유한 자원은 제한되어 있는데 글로벌시장의 소비자의 수는 너무나 많고, 널리 분산되어 있으며, 또 고객의 성향도 상이하기 때문이다. 그러므로 글로벌기업은 글로벌시장에서 효율적으로 서브할 수 있는 세분시장을 선정하여 그 시장에 마케팅 노력을 집중해야 한다.

이러한 과정은 시장세분화(market segmentation), 표적시장선정(market targeting), 시장포지셔닝(market positioning) 단계로 구분된다.

이 장은 기업이 글로벌시장에 진출할 때 따라야 하는 시장선정과정에

그림 6-1 해외시장 선정과정

**시장세분화**
- 시장을 세분화하는 기준선정
- 세분된 시장들의 특성파악

→

**표적시장 선정**
- 세분시장들의 잠재력 평가
- 표적세분시장 선정

→

**시장 포지셔닝**
- 표적세분시장에서 추구할 자사제품의 위치개발
- 표적세분시장을 위한 마케팅전략개발

대하여 논의한다. 먼저 글로벌시장 세분화에 관하여 알아보고 그 다음, 목표시장 선정을 위한 기준에 관하여 알아본다. 마지막으로 해외시장 확대전략에 관하여 논의한다.

## 제 1 절
## 글로벌 시장세분화

### 1. 글로벌 시장세분화의 개념

글로벌 시장세분화는 이질적인 글로벌시장을 기업의 마케팅자극에 유사한 반응을 보일 것으로 생각되는 동질적인 세분시장들로 구분하는 것을 말한다. 글로벌 시장세분화는 크게 두 가지로 나누어 생각할 수 있다.

첫째는 국가나 지역을 세분화의 단위로 생각하는 지역별세분화이다. 즉 지역별세분화는 개별국가 또는 EU와 같은 지역집단을 동질적 시장으로 보는 종적 시장세분화 방법이다.

둘째는 국경을 초월하여 동질적인 욕구와 구매행동을 보이는 소비자들을 묶어 세분화의 단위로 생각하는 글로벌세분화이다. 즉 글로벌세분화는 여러 국가에 걸치더라도 특정 소비계층의 욕구가 같으면 동질적 시장으로 보는 횡적 시장세분화 방법이다. 예를 들면 글로벌 유아시장, 글로벌 청소년시장, 글로벌 고소득층시장 등으로 시장을 분류하는 것이다. 최근에는 소비자 기호의 동질성이 확산됨에 따라 글로벌세분화가 더 유용하다는 인식이 확산되고 있다.

기업은 시장을 세분화함으로써 다음과 같은 이점을 얻을 수 있다.

첫째는 시장기회를 효율적으로 발견할 수 있다. 시장세분화를 통해 고객의 욕구를 파악하고 세분된 시장의 욕구를 적절히 충족시켜 주는 기존제품이 있는지를 살펴보면 시장기회를 보다 쉽게 발견할 수 있다.

둘째는 마케팅 믹스를 효율적으로 실행할 수 있다. 즉, 세분시장의 욕구에 맞게 마케팅 믹스를 개발함으로써 세분시장의 욕구를 더 정확히 충족시킬 수 있다. 이는 결과적으로 경쟁기업과 차별화를 가져오고 자사제품의 경쟁력을 높여 주게 된다.

셋째는 마케팅자원을 효율적으로 활용할 수 있다. 글로벌기업이 한정된 자원을 가지고 모든 시장을 서브할 수는 없다. 글로벌기업은 기업이 갖고 있는 강점을 최대로 활용할 수 있는 세분시장에만 기업의 마케팅자원을 투입함으로써 자원을 합리적으로 활용할 수 있다.

## 2. 글로벌 시장세분화의 기준

효과적으로 시장을 세분화하려면 이질적인 전체시장을 동질적인 시장으로 나누는 기준을 올바르게 선택하는 것이 중요하다. 세분화 기준을 선정하는 데에는 어떤 정해진 규칙이 있는 것은 아니나 기업의 마케팅활동에 의미 있는 기준을 사용하여야 한다. 어떤 기준이 의미 있는 기준인가는 기업이 처한 상황에 따라 다르지만, 여기서는 흔히 사용되는 기준들만을 간단히 설명하기로 한다.

### (1) 지리적 세분화

지리적 세분화란 해외시장을 지역, 국가, 권역, 인구밀도, 기후 등 지리적 기준을 바탕으로 특정 제품에 관한 해외시장을 나누는 것을 말한다. 이 방법은 산업에 따라서는 지리적 변수에 따라 고객의 욕구와 선호가 다른 경우가 많다는 가정에서 출발한다. 예를 들면 독일, 오스트리아, 스위스 등은 인접국이기 때문에 소비자들의 욕구와 선호가 유사할 것이라고 가정하는 것 등이다.

지리적 세분화는 세분화작업이 비교적 쉽고, 세분화된 시장에 접근하는 것이 용이하기 때문에 글로벌기업들이 많이 이용하는 방법이다. 그러나 지리적 세분화는 경제적이고 편리하다는 장점은 있으나 소비자의 욕구를 제대로 반영하지 못한다는 단점을 가지고 있다.

**예 증** *ILLUSTRATION*

### 현대차 지역시장수요에 맞추어 신흥시장서 '고속 질주'

#### 아프리카 등 수출 20%대 증가

현대자동차는 2007년 3분기까지 아프리카, 중동, 중남미 등 '이머징 마켓'에 총 30만7,000여대의 자동차를 수출했다고 2007년 10월 29일 밝혔다.

현대차는 "아프리카와 중동에 전년동기대비 21.4% 증가한 18만 5,134대를, 중남미 지역엔 26.1% 늘어난 12만 2,545대를 각각 수출했다"고 설명했다. 현대차는 이들 지역의 대기 수요가 4만여대에 달할 정도로 '공급 부족'에 시달리고 있어 2007년 41만대 판매가 무난할 것으로 내다봤다.

지역별로 보면 중동 지역 수출은 중대형 고급차가 견인했다. 쏘나타, 그랜저, 싼타페 등의 2007년 수출 물량은 3만 6,000여대로 작년보다 95%나 급증했다. 현대차는 "중동 소비자들의 높아진 구매력에 맞춰 매장을 고급화하고 중대형 고급차를 앞세운 판매전략이 주효했다"며 "아랍 전용광고 등 현지화 노력도 시너지 효과를 냈다"고 소개했다.

아프리카 지역에선 베르나, 아반떼 등 소형차 중심의 수요가 늘고 있다. 특히 이집트의 시장점유율은 26.2%로, 도요타(11.8%)를 누르고 1위를 달리고 있다. 중남미의 칠레, 콜롬비아, 에콰도르, 파나마에서도 11.6%(3위), 10.3%(1위), 11.4%(2위), 11.7%(3위) 등 10% 이상의 시장점유율을 기록 중이다. 현대차 관계자는 "신흥시장은 비교적 적은 투자로도 선점효과를 기대할 수 있어 인도, 중국에 이어 제 2 의 성장 엔진이 될 것으로 기대된다"고 말했다.

자료: 한국일보, 2007년 10월 30일.

#### (2) 인구통계적 세분화

인구통계적 세분화란 연령, 성별, 소득, 직업, 교육수준, 종교 등과 같은 인구통계변수를 기준으로 특정 제품의 글로벌시장을 세분화하는 것을 말한다. 예를 들면, 특정 제품에 관한 글로벌시장을 연령을 기준으로 하여 20~30대 소비자가 중심인 청년층시장과 40~50대 소비자가 중심인 장년층시장으로 구분한다든지, 소득을 기준으로 하여 1인당 소득 3만 달러 이상의 고소득시장과 1인당 1만 달러 이하의 저소득시장으로 나누는 것 등이다.

인구통계적 세분화는 소비자의 욕구나 선호 등이 인구통계변수들과 상관관계가 높고 또 변수들을 측정하기가 용이하기 때문에 글로벌기업들이 많이 이용하는 방법이다.

### (3) 심리적 세분화

심리적 세분화란 해외시장을 라이프스타일, 사회계층, 개성 등과 같은 심리적 변수를 가지고 시장을 세분화하는 것이다.

① 라이프스타일

소비자들은 각기 독특한 라이프스타일을 갖고 있으므로 지구촌 소비자들의 활동, 관심, 의견 등을 기준으로 하여 글로벌시장을 몇 개의 집단으로 분류할 수 있다. 이는 같은 유형의 라이프스타일을 따르고 있는 사람들은 활동, 관심, 의견 등에 걸쳐 공통점이 많아 선호하는 제품이나 매체 등에서도 공통점이 많기 때문이다.

② 사회계층

사회계층을 기준으로 해서도 해외시장을 세분화할 수 있다. 사회계층이 같으면 소비자의 구매행동이 유사해지는 경향을 보이기 때문이다. 사회계층이란 어떤 가족을 상류층, 중류층, 하류층 등으로 분류하는 것 등을 의미한다. 사회계층을 분류하는 기준은 경제적 기준 이외에도 가장이나 부모의 교육수준, 직업, 거주지역 등이 있다.

③ 개 성

소비자의 개성을 기준으로 해외시장을 세분화할 수도 있다. 많은 소비자들이 각자 자기이미지와 자아컨셉트 등을 가지고 있어서 이를 충족시켜 줄 수 있는 브랜드를 구입하는 경향이 있기 때문이다. 개성을 중요시하는 소비자들을 대상으로 하는 제품의 경우에 개성변수가 시장세분화의 중요한 기준이 된다. 예를 들면 모터스쿠터나 패션제품 등은 개성을 시장세분화의 주요 기준으로 사용하는 경향이 있다.

심리적 변수들은 지리적 변수나 인구통계적 변수들보다 고객에 대해 더 구체적인 정보를 제공해 주는 장점이 있다. 예를 들어, 같은 연령대에 속하더라도 개성이나 사회계층이 다르면 특정 제품에 대해 추구하는 욕구나 선호가 많이 다를 것이다. 그러나 심리적 변수는 지리적 변수나 인구통계적 변수에 비하여 상대적으로 모호한 개념들을 다루므로 측정하기가 어렵다는 단점이 있다. 또 이러한 변수로 시장을 세분화했을 때 그 시장에 접근하기가 쉽지 않은 경우가 있다.

#### (4) 행태적 세분화

행태적 세분화란 제품이나 제품속성에 대하여 소비자가 지니고 있는 태도, 용도, 반응 등에 따라 글로벌시장을 세분화하는 것을 말한다. 즉, 소비자가 구매와 관련하여 어떻게 행동하는가, 제품에 대하여 무엇을 원하는가에 따라 시장을 세분화하는 것이다. 주로 사용되는 행태적 변수로는 구매계기, 추구하는 편익, 사용자상태, 사용량, 브랜드충성도 등이 있다.

① 구매계기

구매계기란 소비자가 제품을 구매하는 이유, 요인, 유인 등을 의미하는데, 이를 기준으로 글로벌시장을 세분화할 수도 있다. 예를 들면, 여행사들은 사람들이 여행하는 계기를 업무수행, 개인용무, 휴가, 단체관광 등으로 구분한 다음에, 여행계기별로 각기 다른 마케팅전략을 적용하고 있다.

② 추구편익

소비자들은 어떤 니즈를 충족시키기 위하여 또는 어떤 편익을 얻기 위하여 제품을 구매하므로 추구편익을 기준으로 글로벌시장을 세분화할 수도 있다. 예컨대 치아보호, 치아미백, 향기, 가격 등 치약의 특징을 기준으로 글로벌 치약시장을 세분화할 수도 있다.

③ 사용자상태

특정 제품의 글로벌시장을 사용자의 상태, 예컨대 비사용자, 예전 사용자, 잠재적 사용자, 신규사용자, 정규사용자 등을 기준으로 삼아 세분화할 수 있다.

④ 사 용 량

사용량이 세분화의 기준으로 사용되는 이유는 제품을 많이 소비하는 사람들(heavy user)의 중요성 때문이다. 그들은 수는 적지만 그들의 소비량은 매출에서 아주 큰 비중을 차지한다. 마케팅에서 흔히 말하는 20-80룰이 그것인데 이는 20%의 대량소비자(heavy user)가 80%의 소비를 담당한다는 말이다. 이와 유사한 현상은 음료산업이나 금융산업에서 발견되고 있다. 따라서 국제마케터는 대량소비자의 존재가 중요한 산업에서는 대량소비자와 그렇지 않은 소비자의 특성을 파악하여 시장을 세분한 후, 각 세분시장에 대해 적합한 마케팅전략을 개발하여야 한다.

**⑤ 브랜드충성도**

국제마케터는 브랜드충성도를 기준으로 글로벌시장을 세분화할 수 있다. 브랜드충성도란 소비자가 특정 브랜드를 일관성 있게 선호하는 정도를 말한다. 브랜드충성도에 따라 소비자를 ⓐ 단골고객, ⓑ 복수의 브랜드를 선호하는 고객, ⓒ 한 브랜드로부터 다른 브랜드로 구매를 전환하는 고객, ⓓ 어떤 브랜드에도 충성심을 보이지 않는 고객 등으로 나눌 수 있다. 이러한 네 가지 유형의 고객 중 어떤 유형의 고객을 표적으로 삼느냐에 따라서 적용할 마케팅전략은 달라진다.

## 3. 글로벌 시장세분화의 전제조건

마케팅전략 수립에 의미가 있는 시장세분화가 되기 위해서는 세분된 시장들은 다음의 조건을 갖추어야 한다.

**① 측정가능성**

세분시장의 크기, 구매력, 성장성 등을 측정할 수 있어야 한다. 어떤 세분화변수는 세분시장 규모를 측정하는 데 어려움이 따르므로 효과적인 세분화의 기준이 되기 어렵다.

**② 접근가능성**

세분시장의 고객에게 접근하여 그 시장에서 어느 정도 효과적으로 마케팅활동을 할 수 있어야 한다. 현재의 마케팅수단으로 접근하기 어려운 세분시장은 글로벌마케터의 입장에서 보면 의미가 없는 시장이 된다.

**③ 풍부성**

세분시장은 수익이 발생할 가능성이 높을 정도의 충분한 규모를 가지고 있어야 한다. 세분시장의 규모가 너무 작아서 투입된 비용을 커버할 수 없다면 그 세분시장은 기업에게 의미가 없게 된다.

④ 세분시장 간의 이질성

서로 다른 세분시장에 속한 고객들 간에는 최대한의 이질성이 존재해야 한다. 각 세분시장에 속한 소비자의 욕구가 다른 세분시장과 별다른 차이가 없다면 시장을 세분하는 의미가 없어진다.

# 제 2 절 글로벌 표적시장의 선정

글로벌 표적시장 선정은 기업이 적절한 방법으로 글로벌시장을 세분화한 후에 해당기업의 경영전략, 보유한 경영자원, 경쟁환경 등과 같은 요인들을 고려하여 결정하는 것이 바람직하다.

## 1. 글로벌 시장세분화 유형

세분시장의 근본적인 문제는 그것을 수행하는 방법에 있다. 편리하고 비용이 적게 드는 시장세분화 방식은 사용하기는 쉽지만 세분시장 내의 동질성이 확보되지 못해 잘못된 마케팅전략을 유도해 자원을 낭비할 가능성이 있다. 제인(Jain) 등 많은 마케팅학자들이 글로벌 시장세분화를 위해서는 다단계 시장분류법의 개발이 중요하다고 강조하고 있다.

### (1) 1단계 시장세분화

지금까지의 세계시장 세분화의 분석은 거의 대부분이 경제 · 사회와 관련된 지표를 기준으로 세계 각국을 분류한 것이었다.

모든 국가들을 대상으로 하여 1차적 세분화를 시도하는 데 있어 여러 종류의 지표들, 즉 지리적 특성, 경제개발의 수준, 정치적 특성, 사회 및 문화적 특성 등이 사용될 수 있다. 이를테면, 세계시장을 ① 정치적 시스템에 의한 세분화는 시장경제국들과 계획경제국들로 구별할 수 있으며, ② 경제발전정도를 분류기준으로 하여 선진국, 중진국, 개도국으로 세분화시킬 수도 있고, ③ 지리적 위치를 분류기준으로 하여 서유럽, 남미, 아프리카, 동남아 등으로 세분화할 수도 있다. ④ 또 시장특성에 중요한 영향을 미치는 사회 · 문화적 요인들, 즉 언어, 종교, 교육 등의 지표에 근거하여 세계시장을 세분화시킬 수 있다. 이렇게 해서 세분화된 시장들은 각각 동질성을 갖는다고 가정되고, 목표시장으로 선정된 세분시장에 대하여 글로벌기업은 표준화된 마케팅전략을 수행하고자 한다.

이러한 세계시장 세분화를 1단계 시장세분화라 한다. 이러한 분류는 비교적 간단하고 그 자체로서 시사하는 것이 많지만, 세분화된 시장 내에서도 동질성이 보장되는 경우가 적어 보다 정밀한 국제시장세분화 전략을 계획할 때에는, 1단계 시장세분화는 기초자료로밖에는 사용할 수 없는 경우가 많다.

### (2) 단계적 시장세분화

단계적 시장세분화의 궁극적인 목표는 세분화된 시장별로 공통된 마케팅전략을 적용시키고자 하는 데 있다. 단계적 시장세분화는 다음과 같은 단계를 거친다.

첫째, 통상 단계적 시장세분화에서는 2단계에 걸쳐 시장을 세분화한다. 제 1 단계에서는 특정의 국가적 특징, 예를 들면 지리적 지표, 사회 · 문화적 지표, 정치적 변수 등을 사용하여 국가의 그룹화가 진행된다. 그렇게 그룹화된 국가군은 1차세그멘트라 부를 수 있다.

둘째, 제 2 단계에서는 각 1차세그멘트 내의 시장들을 표준화된 마케팅전략에 유사한 반응을 보이는 시장들로 압축하기 위해 또 다른 기준을 통해 또다시 세분화한다. 이때의 세분화기준은 참조국가(reference country), 행태적 변수, 심리적 변수 등을 사용할 수 있다.

셋째, 2차세분화의 기준으로 참조국가 방법을 사용하는 경우이다. 참조국가란 표준화된 마케팅전략을 수립하는 데 기준이 되는 국가를 의미하는데, 대체로 이러한 참조국가는 1차세그멘트 내의 국가들 중에서 가장 높은 시장 잠재력을 지닌 국가 또는 이미 수출을 하고 있는 국가를 선정한다. 그런 다음에 1차세그멘트 내 국가들의 마케팅환경을 참조국가와 비교하여 참조국가와 유사한 특성을 가진 국가들을 최종적인 목표시장으로 세분화하고 참조국과 이질적인 특성을 가진 국가들은 목표시장에서 배제한다. 이렇게 함으로써 세분화된 목표시장 내에서 표준화된 마케팅전략을 효율적으로 전개할 수 있게 된다.

넷째, 2차세분화의 기준으로 행태적 변수나 심리적 변수를 사용하는 경우이다. 이 경우에 행태적 · 심리적 변수의 사용방법은 국내시장의 세분화방법과 기본적으로 동일하다. 그렇게 해서 식별된 세분시장에서도 표준화된 마케팅전략이 수행된다.

이와 같은 단계적 시장세분화방법은 체계적이고 경제적으로 국가를 세분화시켜 줄 뿐만 아니라, 세분화된 목표시장국가들에서 공동의 마케팅 전략을 계획할 수 있다.

### (3) 국가횡단적 시장세분화

국가횡단적 시장세분화(inter-market segmentation)란 세계시장 세분화의 초점을 국가별 세분화에서 국가 간의 세분화로 옮겨 놓은 것이다. 이것은 국경을 초월하여 동질적인 욕구와 구매행동을 보이는 소비자집단이 존재하며, 이러한 소비자들을 묶어 세분화의 단위로 생각한다. 이는 여러 국가에 걸치더라도 특정 소비계층의 욕구가 같으면 동질적 시장으로 보는 횡단적 시장세분화 방법이다.

세분화 기준으로는 주로 사회 · 경제적 변수를 이용한다. 예를 들면, 글로벌 유아시장, 글로벌 청소년시장, 글로벌 고소득층시장 등으로 시장을 분류하는 것이다. 최근에는 소비자 기호의 동질성이 확산됨에 따라 국가횡단적 시장세분화가 국가별 시장세분화보다 더 유용하다는 인식이 확산되고 있다.

글로벌마케팅에서 시장세분화 전략유형 채택의 핵심적인 고려요소는 세계시장을 얼마나 차별화할 것인가에 귀결된다. 무조건적인 표준화나 차별화보다는 차별화의 수준에 대한 합리적인 고려가 필요하다. 세계시장에서 이상적인 시장세분화전략은 가능한 한 많은 유사국가시장을 묶어 표준화된 전략을 적용하고, 나머지 유형의 시장에 대해 차별화된 전략을 적용하는 방법과 시장규모 등 중요성을 고려한 우선순위에 따라 집중적인 마케팅을 실시하는 것이다.

## 예 증 *ILLUSTRATION*

### "글로벌 부자 1% 잡아라"

– High-end global marketing 팔 걷는 한국기업들 –

특정 상품류의 글로벌시장을 소득·구매력·라이프스타일 등을 기준으로 세분화하는 전략을 동원하여 주요 한국 제조업체들이 글로벌 최고급 명품 시장에 속속 침투하고 있다.

이들 기업들은 전 세계 1~3%안에 드는 최상류 부유층을 표적으로 삼고 '프리미엄제품'을 따로 내놓는 이른바 '하이-엔드' 마케팅에도 주력하고 있다(자료 참조).

**글로벌 부유층을 겨냥한 한국 제품들**

| 제조 기업 | 제 품 | 특 징 |
|---|---|---|
| 삼성전자 | 휴대전화 '세린' | 명품 오디오 업체 '뱅앤올룹슨'과 공동 개발 |
| | 옻칠 노트북 PC | 한국 전통 옻칠과 자개로 외관 마감 |
| | 70인치 풀 HD LCD TV | 대당 5,900만원 상당으로 해외서 1,000대 판매 |
| LG전자 | 71인치 PDP TV | 대당 7,000만원, 중동 등 해외서 인기 |
| | 우드 PDP TV | 최고급 이탈리아산 목재 프레임 적용 |
| 삼성중공업 | 초호화 유람선 | 척당 5억~10억 달러 호가하는 7만~10만t급 크루즈선 |
| 현대자동차 | '제네시스' | 340마력 V8 엔진 채용한 후륜구동 럭셔리 세단 |
| 제일모직 | 빈폴 | 러시아 중상류층 공략 위해 모스크바에 매장 열어 |
| LG패션 | 헤지스 | 중국 원저우 쇼핑중심가에 매장 열어 중상류층 공략 |

자료: 각 업체.

예컨대, 삼성전자는 대당 5,900만원짜리 70인치 초고속 화질(풀HD)LCD TV '파브(PAVV) LCD 70'을 앞세워 전 세계 최상류 1% 고객을 공략하고 있다.

LG전자는 대당 7,000만원짜리 71인치 PDP TV를 중동지역 등 전세계 최상류 고객들에게 판매하고 있다.

'옻칠 노트북, 초호화 크루즈선, BMW에 버금가는 고급 세단….'

국내 주요 제조업체들이 글로벌 최고급 명품 시장에 속속 도전장을 내고 있다. 이들 기업은 전 세계 1~3% 안에 드는 최상류 부유층 소비자들을 겨냥해 '프리미엄 제품'을 따로 내놓는 이른바 '하이-엔드(High-end)' 마케팅에 힘을 쏟고 있는 것이다.

첨단 제품 분야에서 몇 발짝 앞서 달리는 일본과 아직은 한국보다 못하지만 신기술을 익히며 맹추격하는 중국 틈바구니에서 한국 기업, 한국 상품만의 차별화를 꾀하기 위한 승부수다. 최상류 소비층을 공략하기 위해선 희소성이 있어야 함은 물론 같은 제품이라도 '나만의 것'이라고 느낄 수 있는 맞춤형 옵션을 많이 달아야 하기 때문이다.

위에 예로 든 TV의 High-end global marketing을 할 때는, 제작 주문을 받아 생산·판매하고 거실 인테리어까지 배려해 제품을 설치해 준다. 제품하단엔 실크 스크린 인쇄방식으로 고객 성명을 넣어 주는 맞춤 서비스도 한다.

자료: 중앙경제, 2007년 9월 14일 및 한국일보, 2007년 9월 21일.

## 2. 표적시장 선정

기업은 적절한 절차에 따라 글로벌시장을 세분화한 후, 상이한 세분시장들을 평가하고, 어떤 세분시장을 그리고 얼마나 많은 세분시장을 표적으로 할 것인가를 결정해야 한다.

### (1) 세분시장의 평가

기업은 세분시장을 평가하기 위하여 다음과 같은 요소들을 분석하는 것이 바람직하다.

① 세분시장의 규모와 성장률

특정기업체가 세분시장에 대한 평가를 할 때 우선적으로 고려할 것은 자사제품에 대한 세분시장의 현재규모와 미래잠재성이다. 세분시장의 규모와 잠재성을 가리키는 지표들은 ⓐ GNP/GDP규모와 1인당 소득 및 그들의 성장률, 중산층의 규모, 산업화 수준 등과, ⓑ 해외로부터 라이슨시된 제품(licensed products) 및 수입제품의 판매 증가율 등이다.

그러나 시장규모가 크다고 모든 기업에게 다 매력적인 것만은 아니다. 중소기업들은 충분한 자원을 보유하지 못하고 있기 때문에 큰 세분시장보다는 적정규모의 시장이나 니치시장을 선호할 수도 있다.

② 투자수익률 전망

세분시장이 규모도 크고 성장가능성이 높더라도 기대되는 투자수익률 전망이 좋지 않으면 매력적인 시장이라 할 수 없다. 시장규모도 크고 성장률도 좋은 세분시장이 기대수익률이 낮은 것은 경쟁요인을 고려하지 않았기 때문이다. 그러므로 표적시장을 선정할 때에는 경쟁요인을 반드시 고려하여야 한다. 포터(Porter)는 시장의 수익률을 결정하는 5가지 경쟁요인을 다음과 같이 규명하였다.

그림 6-2 산업의 경쟁구조 요인

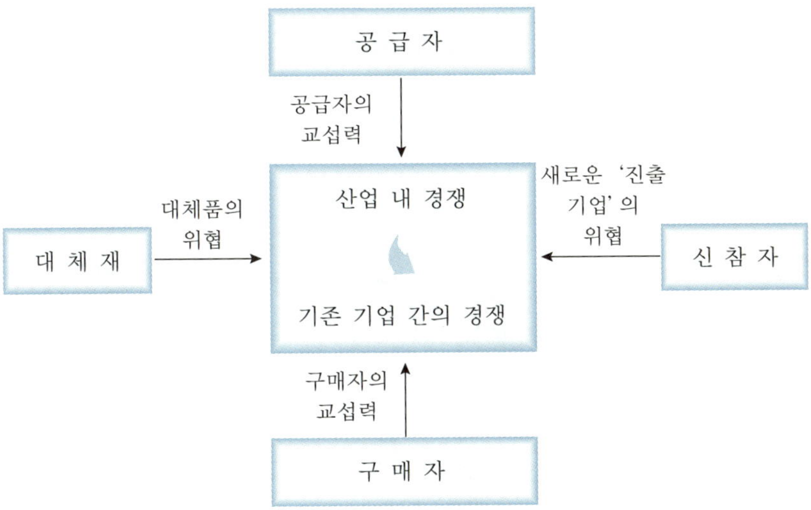


자료: Porter, M. E.(1980), *Competitive Strategy*, The Free Press.

ⓐ 산업내 기존기업과의 경쟁

대부분의 시장에서 경쟁의 양상과 시장의 수익률을 결정하는 가장 중요한 요인은 이미 그 시장 내에서 경쟁하고 있는 기업들 간의 경쟁관계이다. 어떤 시장에서는 기업들끼리의 과당경쟁으로 인해 가격이 생산원가 이하로 내려가는 경우도 있고 또 다른 경우에는 기업들이 가격경쟁을 피하기 위하여 담합을 하기도 한다. 이와 같이 시장 내의 기존기업 간의 경쟁양상과 강도를 결정하는 중요한 요소는 시장집중도(시장 내 기업의 수와 개별기업의 규모), 제품의 차별화 정도, 초과설비의 유무, 비용구조(변동비 대 고정비의 비율) 등이다.

ⓑ 잠재적 진입자와의 경쟁

만일 어느 시장에서 진입이 자유롭게 허용된다면, 비록 수익률이 높은 시장일지라도 새로운 진입자들에 의해 그 수익률은 점차 낮아질 것이다. 따라서 진입장벽이 없는 시장에서는 가격이 경쟁적인 수준으로 낮아지고, 투자수익률 역시 낮아질 것이다. 대표적인 진입장벽으로는 자본소요량, 규모의 경제, 경험곡선의 작용, 제품차별화, 유통망, 정부의 규제 등이 있다.

ⓒ 대체재와의 경쟁

시장의 수익률은 대체재(substitute goods)의 유무에 따라 달라진다. 대체재가 많을수록 기업들이 자사의 제품이나 서비스에 높은 가격을 받을 가능성은 줄어든다. 대체재의 수에 영향을 주는 요소는 대체재의 유용성 정도, 브랜드충성도의 유무 등이다.

ⓓ 구매자의 교섭력

자사제품을 구매하는 구매자의 교섭력이 클수록 시장의 수익률은 작아진다. 구매자의 교섭력에 영향을 주는 중요한 요소는 공급자에 대한 구매자의 상대적인 크기, 공급자에 대한 구매자의 정보능력, 공급선 전환비용 등이다.

ⓔ 공급자의 교섭력

자사에 원료나 부품을 공급하는 공급자의 교섭력이 강할수록 시장의 수익률은 작아진다. 공급자 교섭력에 영향을 주는 요소는 구매자 교섭력에 영향을 주는 요소와 동일하다.

표 6-1 세분시장의 투자수익률 결정요인

| 수익률결정요인(A) | 경쟁강도 결정요소(B) | 결정요소(B) 상태 | 수익률에 주는 영향 |
|---|---|---|---|
| 기존기업과의 경쟁 | 경쟁기업의 수 | 많은 경우 → 경쟁치열 | 부정적 영향 |
| | 자사제품의 차별화 | 높은 경우 → 경쟁억제 | 긍정적 영향 |
| | 초과설비 수준 | 높은 경우 → 경쟁치열 | 부정적 영향 |
| | 변동비/고정비 | 낮은 경우 → 경쟁치열 | 부정적 영향 |
| 잠재진입자와의 경쟁 | 자본소요량 | 많은 경우 → 진입억제 | 긍정적 영향 |
| | 규모의 경제 | 큰 경우 → 진입억제 | 긍정적 영향 |
| | 경험 효과(곡선) | 큰 경우 → 진입억제 | 긍정적 영향 |
| | 제품차별화 | 높은 경우 → 진입억제 | 긍정적 영향 |
| | 정부규제 | 큰 경우 → 진입억제 | 긍정적 영향 |
| | 유통망 접근성 | 어려움 → 진입억제 | 긍정적 영향 |
| 대체재와의 경쟁 | 대체재의 유용성 | 큰 경우 → 경쟁치열 | 부정적 영향 |
| | 자사의 상표충성도 | 큰 경우 → 경쟁억제 | 긍정적 영향 |
| 구매자의 파워 | 구매자의 비중 | 큰 경우 → 파워증가 | 부정적 영향 |
| | 구매자의 정보능력 | 큰 경우 → 파워증가 | 부정적 영향 |
| | 구매자의 공급선 전환비용 | 쉬운 경우 → 파워증가 | 부정적 영향 |
| 공급자의 파워 | 공급자의 중요도 | 큰 경우 → 파워증가 | 부정적 영향 |
| | 공급자의 정보능력 | 큰 경우 → 파워증가 | 부정적 영향 |
| | 자사의 공급선 전환비용 | 큰 경우 → 파워감소 | 긍정적 영향 |

③ 현지운영의 용이성과 적합성

세분시장에 대한 평가를 실시할 때는 현지운영의 용이성과 적합성을 고려해야 한다. 일반적으로 ⓐ 지리적 근접성 및 언어 · 미학 · 가치관 등 문화적 근접성이 높은 세분시장일수록, ⓑ 현지정부가 민간의 기업활동에 대한 간섭과 규제가 적고, 관료주의적 행정과 부정 · 부패가 적은 시장일수록, ⓒ 특정기업체의 능력 및 전략과 어울리는 비즈니스환경을 지닌 시장일수록, ⓓ 특정기업체의 현지운영에 필수적인 원자재 · 부품 · 생산시설 · 생산인력 · 경영인력 · 생산요소 · 사회간접시설 · 상업하부구조 등을 충분히 그리고 저렴하게 공급할 수 있는 시장일수록, 현지운영의 용이성과 적합성이 양호하다고 말할 수 있다.

### (2) 표적시장의 선정

기업은 자사의 목표와 보유자원 등 자사와의 적합성을 고려하여 효율적으로 서브할 수 있는 세분시장의 유형과 진출할 시장의 수를 결정한다. 즉 특정 기준에 의해 세분화된 여러 시장 중에서 기업의 자원, 목표 등을 감안하여 단일세분화시장 전략, 복수세분화시장 전략, 전체 표준화전략 등을 선택한다.

#### ① 단일 세분시장 집중화

이는 기업이 하나의 세분시장만을 표적으로 삼아 서브하는 전략이다. 대규모시장에서 낮은 시장점유율을 추구하는 대신에 한 개의 세분시장에서 높은 점유율을 추구하는 집중적인 글로벌마케팅 전략이다.

#### ② 복수 세분시장 추구

이는 전체시장 중 기업의 목표와 자원에 조화되는 가장 매력적인 세분시장 몇 개를 선택하여 진출하기로 하고, 각 세분시장별로 차별적인 마케팅전략을 적용하는 것이다.

그림 6-3 세 가지 대안적인 표적시장 선정전략

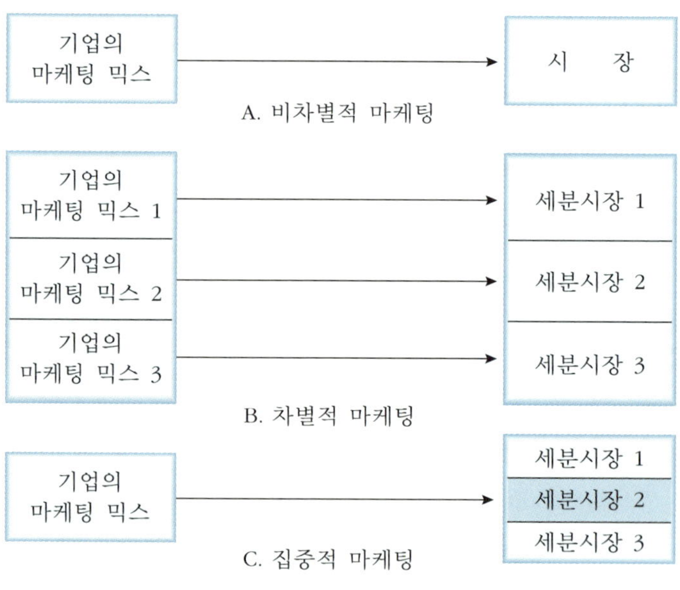

③ 전체시장 추구

이는 소비자의 기본적인 욕구의 차이보다는 공통점에 초점을 맞추어 가장 많은 소비자에게 소구할 하나의 마케팅전략을 설계하여 전체시장에 진출하려는 글로벌마케팅전략이다.

## 3. 글로벌 포지셔닝전략

기업이 어떤 특정 세분시장을 표적시장으로 할 것인가를 결정한 후에는, 그 표적시장에서 제품의 포지셔닝을 어떻게 위치시킬 것인가를 결정해야 한다. 포지셔닝(positioning)이란 기업이 경쟁사와는 다른 차별적인 특징이나 이미지를 표적시장 고객들에게 인식시키는 한편, 그 기업의 전략적 위치를 정하는 것을 말한다.

글로벌마케터는 표적시장 소비자들에게 자사제품을 포지셔닝시킬 때 다음과 같은 두 가지 전략을 사용할 수 있다.

첫째, 시장 간의 욕구 차이를 반영하여 각 시장에 적합한 포지셔닝을 개발하는 시장별 포지셔닝전략이다. 예를 들면, Honda의 Accord는 일본에서는 가족차(family car)의 이미지를, 미국에서는 주로 통근용 세컨드 카(second car)의 이미지를, 아시아의 일부시장에서는 신분을 나타내는 차(status car), 유럽시장에서는 스포티 카(sporty car)의 이미지를 강조하는 등 시장마다 각각 다른 제품포지셔닝을 구사하였다. 이러한 접근방식은 국별(지역별) 세분화 방식에서 많이 사용되었다.

둘째, 모든 시장에 동일한 포지셔닝을 적용하는 공동 포지셔닝전략이다. 예를 들면, Benz의 중대형 자동차는 각국의 고소득층을 공동의 표적으로 해서 신분을 나타내는 고급차로서의 제품포지셔닝을 구사하였다. 소비자들이 글로벌화되어 감에 따라 이러한 접근방식의 중요성이 점차 커지고 있다.

## 제 3 절
# 해외시장 확대전략

코틀러(Kotler) 등은 해외시장 확대과정을 시장세분화 전략의 동태적 모형이라고 칭하였다. 이는 제품개발전략과 시장개발전략이 시장세분화전략과 유기적인 관계 속에서 이루어져야 한다는 것을 강조하는 말이다.

## 1. 해외시장 확대전략의 유형

### (1) 지리적 해외시장 확대전략

이는 해외시장 진입초기에는 본국시장과 마케팅환경과 유사하거나 선도기업이 크게 관심을 가지고 있지 않는 국가시장을 선택하여 진출에 성공한 후, 점차적으로 지리적으로나 문화적으로 유사한 지역으로 시장을 확대하고 나아가 가장 핵심적인 국가시장으로 침투하는 해외시장 확대전략을 말한다. 예를 들면, 일본컴퓨터산업은 처음에는 일본에 가까운 아시아 국가들을 표적시장으로 삼아 침투하였고 다음에는 호주시장, 마지막으로 미국과 유럽시장으로 시장을 확대해 나갔다. 미국과 유럽의 생산업체들에게는 아시아 시장은 문화적으로 익숙하지 않고 시장규모가 작아 중요하지 않은 시장인 반면에, 일본은 아시아 시장이 문화적으로 가깝고 익숙한 시장이면서도 강력한 경쟁자도 없어 적소시장(niche market)에 해당하였기 때문이다.

유사한 예는 거의 모든 일본 산업에서 볼 수 있는데, 일본의 자동차와 오토바이 회사들은 처음에는 아시아시장에 침투노력을 집중했고, 그 다음 아시아지역 밖으로 시장을 확대하여 갔다.

### (2) 시장세분화에 기초한 해외시장 확대전략

이 전략은 지리적으로는 동일한 시장이지만 경쟁회사가 방치하고 있는 시장의 욕구를 발견하여 이들의 욕구를 충족시킨 후, 이를 발판삼아 점진적으로 제품계열을 확대해 나감으로써 해외시장을 확대해 나가는 전략이다. 제품계열을 확대해 나가는 순서는 자사의 경쟁우위가 큰 제품부터 시장진입을 시도하는 것이 바람직하다. 시장세분화에 기초한 접근방법은 지리적 접근방법보다 잠재력이 훨씬 강력한 것으로 평가되고 있다.

많은 일본기업들이 미국시장을 침투할 때에 이러한 유형의 해외시장 확대전략을 사용하였다. 즉, 일본회사들은 미국회사들이 방치한 시장을 찾아내어 이 시장의 욕구를 충족시킴으로써 시장교두보를 확보하는 데 많은 노력과 자원을 투입하였다.

예를 들면, Sony는 현재 미국에서 매우 다양한 사업을 하고 있지만, 미국진출 초기에 Sony는 소형TV를 만들어 파는 데 혼신의 노력을 기울였다. 당시 미국의 TV회사들은 수요가 많은 대형TV의 생산과 마케팅에 치중하고 있었기 때문에 소형TV시장은 소홀히 하였다. 미국 내 소형TV에 대한 욕구를 파악하여 이러한 욕구를 충족시켜줌으로써 시장교두보를 확보한 Sony는 미국시장에서 점진적으로 대형 TV, 테이프, 컴퓨터주변기기, 무선통신 등으로 사업영역을 넓혀 갈 수 있었다.

## 2. 해외시장 확대순서의 결정요인

기업이 해외시장 확대전략을 수립할 때에 소홀히 하기 쉬운 문제가 바로 세분시장 내지 개별시장국에 대한 진출순서를 결정하는 일이다. 다음에서 설명하는 해외비용과 경쟁우위가 해외시장 확대순서에 중요한 영향을 미친다.

### (1) 해외비용

해외시장은 외국기업에게는 현지기업보다 더 많은 시장개척비용을 발생시킨다. 외국기업은 해외시장의 언어, 문화 등에 대한 이해의 측면에서 현지기업에 비해 불리하고, 현지국의 제도, 유통망, 대정부관계, 인간관계 등에서 취약하기 때문이다. 외국기업이 이러한 불리함을 해외비용(foreign cost)이라 한다. 바꾸어 말한다면 해외비용은 해외시장의 생소함 때문에 발생하는 비용이다.

기업이 해외시장에 진출할 때에 해외비용을 축소시키는 방법의 하나는 익숙한 시장부터 진출하는 것이다. 근접한 지역에 위치하거나 역사적으로나 문화적으로 익숙한 시장부터 진출하여 여기서 얻어진 경험과 지명도를 바탕삼아 점진적으로 생소한 시장으로 시장을 확대해 나가는 것이 그것이다. 대부분의 일본기업들이 동남아나 동북아 시장에서 출발하여 미국이나 유럽시장으로 해외시장의 영역을 확대한 것이 이에 해당한다.

### (2) 경쟁우위

기업이 해외시장에서 초과이윤을 발생시킬 수 있는 능력이 있다면 해외시장을 개발할 수 있다. 해외시장에서 초과이윤을 발생시키는 원천은 ① 차별화능력이다. 품질이나 상표 측면에서 독점적 우위가 뛰어나 차별화능력이 큰 제품은 해외시장에서 현지제품보다 더 높은 가격을 받을 수 있다. 이와 같이 차별화로 인해 더 받을 수 있는 가격을 프레미엄(premium)이라 한다. ② 기업이 해외에서 초과이윤을 높일 수 있는 또 다른 원천은 저가격으로 생산할 수 있는 원가우위능력이다. 원가우위능력은 규모의 경제, 경험효과, 생산프로세스의 혁신, 저렴한 투입요소 비용, 생산기술 등 다양한 원천에서 발생한다.

차별화능력과 원가우위능력을 포함하는 개념이 경쟁우위이다. 따라서 기업이 해외시장에 진출할 때에 해외시장의 생소함으로 인해 해외비용이 발생하더라도 경쟁우위가 큰 제품이라면, 초과이윤이 해외비용보다 커지기 때문에 익숙하지 못한 시장에도 처음부터 진출할 수 있다. 그런 다음 생소한 시장에서 얻어진 경험은 후속제품을 같은 시장에 진출시킬 때, 해외비용을 크게 낮추어 주기 때문에 후속제품은 처음제품보다 경쟁우위가 떨어져도 이익적으로 해외시장에 진입할 수 있게 된다.

## 토의문제

1. 글로벌 시장세분화의 개념과 필요성에 관해 설명하시오.
2. 글로벌 시장세분화에 사용할 수 있는 소비자 특성으로 어떤 것이 있는지를 논의하시오.
3. 글로벌 세분시장 평가를 위해 사용되는 중요 기준들을 설명하시오.
4. 글로벌 시장세분화의 유형을 설명하시오.
5. 해외시장 확대전략 중 지리적 접근법과 세분시장 접근법이 각각 어떤 상황에서 적합한지 설명하시오.

## 참고문헌


반병길 외(2001), 국제마케팅, 박영사.

장세진(2003), 글로벌경영, 박영사.

정헌배, 김희철(1997), 지구촌마케팅, 법문사.

Jain, S. C.(1984), *International Marketing Management*, Kent Publishing Co.

Kotler, P., Fahey, L., and S. Jatusripitak(1985), *The New Competition*, Prentice-Hall.

Porter, M.(1980), *Competitive Strategy: Techniques for Analyzing Industries and Competitors*, Free Press.

# 제 7 장 해외고객행동 이해

해외고객의 행동을 분석하는 것은 고객중심적 마케팅을 지향하기 위한 출발점이 된다. 글로벌마케터는 해외고객과 관련된 정보와 이에 영향을 미치는 요인들을 파악함으로써, 효율적인 마케팅전략을 수립하고 전개해 나갈 수 있다.

## 제 1 절 구매행동의 이해

### 1. 구매행동모형

기업이 효과적으로 마케팅활동을 수행하기 위해서는 소비자의 구체적인 구매행동을 이해하는 것이 필요하다. 소비자의 구매행동은 저절로 발생하는 것이 아니라 소비자의 욕구에 여러 가지 외부자극이 가해짐으로써 나타나는 것으로 볼 수 있다. 이러한 관점에서 그림 7-1은 소비자들의 구매행동을 단순하게 정형화한 것이다. 그림을 간단히 살펴보면, 외부자극은

그림 7-1 소비자행동 모형

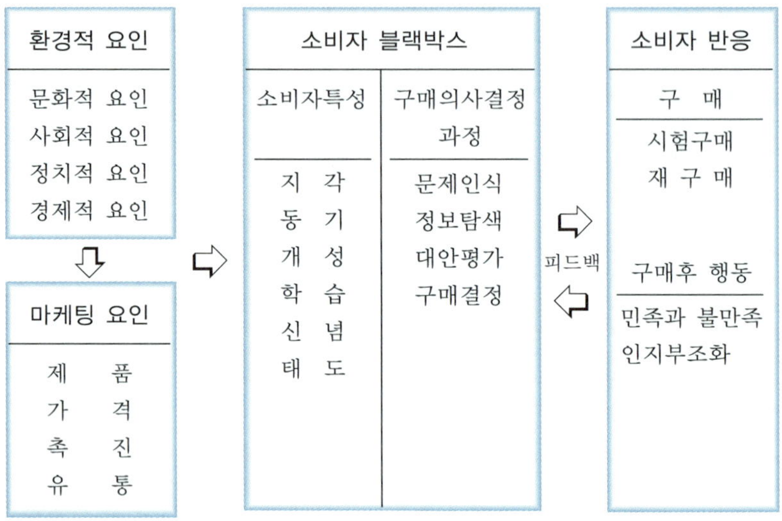


소비자들이 직면하는 다양한 환경적 요인과 기업이 수행하는 마케팅 프로그램으로 구성된다. 이러한 자극들이 소비자 인지과정을 나타내는 개별 소비자의 블랙박스 안을 통과하여 구체적인 소비자의 반응으로 나타난다. 소비자의 반응은 구매 이후에도 계속되어 인지과정에 피드백된다.

그러므로 마케팅관리자의 기본적인 과제는 문화적, 사회적, 경제적 요인들로 구성된 환경적 요인의 이해(제 2 부와 제 6 장), 4P's로 구성된 마케팅 요인의 이해(제 4 부), 소비자 블랙박스의 이해, 소비자 반응의 이해 등으로 구성된다. 소비자 블랙박스의 이해를 위해서는 소비자의 심리적 특성(제 6 장)과 소비자의 구매의사결정을 이해하여야 하는데 여기서는 구매의사결정과정과 소비자의 반응에 관하여 설명하고자 한다.

## 2. 구매의사결정과정

소비자는 자신의 미충족된 욕구를 충족시키기 위해 제품을 구매한다. 이러한 소비자의 구매결정은 그림 7-1에서 보는 것처럼 문제인식, 정보탐색, 대안평가, 구매결정 등 여러 단계의 구매의사결정과정을 거치게 된다. 이러한 일련의 과정은 모든 구매활동마다 발생하는 것이 아니고 비합리적인 구매에서는 어느 단계가 생략되기도 한다. 예를 들면, 충동구매의 경우에는 정보탐색 과정과 대안평가 과정이 생략되며, 모방구매의 경우에는 대안평가를 타인이 해주기 때문에 대안평가 과정이 생략되기도 한다.

### (1) 문제인식

소비자는 어떤 시점에서 자신이 현재 상태와 바라는 상태 사이에 상당한 차이가 있다고 생각되면, 이를 해결하려는 욕구가 발생한다. 이처럼 소비자가 해결해야 할 욕구가 있다고 인식하는 것을 문제인식이라 한다. 문제인식단계는 소비자로 하여금 구매의사결정과정을 시작하도록 동기를 부여하는 단계라 할 수 있다.

글로벌마케터에게 소비자의 문제인식과 관련하여 중요한 점은 문제를 인식하는 계기를 발견하는 일이다. 일반적으로 소비자에게 각종 변화가 발생했을 때 소비자는 문제를 인식하게 된다. 이러한 변화는 소비자에게 지리적 이동, 사회적 이동, 심리적 이동이 발생할 경우에 많이 나타난다.

① 지리적 이동: 이는 주로 주거환경의 변화를 의미하며 주거환경이 변하면 바뀐 환경에 대처하기 위하여 새로운 생활용품이 필요하게 된다. 이러한 지리적 이동은 도시화, 공업화와 관련하여 주로 발생한다. 바꾸어 말한다면 도시화나 공업화가 빠르게 진행되는 국가나 지역은 글로벌마케팅의 기회가 커지게 된다.

② 사회적 이동: 이는 주로 소비자가 한 사회계층으로부터 다른 사회계층으로 이동할 때 발생한다. 사회적 계층을 이전한 사람들은 새로 진입한 사회계층을 상징하는 제품이나 서비스를 구입하고자 하는 욕구가 발생하게 되고 문제를 인식하게 된다. 이러한 사회적 이동은 주로 소득의 증가,

올림픽과 같은 국제적 이벤트의 개최 등과 관련하여 발생한다. 즉, 경제발전이 빠르게 진행되고 있는 국가나 올림픽이나 월드컵 등을 개최한 국가는 글로벌마케팅 기회가 증가할 가능성이 크다.

③ 심리적 이동: 이는 주로 가치관이나 정체성(identity) 등에 변화가 발생하는 경우에 일어난다. 이때에도 새로운 가치관이나 정체성에 보다 부합되는 상품이나 서비스에 대한 욕구를 가지게 되며 이것이 곧 문제의 인식이다. 예를 들면, 식민통치로부터의 독립, 일국에 중대한 영향을 미치는 새로운 외교관계의 체결, 분단국가의 통일, 혁명에 의한 국가이념의 변화 등은 소비자에게 문제를 인식시켜 주는 계기로 작용할 가능성이 크다.

### (2) 정보의 탐색

소비자가 문제를 인식하면 그 문제를 해결하기 위해 적극적으로 정보를 탐색하게 된다. 정보탐색에는 ① 내적 탐색(internal search)과 ② 외적 탐색(external search) 두 가지가 있다.

내적 탐색이란 이미 기억되어 있는 정보 중에서 당면한 문제를 해결하는 데 사용할 수 있는 정보를 가려내는 활동이다. 만약 내적 탐색의 결과로 얻어진 정보가 만족할 만한 수준이면 정보탐색활동은 내적 탐색에서 끝난다.

그러나 기억된 정보가 만족스럽지 못하다면 외부로부터 추가적인 정보를 입수하려고 노력하게 된다. 이를 외적 탐색이라 한다. 외적 탐색 여부는 외적 정보의 가치에 비례하고 외적 정보의 수집 비용에 반비례한다.

외적 정보의 가치가 커지는 경우는 ① 내적 정보가 불충분한 경우, ② 내적 정보가 부적절한 경우(시간적 경과가 오랜 경우, 과거환경과 현재환경의 차이가 큰 경우), ③ 제품의 중요성이 커 구매 시 불안감이 큰 경우 등이다.

외적 정보의 수집 비용이 큰 경우는 ① 정보수집에 많은 시간이 소요되는 등 시간적 비용이 큰 경우, ② 정보수집에 많은 경비가 소요되는 등 재정적 비용이 큰 경우, ③ 정보수집에 많은 부담감이나 좌절감이 요구되는 등 심리적 비용이 큰 경우 등이다.

이와 같은 내적 정보의 특성과 외적 정보의 특성은 글로벌마케터가 소비자에게 언제 그리고 어떤 방법으로 자사제품에 대한 정보를 제공해야 하는지에 대한 시사점을 제공한다.

### (3) 대안의 평가

대안의 평가란 소비자가 문제해결을 위해 적극적으로 정보를 탐색하여 구매할 만한 가치가 있다고 생각되는 상품의 집단을 선택하고, 그 중에서 어느 것이 가장 소비자의 욕구를 잘 충족시켜 줄 수 있는가를 평가하는 것을 의미한다.

대안의 평가기준은 획일적인 것이 아니라 ① 구매자의 경제적 지위, 예컨대 경제적 여유가 있으면 품질이나 스타일이, 경제적 여유가 없으면 가격이 주요 평가기준이 되며, ② 상품의 성격, 예컨대 장식용 가구인 경우는 색상이나 스타일 등이, 사무용 가구이면 가격이나 내구성 등이 평가기준이 될 가능성이 크고, ③ 구매상황, 예컨대 호경기이면 품질이, 불경기이면 가격이 주요 평가기준이 된다. 또한 상품의 중요성이 커질수록 대안의 평가기준은 단일기준보다는 복수기준을 사용하는 것이 바람직하다.

이와 같은 대안평가기준의 특성은 글로벌마케터에게 시장별 상황에 따라 상품의 소구점을 달리하는 것이 바람직하다는 시사점을 제공한다.

### (4) 구매결정

소비자는 선택대안들에 대한 비교 · 평가 과정을 거쳐 가장 적절한 대안을 선택하여 구매하고자 한다. 그러나 구매결정이 반드시 구매로 연결된다는 보장은 없다. 선택한 최적대안이 구매로 연결되지 않는 경우는 ① 구매하기로 결정한 상표의 입수가 어려운 경우, ② 구매하기로 결정한 상표 중에서 원하는 규격이나 색상 등이 없는 경우, ③ 제2안 또는 제3안이 할인 판매되고 있는 경우, ④ 새로운 대안이 출현하는 경우 등이다.

이는 최적대안에 들지 못한 상표라도 경로전략, 제품전략, 가격전략, 신제품개발전략 등 마케팅전략에 따라서는 최적대안을 물리치고 소비자의 선택을 받을 가능성이 있음을 시사한다.

## 3. 소비자 반응

구매의사결정과정에 대한 소비자 반응은 구매라는 외적 행위와 구매 후 행동이라는 내적 행위로 나타나고 이는 다시 소비자 블랙박스에 피드백 된다.

### (1) 구　　매

구매는 구매의사결정과정이라는 내적 과정의 결과로 발생하는 구체적인 행위로 겉으로 표출되며 관찰이 가능한 소비자행동이다. 대부분의 구매는 점포에서 이루어지기 때문에 소비자의 구매행위는 점포의 위치, 점포의 레이아웃, 상품의 진열 등에 영향을 주게 된다.

### (2) 구매 후 행동

특정상품을 구매한 후, 이와 관련해서 소비자가 경험하는 심리적 과정 및 육체적 행위를 구매 후 행동이라고 한다. 소비자가 구매 후 겪는 심리적 현상에는 ① 만족 또는 불만족과 ② 인지부조가 있다.

① **구매 후 만족**(post-purchase satisfaction)

특정 제품을 구매한 소비자는 구매 후 만족 또는 불만족을 느낄 수 있다. 일반적으로 구매한 상품의 지각된 기능의 수준이 기대수준보다 크거나 같을 때에는 만족을 느끼고, 그 반대의 경우에는 불만족을 느끼게 된다.

만족한 소비자는 그 제품을 재구매할 가능성이 클 뿐 아니라 다른 사람에게 그 제품에 대해 호의적인 구전(word of mouth)을 전파하게 된다. 그러나 불만족한 소비자는 그 반대의 행위를 하게 될 가능성이 크다. 이것이 시사하는 바는 글로벌마케터는 자사제품을 구매한 고객이 만족을 느끼도록 노력해야 한다는 것이다. 이를 위해 글로벌마케터는 ⓐ 제품의 지각된 기능수준을 향상시키는 일(예: 품질향상, 가격인하, A/S 등)과, ⓑ 소비자의 기대수준을 허황되게 부풀리지 않는 일(예: 과대광고 억제 등)에 유의해야 한다.

② **인지부조화**(cognitive dissonance)

인지부조화란 특정브랜드를 선택하여 구매한 소비자가 자기선택이 과

연 잘한 일인가 또는 잘못한 일인가에 대하여 느끼는 심리적 불안을 말한다. 인지부조화를 느낀 소비자는 이 부조화를 해소하려고 노력하게 되는데 이러한 노력은 대체적으로 두 가지 형태로 나타난다.

첫째는 일반화 방법으로, 소비자는 특정브랜드를 구입한 자기의 선택에 별다른 잘못이 없다고 확신함으로써 심리적 안정을 찾는 것을 말한다. 일반화 방법으로 인지부조화를 해소시키기 위해 소비자는 다른 소비자들도 자기와 같은 선택을 하였다는 정보를 수집하려 한다.

둘째는 합리화 방법으로, 소비자는 특정브랜드를 구입한 자기의 선택을 잘한 것으로 합리화시킴으로써 심리적 안정을 찾는 것을 말한다. 합리화 방법으로 인지부조화를 해소시키기 위해 소비자는 자기가 선택한 브랜드에 대해서는 긍정적인 정보를 입수하고 선택하지 않은 브랜드에 대해서는 부정적인 정보를 입수함으로써 자기의 구매를 합리화 내지 정당화시키려 노력하게 된다.

고객의 인지부조화 해소방법이 글로벌마케터에게 주는 시사점은 기업은 제품을 판매한 이후에도 고객의 인지부조화 해소 노력을 도와줄 수 있는 조치를 취하여야 한다는 점이다. 예를 들면, 마케팅관리자는 자사제품을 구매한 고객에게 별도로 그들의 구매를 합리화시키는 데 유용한 정보를 제공하거나, 애프터서비스의 일정계획을 통보해 주거나, 광고를 제작할 때 고객의 인지부조화 현상을 고려한 광고 문안을 제작하는 일 등이다.

## 제 2 절
# 원산지효과

원산지효과(country of origin effect)란 제품이 실제로 생산된 생산지가 그 제품에 대한 이미지를 평가할 때 미치는 영향을 말한다. 외국제품에 대한 이러한 소비자의 선입관은 해외시장국에서의 마케팅 노력을 헛되이 할 수도 있고 반대로 도와줄 수도 있다.

## 1. 원산지효과의 특성

원산지효과는 해외시장에서 좋은 이미지를 가지고 있는 선진국에서보다는 그렇지 못한 개발도상국에서 심각한 문제가 되어 왔다. 개도국 제품이 품질 면에서 선진국 제품에 뒤지지 않는다 하더라도, 세계시장의 소비자들은 개도국 자체의 이미지가 호의적이지 않기 때문에 개도국이 원산지인 제품에 대해 긍정적인 제품평가 대신 품질이 낮은 제품이고 당연히 값이 싸야 한다는 부정적 평가를 내리는 경향이 많았다. 이러한 원산지효과는 대체적으로 다음과 같은 특성을 가지고 있다.

① 원산지효과는 상품과 제조국에 대한 정보를 바탕으로 형성되며 이것이 일단 형성되면 그 대상물을 좋아하거나 싫어하는 느낌을 갖게 된다.

② 상품의 국적이 소비자의 상품평가에 영향을 미치는 중요한 요인이다. 따라서 특정 해외시장에서 좋지 않은 이미지를 가지고 있는 국가의 기업은 이러한 해외시장에 자사의 제품을 마케팅하려 할 때 어려움을 겪게 된다.

③ 원산지효과가 소비자의 구매행동에 미치는 영향은 제품에 대한 소비자의 관여도에 따라 다르다. 소비자의 관여도가 낮은 경우는 제품을 평가할 때 제조국가명이 제품을 평가하는 데 중요한 역할을 하게 된다. 반면에 소비자의 관여도가 높은 경우에는 제품을 평가하는 데 제조국명 이외에도 다양한 제품평가기준을 활용하고자 한다.

④ 원산지효과는 고정적인 것이 아니라 시간이 지남에 따라 변화할 수 있다. 그러나 한번 형성된 원산지효과는 쉽게 변화하는 것이 아니라 서서히 변화하고 많은 노력과 비용을 수반한다.

## 2. 부정적 원산지효과에 대한 대응책

해외시장에서 부정적인 원산지효과를 가지고 있는 국가들의 기업들은 해외마케팅 활동에 많은 어려움을 갖게 된다. 쉬운 일은 아니지만 부정적인 원산지효과를 가지고 있는 기업들은 기존의 원산지효과 형성에 결정적으로 기여한 특징을 수정하도록 노력하여야 한다.

① 긍정적인 원산지효과를 조성하기 위해 마케팅노력을 투입한다

촉진활동을 통하여 소비자에게 자사제품의 욕구충족능력에 대해 알리고, 이 지식을 근거로 해서 소비자가 긍정적인 태도를 형성하도록 노력한다. 제품에 대한 지식수준이 높을수록 소비자들은 제품을 평가할 때에 제조국명 이외의 다양한 평가기준을 사용한다.

② 브랜드이미지를 활용한다

브랜드이미지가 좋은 기업이라면 기업명이나 브랜드를 앞세워 부정적인 국가이미지를 희석시키고자 노력한다. Nike나 Sony 등 많은 글로벌기업들이 제조공장을 인건비가 저렴한 개도국으로 이전하고 있지만 이들은 유명브랜드나 기업이미지를 앞세워 원산지효과를 극복하고 있다.

③ 원산지효과가 좋은 국가의 이미지를 활용한다

원산지효과가 좋은 국가의 이미지를 활용하는 방법에는 첫째, 그 나라의 기업과 기술제휴를 하거나 상표제휴를 체결하는 경우와 둘째, 원산지효과가 좋은 국가에서 제품을 조립하거나 부품을 생산하는 경우 셋째, 원산지효과가 좋은 나라의 지명을 상표로 활용하는 경우 등이 있다. 한국의 시계제조기업 로만손이 상표를 로만손으로 정한 것은 세 번째 경우에 해당한다.

④ 원산지효과가 좋은 품목부터 수출한다

글로벌마케터는 자사가 수출하는 제품 중에서 원산지효과가 가장 좋은 제품부터 수출함으로써 소비자가 지각하는 위험인식을 감소시키는 효과를 발휘할 수 있다. 선도제품의 신뢰성이 높아진다면 선도제품의 후광효과를 이용하여 후속 수출제품의 부정적인 원산지효과를 완화시킬 수 있다.

⑤ 경쟁력이 높은 제품을 개발한다

소비자로 하여금 자사상표를 구매하도록 하려면 자사상표를 경쟁상표에 우선하여 좋아하도록 하는 선호적 태도(preference attitude)를 조성하여야 한다. 이를 위해서는 무엇보다도 품질향상, 디자인 개선, 효과적인 애프터서비스 등을 제공함으로써 제품의 경쟁력을 높여야 한다. 제품의 경쟁력이 뒷받침되는 경우에는 소비자의 사용경험과 친밀도가 높아질수록 제품에 대

한 호의적인 태도가 형성되어 부정적인 원산지효과를 극복하게 된다.

⑥ 적절한 제품포지셔닝전략을 사용한다

자사상표에 대해 경쟁우위를 제공할 수 있는 이미지를 개발함으로써 부정적인 원산지효과를 억제할 수 있다. 예를 들면, 현대자동차가 미국진출 초기에 출시한 Excel은 경제성이라는 이미지를 적절히 활용함으로써 한국의 값싼 차라는 부정적 이미지를 극복하고 비교적 성공을 거둘 수 있었다.

이외에도 국가차원에서 경제개발, 민주화진전, 문화 · 예술 지원, 올림픽과 같은 국제적인 이벤트 개최, 기술개발투자 지원 등으로 국가이미지를 개선시킨다면 원산지효과의 개선에 도움을 줄 수 있다.

## 예 증 *ILLUSTRATION*

### 국가 브랜드 가치를 높이는 길

세계 시장에서 삼성 · 현대 · LG가 뜨면서 요즘 한국인들의 어깨에 힘이 들어간다. 여기에도 있겠냐 싶은 중동 · 아프리카의 중소 도시에도 이들 회사의 큼지막한 간판들이 줄줄이 서 있다. 휘황찬란한 미국 뉴욕의 타임스 스퀘어를 둘러본 한국인이면 예상치 못한 광경에 감격하기 마련이다. 코카콜라 · 파나소닉 같은 세계 최고의 브랜드와 함께 삼성 · LG 네온사인이 번쩍이는 모습은 가슴을 뭉클하게 한다. 저절로 우리 기업이 대견스러워지면서 한국에 대한 평가도 나아졌으리라 믿어 의심치 않게 된다.

그러나 이는 큰 착각이다. 무엇보다 이들 회사가 한국계임을 아는 외국인이 드물기 때문이다. 2007년 5월에 나온 조사 결과에 따르면 삼성의 국적을 제대로 맞힌 미국 대학생들은 9.8%에 불과했다. 57.8%는 일본 회사로 여기고 있었다. LG는 더했다. 8.9%만이 한국 업체라고 답했고, 67.9%가 일본 또는 미국 회사로 믿고 있었다. 매끈한 삼성 애니콜이 잘 터질수록, LG 에어컨이 시원할수록 "역시 일본제"라는 감탄사가 터질 상황인 것이다.

왜 이런가. 근본적으론 회사 쪽에서 굳이 국적을 알리지 않기 때문이다. 실제로 이들의 어떤 광고에서도 한국의 흔적을 찾을 길이 없다. "일본 업체로 통하는 게 더 낫기 때문"이라는 간부의 설명을 들은 적도 있다. '스와치' '스위스 나이프' 처럼 아예 국기를 상표로 쓴 스위스 회사들과는 딴판이다.

이런 행태는 국가 이미지와 관계가 깊다. 특정 국가에 대한 외국인들의 선호도를 따지는 '국가 브랜드(Country Brand)' 순위에서 한국은 늘 하위권이다. 다국적 브랜드 조사기관인 안홀트-GMI의 2007년 4분기 조사에 따르면 한국은 38개국 중 32위였다. 중국(23위) · 멕시코(29위) · 이집트(30위) · 인도(31위)보다도 낮다.

특히 정부에 대한 불신이 심해 한국의 인상을 구겼다. 조사 보고서는 "많은 국가, 특히 미국과 덴마크의 응답자들이 한국 정부를 '위험하다' '사악하다' '불안정하다'고 인식하고 있다"며 "이는 남북한을 잘 구별하지 못하는 탓도 일부 있지만 어쨌거나 한국의 국가 브랜드를 악화시키는 요인"이라고 덧붙였다.

이뿐 아니다. 그간의 외교 행태를 되짚어보면 한국에는 베풀 줄 모르는 인색한 나라라는 딱지가 붙어 있을 성싶다. 선진국 모임인 경제협력개발기구(OECD)의 30개 회원국 중 실질 국민총소득(GNI)대비 개도국 지원 규모에서 한국은 꼴찌다. 전체 GNI의 0.05%다. 가장 후한 스웨덴(1.03%)의 20분의 1도 안 된다. 1인당 소득이 더 낮은 포르투갈마저 비율상 우리의 네 배(0.21%)를 냈다.…

자료: 중앙일보, 2007년 10월 3일.

## 토의문제

1. 소비자가 문제를 인식하게 되는 주요 계기들을 설명하시오.
2. 소비자의 정보탐색과정이 글로벌마케터에게 주는 시사점을 설명하시오.
3. 소비자의 인지부조화에 대처하는 방안을 설명하시오.
4. 원산지효과의 특성에 관해 설명하시오.
5. 부정적인 원산지효과에 대처하는 방안들을 설명하시오.

## 참고문헌


이우용, 정구현(1987), 마아케팅원론, 형설출판사.

이장로(2001), 국제마케팅, 무역경영사.

이학식, 안광호, 하영원(1996), 소비자행동: 마케팅 전략적 접근방법, 법문사.

Gilly, M., and R. Hansen(1985), "Consumer Complaint Handling as a Strategic Marketing Tools," *Journal of Consumer Marketing*, Fall.

Peterson, R. A., and A. P. Jolibrt(1995), "A Meta Analysis of Country of Origin Effects," *Journal of International Business Studies*, Vol. 26, No. 4.

Hawkin, D. I., Best, R. J., and K. A. Coney(1983), *Consumer Behavior: Implications for Marketing Strategy*, Business Publications.

제 8 장

# 해외시장 진출전략

글로벌마케팅을 시도하는 기업은 진출하고자 하는 해외시장국을 선정한 후에는 어떤 방법으로 목표시장에 진입하는 것이 가장 바람직한 것인가를 결정하여야 한다. 기업이 해외시장에 진출할 때 활용할 수 있는 전략적 대안은 크게 수출, 계약, 해외직접투자의 3가지 유형이 존재한다. 본장에서

그림 8-1 해외시장 진출방식의 분류

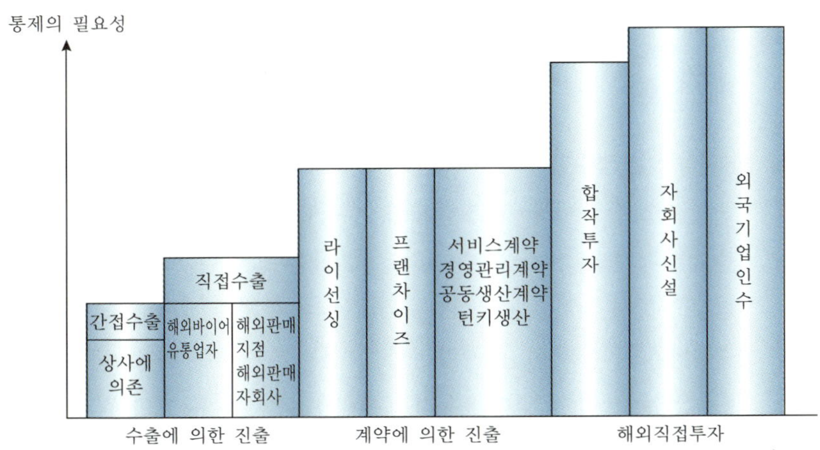


자료: 장세진(2003), 글로벌경영(박영사)에서 수정.

는 각 진출 전략에 대하여 살펴보고자 한다.

## 제 1 절
# 수 출

수출은 국내 또는 제 3 국에서 생산한 제품을 해외시장에 판매하는 것을 말한다. 이러한 수출은 기업이 해외시장에 진출하기 위해 활용할 수 있는 여러 전략대안 중에서 가장 기본적인 전략이 된다. 수출을 기본적인 전략이라 함은 소요자원과 위험부담이 상대적으로 적어 기업이 해외시장에 진출할 때 일반적으로 가장 먼저 활용하는 전략이며 또한 여러 진출대안들을 믹스하여 활용하는 경우에도 수출은 그 믹스의 기초수단으로 활용되기 때문이다. 따라서 해외시장에 처음으로 진출하는 기업들은 진출수단으로 대체적으로 수출을 가장 먼저 활용한다.

## 1. 수출경로의 형태

기업이 수출경로를 구축하는 데 있어서 어떤 기능을 직접 수행하고 어떤 기능을 외부 중간상에게 맡길 것인가에 따라 수출경로는 달라진다.

### (1) 간접수출

간접수출이란 제조업체가 수출활동을 직접 수행하지 않고 국내의 수출대행사를 활용하여 수출하는 방식을 말한다. 국내의 수출대행사로는 종합무역상사, 수출대행업자, 국내에 거주하는 외국상인 등이 있다. 간접수출 방식은 추가적인 인력이나 고정자본을 투입하지 않고도 수출활동을 할 수 있는 장점이 있다. 따라서 국제비즈니스 경험이 적거나 기업자원의 제약으로 인해 여러 해외시장에 자체적으로 진출하기 어려운 중소기업이나 해외시장에 큰 비중을 두지 않는 기업에게 적절하다.

그러나 간접수출은 제조업체가 직접 수출활동을 관리하는 것이 아니기 때문에 해외비즈니스 경험을 축적하는 데 있어서는 부족한 점이 많다. 제조업체 입장에서 본 간접수출의 장점은 다음과 같다.

① **수출거래의 안정성**: 전문적인 수출상사를 활용함으로써 무역거래의 특수성과 해외시장의 생소함에서 오는 거래상의 위험을 회피하거나 축소할 수 있다.

② **신속한 해외시장 진출**: 글로벌한 유통네트워크를 구축하고 있는 무역상사를 활용할 경우, 이들의 유통경로를 활용하여 비교적 짧은 시간 내에 많은 해외시장에 진출할 수 있다. 또한 제조기업은 글로벌 무역상사의 세계적인 정보망을 통해 해외시장 정보를 신속하게 획득할 수 있다.

③ **자금부담 완화**: 제조업체가 직접 수출활동을 하는 것이 아니므로 수출관련 부서를 새롭게 설치할 필요성이 없다. 따라서 수출과 관련된 부서운영비, 인건비, 광고비, 판매촉진비 등을 절감할 수 있다. 때로는 수출상으로부터 수출제품 생산에 필요한 자금도 지원받을 수 있다.

④ **조직의 효율성 제고**: 간접수출이란 수출활동을 아웃소싱하는 것이므로 경기변동이 큰 산업에서는 간접수출체제를 제한적으로 운영함으로써 조직의 유연성과 효율성을 높일 수 있다.

그러나 간접수출은 다음과 같은 단점을 가지고 있다.

① **해외비즈니스경험의 축적이 어려움**: 간접수출을 하는 기업은 자신이 직접 수출활동을 수행하는 것이 아니므로 간접수출을 오랜 동안 하였다 하더라도 해외비즈니스 경험은 거의 축적되지 않는다.

② **해외시장기회의 적극적인 활용이 어려움**: 간접수출에 의존하는 기업은 해외고객과 직접 접촉하는 것이 아니므로 해외고객이 필요로 하는 기술적 조언이나 애프터서비스 등을 적절히 제공하기 어렵다. 또한 수출중간상들은 여러 기업을 대신하여 수출활동을 하기 때문에 특정 제조업체만을 위한 해외비즈니스 기회에는 적극적으로 활동을 하고자 하는 의지가 부족한 경우가 많다. 따라서 간접수출에만 의존하는 제조업체는 해외시장 기회를 충분히 활용하기 어렵다.

③ **해외마케팅에 대한 통제력 약화**: 간접수출에 의존하는 제조업체는

해외시장에서 자기가 제조한 상품이 어떤 유통경로를 거쳐 어떤 가격에 어떤 이미지로 판매되는지 잘 알 수 없다. 해외마케팅을 수출중간상에게 위임한 상태에서는 바람직하지 못한 이미지에 바림직하지 못한 가격으로 판매될지라도 제조업체는 이를 통제하기 어렵다.

**예 증** *ILLUSTRATION*

### 세계 1위 품목 韓 59개, 中 958개

세계시장에서 1위를 차지한 국산 품목의 수는 늘었으나 경쟁국의 추격은 더욱 거세지고 있는 것으로 나타났다.

한국무역협회 국제무역원은 2006년 6월 19일 '2005년 세계수출 점유율 1위 품목과 변동요인 조사' 보고서를 통해 지난 2005년 세계 수출시장에서 점유율 1위를 차지한 국산 제품은 모두 59개 품목으로 전년도에 비해 1개 증가했다고 밝혔다.

우리나라가 1위를 차지한 품목은 질산과 황질산, 벤젠, 톨루엔에서 합성필라멘트사 직물, H형강, 냉장고, 세탁기, 시추대 등에 이르기까지 다양한 분포를 보였다.

국산 1위 품목은 2002년 66개에서 2003년 61개, 2004년 58개로 감소 추세를 보이다 2005년 들어 증가세로 반전했다.

1위 품목 수는 세계 17위로 전년도와 같았으나 이들 품목의 수출시장 합계가 전체 수출시장에서 차지하는 비중은 1.3%(세계 14위)로 2004년 2.8%(10위)에 비해 비중과 세계순위 모두 후퇴했다.

우리나라가 보유한 59개 1위 품목의 시장에서 2위로 추격해 오는 국가와 그 품목수를 보면 중국이 11개 품목으로 가장 많았고, 일본(8개), 독일(8개), 미국(7개) 등의 순이었다. 한국은 경공업은 중국, 중공업은 일본 등 선진공업국과의 경쟁을 피할 수 없는 '샌드위치' 신세인 것으로 분석됐다.

한편 1위 품목 수가 가장 많은 국가는 중국(958개)이었으며 독일(815개), 미국(678개), 이탈리아(304개), 일본(280개), 프랑스(168개), 벨기에(145개), 네덜란드(135개) 등의 순이었다.

자료: AM 7, 2006년 6월 19일.

### (2) 직접수출

직접수출이란 제조기업이 자신의 수출전담부서나 해외판매법인을 통하여 해외시장개척, 현지유통망관리, 해외판촉행위 등 수출과 관련된 활동을 직접 수행하는 수출방식이다. 직접수출의 장점은 다음과 같다.

① 직접수출은 해외 주요 고객들과 직접적인 접촉을 하게 되므로 해외 비즈니스 찬스를 적극적으로 활용할 수 있다.

② 이를 통해 해외시장기반을 구축하고 수출경험과 해외마케팅에 관한 전문적인 지식을 축적할 수 있다. 이는 기업의 중요한 경영자원이 된다.

③ 제조기업은 수출활동을 직접 수행하므로 자사제품에 대해 어느 정도의 통제권을 확보할 수 있다. 특히 해외마케팅자회사를 통해 수출하는 경우에는 현지에서의 가격책정, 유통활동, 촉진활동 등에 대한 통제권을 갖게 되고, 해외시장에서 자사의 상표이미지를 보호할 수 있다.

④ 해외마케팅자회사를 통해 수출하는 경우에는 현지시장에서 단순생산활동을 함으로써 마케팅효율성을 향상시킬 수 있다. 예를 들면, 현지시장에서 단순조립, 몇 가지 성분이나 원료를 배합하는 단순가공, 벌크(bulk)로 수입한 제품의 개별적인 재포장 등과 같은 활동을 전개할 수도 있다. 이를 통해 수출기업은 수입관세, 운임 등을 절약할 수 있고, 국가시장별 수요에 맞게 제품을 개량할 수도 있다.

⑤ 직접수출은 미래지향적인 상품계획을 능동적으로 수립할 수 있다. 간접수출의 경우에는 마케팅하기가 쉬운 제품들을 선호하는 수출중간상의 영향 때문에 미래지향적인 제품계획을 하기 어려우나, 직접수출은 현재는 수요가 적더라도 장래성이 있다면 이를 반영하여 상품계획을 수립할 수 있다.

그러나 직접수출은 다음과 같은 단점도 있다.

① 직접수출을 위해서는 전문인력 확보와 해외마케팅활동을 위해 많은 투자가 필요하다.

② 수출활동을 직접 담당함에 따른 위험도 부담하여야 한다. 예를 들면, 해외딜러나 고객에 대한 신용조사, 수출에 따른 분쟁, 외상매출금과 관련한 위험 등을 직접 부담해야 한다.

대체적으로 직접수출의 장·단점은 간접수출의 장·단점과 반대가 되는 경향을 보인다. 기업은 취급하는 상품의 유형, 해외시장 진출에 대한 태도, 현지시장의 상황 등을 고려하여 직접수출이나 간접수출을 선택하게 된다.

## 예 증 ILLUSTRATION

### 高유가 · 원화강세 속에도 한국의 높은 수출 증가율 비결

**① 수출지역 다변화: 美·日·EU 벗어나 신흥시장 집중 공략**

예컨대 LG전자는 2007년도 브라질 시장점유율 조사에서 PDP TV, LCD TV, LCD모니터 등 5개 제품이 점유율 1위를 기록했다. 스포츠 및 문화마케팅을 통해 꾸준히 인지도를 높인 결과다. 브라질을 거점으로 LG전자는 아르헨티나 · 칠레 등 인근 국가로 수출을 확대하고 있다.

코트라는 "우리 기업들이 개발도상국 등 신흥시장을 공략해 불리한 수출 환경을 극복했다"며 "이들 신흥시장은 최근 경제 성장으로 수입 수요가 많아 상대적으로 환율 영향을 덜 받는다"고 말했다. 코트라에 따르면 2004년 미국 · EU · 일본 등 선진국 수출은 전체의 42.1%를 차지했지만 이후 비중이 꾸준히 줄어 지난 5월 현재 35.1% 수준이다. 반면 '브릭스(브라질 · 러시아 · 인도 · 중국)' 지역 비중은 22.6%에서 26.2%로, 아세안 · 중남미 등 개발도상국은 35.3%에서 38.7%로 증가했다.

**② 치밀한 시장 분석과 품질강화로 현지 수요 미리 파악, 틈새시장 파고들어**

'일단 진출하고 보자'는 전략에서 벗어나 치밀한 시장조사를 통한 사전 준비도 수출 증가에 한 몫을 했다.

현대 · 기아차의 경우 남아프리카공화국에 1t트럭을 내놓아 좋은 결과를 얻었다. 남아공에는 픽업 승용차 수요가 많았다. 하지만 현대 · 기아차는 남아공의 경제 성장에 따라 보다 큰 화물차 수요가 늘 것으로 보고 기존 진출 업체의 픽업 트럭보다 적재용량이 1.5배 큰 트럭을 내놓고 소형 화물차 시장을 장악해가고 있다. 2006년 판매대수가 28% 증가한 데 이어 2007년 역시 증가율이 20%대에 이르고 있다.

대상(당시 미원)은 베트남 북부시장을 집중 공략했다. 경쟁 조미료업체가 시장을 선점한 남부지역을 피한다는 전략이었다. 미원은 베트남 조미료시장에서 점유율이 40%에 이른다.

오뚜기는 멕시코에 진출하면서 일본의 컵라면이 시장을 독식하고 있는 것에 주목하고 봉지라면으로 접근, 봉지라면시장에서 점유율 1위를 유지하고 있다. 다국적 기업이 컵라면으로 시장에 뛰어들어 철수한 것과 대비되는 사례다.

③ 늘어난 해외 현지 생산: 환율 영향 줄이고 해외 매출 늘린 효과

한편 현대자동차의 해외 현지 생산 비중이 36%에 달하는 등 우리 기업들이 해외생산을 늘려 환율 변동의 영향을 최소화하려는 노력을 기울인 것도 해외 매출 증대에 영향을 미친 것으로 분석된다.

이러한 해외 현지 생산-판매전략은 삼성전자 · LG전자 · 기아차 등 한국의 대기업들과 중견기업들도 계속 추진하고 있어서 환율의 영향을 줄이고 해외 매출액을 늘리고 있다.

국내 전자업체들의 유럽 진출(현지 생산-판매) 현황

자료: 조선일보, 2007년 8월 2일.

## 2. 구상무역

구상무역(counter trade)이란 수출대금을 물품으로 지급하는 것으로 외환보유고가 부족한 국가들(구 공산권이나 개발도상국)과의 무역에서 많이 사용되고 있다. 오늘날 많은 국가들이 외환보유고 문제로 자국화폐를 외환으로 교환하는 것을 제한하고 있는데, 이는 수출에 커다란 장애가 되고 있다. 자사의 제품을 수출하더라도 수출 대금을 회수할 수 있는 방법이 없기 때문이다. 이와 같은 경우에 수출기업은 구상무역을 활용하여 현물로 수출대금을 지급받을 수 있다.

그러나 구상무역의 대가로 받은 물건을 좋은 가격에 재판매할 수 없는 기업은 구상무역에 쉽게 응할 수가 없다. 이와 같은 구상무역의 특성 때문에 세계 각지에 자회사를 가지고 있는 글로벌기업들이 구상무역의 파트너로 등장하고 있다. 이들 기업은 세계각지에 자회사를 가지고 있기 때문에 구상무역의 대가로 받은 현물을 손쉽게 판매할 수가 있기 때문이다.

구상무역은 그 거래형태가 다양하게 발전하고 있다. 글로벌기업의 발

그림 8-2 구상무역이 세계무역에서 차지하는 비중

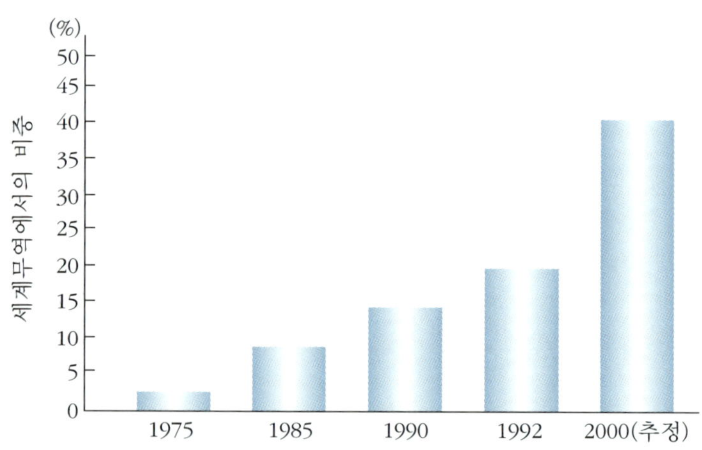


자료: G. Platt(2002), "Worldwide Cash, Credit Crunch Lifts Countertrade," *Journal of Commerce*, April 21.

전과 구상무역 거래형태의 발전으로 구상무역의 활용빈도가 높아지고 있어 현재 세계무역의 20~30% 정도가 구상무역의 형태로 이루어지고 있다. 구상무역의 대표적인 유형은 다음과 같다.

#### (1) 바터무역

바터무역(barter trade)은 교역당사자간에 화폐의 개입 없이 제품을 맞바꾸는 무역 형태이다. 즉 물물교환 형태의 무역이다. 바터는 가장 단순한 형태의 구상무역이나 수출업자가 수출대금으로 받은 제품을 쉽게 재판매할 수 없을 때에는 자금사정이 어려움에 처할 수 있다. 이와 같은 이유 때문에 바터무역은 대부분의 경우에 일회성 거래로 그쳐 활발하게 이용되지 못하고 있다.

#### (2) 상호구매

상호구매(counter purchase)는 수출기업이 수출계약을 체결할 때, 일정기간 내에 수입국으로부터 수출한 금액만큼 수입하기로 약정하는 거래형태이다. 예를 들면, 한국기업이 몽골에 전자제품 100만 달러를 수출했다면 1년 내에 몽골로부터 양털 100만 달러를 수입하기로 약속하는 것과 같은 형태이다.

대부분의 상호구매에서는 수입업자는 수출업자 명의로 escrow계정을 개설하여 이 계정으로 수입대금을 송금한다. escrow계정의 특성은 계정 내에 예치된 자금의 용도를 지정하는 것으로, 수입업자는 이 계정의 용도를 자국으로부터의 수입대금 결제로 한정시킨다. 이런 경우, 수출업자는 수령한 수출대금으로 일정기간 내에 여러 번에 나누어 수입할 제품을 구매할 수가 있으므로 시장성이 높은 제품을 수입할 수 있다.

따라서 상호구매는 물물교환의 형식에 화폐를 개입시켜 수출업자의 편의를 크게 증가시키면서도 수출입의 균형을 유지시키는 보다 발전된 형태의 구상무역이다.

#### (3) 오 프 셋

오프셋(offset)은 상호구매와 유사한 형태이나, 상호구매는 수출대금 전액을 수입국으로부터 재구매하는 데 사용해야 하는 것에 비해 오프셋은 수출대금 중에서 일부만 재구매에 사용하고 나머지 금액은 수출업자가 현금으로 찾아갈 수 있다는 점에서 차이가 있다. 오프셋은 구상무역이기는 하지만 수출대금을 전액 수입국으로부터 재구매하는 데 사용할 필요가 없기 때문에 상호구매보다 훨씬 더 선호되고 있다.

### (4) 역 구 매

역구매(buy back)란 수출기업이 외국에 생산시설, 장비, 기술 등을 수출할 때, 수출대금을 그 기업이 수출한 생산시설, 장비, 기술로 생산되는 제품으로 받겠다는 조건하에 이루어지는 구상무역 방법이다.

### (5) 삼각무역

삼각무역(triangular/switch trading/swap trade)은 전문적인 무역상을 활용하여 구상무역을 하는 방법이다. 즉, 어떤 수출기업이 상호구매나 오프셋 계약을 체결하였을 경우, 이 수출기업은 escrow계정을 통해 수출대금을 받기는 하지만, 이는 다시 수입국에서 재구매를 하여야 하는 의무를 지니게 된다. 이 경우 수출업자는 escrow계정을 할인해서 전문무역상에게 팔면 수출대금을 쉽게 현금화할 수 있다.

한편 전문무역상은 할인된 금액에 구입한 escrow계정을 활용하여 수입국으로부터 제품을 구매하고 이를 다시 이 제품이 필요한 수요자에게 전매하거나, 서로 다른 기업으로부터 발생하는 escrow계정들을 스왑(swap)한다면, 전문무역상의 이윤폭은 커지게 된다.

이와 같은 형태의 거래는 국내거래에서도 쉽게 볼 수 있다. 예를 들면, 구두제조업자가 구두를 만들 피혁을 구입하고 구입대금으로 자기회사 구두 상품권을 주었다면, 피혁제공자는 대금으로 받은 상품권을 자기가 직접 사용하기보다는 전문적인 상품권 유통업자에게 할인하여 매각함으로써 피혁대금을 현금화할 수 있다. 한편 할인된 금액에 상품권을 구매한 유통업자는 그 상품권을 실수요자에게 판매하거나 또 다른 상품권과 스왑 함으로써 수익률을 확대할 수 있다.

제 2 절

## 계약방식

계약형태의 진출방식은 기업이 자신의 무형자산인 지적소유권이나 경영노하우를 하나의 상품으로 취급하여 해외에 판매하는 방식이다. 기업은 자사의 무형자산을 현지기업과 일정한 계약을 체결하여 판매하고 그 대가를 로열티 등의 형태로 수령한다. 계약에 의한 해외시장진출방식 중에서 글로벌마케팅과 비교적 관련이 있는 것은 라이슨싱, 프랜차이징, 관리계약 등이 있다.

### 1. 국제라이선싱

국제라이선싱(international licensing)이란 특정기업이 보유하고 있는 특허, 상표, 노하우 등과 같은 무형자산을 해외기업이 일정한 조건하에서 활용할 수 있도록 하는 권리를 허용하는 대신에 그 대가로 로열티를 지급받기로 계약을 체결하는 것을 말한다. 국제라이선싱 계약을 체결하는 주요 이유는 다음과 같다.

#### (1) 기술특성 동기

① 보유기술이 제품에 부분적으로만 영향을 주기 때문에 해외시장에 생산시설을 갖추기 위해 해외투자하기가 어려운 경우이다.

② 빠른 기술변화로 보유한 신기술의 수명주기가 짧아 장기생산 전략을 채택하기가 어려운 경우이다. 이는 경쟁자가 조만간 기술개발을 하여 자사의 우위요인이 상실될 가능성이 크기 때문이다.

③ 교차라이선싱(cross licensing)을 통해 선진기술을 도입하기 위해서다. 다른 기업이 보유한 선진기술은 로열티를 주고는 도입하기 어렵다. 그러나 자사가 선진기술을 보유하고 있을 때에는 자사의 선진기술과 타사의

선진기술을 교차라이선싱을 통하여 상호교환함으로써 필요한 선진기술을 획득할 수 있다.

#### (2) 경제적 동기

① 수출이 규제되고 있는 상태에서 해외시장의 규모가 작거나 해외시장 위험이 큰 경우이다. 해외시장이 규모가 작거나 위험이 크면 해외직접투자는 타당성이 부족하고, 수출방식은 규제가 되어 있어 사용하기가 어렵기 때문이다. 그러나 국제라이선싱은 직접 투입되는 경영자원이 적고, 무역장벽도 피할 수 있는데다, 현지경영의 노하우를 갖고 있지 않아도 해외시장에 진출할 수 있다.

② 제품의 국가간 이전에 수송비가 많이 소요되는 경우이다. 예를 들면, 국내에서 판매되는 펩시콜라는 미국에서 직수입한 것이 아니라 국내기업이 기술과 브랜드를 라이선싱하여 생산한 것이다.

#### (3) 전략적 동기

① 해외시장에서 특허나 상표를 보호하기 위해서다. 특정 해외시장국의 기업에게 자사의 무형자산을 독점적으로 사용할 수 있는 권한을 부여한다면, 독점권을 부여받은 기업(licensee)은 자기의 이익을 위하여 그 시장국에서 특정기업(licensor)의 무형자산을 무단으로 사용하는 기업들을 적발하고 고소하게 된다.

② 제품 포트폴리오상 전략적 가치가 떨어져 더 이상 보유하거나 투자할 가치가 떨어진다고 판단되는 제품이나 기술은 라이선싱을 통하여 해외의 다른 기업에게 이전시켜 추가적인 이익을 얻을 수 있다.

③ 특정해외시장이 지리적으로 멀거나 규모가 작아 수출을 하기가 적당하지 않은 경우에는, 그 시장을 방치하기보다는 그 시장국 기업에게 기술을 이전해 주고 기술도입 기업(licensee)으로 하여금 시장을 개발하게 함으로써 로열티 수익을 올릴 수 있다.

그러나 국제라이선싱은 다음과 같은 단점을 가지고 있다.

① 기술도입 기업이 계약을 위반하는 경우에 통제가 어렵다. 기술도입 기업이 라이선싱계약을 위반했을 경우 예를 들면, 도입한 기술이나 노하우

를 유출하거나 로열티를 제대로 지불하지 않거나 부품을 규정에 어긋나게 구입하거나 하는 경우에는 이에 대한 통제방법이 마땅하지 않다.

② 기술이전 기업(licensor)의 이미지가 훼손될 가능성이 있다. 기술도입 기업이나 상표도입 기업이 품질규정을 지키지 않거나 애프터서비스를 소홀히 하는 경우 또는 라이선싱된 제품을 저가시장에서 판매하는 경우에는 기술이전 기업의 이미지가 크게 훼손될 가능성이 있다.

③ 경쟁자를 육성할 가능성이 있다. 라이선싱을 통해 기술이나 노하우를 제공받은 기업은 도입된 기술을 자기 것으로 만들어, 국내외 시장에서 기술제공 기업의 경쟁자로 성장할 가능성이 있다.

④ 기회비용이 증대된다. 라이선싱 계약은 특정시장에서 일정기간 동안 기술도입 기업에게 그 시장을 독점적으로 활용할 수 있는 권리를 허락한 것이다. 따라서 기술도입 기업의 영업실적이 부진할 경우 많은 기회비용을 발생시킨다. 이는 기술제공 기업은 계약기간 동안에는 그 시장에서 활동할 수 없고 기술도입 기업을 교체할 수 없기 때문이다.

**예 증** *ILLUSTRATION*

### 신약 제품수출 대신 신약 기술수출로 대박

신약 개발의 길은 멀고도 험하다. 짧게 걸리는 것이 10년을 넘고, 수천억을 쏟아붓고도 중간에 접어야 할 때가 있다. 그만큼 위험이 큰 사업이다. 따라서 미국 · 독일 · 스위스 등 선진국 매머드 제약사들의 전유물로 통한다. 이런 험한 일에 LG생명과학이 뛰어들어 간질환치료제물질기술 수출로 또 하나의 개가를 올렸다.

#### 15년 걸릴 LG생명과학의 간질환 치료제

- 1996년 ············ 연구시작
- 2003 ··············· 개발 후보 물질 도출
- 2005 ··············· 동물 이용한 독성 실험
- 2006 ··············· 해외서 1차 임상시험 성공
- 2007 ··············· C형 간염 환자 대상으로 해외서 2차 임상시험 진행중
- 2008(예정) ········ 2차 임상시험 완료
- 2010(예정) ········ 3차 임상시험 완료

• 2011(예정) ········ 미국 식품의약국(FDA) 허가 받아 시판

LG생명과학은 간질환치료제 물질을 미국 제약사인 길리아드에 수출하기로 했다고 2007년 11월 7일 밝혔다. 기술을 수출하는 것인데 금액은 2억 달러다. 국내 제약사상 두 번째로 많은 수출액이다. LG가 초기 기술수출료로 받을 2,000만 달러는 국내 업체의 '스타팅 로열티'로는 최대 금액이다. 길리아드는 임상시험의 마지막 단계인 3차 실험을 진행하면서 순차적으로 이 로열티를 지급할 계획이다. 길리아드가 2011년(예정) 약품 판매 이후 벌어들일 돈에 대해서는 별도의 로열티를 주기로 했다. 대신 길리아드는 한국 · 인도 · 중국을 제외한 세계 시장에서 이 물질의 상업화에 대한 배타적 권리를 갖게 됐다. LG생명과학은 2007년 3월 비만치료제를 일본 다케다사에 1억 달러를 받고 수출한 이후 두 번째 쾌거를 올렸다.

세계의 만성간질환 환자는 약 7억명이다.

(길리아드: 2006년 매출 3조원을 올린 신흥 제약사이다. 1987년 바이오벤처 기업으로 출발했다. 조류독감 치료제인 '타미플루(판매는 스위스 로슈)'를 개발하면서 성장 가도를 달렸다. 그 뒤 B형 간염 치료제인 '헵세라(판매는 영국의 GSK)'를 개발해 또 대박을 터뜨렸다.)

**2000년 이후 국내 제약사의 기술 수출 사례**

| 시 기 | 제 약 사 | 수입제약사(국적) | 내 용 | 수출액(달러) |
|---|---|---|---|---|
| 2000년 | 유한양행 | GSK(영국) | 위궤양치료제 | 1억 |
| | SK | 존슨앤존슨(미국) | 우울증치료제 | 7,300만 |
| | 종근당 | ALZA(미국) | 항암제 | 3,000만 |
| 2002 | LG생명과학 | 오시언트(미국) | 퀴놀론계 항생제 | 4,050만 |
| 2004 | 태평양제약 | 슈워츠파마(독일) | 진통제 | 1억 1,075만 유로 |
| | 일양약품 | TAP(미국) | 위궤양치료제 | 4,750만 |
| 2005 | 부광약품 | 에이사이(일본) | B형간염치료제 | 4,500만 |
| | 부광약품 | 파마셋(미국) | B형간염치료제 | 3,000만 |
| 2006 | 녹십자 | BIRD(독일) | 골다공증치료제 | 1억 3,000만 유로 |
| 2007 | 동화약품 | P&GP(미국) | 골다공증치료제 | 5억 |
| | LG생명과학 | 다케다(일본) | 비만치료제 | 1억 |
| | LG생명과학 | 길리아드(미국) | 간질환치료제 | 2억 |

출처: 한국제약협회.

자료: 중앙일보, 2007년 11월 3일.

## 2. 프랜차이징

글로벌시장에서 한 기업이 제조부터 소매에 이르기까지 모든 단계를 장악하여 사업을 전개하기는 쉽지 않다. 특히 소비자에게 가까이 다가가는 집약적인 유통경로가 요구되는 서비스업에서 한 기업이 모든 단계를 담당하여 글로벌차원에서 사업을 전개한다는 것은 불가능에 가깝다. 이러한 어려움을 해결하는 데 도움을 주는 시장진출 전략이 프랜차이징(franchising)이다.

프랜차이징이란 공여기업(franchisor)이 상표나 상호의 사용권과 더불어 원료 및 관리시스템까지 가맹기업(franchisee)에게 일괄 제공하고, 가맹기업은 일정지역에서 점포나 판매시설을 제공하여 양자가 공동으로 경영에 참가하는 방식이다. 이 경우 공여기업은 해외시장에서 점포 등과 같은 설비투자를 하지 않고도 자사의 브랜드와 상품을 강력하게 마케팅할 수 있게 된다.

프랜차이징 계약은 피자헛, 맥도날드, 켄터키치킨과 같은 음식점과 쉐라톤, 하이얏트와 같은 호텔 등 서비스업종에서 많이 이루어진다.

프랜차이징의 이점은 다음과 같다.

① 적은 자본으로 해외시장 진출과 확대가 가능하다. 예컨대 패스트푸드 기업의 경우, 해외시장에서 자신이 직접 매장을 운영하는 것보다는 프랜차이징으로 진출하는 것이 비용면에서 훨씬 효율적이다.

② 프랜차이징은 표준화전략을 택하고 있기 때문에 표준화의 이점을 활용할 수 있다. 즉 프랜차이징은 제품, 실내장식, 광고, 관리서비스 등에서 표준화 전략을 추구하기 때문에 전 세계적으로 통일된 이미지를 유지할 수 있고, 비용면에서도 규모의 경제 효과를 얻을 수 있다.

③ 공여기업(franchisor)은 해외시장에서 가맹기업에게 강력한 통제권을 행사할 수 있다. 프랜차이징은 브랜드만이 아니고 마케팅 믹스를 모두 전수하기로 하는 계약이므로 라이선싱보다 훨씬 강력한 통제력을 행사할 수 있다.

그러나 프랜차이징에도 ① 기술이나 노하우가 유출될 가능성, ② 브랜드에 대한 이미지가 훼손될 가능성, ③ 라이선싱과 같이 잠재적인 경쟁자를 육성할 가능성 등과 같은 단점을 가지고 있다.

### 3. 관리계약

관리계약(management contract)이란 계약을 통해 현지국기업의 영업활동을 관리할 권한을 위임받고, 필요한 경영서비스를 제공하고 일정한 대가를 수령하는 것을 말한다. 관리계약이 발생하는 동기는 호텔 등 특수한 관리기술이나 노하우를 필요로 하는 기업에서 이러한 자질과 경험을 가진 관리자를 필요로 하기 때문이다. 이러한 계약에서는 일상적인 관리활동이나 영업활동만을 관리할 뿐이지, 신규투자, 해외시장 진출, 신규업종 진출, 기업정책의 변경과 같은 기업전략에는 관여하지 못하는 것이 보편적이다.

관리계약은 낮은 위험으로 해외시장에 진출한다는 장점은 있으나 자기제품의 시장위치에 별다른 영향을 줄 수 없기 때문에, 제조기업 입장에서 보면 그리 만족스러운 해외시장 진출방식은 아니다. 그러나 관리계약은 합작투자와 결합되어 사용될 때에는 바람직한 효과를 기대할 수 있다. 국제합작투자에서 현지정부가 해외파트너의 소유권 비율을 제한하는 경우에, 해외파트너가 합작투자기업의 경영권에 실질적으로 영향력을 행사하기 위한 수단으로 관리계약을 활용할 수 있기 때문이다.

## 제 3 절
## 해외직접투자

한 기업이 다른 기업에 비해 경쟁우위를 가지고 있다면 ① 해외의 보호무역정책에 대한 대응수단을 개발하고자 할 때, ② 해외시장의 니즈를 더 잘 충족시켜서 더 많은 이익을 얻고자 할 때에는 해외직접투자는 기업들이 국제비즈니스 활동에서 활용할 수 있는 가장 적극적인 전략적 대안이 된다.

## 1. 해외직접투자의 개념

해외직접투자는 투자기업이 해외에서 경영참여나 지배권을 행사함으로써 직접 사업을 수행하기 위하여 투자하는 것을 말한다. 따라서 해외직접투자는 자본뿐 아니라 무형의 경영자원인 기술, 특허, 상표, 경영노하우 등 기업의 각종 자원이 패키지형태로 해외에 이전되는 특징이 있다. 해외직접투자는 앞 절에서 살펴본 수출이나 계약에 의한 방법에 비하여 해외사업에 대해 보다 강력한 통제력을 갖는다. 그러나 해외직접투자는 기업의 해외진출방식 중에서 가장 위험도가 높은 전략이다.

우리나라 기업의 해외시장진출 방식 중에서 가장 활용도가 높은 방식이 수출과 해외직접투자 방식이라 할 수 있다. 수출이 기업이 보유한 생산요소들을 활용하여 국내에서 생산한 제품을 해외에 판매하는 방법이라면, 해외직접투자는 기업이 보유한 자본 · 생산기술 · 경영기술 등의 생산요소를 해외로 이전하여 해외의 노동 · 토지 등과 결합하여 생산 및 판매를 하는 것이라는 점에서 대조가 된다.

## 2. 해외직접투자의 장·단점

최근 들어 우리나라 기업의 해외직접투자가 크게 증가하고 있다. 이는 해외직접투자기 갖는 장점이 한국기업에게 필요하기 때문일 것이다. 해외직접투자가 갖는 장 · 단점은 다음과 같다.

### (1) 해외직접투자의 장점

① 가격경쟁력 강화

해외직접투자는 현지국의 장소적 이점을 활용하게 되므로 생산원가를 절감할 수 있다. 즉 현지에서 노동, 원료, 토지 등을 저렴하게 활용할 수 있어 제품의 생산코스트를 줄일 수 있다. 또한 수출에 비해 관세, 운송비 등 제품의 이동과 관련된 비용을 줄일 수 있다.

② 현지소비자의 만족도 제고

해외직접투자는 생산과 마케팅을 담당하는 자회사가 현지에 설립되었기 때문에, 현지소비자의 욕구나 구매행동을 정확히 파악하여 현지소비자의 니즈에 맞추어 제품의 품질, 디자인, 규격 등을 조정할 수 있기 때문에 해외소비자의 만족도를 높일 수 있다.

③ 현지국이 제공하는 인센티브 수혜

해외직접투자는 현지국에 기술이전, 산업발전, 고용창출, 조세수입증대 등과 같은 많은 경제적 이득을 가져다주기 때문에, 많은 해외국가들이 해외직접투자를 유치하기 위하여 여러 가지 유형의 인센티브를 제공하고 있다. 예를 들면, 법인세를 비롯한 각종 조세감면, 공장설립과 관련한 행정편의 제공, 자유로운 비즈니스 활동 보장 등이다. 이러한 인센티브는 효율적인 생산 · 마케팅활동을 가능하게 한다.

④ 글로벌제품의 생산 · 마케팅 촉진

해외직접투자를 통해 여러 국가에 해외생산자회사를 설립하는 경우에는, 이들 자회사들을 네트워크로 연결하여 운영함으로써, 표준화된 글로벌 제품을 저렴하게 생산하여 마케팅할 수 있다.

⑤ 해외에 존재하는 보완적 자산의 확보

M&A나 합작투자 방식을 통하여 해외직접투자를 실시할 경우에는 투자기업이 보완해야 하는 자산을 획득할 수 있는 수단이 된다. 예를 들면, 현지시장국의 유통경로, 마케팅 노하우, 부품공급처 등을 해외직접투자를 통해 확보함으로써 투자기업의 경쟁력을 높일 수 있다.

⑥ 경영통제권 행사

해외직접투자는 해외에 유 · 무형의 경영자원을 투입하여 직접 사업을 수행하거나 경영권에 참여하는 비즈니스 방식이기 때문에 해외자회사의 운영에 관한 통제권을 확보할 수 있다. 기업이 보유한 차별적 우위가 큰 경우에는 이러한 우위를 보호하는 데 효과적인 단독투자 형태의 해외직접투자 방식을 선호한다. 복수의 해외직접투자가 이루어진 경우에는 기업은 이들을 기반으로 글로벌 네트워크를 구축하여 다국적 생산유인이나 다국적 마케팅유인들을 이익적으로 활용하면서 글로벌전략을 수행할 수 있다.

**예 증** *ILLUSTRATION*

## 글로벌 생산-마케팅 체제 위해 현대 · 기아차, 2007년 '해외생산 100만대' 넘겼다

2006년 현대 · 기아차의 미국 · 인도 · 터키 · 중국 · 슬로바키아 등 해외공장에서 생산한 대수는 현대차 84만 4,409대, 기아차 12만 433대 등 모두 96만 4,842대를 기록해 100만대에서 3만 5,000여대 가량 부족했다.

현대 · 기아자동차 연도별 해외생산대수 추이(단위: 대)

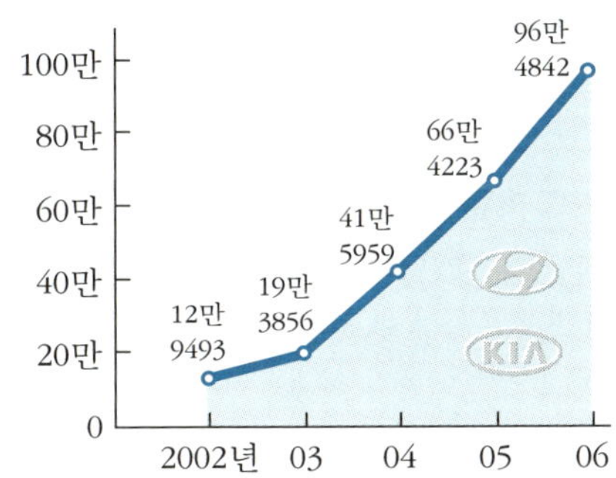


자료: 현대 · 기아자동차

그러나 2007년 생산대수는 100만대를 넘어섰다. 현대차는 2007년 4월 연산 6만대 규모의 터키공장을 10만대로 늘렸으며, 2007년 11월부터 연산 30만대 규모의 인도 제 2 공장의 가동을 시작해 해외 생산능력을 확충했다. 또 현대차는 4억 달러를 투입하여 러시아에 연산 10만대 규모의 공장을 2008-9년까지 가동할 계획을 하고 있다. 기아차 역시 2007년 10월말 30만대 생산능력을 갖춘 중국 2공장을 완공했다. 기아차는 일단 15만대

### 현대 · 기아차 해외공장

▶ 현대차(6개국 8개 공장)

| 위 치 | 연간생산능력(만대) | 공장가동시기 |
|---|---|---|
| 미국 앨라배마 공장 | 30 | 2005. 5 |
| 중국 베이징 1공장 | 30 | 2002. 12 |
| 베이징 2공장 | 30 | 2008. 4(예정) |
| 인도 첸나이 1공장 | 30 | 1998. 9 |
| 첸나이 2공장 | 30 | 2008. 3(예정) |
| 터키 이즈미트 공장 | 10 | 1997년 9월 |
| 체코 노소비체 공장 | 30 | 2009년 말(예정) |
| 러시아 상트페테르부르크공장 | 10 | 2009년 말(예정) |

▶ 기아차(3개국 4개 공장)

| 위　　치 | 연간생산능력(만대) | 공장가동시기 |
|---|---|---|
| 미국 조지아 공장 | 30 | 2009년 말(예정) |
| 중국 옌청 1공장 | 13 | 2000. 1 |
| 옌청 2공장 | 30 | 2007. 9 |
| 슬로바키아 질리나 공장 | 30 | 2007. 4 |

생산체제로 중국 2공장을 운영하되 오는 2011년부터 연 30만대를 생산할 예정이다.

따라서 현대 · 기아차의 2007년 해외생산 대수가 100만대를 돌파하면서 생산가능 대수는 150만대로 늘어날 것으로 전망된다.

2002년만 해도 현대 · 기아차의 해외생산 대수는 12만 9,439대에 불과했으나 이후 급증했다. 현대 · 기아차 해외생산은 2003년 19만 3,856대, 2004년 41만 5,959대, 2005년 66만 4,223대, 2006년 96만 4,842대 등으로 꾸준히 늘어 왔다.

현대 · 기아차 관계자는 "최근 현대 · 기아차의 해외 생산대수가 급격히 늘어난 것은 글로벌 경영체제 구축을 위해 지속적인 노력을 기울였기 때문"이라며 "그러나 경쟁업체에 비해서는 아직도 해외 생산비중이 낮기 때문에 당분간 해외 생산 증가세는 계속될 것"이라고 말했다.

자료: 문화일보, 2007년 7월 31일 및 조선경제, 2007년 10월 12일.

### (2) 해외직접투자의 단점

① 해외직접투자는 기업자원이 많이 투입되는 진출방법이므로 그만큼 투자위험도 크다.

② 해외직접투자는 현지국에 미치는 영향이 크기 때문에 현지국의 정부나 국민으로부터 많은 요구와 제약을 받게 된다.

③ 해외직접투자는 해외비용(foreign cost)을 상쇄할 수 있는 기업특유의 우위를 갖지 않으면 성공하기가 어렵다. 따라서 기업특유의 우위를 보유하지 못한 기업은 채택하기 어려운 해외진출방식이다.

이상과 같은 해외직접투자의 단점을 완화시키기 위해서는 해외직접투자에 의해 설립된 현지자회사의 경영을 현지화시키는 것이 바람직하다.

## 3. 해외직접투자의 유형

해외직접투자의 유형은 크게 소유권을 기준으로 한 분류와 설립방식에 따른 분류로 구분된다. 이러한 분류기준에 의할 경우 해외직접투자는 합작투자, 단독투자, 인수합병의 세 가지로 나누어 볼 수 있다.

### (1) 국제합작투자

국제합작투자는 국적이 다른 합작파트너와 투자자금 및 각종 위험을 분담하는 형태의 해외직접투자이다. 해외합작파트너는 현지의 기업이나 정부가 일반적이나 경우에 따라서는 제 3 국의 기업이 나설 수도 있다. 합작투자의 장점은 다음과 같다.

① 합작파트너의 도움으로 현지 시장상황에 대한 정보를 신속히 입수할 수 있고 현지파트너의 장점을 이용할 수 있어, 현지시장에서 생산과 마케팅에 관한 네트워크를 구축하는 데 유리하다.

② 합작투자를 하기 때문에 투자비용을 줄이거나 부족한 경영자원을 공유함으로써 투자위험을 줄일 수 있다.

③ 현지파트너와 합작을 하기 때문에 현지기업의 이미지를 나타낼 수 있어, 현지에서 마케팅전략을 실시할 때 내셔널리즘의 저항을 적게 받고 정치적 위험도 크게 줄일 수 있다.

④ 단독투자를 허용하지 않는 국가에 진출하고자 하는 경우에는 합작투자가 효과적인 방법이 될 수 있다. 또한 현지국가로부터 여러 가지 유형의 투자유인을 제공받을 수 있다.

⑤ 기업자원이 부족한 기업들은 국제합작투자를 활용하여 보다 많은 해외시장에 진출하여 현지생산 · 현지마케팅활동 등을 전개할 수 있다.

그러나 국제합작투자는 다음과 같은 단점을 가지고 있다.

① 서로 다른 국적과 서로 다른 경제 문화적 배경을 갖고 있는 기업들이 국제합작투자에 참여하기 때문에, 합작파트너들 사이에 문제점규명 · 해결대안창출 · 의사결정 등에서 갈등이 발생할 확률이 높다.

② 국제합작기업을 경영하는 데는 문화적 차이에서 비롯되는 갈등을

최소화하기 위하여 각 파트너들은 자기의 의견과 행동을 상대방에게 설명하고 설득해야 하기 때문에, 파트너들은 심리적 피로와 압박감에 시달릴 수 있다.

③ 해외투자기업은 현지의 합작파트너를 완전하게 통제할 수 없기 때문에 글로벌마케팅 전략을 수립하고 집행하는 데 많은 제약을 받을 수 있다.

④ 합작투자기업에서 해외파트너가 자기 지분 이상으로 공헌을 하더라도 배당은 소유권 비율에 의거하게 되므로 공헌과 배분 간에 괴리가 발생하여 해외파트너의 경영의욕이 위축될 수 있다.

단독투자의 장단점은 합작투자의 장단점을 뒤집어 생각하면 되기 때문에 자세한 설명은 생략한다.

#### (2) 국제적 인수 · 합병

국제적 인수 · 합병(international merger & acquisition)은 글로벌차원에서 기업을 리스트럭처링하는 전략적 수단으로서, 기존 비즈니스 중에서 채산성이 없거나 시너지가 떨어지는 비즈니스를 매각하고 미래의 경쟁력과 시너지를 높이는 비즈니스를 추가시키는 경영활동이다. 따라서 국제적 인수 · 합병을 통하여 해외시장에 진출하게 되는 동기는 ① 현지 기업이 보유하고 있는 특정자산을 취득하여 여기서 얻어지는 시너지효과를 통해 기업가치를 극대화하고, ② 사업의 다각화나 지역의 다각화를 통해 이익기회를 확대하고 위험분산을 도모하고자 하는 것이다.

국제적 인수(international acquisition)는 한 기업이 국경을 초월하여 다른 기업의 주식 또는 자산을 취득하여 경영권을 장악하는 것을 말하며, 국제적 합병(international merger)이란 독립된 기업들이 국경을 초월하여 하나로 통합하여 단일기업이 되는 것을 말한다. 그러나 현실적으로 양자를 엄밀히 구분하기가 어렵기 때문에 이를 통합하여 국제적 인수 · 합병이라고 한다. 국제적 인수 · 합병의 장점은 다음과 같다.

① 신속한 시장진입이 가능하다. 인수 · 합병의 형태로 해외시장에 진

출하는 경우에는 인수대상기업이 보유하고 있는 기술, 공장설비, 종업원, 브랜드, 유통망 등을 한꺼번에 획득할 수 있기 때문이다.

② 자신에게 부족한 경영자원을 취득할 수 있다. 예컨대, 연구개발능력이 강한 글로벌기업과 마케팅능력이 강한 글로벌기업이 인수 · 합병을 통해 통합할 경우, 주요기능 분야의 보조 · 보완을 통해 글로벌경쟁력을 강화할 수 있다.

③ 규모의 경제와 범위의 경제를 실현시킬 수 있다. 예컨대, 소규모 은행이 합병을 통해 대형화를 시도하는 것이나 소규모 유통업자들이 합병을 통해 대규모 유통회사로 변신하는 것은 규모의 경제를 이용하여 경쟁력을 강화하려는 전략이다.

④ 과잉시설을 해소시킬 수 있다. 생산시설이 포화상태에 있는 해외산업에 진출하고자 하는 경우에는, 기존기업체를 인수 · 합병하는 방식으로 산업 내의 과잉생산시설을 방지하는 것이 훨씬 더 효과적인 해외시장진출 방법이다.

반면에 인수 · 합병에는 다음과 같은 문제점이 존재한다.

① 인수대상기업의 경영능력, 기술력, 자산 등 유·무형자산을 정확하게 평가하기 어렵기 때문에, 과다한 인수가격을 지불할 수가 있다.

② 인수기업과 인수대상기업은 상이한 기업문화와 관리시스템을 가지고 있기 때문에, 완전한 통합과 시너지효과를 얻기가 쉽지 않다.

③ 통합과정에서 인수대상기업의 주요기술자, 경영자들을 잃을 가능성이 있으며, 그에 따라 목표로 하던 기술력과 경영능력을 획득하지 못할 수가 있다.

④ 따라서 두 기업이 인수 · 합병됨으로써 얻을 수 있는 시너지효과가 두 기업을 인수 · 합병하기 위하여 지불된 인수프리미엄(초과비용)보다 작을 수 있다.

표 8-1 해외시장 진출전략별 장단점

| 진출전략 | 장 점 | 단 점 |
|---|---|---|
| 수 출 | • 입지경제 및 경험효과의 실현능력 보유<br>• 코스트가 낮고 리스크가 적음 | • 높은 물류코스트<br>• 무역장벽<br>• 현지 수입업자, 마케팅 에이전시와의 갈등 |
| 구상무역 | • 유동성이 부족한 국가와 거래가능 | • 재판매의 어려움 |
| 국제라이선싱 | • 코스트가 낮고 리스크가 적음<br>• 추가적 이익 실현 | • 기술 및 노하우 유출 가능성<br>• 잠재적인 경쟁자 육성<br>• 글로벌 전략적 조정에 통합시키기가 어려움 |
| 국제프랜차이징 | • 코스트가 낮고 리스크가 적음<br>• 추가적 이익 실현 | • 품질에 대한 통제력 부족<br>• 글로벌 전략적 조정에 통합시키기가 어려움 |
| 국제관리계약 | • 코스트 및 리스크가 적음<br>• 추가적 이익 실현 | • 특수경영기법 이전가능성<br>• 글로벌 전략적 조정에 통합시키기가 어려움 |
| 국제턴키계약 | • 계약규모가 큼<br>• 용역수출과 제품수출 병행 | • 협상과정이 복잡하고 시간이 많이 걸림<br>• 정치적 위험이 큼 |
| 국제전략적 제휴 | • 경쟁업체와 상생을 목적으로 제휴함으로써 경쟁력 강화, 코스트 절감, 리스크 감소<br>• 보완적 자산의 획득 | • 적절한 제휴파트너를 발견하기 어려움<br>• 제휴파트너를 강력한 경쟁자로 기를 수 있음 |
| 해외합작투자 | • 현지파트너의 노하우에 대한 접근<br>• 관련 코스트 및 리스크 공유<br>• 내셔널리즘 완화 | • 기술에 대한 통제력 행사가 어려움<br>• 글로벌 전략적 조정에 통합시키기가 어려움<br>• 합작파트너간 갈등의 가능성 |
| 해외단독투자 | • 기술 보호<br>• 글로벌 전략적 조정에 통합시키기가 쉬움<br>• 입지경제 및 경험곡선 효과 실현 가능 | • 코스트와 리스크가 큼 |
| 국제 M&A | • 시장진입시간 단축<br>• 규모의 경제와 범위의 경제 실현<br>• 보완적 자산의 획득 | • 불확실성이 높고 리스크가 큼<br>• 적절한 M&A 대상을 발견하기가 어려움 |

**예 증** *ILLUSTRATION*

**두산인프라코어, 기존 중대형 건설장비산업에다 추가로 소형 건설장비사업 인수로 제품 포트폴리오 개선 및 세계 최고 수준의 기술력과 브랜드 파워 확보**

**美 잉거솔 랜드 3개 부문 인수로 중장비 세계 7위로 점프**

'새우가 이번엔 해외에서 고래를 집어 삼켰다.' 2001년 한국중공업을 인수하며 중후장대 그룹으로의 변신에 성공한 두산그룹이 이번에는 해외에서 국내 인수합병(M&A) 사상 최대 규모인 49억 달러(약 4조 5,000억원)의 초대형 M&A를 성사시켰다. 특히 인수 금액이 두산그룹 전체 자산(16조원)의 4분의 1에 이르는 데다, 인수 해당 기업인 두산인프라코어 자산(2조 5,000억)의 2배에 육박하는 규모여서 재계를 놀라게 하고 있다.

Infrastructure Support Business에 주력하고 있는 두산인프라코어는 2007년 7월 30일 미국 뉴욕에서 박용만 두산인프라코어 부회장과 미국 잉거솔 랜드사의 허버트 헨켈 회장이 참석한 가운데 잉거솔 랜드사의 세계 1위 소형 건설중장비 제조사인 밥캣(Bobcat)을 비롯해 부착장비(Attachment), 편의용 장비(Utility) 등 3개 사업 부문을 두산엔진과 공동으로 49억 달러에 인수하는 계약을 했다고 밝혔다. 특히 두산의 인수합병 성사는 국내 기업들의 해외 대형 M&A 추진 움직임에 기름을 붓는 계기가 될

**두산그룹의 기업 인수 · 합병(M&A) 일지**

| 인수기업 | 연 도 | 인수가격(원) | 사업 내용 |
|---|---|---|---|
| 한국중공업 | 2001 | 3,057억 | 발전, 담수, 주단조 등 |
| 고려산업개발 | 2003 | 3,364억 | 종합건설 |
| 대우종합기계 | 2005 | 1조 6,880억 | 건설기계, 산업기계, 공작기계 등 |
| 미국 AES | 2005 | 60억 | 미국 수(水)처리사업 원천기술 |
| 루마니아 크베너 IMGB | 2006 | 146억 | 주단조 |
| 연합캐피탈 | 2006 | 680억 | 할부금융, 리스 |
| 영국 미쯔이밥콕 | 2006 | 1,600억 | 발전소, 보일러 원천기술 |
| 중국 연대유화기계 | 2007 | 26억 | 휠로더 |
| 미국 CTI | 2007 | 58억 | 친환경 엔진기술 및 특허 |
| 미국 잉거솔 랜드 | 2007. 7. 30 | 4조 5,000억 | 소형 건설중장비 등 3개 부문 |

전망이다.

인수금액 49억 달러는 두산인프라코어와 두산엔진이 합쳐서 14억 달러를 공동 부담하고 나머지 35억 달러는 산업은행 등 금융기관으로부터 피인수업체인 밥캣의 자산을 담보로 한 차입금으로 충당한다.

두산인프라코어는 이번 잉거솔 랜드사의 3개 사업부문 인수로 세계 중장비업체 순위에서 현재 19위(매출액 기준)에서 7위로 수직 상승하게 됐다. 잉거솔 랜드사는 운송 · 건설 · 농업과 관련한 기계설비 및 서비스 분야에서 135년의 전통을 가진 연간 매출액 114억 달러의 세계 1위 소형중장비 업체다. 두산이 인수한 이 회사의 3개 사업부문은 미국과 유럽 중심으로 2,700여개의 딜러망과 6개국에 16개 생산공장을 갖고 있으며, 2006년 매출액 23억 달러에 영업이익 3억 7,000만 달러를 기록했다.

두산인프라코어는 이번 인수로 기존 중대형 건설중장비 사업 외에 소형 건설중장비 분야를 보완, 제품 포트폴리오 구성은 물론 세계 최고 수준의 기술력과 브랜드 파워를 확보하게 됐다.

자료: 한국일보, 2007년 7월 3일.
박용만 두산인프라코어 부회장이 한국국제경영학 학회
2007년도 글로벌 CEO상 시상식에서 행한 연설을 참고함.

## 제 4 절
# 해외시장 진출방식의 결정요인

기업이 해외시장에 진출하는 경우 사용할 수 있는 전략적 방안은 앞 절에서 살펴본 것과 같이 크게 수출방식, 계약방식, 해외직접투자방식으로 구분할 수 있다. 본 절에서는 기업이 최적의 해외시장 진출방식을 결정하는데 영향을 미치는 요인들을 해외직접투자의 이론적 틀을 사용해 살펴보고자 한다.

## 1. 진출방식결정의 이론적 배경

### (1) 독점적 우위이론

하이머(Hymer) 등은 그들이 주장하는 독점적 우위이론(monopolistic advantage theory)에서 기업이 해외시장에 진출하기 위해서는 다른 기업이 갖지 못한 독점적 우위를 가져야 한다고 강조한다. 기업이 독점적 우위를 가지고 있으면 이것을 활용하여 만든 상품은 다른 상품과 차별화되어 좀 더 많은 가격을 받을 수 있는데 이것을 가격 프리미엄이라 한다.

한편 기업이 해외에 진출하면 해외의 생소한 환경에 직면하게 되는데, 이러한 생소한 환경을 극복하기 위해서는 현지기업은 지출하지 않아도 되는 비용을 지출하여야 한다. 이를 해외비용(foreign cost)이라 한다. 기업의 독점적 우위에서 발생하는 가격 프리미엄이 해외비용보다 크다면 그 기업은 성공적으로 해외에 진출할 수 있다는 것이 독점적 우위이론이다. 기업의 독점적 우위에는 기술, 상표, 경영노하우 등이 있다. 이 이론의 장점은 기업이 해외로 진출할 수 있는 근본적인 조건을 명확하게 밝히고 있다는 점이다.

그러나 독점적 우위이론은 해외로 진출할 수 있는 대안적 방안인 수출, 라이선싱(계약), 해외직접투자 중에서 어느 경우에 어떤 진출방안을 선택해야 하는지에 대한 구체적인 해답을 제시하지 못한다.

### (2) 절충이론

더닝(Dunning)은 그가 주장한 절충이론(eclectic theory)에서 독점적 우위이론의 결점을 보완하였다. 절충이론의 내용은 다음과 같다.

① 기업은 국제비즈니스과정에서 수출, 라이선싱, 해외직접투자 등을 동시에 고려하여 해외진출결정을 내린다.

② 기업의 해외진출에 영향을 주는 요소는 크게 보아 기술 · 상표 · 경영노하우 등과 같은 기업특유의 우위(ownership specific advantage), 해외에서 생산하는 경우에 생산요소 획득 · 시장접근 등과 같은 면에서 유리해지는 장소특유의 우위(location specific advantage), 그리고 시장거래보다는 기

표 8-2 절충이론에 의한 해외시장 진출방식 결정요인

| 해외진출방식 | 기업특유의 우위 | 내부화의 우위 | 장소특유의 우위 |
|---|---|---|---|
| 수 출 | ○ | ○ | × |
| 라이선싱(계약) | ○ | × | ○ |
| 해외직접투자 | ○ | ○ | ○ |

업내부거래가 유리한 경우, 바꾸어 말하면 기업특유의 우위를 시장에서 거래하는 것보다는 자기가 직접 활용하는 것이 유리한 내부화 우위(internalization specific advantage) 등으로 구별할 수 있다.

③ 이러한 세 요소의 조합에 의하여 수출, 라이선싱, 해외직접투자 등이 선택적으로 결정된다.

즉 기업특유의 우위는 있으나 외국에서 생산할 만한 장소특유의 우위가 없으면 기업들은 해외진출방식으로 수출을 택한다. 그리고 기업특유의 우위는 있으나 내부화를 할 특별한 이유가 없다면, 기업들은 해외진출방식으로 라이선싱을 택하여 외국기업으로 하여금 대리생산하게 한다. 반면에 기업특유의 우위, 장소특유의 우위, 내부화 특유의 우위요소가 모두 있으면, 기업들은 해외직접투자를 통하여 해외 현지에서 직접생산을 하게 된다.

### (3) 기업성장이론

기업성장이론에서는 기업의 발전단계 내지 기업의 국제화 과정에 대한 논리적 단계를 설정하고, 기업성장의 자연발생적 결과로 해외진출방식이 선택된다고 본다. 펜로즈(Penrose)는 기업이 성장함에 따라 그 사업영역이 국내시장에서 해외시장으로 확대되어 가며, 따라서 기업의 해외진출이 발생한다고 본다. 시장범위를 결정하는 과정에서 기업의 경영전략이 중요한 역할을 한다.

그는 기업이 외국시장에 진출할 때, 그 기업은 외국시장에 대하여 학습과정을 겪게 된다고 주장한다. 즉 초기에는 외국시장에 대하여 생소하기 때문에 수출 등 단순사업방식을 택하게 되지만, 점차 외국시장에 익숙해지고 현지 기업과 교류활동이 빈번해지면서 기술 라이선싱, 합작투자, 단독투자의 순서로 외국시장에 대한 진출의 정도를 높여가게 된다.

그러나 시장범위와 개입범위를 결정하는 단계에서 기업의 경영전략이 중요한 역할을 한다. 즉, 해외시장에 진출하기에 앞서 해외시장환경의 분석과 내부역량의 검토, 그리고 기업목표에 대한 기여도 검토 등과 같은 전략적 검토와 의사결정이 이루어진다.

결과적으로 기업성장이론은 국내기업이 다국적기업으로 발전하면서 사업의 영역을 세계시장으로 확대하고 이윤극대화를 추구하는 과정을 이론화하고 있다. 이 과정에서 기업성장이론은 ① 기업의 국제화 경험과 ② 경영전략이 기업의 해외시장 진출방식 선택에 중요한 역할을 하는 것으로 보고 있다.

## 2. 진출방식의 결정요인

해외목표시장에 어떠한 방식으로 진출할 것인가는 여러 요인에 의해 결정된다. 앞에서 살펴본 해외직접투자 이론에 의하면 진출방법 결정에 영향을 미칠 수 있는 요인들은 기업특유의 우위, 내부화의 이점, 장소특유의 우위, 경영전략과 해외시장경험 등인데, 이는 크게 기업 내부요인과 외부요인으로 구분할 수 있다.

그림 8-3 해외시장 진출방식의 고려요인

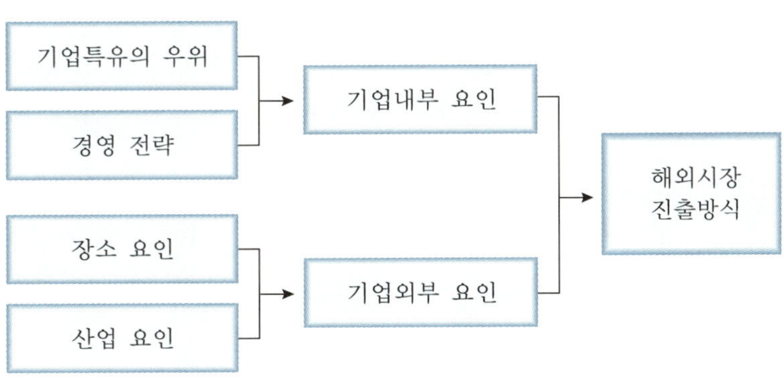

### (1) 기업 내부요인

기업 내부요인으로는 기업특유의 우위를 구성하는 경영자원이나 핵심역량과 경영전략과 해외시장경험 등을 들 수 있다.

① 기업특유의 우위

일반적으로 기술, 브랜드, 경영노하우 등 경영자원이나 핵심역량이 풍부할수록 기업이 선택할 수 있는 진출방법의 선택 폭이 넓어진다고 볼 수 있으며 그만큼 자원의 현지 직접투입 가능성이 높아진다. 예를 들어, 기술력이 강한 기업이나 강력한 브랜드를 보유한 기업들은 수출이나 라이선싱보다는 해외직접투자 방식을 선호하는 경향이 있다.

② 경영전략

기업의 경영전략이 해외진출 방식의 선정에 큰 영향을 미친다. 예를 들어, 기업이 기업전략으로 안정전략보다는 성장전략을 택하여 해외시장 진출을 결정하고 이를 추진하기 위한 조직구조로 글로벌사업부제도를 택하게 되면 기업은 해외진출 방식으로 직접투자 방식을 선택하게 된다.

최고경영자의 태도 또한 기업의 해외진출 방식 선정에 영향을 미친다. 예를 들어, 최고경영자의 성향이 공격적이고 적극적일수록 위험회피형 경영자에 비하여 자원을 직접 투입하는 방식에 대한 선호도가 높아질 것이다.

③ 해외비즈니스 경험

일반적으로 해외비즈니스 경험이 증가할수록 해외시장에 대한 학습정도가 점차로 높아지는 것으로 볼 수 있다. 따라서 풍부한 해외비즈니스 경험은 해외시장에 대한 지각된 위험수준과 비용을 감소시키며, 이에 따라 기업은 해외시장에 직접적으로 자원을 투입하고자 하는 경향이 높아진다.

### (2) 기업 외부요인

해외시장 진출방법을 결정할 때에 고려해야 할 기업 외부요인은 현지국 요인과 산업요인으로 구별하여 볼 수 있다.

① 현지국 요인

ⓐ 현지국에서 저렴한 생산요소(인건비, 원료, 토지 등)를 획득할 수 있

다면 이를 활용하기 위하여 해외직접투자를 선택할 가능성이 높다. 가격경쟁이 중요한 경쟁수단인 기업에게는 더욱 그러하다.

ⓑ 현지국의 시장규모가 현재나 미래의 측면에서 크다면 기업은 시장입지 구축을 위하여 해외시장 진출 방식으로 직접투자방식을 선택할 가능성이 높다.

ⓒ 현지생산으로 인해 관세나 수량규제 등 각종 무역장벽을 회피할 수 있다면 해외시장진출 방식으로 직접투자방식을 선호하게 된다.

ⓓ 현지국이 정치적으로 안정되어 있고, 외국기업에 대하여 호의적인 정책을 시행하고 있으며, 산업인프라와 상업인프라가 발달되어 있다면, 해외직접투자 방식을 선택할 가능성이 높아진다.

② 산업구조 요인

산업구조의 특성상 시장의 불안전성이 커서 시장기능이 효율적으로 작동하지 않으면 시장에서 거래를 하는 데 많은 비용과 시간이 소요된다. 이러한 경우에는 기업은 비효율적인 거래를 최소화하기 위해, 해외진출을 하고자 할 때 국제비즈니스 활동의 내부화를 시도하게 된다. 즉, 기업은 보유한 경영자원이나 핵심역량을 시장에서 활용하기보다는 기업내부에서 스스로 활용하고자 한다. 기술의 영향이 큰 산업이나 규모의 경제가 크게 작용하는 산업 등이 여기에 속한다.

## 토의문제

1. 간접수출과 비교하여 볼 때 직접수출의 장 · 단점을 설명하시오.
2. 구상무역의 중요성이 커지는 이유와 구상무역의 유형에 관하여 설명하시오.
3. 수출과 비교할 때 해외직접투자의 장 · 단점을 설명하시오.
4. 국제합작투자의 장 · 단점을 설명하시오.
5. 해외시장 진출방식으로서 라이선싱과 프랜차이징의 차이점에 관하여 설명하시오.
6. 해외시장 진출방식으로서의 인수 · 합병의 장단점을 설명하시오.
7. 해외시장 진출방법을 결정할 때 고려해야 할 요인들에 관하여 설명하시오.

## 참고문헌


반병길, 강호상(2001), 국제경영, 박영사.

이인세 외(2001), 세계화와 국제무역, 동성사.

이장로(2001), 국제마케팅, 무역경영사.

장세진(2003), 글로벌경영, 박영사.

Dunning, J. H.(1988), *Explaining International Production*, Urwin Hyman.

Hymer, S. H.(1976), *The International Operation of National Firms: A Study of Direct Foreign Investment*, MIT Press.

Kogut, B.(1983), "Foreign Direct Investment as a Sequential Pross," in C. Kindleberger and D. Audretsch(ed.), *The Multinational Corporation in the 1980s*, MIT Press.

Penrose, E. T.(1955), "Foreign Investment and the Growth of the Firms," *Economic Journal*, Vol. 66.

# 제 4 부

# 글로벌 마케팅믹스 전략

제 9 장　글로벌 제품전략
제10장　글로벌 가격전략
제11장　글로벌 촉진전략
제12장　글로벌 유통전략

# 제 9 장 글로벌 제품전략

기업은 진출할 해외시장과 진출방식을 결정한 다음에는 글로벌 마케팅믹스를 설계해야 한다. 이 장에서는 마케팅믹스의 첫 번째 요소로서 글로벌 제품전략을 살펴본다.

## 제 1 절 제품의 개념과 글로벌 제품믹스

제품은 고객의 욕구를 충족시킬 수 있는 가장 중요한 수단으로서 거래당사자들을 시장에 집결시키는 역할을 한다. 따라서 제품은 글로벌마케팅 목적 달성을 위해 투입되는 자원과 노력의 핵심으로서 글로벌마케팅전략의 가장 우선적인 고려요인 중의 하나이다.

### 1. 제품의 개념

제품은 단순히 외형적으로 나타난 물건 자체보다는 보다 넓은 의미에

그림 9-1 제품의 세 가지 수준

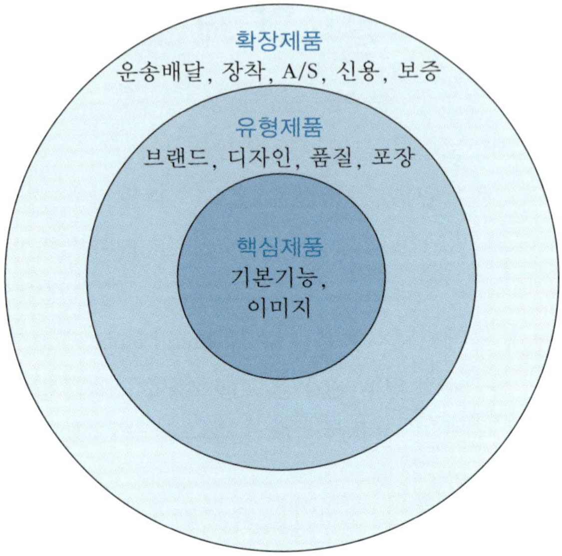


서 이해하고 정의할 필요가 있다. 코틀러(Kotler)는 그림 9-1과 같이 제품을 핵심제품(core product), 유형제품(tangible product), 확장제품(augmented product)의 세 가지 차원으로 분류하였다.

### (1) 핵심제품

핵심제품이란 가장 기본적인 수준에 해당하는 제품의 개념으로서 제품이 제공하는 기본적인 편익을 뜻한다. 예를 들어, 여행사가 관광지로서 금강산을 광고하면서 '그리움' '휴식' '고향' 등을 강조했다면 이는 핵심제품을 이용하여 광고하는 것이다. 반면에 '일만이천봉' '아름다운 계곡' 등을 강조한다면 이는 유형제품을 광고에 활용하는 것이다. 화장품회사인 Revlon이 립스틱을 팔지만 실제로 파는 것은 립스틱이란 물체가 아니라 더 예뻐질 수 있다는 '희망'을 판매한다고 표현하는 것이나, 휴대폰 제조사는 제품의 기능이나 디자인보다는 '사랑' '정보' '젊음' 등을 앞세우는 경우는 핵심제품을 강조하는 것이다.

### (2) 유형제품

핵심제품을 구매자들이 보고, 듣고, 느끼고, 파악할 수 있는 실체제품으로 형상화한 것이 유형제품이다. 제품의 가치나 효용증대에 결정적으로 기여할 수 있는 브랜드, 포장, 품질, 기능, 디자인 등의 제품속성들이 여기에 포함된다. 글로벌마케터는 디자인, 품질, 기능 등 제품속성에 대한 선호도가 시장별로 상이하므로 현지국의 선호요인을 검토하여 유형화하여야 한다. 제품의 품질이나 디자인을 강조하거나 상표를 강조하는 촉진전략은 유형제품을 활용하는 촉진전략이다.

### (3) 확장제품

유형제품에 추가하여 제공하는 서비스나 기타 혜택을 말하는 것으로 설치서비스, 보증, 배달서비스, 애프터서비스, 신용판매 등이 여기에 해당된다. 글로벌기업이 현지시장에서 A/S시스템이나 신용체제 등을 갖추는 것은 막대한 투자가 요구되는 어려운 일이다. 그러나 이를 구비하지 않으면 고객의 마음을 사로잡기 어렵다. 예를 들면, 현대자동차가 1990년대에 미국시장에 재진출하면서 미국에서 판매하는 차종의 무료보상기간을 10년으로 제시하였다. 이 당시 가장 좋은 품질보증조건이 일본자동차의 3년 무료보상기간이었다. 현대자동차의 10년 무료보상은 고객에게 어필하였고 미국시장에서 판매기반을 구축하는 데 커다란 공헌을 하였다. 즉, 현대자동차는 미국시장에서 확장제품을 차별화하여 성공적으로 활용하였다.

위에서 살펴본 제품의 세 가지 차원을 고려하여 제품의 글로벌경쟁력을 강화하기 위해서는 다음과 같은 측면들이 강조되어야 한다.

① 추상적 성격을 갖는 핵심제품은 지구촌소비자들의 공통적인 니즈를 충족시킬 수 있는 기본적인 편익으로 핵심제품을 형성하도록 해야 한다. 즉 핵심제품의 개념은 글로벌화하게 표준화된 것이 바람직하다.

② 브랜드, 디자인, 품질, 포장 등 제품의 실체적 특징을 구성하는 유형제품은 현지의 시장요구나 시장환경을 반영하여 만들어지는 것이 바람직하다. 즉 필요한 경우에는 현지시장의 기호에 맞게 유형적 특성을 구비하

그림 9-2 글로벌 제품관련 의사결정

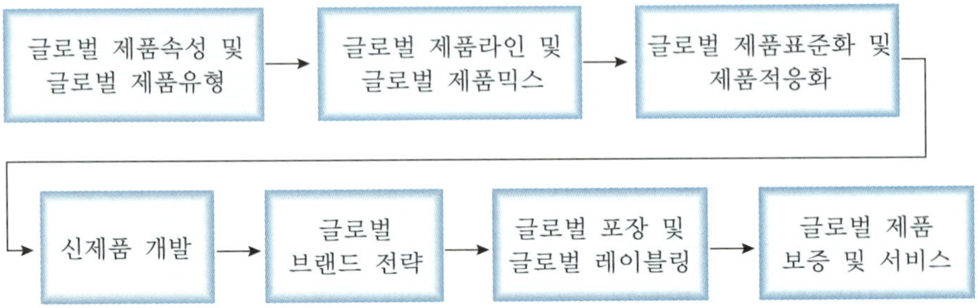


여야 한다. 그렇기 위해서는 이에 적합한 생산체제나 판매체제를 고려하여야 한다.

③ 내구성소비재를 글로벌마케팅하는 경우에는 배달서비스, 설치서비스, 보증서비스, 신용판매 등 확장제품을 각별히 강조하는 것이 바람직하다. 글로벌 A/S체계를 갖추기 위해서는 해외시장에서 아웃소싱이나 제휴 등의 방안을 활용하는 것도 고려할 필요가 있다.

## 2. 글로벌 제품유형

### (1) 국내지향적 제품

기업이 국내에서 판매하던 제품을 그대로 또는 다소 수정하여 해외시장에 수출하는 제품을 말한다. 이는 가장 손쉽고 비용이 적게 드는 방법이라 할 수 있다. 대체적으로 개발도상국의 기업들은 성숙기의 외국제품을 모방하여 이를 그대로 국내시장에 팔다가 해외시장으로 저가로 수출함으로써 국제기업으로 성장하는 경우가 많다.

### (2) 멀티도메스틱 제품

해외현지시장에 자회사를 보유하고 있는 경우에는 해외자회사에서 제품을 생산 · 마케팅하게 된다. 이 경우, 현지시장에서 제품의 사용조건이나 기능에 큰 차이가 존재할 때, 현지자회사를 중심으로 현지시장의 사용조건, 소비자기호, 소득수준, 법적 규제 등의 요구에 부합되는 제품을 계획하여 생산 · 마케팅하는 것이 바람직하다. 이처럼 현지시장에서 제품의 사용조건이나 기능에 큰 차이가 존재할 때, 현지 소비자들의 요구를 바탕으로 아예 제품을 국가별로 새롭게 만들어내는 전략을 멀티도메스틱 제품(multi-domestic product)전략이라 한다.

#### (3) 글로벌 제품

이는 글로벌시장의 공통적 욕구를 충족시키는 것을 목표로 생산된 표준화된 제품을 말한다. 이 경우에는 고품질의 저렴한 제품을 생산하는 것을 목표로 하기 때문에, 한 지역에서 완제품을 생산하기보다는 본사가 세계 여러 지역에 분포되어 있는 자회사를 네트워킹하여 각 자회사가 비교우위를 가진 부품을 생산하고 이를 조립하는 방식을 선호한다.

## 3. 글로벌 제품믹스전략

#### (1) 제품믹스의 개념

오늘날 대부분의 기업들은 두 가지 이상의 제품들을 생산 · 판매하고 있다. 한 기업이 생산 · 판매하는 모든 제품들의 집합을 제품믹스(product mix)라고 부른다. 제품믹스와 관련하여서는 폭(width)과 깊이(depth) 그리고 일관성(consistency)이라고 하는 세 가지 차원의 개념이 중요하다.

제품믹스의 폭이란 기업이 취급하고 있는 제품라인(product line)의 수를 말한다. 제품라인이란 한 기업이 생산하는 제품 중에서 물리적 · 기술적 특징이 유사하고, 용도와 유통경로 등도 유사하여 상호 밀접한 관계에 있는 일련의 제품군을 말한다. 예를 들어, 현대자동차가 승용차, RV차, 상용차(트럭 등), 승합차(버스)를 생산하고 있다면 4개의 제품라인을 보유하고 있는 것이다. 즉, 제품라인의 수가 제품믹스의 폭을 결정한다.

제품믹스의 깊이란 각 제품라인에서 기업이 제공하고 있는 품목의 수를 의미한다. 예를 들면, 현대자동차의 승용차 제품라인이 제공하는 품목

그림 9-3 제품믹스의 예

| 제품라인 1 | 제품라인 2 | 제품라인 3 | 제품라인 4 |
|---|---|---|---|
| 승 용 차 | RV차 | 상 용 차 | 승 합 차 |
| 소형 A | 소형 A | 소형화물 | 소형버스 |
| 소형 B | 중형 A | 대형화물 | 대형버스 |
| 중형 A | 중형 B | 덤프트럭 | |
| 중형 B | 대형 A | 레 미 콘 | |
| 대형 A | | 탱크로리 | |

깊이

폭

제품품목의 수 : 16
제품라인의 수 : 4
평균깊이 : 4

이 클릭, 베르나, 아반테, 투스카니, 쏘나타, 그랜저, 에쿠스 등이 전부라면 승용차 라인의 깊이는 7이 된다. 그림 9-3에 예시된 자동차 메이커의 제품믹스는 16개의 품목과 4개의 제품라인으로 구성되어 있는데, 제품라인 당 평균 4개의 품목으로 구성되어 있으므로 제품믹스의 평균깊이는 4이다.

제품믹스의 일관성이란 제품믹스를 구성하고 있는 여러 제품라인들이 그 최종용도나 생산에 필요한 요소, 활용하고 있는 유통경로 등 여러 가지 점에서 서로 밀접한 관련성이 있는 정도를 말하는데, 예를 들어, 그림 9-3에서 언급한 자동차회사의 모든 제품라인은 자동차라는 데 일관성 내지 공통성이 있는 것이다. 마케팅전략을 수립하는 데는 이러한 3가지 차원의 제품믹스를 모두 고려하는 것이 바람직하다.

### (2) 전략적 제품믹스관리

#### ① 제품믹스관리상의 고려요인

기업이 취급하는 제품들은 모두가 같은 비중으로 생산 · 판매될 수가 없으므로 기업은 제공하는 제품믹스를 다음과 같은 사항을 고려하여 전략적으로 결정하여야 한다.

ⓐ 높은 시장점유율과 성장률을 원하는 기업은 제품계열을 확장하는 것이 바람직하다. 제품라인이 확장되거나 제품품목(item)이 추가될수록 판매량은 증가하기 때문이다. 특히 소비재는 일반적으로 단가가 싸고 단위당 마진도 낮기 때문에 이러한 제품을 생산하는 기업은 여러 제품을 생산하지 않고는 크게 성장하기가 어렵다. 이러한 경우, 일부 품목들의 이익공헌도가 낮더라도 문제시되지 않는다. 나이키는 운동화 메이커로 시작하였으나 지금은 스포츠의류, 스포츠기구에 이르기까지 제품라인을 꾸준히 확장하고 있다.

ⓑ 기업이 높은 수익성을 추구한다면 수익성이 좋은 제품라인이나 품목들로만 제품믹스를 구성하는 것이 바람직하다. 이 경우에는 이익공헌도가 낮은 제품라인이나 품목은 제거되기 때문에 제품믹스가 축소되는 경향이 있다.

ⓒ 범위의 경제효과가 작용한다면 제품믹스를 확대하는 것이 바람직하다. 범위의 경제효과는 제품믹스에 추가된 제품이 원래의 제품과 같은 생산시설과 인력을 활용해서 생산 · 마케팅하는 것이 가능할 때 더욱 커진다.

ⓓ 해외시장에서 유통경로를 효과적으로 통제하기 위해 직매점이나 대리점을 구축하기를 원한다면 제품믹스를 확대하는 것이 바람직하다. 직매점이나 대리점을 확보하기 위해서는 일정한 범위 이상의 제품구색을 갖추어야 하기 때문이다.

ⓔ 전문성이 중요시되는 첨단산업이나 의약품에서는 제품라인의 일관성을 유지하고자 한다. 이럴 경우 기존제품과 어울리지 않는 제품라인은 쉽게 취급하지 않기 때문에 제품믹스의 폭은 좁아지게 된다. 그러나 보다 전문적인 이미지를 유지하려면 믹스의 폭은 일관성을 유지하면서 제품라인의 깊이가 깊을 때 기업의 전문성 이미지가 강화되어진다.

ⓕ 글로벌시장에서 생활하는 이질적인 소비자들의 다양한 니즈와 선호를 충족시킬 수 있으려면 글로벌 제품믹스의 깊이를 깊게 하는 것이 바람직하다. 이는 제공되는 제품라인의 품목들이 다양한 크기와 색상 그리고

디자인을 가지고 있을수록 고객의 선택 폭이 넓어지기 때문이다.

ⓖ 글로벌 제품분야에서 경쟁기업에 비해 뛰어난 기술적 우위와 브랜드 명성을 보유하고 있으려면 글로벌 제품믹스는 일관성을 유지하는 것이 바람직하다. 이는 다각화된 제품라인을 보유하기보다는 전문화된 제품라인을 유지할 때 전문화된 기술의 발전을 가져오고 기업이미지의 전문성(typicality)이 높아지기 때문이다.

② 글로벌 제품믹스의 제약요인

일반적으로 기업들은 국내시장에서 보유한 제품믹스의 다양성을 해외시장에서도 동일하게 유지하는 것은 아니다. 예를 들면, 삼성전자나 LG전자의 전자제품 믹스를 보면 국내에서는 다양한 전자제품의 폭과 깊이를 보유하고 있지만 미국시장이나 중국시장에서는 국내보다는 극히 제한된 제품만을 공급하고 있다. 이러한 현상은 다음과 같은 제약조건에 직면하는 경우가 많기 때문이다.

ⓐ 국가별로 고객의 니즈가 서로 다르기 때문이다. 상이한 소비자들의 욕구를 충족시키기 위해서는 국가별로 서브하는 제품믹스의 폭이나 깊이를 다르게 하는 것이 바람직하다.

ⓑ 국가별로 상이한 기회와 리스크를 가지고 있기 때문이다. 기업이 상이한 기회와 리스크에 대응하는 효과적인 방안은 서브하는 제품믹스를 조정하는 것이다. 예를 들면, 현대자동차가 미국시장에서 서브하는 승용차 제품라인은 한국시장에서 서브하는 승용차 제품라인에 비하여 소형자동차에 치중해 있다. 이는 미국기업들이 대형차시장에서 경쟁우위를 지니고 있는 반면에 소형차시장에서는 상대적으로 취약하기 때문이다. 현대차 입장에서 보면 미국의 소형차시장은 상대적으로 기회가 크고 대형차시장은 상대적으로 리스크가 큰 것이다.

ⓒ 국가별로 상이한 산업구조를 가지고 있기 때문이다. 즉, 국가별로 산업의 집중도, 제품차별화 정도, 시장성장률, 초과생산능력, 구매자의 힘, 부품산업의 발달정도 등이 다르기 때문에 글로벌기업이 제공하고자 하는 제품믹스도 국가별로 달라진다.

③ 글로벌 제품믹스전략의 대안

앞에서 살펴본 것을 고려하여 글로벌마케팅에 관여하는 기업과 그 글로벌마케터는 대체적으로 아래의 대안적인 글로벌 제품믹스전략들 중에서 가장 적합하다고 판단되는 전략을 선택하여 집행하는 것이 바람직하다.

ⓐ 글로벌 제품믹스의 확대와 축소: 수익성이 중요시되는 상황에서는 글로벌 제품믹스를 축소하는 것이 바람직하다. 예를 들면, 경기가 둔화되는 국가에서는 광고비보다 매출액이 적은 품목, 판매비용이 많은 품목들을 점차 제거하는 경향이 있다. 매출기여도가 낮은 품목들을 제거함으로써 제품구색을 단순화시켜 원가절감과 판매생산성의 향상을 모색하는 경우는 제품믹스의 축소전략이라 할 수 있다.

성장성이 중요시되는 상황에서는 글로벌 제품믹스를 확대하는 것이 바람직하다. 예를 들면, 시장규모가 빠르게 성장하는 해외시장에서는 다양한 제품라인과 제품품목을 제공하여 소비자의 선택 폭을 확대하는 것이 바람직하다. 이익공헌도가 낮을지라도 제품라인과 품목을 확대하여 판매량의 증대를 모색하는 경우는 제품믹스의 확대전략이라고 할 수 있다.

ⓑ 집약적인 글로벌 제품라인전략: 여러 종류의 제품시장에서 여러 경쟁사와 싸우는 것보다 기업의 약점을 보완하고 강점을 더욱 강화할 수 있는 제한된 수의 글로벌 제품라인을 충분히 개발하여 생산하고 판매함으로써 세계시장에서 경쟁력을 확보하는 전략을 말한다.

ⓒ 글로벌 제품라인 전문화전략: 특정 제품라인의 전문업체로 성장하여 세계시장에서 경쟁우위를 확보하는 전략이다. 예를 들면, 은성낚시는 실버스타라는 상표로 낚시기구만을 전문적으로 생산하여 세계시장에 공급함으로써 동 분야에서 제일가는 기업으로 성장하였다.

ⓓ 글로벌 제품품목 전문화전략: 제품라인중에서도 일부품목에 전문화하여 세계시장에 공급하는 전략을 말한다. 예를 들면, Bosch사는 자동차의 특정부품만을 전문적으로 생산하여 글로벌자동차기업에게 공급하는 전략을 사용하여 세계적인 회사로 성장하였다.

제 2 절

## 글로벌 제품표준화와 제품적응화

글로벌마케팅에 관여하는 기업들은 자사의 제품들을 그대로 해외의 현지시장에 진출시킬 것인지 아니면 이질적인 해외현지시장의 요구에 적응시켜 현지시장에 합당한 제품으로 변경 혹은 개량하여 현지시장에 도입할 것인지를 결정하는 제품의 표준화와 제품의 적응화 문제에 당면한다.

### 1. 글로벌 제품표준화 전략의 장·단점

글로벌마케터들은 표준화와 적응화 의사결정을 할 때, 다음과 같은 글로벌 표준화전략의 장 · 단점을 고려해야 한다.

#### (1) 글로벌 제품표준화의 장점

① 제품의 표준화는 생산과 마케팅에 있어 규모의 경제에서 비롯되는 비용 상의 이점이 있다. 이는 가격경쟁력을 강화시키는 작용을 한다.

② 제품의 표준화는 통일된 광고와 디자인으로 전세계적으로 일관된 이미지를 확장시킬 수 있다.

③ 제품의 표준화는 동일한 제품으로 세계시장에 진출함으로써 제품 개발비를 크게 절약시킨다. 이는 투자회수를 빠르게 실현시킬 가능성을 크게 한다.

④ 제품의 표준화는 표준화된 글로벌 마케팅믹스를 개발하여 집행하는 기초를 제공한다.

#### (2) 글로벌 제품표준화의 단점

① 제품의 표준화는 현지소비자의 욕구와 현지 시장의 여건을 충족시키는 제품을 공급하지 못함으로써 새로운 수요를 창출하는 능력이 부족할 수 있다.

② 제품의 표준화는 마케팅의 창의성과 혁신을 방해할 수도 있다. 즉, 해외자회사의 마케팅기능을 표준화된 제품의 효율적인 판매에 집중하게 함으로써, 제품의 개선과 혁신적인 아이디어를 제공하려는 동기를 상실하게 할 가능성이 있다.

글로벌 제품적응화의 장·단점은 글로벌 제품표준화의 장·단점을 뒤집어 생각하면 되므로 구체적인 설명은 생략하기로 한다.

## 2. 글로벌 표준화를 촉진하는 요인

### (1) 규모의 경제

규모의 경제란 산출량이 증가할수록 단위당 투입비용이 감소하는 것을 말한다. 규모의 경제효과는 대량생산을 통해 비용을 낮출 수 있기 때문에 글로벌기업에게 현지 또는 지역기업에 비하여 매우 큰 경쟁우위를 제공한다. 제품의 표준화는 규모의 경제효과를 다음과 같은 세 가지 측면에서 가져온다.

① 생산상의 규모의 경제성

표준화된 제품을 글로벌시장에 공급하는 경우에는 대량생산이 가능해 규모의 경제효과가 발생하게 된다. 특히 장치산업과 같이 막대한 생산시설이 요구되는 산업에 있어서는 감가상각비 등을 감당하기 위해 대량생산을

그림 9-4 제품의 표준화와 적응화의 요인

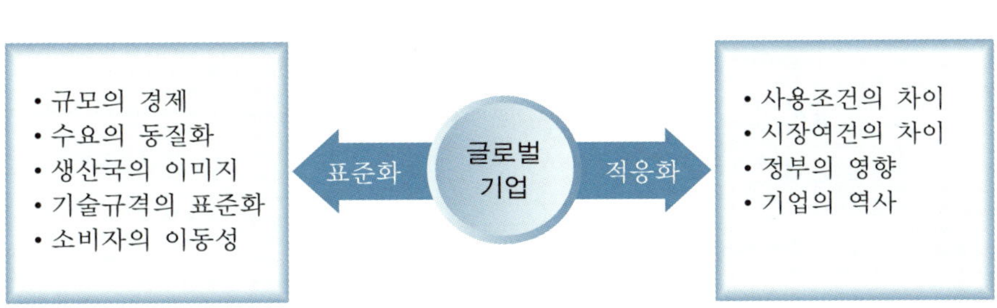

통한 규모의 경제효과가 더욱 절실하게 요구된다. 그러나 다음과 같은 경우에는 규모의 경제효과가 제한될 수 있다.

첫째, 글로벌시장의 수요가 다양하여 다품종소량생산이 필수적인 경우에는 제품의 글로벌 표준화에 따른 규모의 경제효과는 사라질 수도 있다.

둘째, 유연생산기술이 도입되면서 규모의 경제를 충분히 활용하기 어려워졌다. 예를 들면, 유연생산시스템, just-in-time 생산, CAD/CAM 등과 같은 새로운 생산방식이 등장하면서, 생산시설의 최적 규모(optimum size)가 작아지기 때문이다.

② 연구개발의 경제성

글로벌기업이 표준화된 제품을 글로벌시장에 마케팅하게 되면, 표준화된 제품의 단위당 연구개발비가 낮아지기 때문에 가격경쟁력에서 유리한 지위를 확보할 수 있다.

또한 제품의 글로벌표준화를 유지하면 국가(지역)시장별로 다양한 수요에 맞추어 제품을 개량 · 개조할 필요가 없으므로 절약된 연구개발비를 신제품개발에 투입하는 등 보다 효과적으로 활용할 수 있다.

③ 마케팅활동의 경제성

글로벌기업은 세계시장에서 표준화된 제품을 마케팅하게 되면 다음과 같은 이유로 마케팅규모의 경제를 달성할 수 있다.

첫째, 제품이 글로벌 표준화되어 있을 경우, 비록 사용언어는 다르다 할지라도 판매카탈로그, 판매원훈련, 광고, 판매촉진 등은 어느 정도 표준화할 수 있을 것이므로 시장국별로 마케팅활동을 하는 데 필요한 제품단위당 마케팅비용을 낮출 수 있다. 특히 글로벌 표준화제품은 광고에서 규모의 경제효과가 크다.

둘째, 글로벌 표준화제품은 국가시장별로 마케팅활동을 하더라도 마케팅서비스 요구에 대한 대처와 재고관리 등을 능률적으로 수행할 수 있기 때문이다.

### (2) 소비자수요의 동질화 경향

오늘날 소비자의 수요나 구매행태가 세계적으로 동질화되어 가고 있다. 코카콜라와 청바지가 세계적으로 사랑받는 제품이 되고, 맥도날드 햄버거가 러시아에서도 성공하고 있는 것은 그만큼 젊은 세대에서 소비자수요가 동질화되고 있다는 것을 의미한다.

① 소비자수요의 동질화를 이루게 한 요인 중 가장 중요한 것은 커뮤니케이션기술의 발전이다. 예를 들어, 현대의 젊은이들은 인터넷과 같은 전세계적인 커뮤니케이션 매체를 통해 점차 동질화된 취향을 갖게 된다. 이를 통하여 선진국에서 새로이 유행하는 의상도 며칠 사이에 지구촌으로 퍼져나가고 있다. 그 결과 지구촌의 사람들은 동일한 것을 보고 느끼고 경험할 수 있게 되었다.

② 수요의 동질성에 기여하는 또 다른 요인은 전세계적인 소득수준의 향상과 이에 따른 교육수준의 향상이다. 경제개발을 이룩한 신흥공업국의 국민도 소득수준이 향상됨에 따라 선진국에서 소비되는 제품을 선호하는 경향이 생겼다. 소득수준의 향상과 교육수준의 향상은 개발도상국 국민의 생각과 가치관을 선진국과 유사하게 만들어 가고 있다. 예를 들면, 민주화, 시장경제, 인간가치의 고귀함, 합리성, 편리함 등이 개도국에서 주요한 가치로 부상하고 있다. 따라서 이들은 선진국과 비슷한 선호체계를 가지는 경향을 보이고 있다.

### (3) 소비자들의 국제이동성 증가

소비자들의 국제이동성(cross-border mobility)이 증가함에 따라 그들이 ① 해외여행 중에 그리고 ② 해외에서 생활할 때 흔히 구입하는 제품들의 경우에는 글로벌 표준화하는 것이 바람직하다. 소비자들은 고국에서 익숙했던 제품을 해외시장에서 선호하는 경향이 있기 때문이다.

통일된 브랜드를 부착한 표준화제품의 전세계적인 도입은 그 제품의 브랜드 지명도를 높이게 된다. 예를 들면, Gillette 면도날, Kodak 필름, Sony 음향제품 등 세계적으로 널리 알려진 여행용품들은 제품의 글로벌 표준화가 뛰어남을 보여 주고 있다.

따라서 소비자들의 국제이동성 증가에 맞추어 제품을 글로벌 표준화하려면 제품뿐만 아니라 그런 제품에 부착하는 브랜드네임까지도 표준화하는 글로벌 브랜딩전략을 병행하는 것이 바람직하다.

#### (4) 생산국의 이미지

생산국의 이미지가 좋은 제품인 경우에는 그 생산국의 이미지 때문에 해외시장에서 많은 혜택을 보고 있다. 반대로 생산지의 이미지가 부정적이거나 별로 좋지 않은 경우에는 해외시장에서 잘 안 팔리거나 팔리더라도 싼값에 팔리는 경우가 많다. 따라서 특정국 기업이 생산국의 좋은 이미지를 활용할 수 있는 위치에 있다면 포장 · 브랜드네임 · 레이블 등 속성을 포함한 제품을 글로벌 표준화하는 것이 바람직하다. 예를 들면, Levi's 청바지나 프랑스 포도주 Cognac은 표준화된 그 자체가 판매촉진 요인이 된다. 소비자의 편의를 위해 Levi's의 레이블을 한글로 바꾸거나 Cognac 병이나 포장에 한글설명서를 붙인다면 수요는 오히려 감소할지도 모른다.

#### (5) 기술의 영향

디자인이나 스타일보다는 기술의 중요성이 큰 제품일수록 해외시장에서 표준화되는 경향이 크다. 따라서 제품의 기술규격(technical specification)이 중요한 제품일수록 글로벌 표준화하는 것이 바람직하다. 예를 들면, 대형여객기, 핵발전소, 전략무기 등이 그렇다. 그러므로 글로벌기업은 비내구재보다는 내구재의 표준화 정도를 높게 하고, 소비재보다는 산업재의 표준화정도를 높이는 것이 바람직하다.

#### (6) WTO의 출범과 지역시장 협정

WTO의 출범으로 세계통일규격을 채택하는 경향이 증가하고 있어 제품의 글로벌 표준화를 촉진하고 있다. EU시장과 같은 지역시장의 출현은 EU내 무역장벽을 제거하고 다수의 기술표준을 제정함으로써, 글로벌기업으로 하여금 범유럽형 제품을 개발하거나, 기존제품을 범유럽형 제품으로 통일하도록 자극을 준다.

#### (7) 수출의존도가 큰 해외시장진출전략

기업이 오직 수출에만 의존하여 해외시장에 진출하고 있다면, 그 기업은 표준화된 제품을 세계시장에 판매할 가능성이 높아진다. 수출은 국내에서 생산한 것을 해외시장에 판매하는 것이므로 생산의 규모경제를 추구할 가능성이 많기 때문이다. 또한 수출에만 의존할 경우에는 해외시장 조사활동이 활발하지 못하여 이질적인 각국 시장에 적합한 제품을 개발할 능력이 떨어지게 된다.

## 3. 현지시장 적응화를 촉진하는 요인

### (1) 사용조건상의 차이

① 국가시장에 따라 제품의 사용조건이 다른 경우에는 제품을 현지시장의 독특한 사용조건에 적응시키는 것이 바람직하다. 예를 들면, 세탁기를 주로 사용하는 국가에서는 세제는 가루비누 형태가 적합한 반면에 주로 시냇가에서 손빨래를 하는 국가에서는 덩어리형태의 빨래비누가 적합하다.

② 제품적응을 촉진하는 또 다른 요소는 사용자의 기술수준이다. 개도국의 사용자들은 일반적으로 선진국의 사용자들보다 기술수준이 낮기 때문에 사용자들의 기술수준에 맞게 제품의 기술수준을 적응시키는 것이 바람직하다.

### (2) 소비자의 구매력과 제품선호 차이

해외시장별로 소비자들의 구매력과 제품에 대한 니즈가 크게 상이한 경우에 현지시장에 대한 마케팅 효율성을 높이려면 제품을 현지시장에 적응시키는 것이 바람직하다.

① 구매력의 격차는 제품의 성격과 규격에 영향을 주며, 소비재의 경우에는 제품의 포장사이즈에까지 영향을 미친다. 예를 들면, 자동차를 고소득국가에 마케팅하는 경우는 다양한 기능이 첨가된 모형을 선호하지만, 저소득국가에 마케팅하는 경우에는 추가적 기능은 최소화하고 본질적 기능이 충실한 모형을 선호한다.

② 소비자의 선호는 국가별로 동일하지 않은데 이러한 경향은 문화적 영향을 많이 받는 제품에서 더욱 두드러진다. 예를 들면, 식품, 의류, 가구 등은 국가별로 상이한 선호체계가 존재할 가능성이 높은데, 이러한 제품들

을 마케팅하는 경우에는 시장별로 제품을 적응시키는 것이 바람직하다.

### (3) 정부의 영향

어느 국가에서나 정부는 기업의 제품생산 활동과 마케팅활동을 규제하기 때문에 글로벌기업이 해외시장에 진출할 때 제품의 적응화가 필요한 경우가 많다. 대표적인 경우는 다음과 같다.

① 국가에 따라서는 특정제품을 수입하거나 글로벌기업이 현지에서 단독으로 생산하는 것을 불허하고 국내기업체와 제휴하여 생산하는 것만을 허가할 수도 있다. 이런 경우에는 일반적으로 제품의 적응화가 발생한다.

② 현지생산을 허가한다 하더라도 현지국 정부가 현지부품사용비율(local contents regulation) 준수를 의무화한다면, 현지부품을 일정비율 이상 포함시켜야 하기 때문에 제품의 설계 · 품질 · 성능 등을 변경하고 적응시켜야 한다.

③ 제품의 포장 · 레이블 · 성분 · 효능 · 안전 · 부작용 등에 대한 정부규제나 지침은 국가시장별로 서로 다르며, 선진국일수록 이를 더욱 공정하고 강력하게 적용시키고자 한다. 이런 경우에는 개별국가시장의 정부규격을 충족시키기 위하여 글로벌기업은 마케팅하는 제품을 현지의 규정에 적응시켜야 한다.

④ 산업용 제품에 대한 정부규격이나 공업표준이 국가별로 서로 다른 경우에는 글로벌기업은 마케팅하는 제품을 국가시장별 정부규격이나 공업표준에 맞추어 적응시켜야 한다. 예를 들면, 미국의 표준전압은 110볼트이나 한국의 표준전압은 220볼트이다. 한국산 가전제품을 미국에 수출하고자 한다면 최소한 전압정도는 미국표준으로 수정해야 한다.

### (4) 해외직접투자에 의존하는 해외시장진출전략

특정기업이 글로벌비즈니스 역사가 길고 해외시장에 생산자회사를 보유하고 있다면, 현지시장여건에 맞추어 제품을 수정할 수 있는 능력을 보유하고 있다. 이런 기업은 제품적응화가 비교적 용이하고, 제품적응화에 따르는 문제와 비용도 비교적 작다. 따라서 이런 기업일수록 해외시장의 이질적인 수요에 부응하기 위하여 제품적응화를 추진할 가능성이 높다.

## 4. 제품의 적응화 수준을 결정하는 기준

글로벌 마케터는 표준화와 적응화를 상호배제적인 개념으로 보아서는 곤란하다. 오히려 표준화와 적응화는 하나의 연속선상에 있으며, 기업의 선택은 표준화와 적응화의 양극단 가운데 어느 한 지점에 놓여야 한다. 따라서 표준화와 적응화의 수준은 다양할 수 있다. 즉, 글로벌마케터는 자사 제품의 표준화가 가능한 부분은 어느 부분이고, 또 어느 부분이 적응화가 되어야 하는지 등에 대하여 스스로 질문할 필요가 있다. 글로벌마케터는 아래의 기준을 참조하여 제품의 적응화 정도를 현실적으로 결정해야 한다.

### (1) 국제기구 표준, 현지정부 기술규격

글로벌기업은 진출하고자 하는 시장국의 기술규격이나 표준은 필수적으로 충족시켜야 한다. 즉 ① 진출하고자 하는 지역시장 예를 들면, EU · NAFTA 등의 공업규격이나 제품규격은 반드시 충족시켜야 하며 ② 진출하고자 하는 개별 시장국이 요구하는 정부규제 · 규격 및 기술적 요구사항도 반드시 충족시켜야 한다. 이런 경우에는 제품표준화 전략은 배제된다.

### (2) 기업의 글로벌마케팅 목적

글로벌기업은 글로벌마케팅 목적 달성에 미치는 영향의 정도를 가장 중요한 결정기준으로 삼고서, 제품의 적응화수준과 표준화수준을 결정해야 한다. 이는 제품의 적응화 또는 제품의 표준화는 그 자체가 목적이 아니라, 글로벌마케팅 목적을 달성하기 위한 수단이기 때문이다.

① 매출이익

기업은 단기적 관점에서 적응화에서 발생하는 이익을 제품적응화의 결정기준으로 삼을 수 있다. 제품적응화를 단행하면 비용이 발생한다. 예를 들면, 제품적응을 위한 연구개발비, 적응제품의 생산 · 마케팅비, 적응화에 따른 규모의 경제 상실 등과 같은 비용이 발생한다. 반면에 제품을 목표시장의 요구에 적응시키면, 제품의 시장수용도(market acceptance)가 높아져서 매출액이 증가하고 이익이 발생한다. 따라서 제품적응화에서 비롯되는 이익이 적응화 때문에 발생하는 비용보다 큰 정도까지만 제품적응을 단행하는 것이 바람직하다. 만일 그 정도 이상으로 제품적응을 단행하게 되면 이익증대라는 글로벌마케팅 목적에 부정적으로 기여할 것이기 때문이다.

② 글로벌시장기반구축과 점유율증대

기업은 장기적 관점에서 글로벌시장기반을 구축하고 글로벌시장 점유율을 증대시키려 하는 것도 하나의 결정기준으로 삼을 수도 있다. 만일에 기업이 단기적 글로벌마케팅 목적보다는 장기적 글로벌마케팅 목적에 우선순위를 두고서 글로벌시장기반을 확대하고 글로벌시장점유율을 증대시키려 한다면, 제품을 최대한으로 적응시키는 전략을 택할 수도 있다.

이 경우, 단기적으로는 적응화비용이 적응화이익을 초과하더라도 적응화로 인해 시장점유율이 증가된다면 장기적으로는 규모의 경제효과가 발생하게 된다. 따라서 장기목표는 규모의 경제효과로 제조원가가 하락하면 가격경쟁력도 강화되고 이익도 생기는 선순환효과가 발생한다는 가정을 배경으로 한다.

### (3) 생산비용의 효율성

적응화전략을 수립하는 데 있어서 비용측면을 무시해서는 안 된다. 적응화전략이 높은 비용을 수반하기 때문에, 기업들은 적응화를 추구하면서 동시에 비용의 효율성을 추구하는 방법을 모색하여야 한다.

① 모듈접근법

규모의 경제는 주요부품의 생산과정에서 주로 나타난다. 따라서 제품의 생산과정을 세계시장에서 공통적으로 쓰일 수 있는 몇 개의 모듈로 만들고, 각 모듈은 가능한 한 표준화하여 대량생산에 따른 규모의 경제를 활용할 수 있게 한다. 그런 다음, 최종조립단계에서 현지의 특성에 맞추어 제품을 다양하게 만들 수 있으면 제품의 차별화를 이루면서 동시에 비용을 낮게 유지할 수 있다. 예를 들면, Toyota는 국내외시장에서 공통적으로 사용할 수 있는 모듈의 수를 늘려서 이들의 조합을 달리하여 현지시장 요구에 적응한 제품을 생산함으로써 적응화와 더불어 규모의 경제효과를 누릴 수 있었다.

② **제품속성의 적응화**(핵심제품접근법)

국가에 따라 소비자들의 욕구가 다양하다고 해도, 제품이 제공하는 기본적인 편익에는 대부분 유사한 반응을 보인다. 이 같은 점에 착안하여 기본적인 편익을 제공하는 기본제품(basic product)보다는 제품속성을 우선적으로 적응시키고자 하는 것이다. 즉, 기본제품은 전 세계적으로 표준화하고, 거기에 부가적으로 제공하는 혜택, 이를테면 확장제품의 속성을 현지시장의 요구를 반영하여 적응시킴으로 표준화와 현지화를 동시에 달성할 수 있게 한다. 예를 들면, 기본제품은 그대로 두고 보증과 서비스의 적응, 포장이나 레이블의 적응, 색상이나 크기의 적응을 시도하는 경우이다.

## 제 3 절 신제품의 개발전략

소비자 기호의 변화와 과학기술의 급속한 발전, 그리고 치열한 경쟁 등을 감안할 때 어떤 기업도 기존제품에만 의존할 수는 없다. 고객의 호의적인 관심을 이끌어 내기 위해서는 신제품개발이 필요하다. 그러나 신제품개발에는 많은 노력과 비용이 투입되고 위험이 높기 때문에 신제품개발은 조직적이고 합리적이어야 한다.

그림 9-5는 신제품개발의 어려움을 보여주고 있다. 이 그림에 의하면 미국기업들의 경우에 1981년도에 7개의 신제품 아이디어 중에서 한개만이 성공적인 신제품으로 살아 남았다.

### 1. 신제품개발 과정

신제품을 효과적으로 개발하기 위해서는 거쳐야 할 주요단계를 설명하면 다음과 같다.

그림 9-5 신제품아이디어가 살아남을 확률

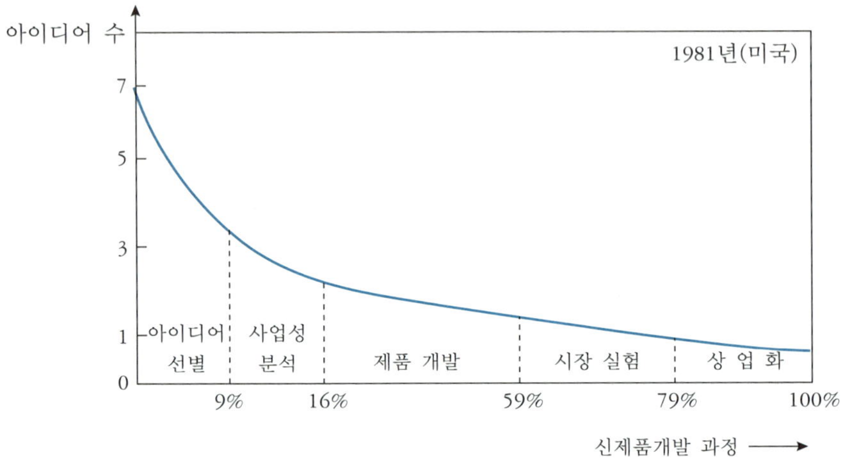


자료: Booz, Allen & Hamiton(1982), *New Products Management for the 1980s.*

### (1) 아이디어 창출

신제품개발의 첫 단계는 신제품에 관한 아이디어 창출(idea generation)을 하고 수집하는 것이다. 고객, 협력업체, 중간상, 경쟁자, 연구기관, 내부원천 등이 아이디어를 공급하는 주요 원천이다. 글로벌마케터는 이러한 아이디어의 원천과 지속적으로 의사소통을 하는 수단을 확보하고 있어야 한다.

### (2) 아이디어 선별

신제품 아이디어가 창출되고 수집되면 아이디어 선별(idea screening)과정을 거쳐 가능성 있는 아이디어를 추려내어야 한다. 신제품 아이디어의 1차선별은 그 아이디어가 창출되고 수집된 일선부서나 자회사에서 하고 2차선별은 지역본부 수준이나 본사수준에서 실시하는 것이 바람직하다. 이때 생산관련 기준과 마케팅관련 기준이 신제품 아이디어의 중요한 선별기준이 된다.

### (3) 사업성 분석

선별단계에서 살아남은 아이디어는 각각 사업성 분석(business analysis)에 부쳐진다. 이 단계에서는 아이디어가 상품화되었을 때 예상되는 수요, 상품을 생산하고 마케팅하는 데 드는 비용, 그리고 결과적으로 얻게 될 이익 등을 규명하는 데 초점을 둔다.

### (4) 제품개발

이 단계에서 R&D부서나 생산부서는 지금까지 검토해 온 아이디어 또는 제품개념을 제품으로 구체화시키는 제품개발(product development)을 실시한다. 이 단계의 가장 중요한 목적은

① 아이디어의 실현가능성을 확인하는 것이다. 아이디어의 실현가능성을 확인하는 기준은 소비자들이 기대했던 핵심적 속성들이 충분히 구현될 수 있는가 여부이다.

② 제품개발활동을 어디에서 전개하는 것이 바람직한가를 확인하는 것이다. 제품개발의 입지선정에 영향을 미치는 요소로는 생산시설의 가용성, 국별 원가구조, 국별 전문지식과 기술인력 수준, 각국 정부의 규제, 현지시장 개입수준 등을 들 수 있다.

### (5) 시장실험

시장실험(market testing)은 제품 및 마케팅 프로그램을 현실적인 시장여건에서 테스트하는 단계이다. 시장실험을 통하여 글로벌마케터는

① 신제품에 대한 마케팅 경험을 쌓고 잠재적인 문제점들을 파악하여 막대한 비용이 소요되는 본격적인 출시 이전에 추가적으로 필요한 정보가 무엇인가를 알아볼 수 있다.

② 시장실험을 통해 제품의 포지셔닝, 광고, 유통경로, 가격정책, 상표와 포장 등에 관한 전반적인 마케팅 프로그램을 테스트할 수 있다.

③ 시장실험을 통해 품질과 성능을 입증할 수 있다. 이 경우에 기업이 자체적으로 시장실험을 수행하기보다는 세계적으로 유명한 검사기관에 의뢰함으로써 제품의 공신력도 제고시킴과 동시에 부수적으로 촉진효과도 기대할 수 있다

그러나 글로벌마케팅을 전개하고 있는 기업은 환경요인의 차이로 인해 시장실험을 국내시장뿐만 아니라 다수의 잠재적 해외시장에서 동시에 수행하는 것이 필요하다. 특히 가공식품, 의약품, 전기용품, 승용차 등은 위생이나 안전성의 이유로 현지국 정부기관이 직접 제품을 실험하여 일정한 요건을 충족시키는 경우에만 현지판매를 허가하는 경우도 있다.

#### (6) 상 품 화

시장실험의 결과를 통해 신제품 아이디어가 성공할 것이라는 확신이 서면 본격적인 생산과 시장판매에 들어감으로써 상품화(commercialization)한다. 그러나 위의 절차를 모두 거쳤다고 해도 제품의 성공을 확신하기는 어렵다. 따라서 신제품을 마케팅하는 데 있어서는 출하시기, 지역, 그리고 구체적인 마케팅믹스를 어떻게 실천할 것인가 등에 대해 합리적인 의사결정을 내리려고 노력해야 한다.

그림 9-6 신제품개발 과정

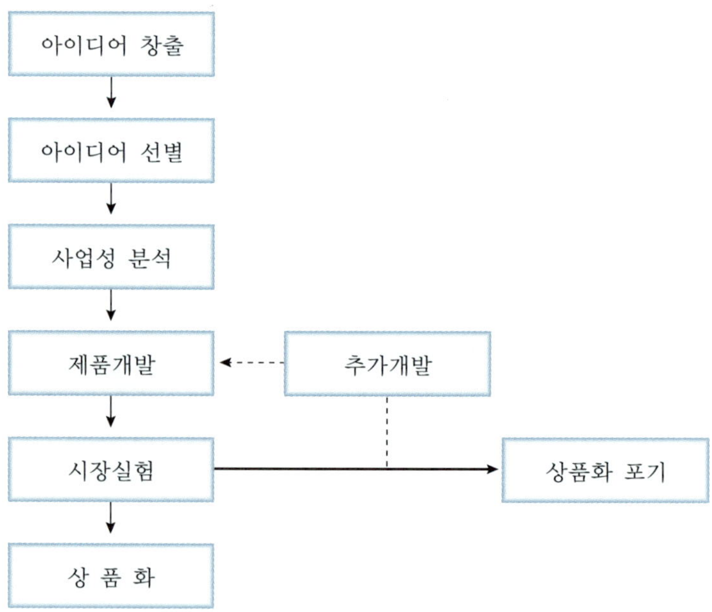

## 2. 유리한 신제품 특성

로저스(Rogers)의 연구에 의하면 몇몇 혁신의 특성은 신제품의 확산을 돕는 것으로 나타났다. 따라서 신제품을 개발하는 과정에서 이러한 특성을 갖도록 노력한다면 신제품의 마케팅이 보다 쉬워질 것이다. 확산에 유리한 신제품의 특성은 다음과 같다.

### (1) 상대적 이점

신제품이 기존제품에 비하여 이점이 많다고 소비자가 인지할수록 신제품은 쉽게 확산된다. 상대적 이점(relative advantage)은 기능적인 것, 경제적인 것, 사회적인 것, 미적인 것 등을 포함한다. ① 기능적 이점은 성능의 우수함과 편리함을, ② 경제적 이점은 가격과 운영상의 이점을, ③ 사회적 이점은 제품을 사용할 때 얻는 긍지나 자부심을, ④ 미적 이점은 스타일이나 색상 등에서의 미학적 가치를 말한다.

### (2) 적 합 성

적합성(compatibility)이란 신제품의 사용이 기존의 가치관이나 신념, 과거의 소비패턴 등과 얼마나 일관성이 있느냐 하는 것을 말한다. 이러한 측면에서 신제품이 기존의 방식과 맞지 않는다면 그 제품은 상당한 저항을 받게 될 가능성이 크다.

### (3) 단 순 성

단순성(simplicity)은 소비자 입장에서 볼 때 신제품을 이해하거나 사용하기가 어느 정도 쉬운가를 말한다. 소비자들이 인지한 단순성이 클수록 채택에 긍정적인 영향을 준다.

### (4) 관찰가능성

관찰가능성(observability)이란 신제품의 소비과정이 타인에게 어느 정도 노출될 수 있는가를 의미한다. 소비과정이 쉽게 눈에 띄는 신제품은 그렇지 않은 신제품보다 더 빨리 채택되는 경향이 있다. 내구재 속에 사용되는 부품이라면 그 부품을 사용한다는 표식을 나타내는 것이 부품사용의

그림 9-7 유리한 신제품의 특성

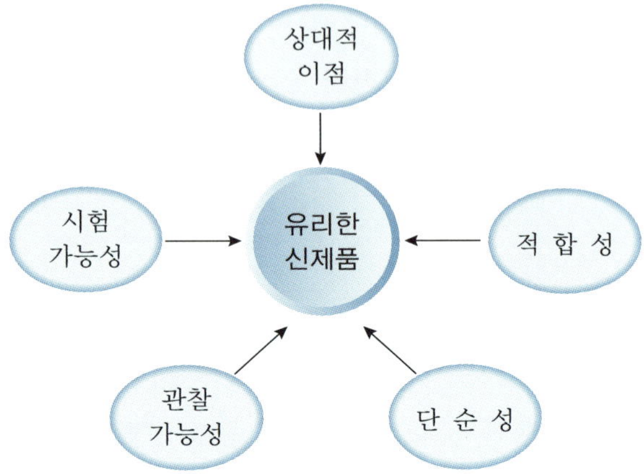


관찰가능성을 높인다. 예를 들면, 에어백이나 ABS브레이크를 장착한 자동차는 자동차 겉면에 'dual air bag' 이나 'ABS BRAKE' 라는 글자를 써 넣음으로 새로운 부품의 사용을 노출시켜 이러한 부품의 소비를 확산시키고자 한다.

#### (5) 시험가능성

시험가능성(testability)이란 소비자가 신제품을 본격적으로 채택하기 전에 그 제품을 시험해 볼 수 있는 정도를 말한다. 일반적으로 그 사용을 시험해 볼 수 있는 제품은 그렇지 못한 제품보다 빨리 채택되는 경향이 있다.

신제품을 개발할 때 이러한 특성이 많이 포함되도록 글로벌마케터는 주의해야 한다. 신제품을 개발하는 것도 중요하지만, 잘 팔릴 수 있는 신제품을 만드는 것 역시 중요한 일이다.

## 3. 글로벌 신제품 추가전략

글로벌기업은 취급하는 모든 신제품을 기업내부에서 자체적으로 개발하기는 어렵다. 비용도 많이 들 뿐 아니라 적절한 신제품 출시 타이밍을 맞추기 어렵기 때문이다. 그러므로 기업은 신제품을 확보할 수 있는 원천으로 내부개발 이외의 원천을 활용할 수 있도록 노력해야 한다.

#### (1) 계약에 의한 신제품 개발

글로벌기업은 국내외에 있는 외부의 연구기관에게 신제품개발을 의뢰하는 계약을 통하여 신제품을 개발할 수 있다.

#### (2) 공동연구에 의한 신제품 개발

글로벌기업과 국내외에 있는 외부연구기관들이 컨소시엄을 체결하여 연구 · 개발자원을 공유하면서 활용할 수 있다면, 개별적인 능력을 뛰어넘어 신제품을 효과적으로 개발할 수 있다.

#### (3) 전략적 제휴에 의한 신제품 개발

글로벌기업은 국내외 기업들이나 때로는 경쟁관계에 있는 기업들과 전략적 제휴를 맺어 특정기술이나 특정제품을 연구 · 개발하는 데 한정하여 신제품개발을 도모할 수 있다.

#### (4) M&A

글로벌기업은 스스로 생산 · 판매하기를 원하는 신제품을 보유한 국내외에 있는 기업/사업부를 M&A함으로써 신제품을 추가할 수 있다.

#### (5) 특허매입

글로벌기업은 생산 · 판매하기를 원하는 신제품을 국내외에 있는 발명가나 특허권 소유자로부터 매입하여 신제품을 추가할 수 있다.

#### (6) 라이선싱 계약

글로벌 신제품을 생산하는 데 필요한 기술 · 특허 등을 라이선싱 계약을 통해 도입함으로써 글로벌 신제품을 추가할 수도 있다.

제 4 절
# 브랜드전략

브랜드는 상품에 붙여진 이름으로서 특정기업의 제품을 다른 회사의 제품과 차별화시키는 수단이 된다. 또한 브랜드는 장기간의 마케팅노력에 의해 형성된 기업의 무형자산으로서 그 가치가 높을 경우에는 해외의 다른 기업에 의해 도용당할 수도 있다.

이 장에서는 브랜드의 개념과 글로벌기업의 브랜드관련 의사결정과 해외시장에서의 브랜드보호에 관하여 살펴보기로 한다.

## 1. 브랜드의 개념과 기능

### (1) 브랜드의 개념

브랜드(brand)란 판매자가 판매하는 제품이나 서비스를 식별하게 하는 동시에, 경쟁자의 제품이나 서비스와 차별하는 데 사용하는 이름 · 상징 · 디자인 또는 이들의 결합을 말한다. 브랜드는 브랜드 네임과 브랜드 마크로 구성된다. 브랜드와 관련된 개념들을 살펴보면 다음과 같다.

① **브랜드 네임**(brand name)

브랜드 중에서 발음할 수 있는 부분이다. 예컨대 나이키(Nike), 빈폴(Beanpole), 켈로그(Kellogg), 질레트(Gillette) 등을 말한다.

② **브랜드 마크**(brand mark)

브랜드 중에서 상징, 디자인, 특유한 색채 등과 같이 인식은 되지만 발음할 수 없는 부분이다. 예컨대 나이키의 ' ' 표시, 빈폴의 '자전거' 마크 등이다.

③ **트레이드 마크**(trademark)

브랜드를 특허청 등에 등록하여 법적 보호를 받는 브랜드를 말하는 것으로 등록상표라 한다. 등록상표가 되면 브랜드의 독점적 사용권이 허용되어 다른 기업에 의한 무단 사용을 방지할 수가 있다.

### (2) 브랜드의 기능

브랜드는 기업과 고객에게 다 같이 유익하지만 기업의 입장에서 브랜드의 기능을 설명하면 다음과 같다.

① 브랜드는 촉진활동을 용이하게 하고 촉진효과를 증대시킨다. 즉 제품에 브랜드를 부착시키면 광고 · 판촉 등 글로벌 촉진활동을 수행하기가 훨씬 쉽고, 특히 촉진활동을 통하여 브랜드 인지도와 브랜드 이미지를 지구촌 소비자들에게 널리 알림으로써 훨씬 많은 글로벌 촉진효과를 달성할 수 있다.

② 브랜드는 자사제품에 대한 소비자의 선호를 제고시키는 기능을 한다. 기업은 자사상품에 브랜드를 부착시키고 촉진함으로써 지구촌 소비자들이 경쟁적인 글로벌 제품들 중에서 자사제품을 우선적으로 선호하고 구매하도록 선별적 수요를 창조할 수 있다. 즉 브랜드는 소비자가 자사상품에 대해 높은 상표충성도(brand loyalty)를 유지하도록 유도하는 수단이 된다.

③ 브랜드는 오늘날 주요한 경쟁우위의 원천을 제공한다. 특히, 기술의 평준화로 경쟁상품들 간의 차별화가 점점 더 어려워지고 있는 시장에서는 얼마나 강력한 브랜드를 갖고 있느냐에 따라 기업 간의 우열이 가려질 수 있다. 강력한 브랜드를 보유하는 경우, 신제품도입을 쉽게 할 수 있고 유통업자의 협력도 쉽게 확보할 수 있다.

④ 브랜드에 기초한 차별화는 쉽게 모방할 수 없다. 기술에 의한 차별화는 기술의 내용이 공개되는 경우에는 쉽게 모방이 가능하지만, 브랜드에 의한 차별화는 ⓐ 브랜드우위가 오랜 기간에 걸친 마케팅노력의 결과란 점과, ⓑ 브랜드 성공원인의 불투명성으로 인해, 경쟁사에 의한 모방이나 획득이 매우 어렵다. 따라서 브랜드에 기초한 차별화는 오랜 유효기간을 갖게 된다.

⑤ 브랜드는 제품에 더 많은 시장가치를 부가함으로써 브랜드자산

(brand equity)을 형성한다. 브랜드자산이 형성되는 이유는, 유명브랜드를 부착함으로써 ⓐ 경쟁제품에 비해 상대적으로 고객의 선호도가 높아지고, ⓑ 상대적으로 높은 가격 프리미엄을 획득할 수 있고, ⓒ 신상품의 촉진비용을 절약할 수 있기 때문이다.

## 예 증 *ILLUSTRATION*

### "좋은 브랜드는 가슴 · 지갑을 연다"

#### 베이징 올림픽 계기 중국 브랜드 클 것

다국적 브랜드 컨설팅회사인 인터브랜드(Interbrand: 1974년 영국에서 설립돼 20여 개국에 진출했다. 코카콜라 · 소니 · BMW 등 초일류 글로벌 기업들의 브랜드 구축을 도왔다. 매년 100대 글로벌 기업 브랜드 순위를 발표한다)의 제즈 프램턴 회장은 "한국이 브랜드 강국으로 부상하려면 기업은 물론이고 정부 차원의 치밀한 '브랜드 발전 청사진'이 필요하다"고 강조했다. 한국에 온 프램턴 회장과 만나봤다.

– 브랜드에 관한 논의가 확산되고 있다.

"브랜드는 기업의 자산이자 돈을 벌어다 주는 수단이다. 20년 전만 해도 브랜드는 네이밍이나 로고 정도로 여겼다. 하지만 이제 '브랜드=돈'이라는 인식이 꽤 퍼졌다. 좋은 브랜드는 가슴과 지갑, 두 가지를 다 움직인다."

– 한국 기업의 브랜드 전략에 점수를 매긴다면

"대기업들은 기술과 품질력을 인정받아 글로벌 시장의 리더 대열에 섰다. 중국 기업에 비해(삼성전자 · 현대자동차 등은) 글로벌 브랜드를 구축한 것이 한국의 강점이다. 하지만 중국의 추격을 주시해야 한다. 길어도 3년 안에 중국 기업이 세계 100대 브랜드에 이름을 올릴 것이다. (한국 기업의) 브랜드 파워를 더욱 키워야 한다."

– 우리나라 간판 기업들의 브랜드 국적이 한국이란 걸 알리는 것이 유리한가

"국적이 브랜드에 미치는 효과를 '원산지 효과'라고 한다. 나라를 떠올렸을 때 긍정적 효과가 있다면 적극 활용한다. 독일 자동차는 한 치의 오차 없이 완벽하고, 이탈리아 차는 열정적일 것이라고 떠올린다면 이는 좋은 '원산지 효과'다. 반대로 국가가 기업 비즈니스에 도움이 안 되면 거리를 두는 게 좋다."

– 브랜드 경쟁력을 높이는 데 필요한 일은

"차별화를 통해 자기 정체성을 명확히 하고, 소비자 접점을 긴밀히 유지하고, 글

로벌 및 지역 시장을 두루 이해해야 한다."

– 브랜드 전략이 뛰어난 회사의 특징은

"가장 중요한 것은 시장의 목소리를 듣는 능력이다. 애플은 최고경영자가 이에 뛰어난 데다, 조직도 시장의 변화에 신속히 반응한다. 삼성은 목표를 향한 집중력이 좋다."

– 글로벌 100대 브랜드에 진입할 국내 브랜드를 꼽는다면

"삼성 · 현대차 · LG · 포스코 · 대한항공 · 신한은행 · 두산 등이다."

– 웹 2.0 시대의 브랜드 전략은

"기업의 커뮤니케이션은 세 차례 큰 변혁을 겪었다. 첫 번째는 기업이 일방적으로 메시지를 전파하는 '모놀로그' 시대다. 두 번째는 쌍방향마케팅으로 상징되는 '다이알로그' 였다. 제 3 의 물결은 '대화(conversation)의 시대' 다. 주도권이 기업에서 고객으로 넘어갔다. 고객은 인터넷에서 무리 지어 다니며 세를 과시한다. 기업도 그들의 일원이 돼 대화에 성실하게 참여해야만 시장을 체감할 수 있다."

자료: 중앙경제, 2007년 7월 28일 및 중앙경제, 2007년 9월 17일.

## 2. 글로벌 브랜드전략

기업은 해외시장에 진출하는 경우에 브랜드전략에 관하여 다양한 접근법을 사용할 수 있다. 여기에서는 ① 자사브랜드를 사용할 것인가, OEM 브랜드를 사용할 것인가, ② 글로벌브랜드를 사용할 것인가, 현지브랜드를 사용할 것인가, ③ 개별브랜드를 사용할 것인가, 공동브랜드를 사용할 것인가 등과 관련된 브랜드전략을 검토하고자 한다.

### (1) OEM브랜드

OEM브랜드(original equipment manufacturer's brand)는 대표적인 타사브랜드이며 개발도상국들의 중소제조업체들이 수출을 할 때 자주 이용하는 브랜드전략이다.

많은 경우, 해외의 유명업체는 제조원가를 절감하기 위하여 생산비가 저렴한 곳에 위치한 하청생산업체에게 기술명세서와 브랜드를 제공하고,

그림 9-8 글로벌 브랜드전략 수립의 단계

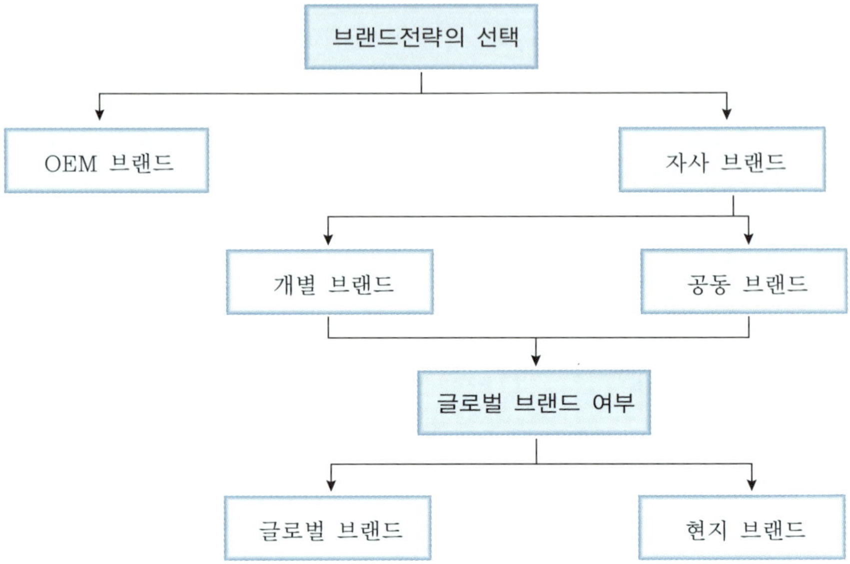


하청생산업체가 기술명세서에 따라 생산한 제품에 주문자가 지정한 브랜드를 부착하여 납품하도록 한다. 이 경우, 하청업체가 생산한 제품에 하청을 준 주문자의 상표를 부착하는 것을 OEM브랜드라 한다. 하청생산업체의 입장에서 본 OEM브랜드의 장·단점은 다음과 같다.

① OEM브랜드의 장점

첫째, 판매력을 보완할 수 있다. 주문자의 지명도와 유통망을 활용하여 단기간 내에 막대한 수출량을 늘릴 수 있어서 매출액 증대, 가동률제고, 특혜적 수출지원 등에 따른 수출이익을 실현할 수도 있다.

둘째, 주문기업의 해외 유통경로를 이용함으로써 OEM수출을 해외시장 탐색수단으로 활용할 수 있다.

셋째, OEM브랜드제품의 생산공정, 조립, 가공 등과 관련된 기술을 전수받을 수도 있다.

넷째, 대량 OEM주문을 받게 되면 유휴시설을 활용하게 되고 규모의 경제를 통하여 생산원가를 줄일 수 있다. 이는 국내시장에서 판매하는 제품의 가격경쟁력도 높일 수 있다.

다섯째, 주문생산을 하던 제조기업은 숙련된 제조기술를 바탕삼아 주문자(고객사)에게 제품개발에 대한 아이디어(소재와 디자인 등)를 제안하고 제품개발에 참여하는 회사로 발전할 수 있다. 이 단계에 이르면 하청생산자는 납품공장에서 제품개발 서비스 회사로 신분이 바뀌게 된다.

**예 증** *ILLUSTRATION*

### 중견기업 시몬느 "30개 브랜드 명품백 우리가 만듭니다"

버버리 · DKNY · 코치 · 마크 제이콥스…. 핸드백 제조업체 시몬느(2007년 매출 3억 달러 이상)의 제품을 공급받는 글로벌 명품 브랜드들이다. 이들 회사를 포함해 30개 명품 메이커가 시몬느의 고객이다. 의류 · 신발 · 모자 등을 해외에 납품하는 기업은 숱하다. 하지만 이처럼 전 세계 해외 명품 브랜드만을 주요 고객으로 삼는 경우는 드물다.

박은관 시몬느 회장의 이런 전략은 1980년대 후반 회사 설립 때부터 지금까지 흔들림 없는 경영 원칙이다. 당시만 해도 국내 납품업체들의 '상식'은 중저가 제품이었다.

박 회장은 시몬느 설립 전에 '청산'이라는 중저가 핸드백 제조업체의 해외 영업담당으로 뛰며 핸드백과 인연을 맺었다. 그가 독립을 결심한 것은 단순 납품 업체로서의 한계를 절감한 때문이다. '청산' 제품을 납품받는 고객 업체들은 "왜 우리 말고 다른 업체들과 거래하느냐"고 따지기 일쑤였다.

#### 버버리 · DKNY · 코치 등 납품 업체 간 보안 철저히 지켜야
#### 소재 디자인 개발에도 참여

때마침 한 글로벌 명품 브랜드 회사의 고위 인사한테서 "직접 회사를 차려 우리에게 납품하면 어떻겠느냐"는 제안을 받았다. 그래서 고민 끝에 세운 것이 시몬느다. 10년 넘게 핸드백을 만든 '장인' 열다섯 명과 함께 창업했다. 박 회장은 "청산의 고객과 겹치지 않게 주문을 받겠다는 생각도 있었지만 유럽에서 고급 핸드백이 잘되는 걸 보고 '바로 이거다' 싶었다"고 회고했다.

박 회장의 예상은 적중했다. 캘빈 클라인, 도나 카렌 등 의류 브랜드가 액세서리를 포함한 토털 패션업체로 변신을 꾀하기 시작한 것이다. 10년 가까이 해외 영업을 하면서 쌓은 글로벌 인맥도 큰 무기가 됐다. "로즈마리 버버리 회장 등 당시 알고 지내던 실무 담당자들이 지금은 '결정권'을 가진 자리에 올랐어요." 하지만 자존심 세고 까다롭기로 이름난 명품 브랜드, 그것도 30곳이나 고객으로 '모시는' 것은 녹록지 않은 일이었다.

박 회장은 "상호 경쟁관계에 있는 명품 브랜드들이지만 납품 과정에서 이해가 상충하는 '교통사고'를 낸 적은 없다"고 말했다. "가장 중요한 것은 제품력, 그리고 이에 못지않게 중요한 것은 브랜드 간의 정보 보안과 독보성을 지켜 주는 일"이라고 설명했다.

시몬느의 가장 큰 경쟁력은 '제조자개발생산(ODM: Original Development Manufacturing)' 방식에서 나온다. 시몬느가 고객사에 소재와 디자인을 제안하고 가격 결정에 참여하는 등 제품 개발에 깊이 관여하는 게 특징이다. 이 덕분에 시몬느는 고객사들로부터 '납품공장(Factory)'이 아닌 '풀 서비스 컴퍼니(Full Service Company)'라 불린다. 명품 의류 브랜드가 아시아에서 핸드백을 출시하기 전에 박 회장의 조언을 먼저 구할 정도다.

시몬느의 제품은 국내외 경쟁 납품업체들보다 대체로 10%정도 비싸다. 그럼에도 경쟁력을 인정받는 것은 개발에 적극 참여해 장기적으로 인건비를 줄여 주기 때문이다.

박 회장이 힘을 쏟는 분야는 인력 개발이다. 시몬느는 10% 더 받은 돈을 직원 교육에 대부분 투자한다. 또 해외영업 담당에 국한하지 않고 전 직원을 해외 출장 보낸다. 모든 직원이 해외시장을 직접 체험할 기회를 주기 위해서다.

자료: 중앙경제, 2007년 10월 1일.

② OEM브랜드의 단점

첫째, 하청생산업체는 해외시장의 소비자를 직접 접촉하지 못하기 때문에 해외마케팅경험을 축적할 수 없고 해외시장기반을 구축할 수 없다. 즉 하청생산업체가 OEM브랜드로 나갈 제품을 성실하게 만들면 만들수록 주문자의 명성만 높일 뿐, 하청생산기업이 스스로의 소비자신뢰를 축적할 기회는 오지 않는다.

둘째, 주문기업은 제조원가가 낮은 하청생산기업을 선호하기 때문에 하청기업은 채산성이 악화될 가능성이 크다. 주문자는 하청생산업자간에 가격경쟁을 하도록 부채질하는 결과를 가져온다.

셋째, OEM브랜드 생산만으로는 핵심기술을 전수받기 어렵다. 조립관련 기술은 전수받을 수 있으나 핵심기술이나 디자인기술 등을 전수받는 데는 한계가 있다.

넷째, 하청생산업체가 주문자에게 주문자상표를 부착해 납품한 제품과 동일계열의 제품에 자사상표를 부착하여 해외시장에 판매할 경우에는, 해외시장에서 하청업체가 납품한 OEM브랜드와 하청업체의 자체브랜드가 경쟁을 하게 된다. 만약 하청업체가 정성을 다해 저렴한 가격에 OEM브랜드 제품을 만들었다면 자기가 만든 제품에 의해 하청업체의 자체브랜드가 경쟁에서 뒤지는 결과를 초래할 수도 있다. 이것을 OEM브랜드의 부메랑효과라 한다.

③ OEM브랜드전략의 한계

위에서 살펴본 OEM브랜드의 장·단점을 종합해 보면 다음과 같은 결론을 얻을 수 있다. OEM브랜드는 기술과 마케팅 능력이 부족한 기업이 조립기술을 전수받으면서 생산에만 전념하면서도 생산된 제품을 판매해 주는 주문자에 의해 해외시장에 수출할 수 있다는 측면에서 긍정적인 효과를 갖고 있다. 특히 국제화 초보단계에 있는 기업의 경우에는 해외시장 진출에 따른 위험을 최소화시켜, 해외시장에 대한 경험을 쌓은 이후에 보다 본격적으로 진출할 수 있다는 점에서 비교적 적합한 전략이라고 할 수 있다. 또한 유휴시설을 보유한 기업은 가동률을 높여 원가부담을 줄이고 가격경쟁력을 높일 수 있다는 점에서 바람직한 전략이라고 할 수 있다.

그러나 OEM브랜드전략은 장기적인 성장전략으로서는 한계가 있다. 이는 ⓐ OEM브랜드는 저가생산기지를 선호하기 때문에 경제가 발전되어 임금이 상승될수록 OEM 생산기지로서의 적합성은 떨어지고 기업의 이윤 확보에도 한계가 크다는 점, ⓑ OEM브랜드로는 현지시장에서 자사의 브랜드 이미지를 만들어 갈 수 없기 때문에 안정적인 해외 시장기반을 구축하기가 어렵다는 점, ⓒ 오랜 동안 OEM브랜드에 의존한다면 자체 브랜드 개발을 등한시하게 되고 해외마케팅 경험과 전문성을 익힐 기회를 상실하여, 마케팅을 통한 부가가치 창출에 근본적인 한계를 가진다는 점 등 때문이다.

### (2) 개별브랜드와 공동브랜드

제조업체가 여러 제품을 생산하는 경우에 글로벌마케터는 모든 품목을 한 가지 브랜드로 표시할 것인지 아니면 품목별로 개별브랜드를 부착할 것인지를 결정하여야 한다. 이를 위해서는 개별브랜드와 공동브랜드의 장·단점을 미리 파악해야 한다.

**① 개별브랜드**

개별브랜드(individual brand)란 상품품목 각각에 대해 별도의 브랜드를 부착하는 것을 말한다. 개별브랜드전략은 개별브랜드를 강조하기 때문에 상당히 유명한 브랜드의 경우에도 제조회사를 모르는 수가 많다. 유명한 글로벌기업인 P&G사는 전형적으로 개별상표전략을 사용하는 기업이다. 개별브랜드전략의 장점은 다음과 같다.

첫째, 상표실패 시에 파급효과를 차단할 수 있다.

같은 제조업체가 생산하는 여러 제품 중에 어느 한 품목이 시장에서 실패하더라도, 이 제품에 대한 좋지 않은 인상이 다른 제품에까지 파급되는 것을 방지할 수 있다.

둘째, 촉진효과가 강화된다.

신제품을 시장에 소개할 때 개별 브랜드가 부착되면 기업은 그 상표에 대해 새롭게 촉진노력을 기울이게 되어 고객들 사이에 새로운 제품이란 느낌을 더욱 더 확대시키는 효과를 가져 온다.

셋째, 한 기업이 동일한 제품라인에서 두 가지 이상의 품목을 생산하여 각각 서로 다른 브랜드를 부착해 판매하는 경우에는, 유통업체에게 다양한 제품을 생산하는 회사라는 인상을 주어 유통경로에서 보다 나은 대접을 받을 수 있다.

**② 공동브랜드**

공동브랜드(family brand)란 개별브랜드에 대칭되는 개념으로 한 제조업체가 생산하는 전 품목에 동일한 브랜드를 부착하는 방법을 말한다. 미국의 글로벌기업인 GE사는 공동브랜드전략을 구사하는 대표적인 기업이다. 공동브랜드전략의 장점은 다음과 같다.

첫째, 마케팅비용을 절감할 수 있다.

이미 시장에 확립된 공동상표를 가지고 있는 기업은 신제품을 출시할 때 잘 알려진 공동상표를 활용함으로써 적은 비용으로 마케팅활동을 효과적으로 수행할 수 있다.

둘째, 신제품의 시장진입을 쉽게 할 수 있다.

공동상표가 소비자의 신뢰를 획득하는 데 일단 성공하면 공동상표가 부착된 상품 모두에게 그 신뢰하는 마음이 연장되는 경향이 있다. 따라서 공동브랜드를 이용하여 신제품을 시장에 내놓는 경우에 고객은 신제품에 대해 상당히 긍정적인 반응을 보일 가능성이 크다.

셋째, 브랜드와 제품에 대한 긍지와 자신감을 투영시킬 수 있다.

같은 브랜드가 여러 제품에 함께 사용될 때, 소비자들은 그 기업이 자신의 브랜드와 제품에 대한 긍지와 자신감을 가진 것으로 추론할 수 있다. 이러한 자신감이 소비자에게 호의적으로 수용될 경우에는 공동브랜드는 높은 브랜드자산을 형성할 수 있다.

개별브랜드의 단점은 공동브랜드의 장점을 뒤집어 생각하면 쉽게 추론할 수 있으며, 공동브랜드의 단점도 개별브랜드의 장점을 뒤집어 생각하면 되므로 개별브랜드와 공동브랜드의 단점에 관한 설명은 생략한다.

### ⑶ 글로벌브랜드와 현지브랜드

#### ① 글로벌 브랜드전략

글로벌 브랜드전략은 현지시장마다 욕구와 선호가 다르기는 하지만, 가능한 한 욕구의 유사한 측면을 찾아 동일한 브랜드를 전 세계적으로 사용하고자 하는 전략이다. 글로벌 브랜드전략은 다음과 같은 동기에서 사용하게 된다.

첫째, 규모의 경제효과가 필요한 제품

글로벌브랜드는 동일한 제품을 전 세계에 마케팅하는 것이므로 규모의 경제효과를 갖는다. 글로벌브랜드로 전 세계에 판매되는 제품의 개발비는 많은 판매수량에 분산된다. 규모의 경제는 대규모 연구 · 개발비가 소요되는 제약, 컴퓨터, 화학, 자동차 등 하이테크산업이나 대규모설비가 필요한 철강, 전기, 전자, 내구소비재와 같은 자본집약적 산업에서 많이 나타난다.

둘째, 유리한 브랜드 인지도 구축을 위해

글로벌브랜드는 현지브랜드에 비해 가시성이 훨씬 높다. 글로벌브랜드는 각국의 관심을 받기가 쉬운데다가 세계적인 매체에 광고하는 경향이 높기 때문에 세계 각국의 소비자에게 노출될 확률이 크기 때문이다. 특히 세계적인 전파매체인 경우는 도달범위가 국경을 넘기 때문에 이러한 매체를 통해 광고하는 글로벌브랜드는 인접국에서도 광고효과를 얻을 수 있다.

셋째, 브랜드 위상을 높여 마케팅을 유리하게 하기 위하여

글로벌브랜드의 대부분은 일차적으로 국내시장의 치열한 경쟁을 딛고 일어서 세계적인 브랜드가 된 것으로 인식된다. 즉, 일류브랜드로서의 이미지를 갖고 있다. 따라서 잠재고객들은 글로벌브랜드를 사용함으로써 앞서가는 소비문화에 참여하고 그 일원이 되고자 하는 욕구를 충족시킬 수 있다. 예컨대, 일부 소비자는 렉서스 승용차로 출근하여 인텔칩과 마이크로소프트의 프로그램이 장착된 IBM 컴퓨터로 업무에 임한다면 세계인으로서 보다 세련되고 현대적인 자아 이미지를 구축할 수 있다고 생각한다.

넷째, 소비자수요의 동질화

앞의 요인들은 글로벌브랜드를 촉진시키는 필요조건은 될지 모르지만 충분조건은 되지 못한다. 글로벌브랜드화의 가장 큰 요인 중 하나는 과거 이질적이었던 각국의 소비자 기호가 점차 동질화되어 간다는 점이다.

**예 증** *ILLUSTRATION*

### 삼성전자(21위), 현대자동차(72위), LG전자(97위) 세계 100대 브랜드에 뽑혀

삼성전자 · 현대자동차 · LG전자가 세계 100대 브랜드에 뽑혔다.

세계적 브랜드 컨설팅 그룹인 인터브랜드가 2007년 7월 27일 발표한 '세계 100대 브랜드' 현황에 따르면 삼성전자가 21위를 차지, 한국기업 중 최고의 브랜드를 가진

회사로 꼽혔다. 현대차(72위)와 LG전자(97위)가 그 뒤를 이었다.

삼성전자와 LG전자는 2006년에 비해 각각 1계단과 3계단 떨어진 반면 현대차는 미국시장에서의 이미지 제고로 3계단을 뛰어올랐다. 삼성전자의 브랜드 가치는 2006년 보다 4% 늘어난 168억 5,300만달러였으며, LG전자는 3% 증가한 31억 달러, 현대차는 9% 늘어난 44억 5,300만 달러였다.

특히 현대차의 약진이 돋보였다. "세계 자동차 브랜드에서 가장 빠른 성장을 보이고 있다"는 평가를 받은 현대차는 독일 스포츠카 제조업체인 포르쉐(75위), 도요타의 프리미엄브랜드인 렉서스(92위), 일본 3대 완성차 메이커 가운데 하나인 닛산(98위)을 제치며 세계적인 자동차 브랜드로 입지를 굳혔다.

국가별로는 미국이 53개, 독일 10개, 프랑스와 일본 각각 8개, 스위스와 영국이 각각 5개, 한국과 네덜란드가 각각 3개 회사를 세계 100대 브랜드에 이름을 올렸다.

회사별로 코카콜라(653억 2,400만 달러)가 부동의 1위를 차지한 가운데 마이크로소프트(587억 900만 달러), IBM(570억 9,000만 달러), GE(515억 6,900만 달러), 노키아(336억 9,600만 달러), 도요타(320억 7,000만 달러), 인텔(309억 5,400만 달러)이 그 뒤를 이었다.

인터넷 검색업체인 구글은 브랜드가치 178억 3,700만 달러로 2006년에 비해 44%나 상승, 삼성전자를 제치고 20위를 차지했다. 반면 경영난속에 시장점유율마저 떨어지고 있는 자동차회사 포드의 브랜드가치는 19%나 감소, 100대 브랜드 가운데 최고의 하락률을 기록했다.

인터브랜드 관계자는 "글로벌 브랜드로 성장하기 위해서는 새로운 브랜드를 만들기보다는 지속적인 투자 등을 통한 브랜드 관리 · 유지가 더욱 중요하다"고 지적했다.

자료: 한국일보, 2007년 7월 28일.

**2007년 세계 주요 브랜드 순위**

(단위: 억달러)

| 순 위 | 이 름 | 국 적 | 브랜드 가치 |
|---|---|---|---|
| 1(1) | 코카콜라 | 미 국 | 653 |
| 2(2) | 마이크로소프트 | 미 국 | 587 |
| 3(3) | IBM | 미 국 | 570 |
| 4(4) | GE | 미 국 | 515 |
| 5(6) | 노키아 | 핀란드 | 336 |
| 6(7) | 도요타 | 일 본 | 320 |
| 7(5) | 인텔 | 미 국 | 309 |
| 8(9) | 맥도널드 | 미 국 | 293 |
| 9(8) | 디즈니 | 미 국 | 292 |
| 10(10) | 메르세데스 | 독 일 | 235 |
| 21(20) | 삼성전자 | 한 국 | 168 |
| 72(75) | 현대자동차 | 한 국 | 44 |
| 97(94) | LG전자 | 한 국 | 31 |

*( )는 2006년 순위.

출처: 인터브랜드.

② 현지브랜드전략

현지브랜드전략은 진출 국가별로 상이한 환경적 요인을 반영하고자 하는 데 초점을 두는 브랜드전략이다. 현지브랜드전략은 다음과 같은 동기에서 사용하게 된다.

첫째, 동일한 브랜드가 이미 현지에 존재할 경우

이미 현지에 자사의 브랜드와 같은 브랜드를 등록해 놓은 경우에는 글로벌브랜드를 사용하기 어렵다. 성문법체계를 유지하는 국가에서는 브랜드를 최초로 등록한 사람에게 브랜드 소유권을 허락하는 경우가 많으므로 세계유명상표를 미리 등록하여 금전적인 대가를 바라는 사람들이 존재한다. 이런 경우에는 막대한 비용을 치르고 글로벌브랜드를 되사거나, 사용료를 지불하고 라이선싱하거나 아니면 현지에서 새로운 브랜드를 개발하여야 한다.

둘째, 문화적 장애가 존재하는 경우

기업이 채택한 글로벌브랜드가 현지에서 발음하기 어렵다든가 또는 현지어로 나쁜 뜻으로 해석되는 것이면 그 브랜드는 현지시장에서 사용가치가 줄어들게 되므로 브랜드의 현지화가 필요하다.

셋째, 현지기업을 M&A하는 경우

이 경우에는 인수대상기업의 브랜드를 현지에서 그대로 사용하는 경우가 많다. 이는 그 브랜드가 현지에서 인지도가 높은 경우와 현지국의 민족주의 의식이 강해 이를 완화하는 수단이 필요한 경우에 흔히 일어난다.

넷째, 현지에서 규제를 하는 경우

현지국 정부가 기업의 브랜드정책을 규제하는 경우에는 브랜드의 현지화가 바람직한 전략적 대안이 된다. 이는 브랜드가 이념적으로나 종교적으로 대치관계에 있는 국가를 연상하게 하는 경우에 주로 발생하게 된다.

다섯째, 현지특유의 욕구가 존재하는 경우

시장특성에 따라 특유의 욕구가 존재하는 경우에는 제품을 변형하고 이에 따라 브랜드도 현지화한 다음에 집중적인 투자를 통해 경쟁력을 강화하려고 한다. 예를 들면, Nestle는 커피를 아시아 시장에 판매할 때, “네스카페”라는 지역브랜드를 도입하였다.

여섯째, 마케팅실적을 관리하기 위한 수단으로 활용하는 경우

해외시장별로 국별 브랜드를 만들고 각 브랜드마다 관리자를 두어 이들 관리자들의 업적을 평가하고 비교함으로써, 관리자들이 더욱 헌신적인 노력을 경주하도록 유도하기 위하여 국별 브랜드를 사용하는 경우도 많다.

## 3. 브랜드의 보호

브랜드는 매우 중요한 자산이므로 그에 대한 보호가 중요한 문제로 대두된다. 그러나 기업이 보유한 모든 브랜드를 세계 각국에서 모두 보호한다는 것은 상당한 노력과 비용을 수반한다. 따라서 기업은 어느 브랜드를 어느 시장에서 보호할 것인가에 대한 전략적 의사결정을 내려야 한다. 이를 위해서는 먼저 브랜드 소유권과 관련된 시장국의 법체계를 살펴보아야 한다.

### (1) 세 가지 유형의 법체계

① 등록우선주의

등록우선주의란 브랜드의 소유권은 그 브랜드를 특허청에 먼저 등록한 사람에게 있다는 것을 의미한다. 성문법체계를 가지고 있는 국가들은 상당수가 등록우선주의 원칙을 따르고 있다.

따라서 이러한 원칙을 가지고 있는 국가에서는 브랜드의 실제소유자가 아니더라도 먼저 그 브랜드를 등록한 사람이 브랜드 소유권을 갖기 때문에 브랜드 해적행위(brand piracy)가 발생할 수 있다. 브랜드 해적행위란 브랜드를 실제로 소유한 기업 모르게 특정국가에 무단 등록한 후에 이를 원래의 소유기업에게 판매함으로써 이득을 얻으려는 행위를 말한다.

오늘날에는 이러한 피해를 막기 위해 국제기구와 개별국가들이 노력하고 있어 성문법 체계의 국가들도 등록우선주의를 포기하는 국가들이 늘어나고 있다.

② 사용우선주의

사용우선주의란 브랜드의 소유권은 그 브랜드를 부착한 제품을 먼저 시장에 유통시킨 기업에게 있다는 것을 의미한다. 관습법체계를 가지고 있

는 국가들은 대부분 사용우선주의 원칙을 따르고 있다. 이러한 국가에서는 브랜드 해적행위가 발생하기가 어렵다. 그러나 브랜드를 보유한 기업들의 경우에는, 목표시장에서 자사의 브랜드를 보호하기 위해서는 해외시장에서 자사 브랜드를 부착한 상품을 실제로 유통시켜야 하기 때문에 비용부담을 많이 느끼게 된다. 미국, 영국, 호주, 캐나다, 뉴질랜드, 필리핀 등이 여기에 속한다.

③ 절충주의

어떤 국가에서는 등록이든 사용이든 간에 먼저 한 기업이 브랜드 소유권을 가지며, 어떤 국가에서는 한 기업이 브랜드 등록을 먼저 했다 하더라도 다른 기업이 상표등록 이전부터 그 브랜드를 다른 시장에서 널리 사용해 왔다면 계속해서 그 브랜드를 국내에서도 사용할 수 있도록 허용한다. 최근에는 WTO의 영향으로 후자의 경향이 많이 보급되고 있다.

#### (2) 보호할 브랜드의 선정

기업이 많은 브랜드를 소유하고 있을 경우에는 보호해야 할 브랜드를 선정해야 한다. 브랜드 선정 과정은 보편적으로 세 단계로 이루어진다.

① 먼저 보호해야 할 가치가 가장 높은 첫 번째 순위의 브랜드를 선정해야 한다. 이러한 브랜드에는 주로 글로벌브랜드가 해당된다. 글로벌시장에서 등록우선주의를 취하는 국가에서는 브랜드 등록을 하여 자사브랜드의 무단사용을 미리 예방하는 것이 바람직하다.

② 다음으로 두 번째 순위로 중요한 브랜드를 선정해야 한다. 여기에는 지역브랜드나 선호도가 높은 현지브랜드가 해당된다. 글로벌브랜드보다는 보호해야 할 해외시장의 범위가 축소된다. 글로벌한 범위는 아니지만 중요하다고 생각되는 해외시장 중에서 등록우선주의를 택하고 있는 국가에 브랜드 등록을 하는 것이 바람직하다.

③ 그 다음은 보호할 가치가 크지 않다고 생각되는 브랜드들이다. 이러한 브랜드들은 일부러 해외시장에 브랜드 등록을 하지 않아도 된다. 브랜드를 등록하고 관리하는 비용이나 브랜드 등록에서 얻어지는 이익이나 비슷하기 때문이다.

제 5 절

## 글로벌 제품포장 전략

글로벌 마케팅에서 포장의 중요성은 점점 커지고 있다. 글로벌 소비자들의 소득수준 향상, 물류환경 변화, 셀프서비스의 확대 등으로 포장은 견고하고 편리하고 현대적인 감각을 지니고 있어야 하며 이를 위해 많은 노력이 필요하기 때문이다. 이렇게 기업환경의 변화와 더불어 포장의 중요성이 높아가고 있기 때문에 포장에 관한 전략적 의사결정이 요구된다. 본 절에서는 포장과 레이블에 관한 전략을 살펴보기로 한다.

### 1. 제품포장의 개념과 기능

#### (1) 포장의 개념

포장은 실체적 제품의 구성요소로서 다음과 같은 세 가지 수준으로 구분할 수 있다.

**① 일차적 포장**

일차적 포장(primary package)이란 제품을 직접 담는 용기를 말한다. 예를 들면, 약품이나 화장품을 담는 병, 맥주나 음료수를 담는 캔, 치약을 담고 있는 튜브 등이 여기에 해당된다.

**② 이차적 포장**

이차적 포장(secondary package)이란 일차적 포장을 보호하는 동시에 취급을 편리하게 하는 포장을 말한다. 예를 들면, 화장품 병을 담은 종이상자, 치약튜브를 담은 종이상자 등이 여기에 속한다.

**③ 수송포장**

수송포장(shipping package)이란 제품을 안전하고 효율적으로 수송하고 저장하는 데 필요한 외부포장을 말한다. 보편적으로 일차적 포장 후 이차적 포장을 하고 마지막으로 수송보장을 하지만 경우에 따라서는 이차적 포장이 생략되기도 한다.

④ 레 이 블

레이블(label)이란 소비자를 보호하고 편리하게 하기 위하여 포장이나 제품 위에 첨부되어 제공되는 인쇄된 정보를 말한다. 레이블에서 제공되는 정보는 주로 제품을 안전하고 만족스럽게 취급하고 사용하는 데 도움을 주는 내용으로서 제품의 사용방법, 제품의 성분, 부작용, 중량, 생산업체, 생산국 등에 관한 것이다.

### (2) 포장의 주요기능

포장은 촉진기능, 보호기능, 물류기능, 환경보호기능, 가격기능 등과 같은 여러 가지 기능을 수행한다.

① 제품의 이미지 형성

포장의 디자인, 색상, 편리성, 혁신성 등은 제품의 이미지를 형성하는 데 중요한 역할을 한다. 특히 청량음료, 화장품, 고급술 등과 같은 소비재의 경우에는 포장에 대한 호감이 제품을 구매하도록 하는 데 중요한 역할을 한다.

② 제품정보제공

포장의 겉면을 활용하여 제품을 효율적으로 수송하고 사용하기 위한 많은 정보를 제시할 수 있다. 예를 들면, 식품이나 약품의 포장에는 조리법이나 사용법에 관한 정보가 주로 제공되며, 수출화물의 포장에는 취급상의 주의사항 같은 정보가 많이 제공된다.

③ 사용상의 편의제공

뛰어난 제품포장은 제품의 사용을 편리하게 함으로써 브랜드 이미지와 기업이미지를 향상시킨다. 예를 들면, 식품의 신선도를 유지할 수 있는 포장, 손쉽게 뚜껑을 딸 수 있는 캔과 같은 기능성포장이 여기에 해당된다.

④ 제품을 보호하는 기능

이것은 포장의 본원적 기능으로서 제품이 사용, 보관, 수송, 판매 중에 훼손되는 것을 방지한다. 즉 포장은 지구촌 소비자들이 제품을 좋은 상태로 입수할 수 있게 제품을 보호하면서, 제품이 생산 공장에서부터 최종

소비자에게 입수될 때까지 국경을 초월하는 물류과정을 단순화시키는 역할도 수행해야 한다.

**⑤ 구매패턴의 변화에 대한 대응력 제공**

국가에 따라 소비자의 소득수준에 차이가 나거나 라이프스타일에 차이가 나는 경우에는 포장단위를 조정하여 대응할 수 있다. 예를 들면, 구매력이 작은 저소득국가에서는 포장단위가 작아지고 반대로 고소득국가에서는 포장단위가 커지는 것 등이다.

**⑥ 포장의 가격조정기능**

포장용량이나 포장개수에 따라 단위당 가격을 달리하면 가격조정기능을 갖게 된다. 예를 들어, 낱개 포장에 1,000원 하는 치즈를 10개들이 대형 포장에서는 9,000원을 받음으로써 단위당 가격을 싸게 하여 구매를 유도할 수 있는데, 이것이 바로 포장의 가격조정기능이다.

**⑦ 생활환경의 보호기능**

좋은 포장은 생활환경을 보호할 수 있는 기능을 고려해서 만들어진다. 지구촌 소비자들은 점점 더 포장에 대해 환경친화적이고 자원절약적인 기능을 요구하고 있다. 따라서 글로벌마케터는 이러한 요구에 적합한 포장을 만들려고 노력해야 된다. 예를 들면, 재활용가능한 포장재 활용, 리필제품(refill product) 등이 여기에 해당된다.

글로벌 마케팅을 수행하는 기업은 위에서 논의된 기능들을 글로벌 포장의 결정기준으로 삼아 최적의 글로벌 포장을 결정하고 집행해야만 한다.

## 2. 글로벌 포장: 표준화와 적응화

글로벌마케팅에 종사하는 기업은 이익과 같은 글로벌마케팅목적을 최대화하기 위해서는 글로벌 제품포장의 표준화를 우선시하되 아래와 같은 마케팅환경에서는 포장의 적응화를 고려해야 한다.

① 기후의 차이가 큰 경우에는 제품포장은 적응화하는 것이 바람직하다. 기후조건은 제품의 보호조건에 많은 영향을 주기 때문이다. 예컨대, 고

온다습한 지역에 수출하는 제품포장과 춥고 건조한 지역에 수출하는 제품의 포장은 다르게 하는 것이 바람직하다.

② 물적 취급(material handling)의 정도가 상이한 경우에도 포장은 적응화하는 것이 바람직하다. 예컨대, 생산지로부터 목표시장까지 수송거리가 멀고, 환적 횟수가 많다면 포장은 달리하는 것이 바람직하다.

③ 국내시장과 해외시장에서 제품의 판매회전율에 차이가 크다면 제품보호 측면에서 포장은 달리하는 것이 바람직하다. 판매회전율이 느린 경우에는 제품보호 측면을 강조해서 포장에 각별한 조치를 취해야 한다.

④ 물류관련 인프라의 차이가 큰 경우, 즉 해외시장의 유통업체들이 보유하고 있는 창고시설, 선적 및 하역 시설 등과 같은 물류시설이 미비할수록 기업은 해외에 판매하는 제품의 포장에 더욱 많은 비용과 노력을 투입해야 한다.

⑤ 소득수준이나 라이프스타일이 다르다면 포장은 적응화하는 것이 바람직하다. 예를 들면, 선진지역시장은 포장의 촉진적 기능을 상대적으로 더욱 강조해야 하는 반면에 개도국시장에서는 포장의 보호기능이나 가격조절기능을 상대적으로 강조하는 것이 바람직하다.

⑥ 표적시장국의 유통경로에 차이가 많다면 제품포장은 적응화하는 것이 바람직하다. 예를 들면, 유통경로가 수많은 소규모 소매상들 중심으로 구성된 개발도상국 시장에서는, 대형 편의점 · 할인점 · 백화점 · 수퍼마켓 등이 발달된 선진국 시장에 비하여, 포장 사이즈를 작게 하는 것이 바람직하다.

⑦ 포장에 관련한 현지정부의 규제내용이 다르다면 포장은 적응화하는 것이 바람직하다. 예를 들면, 선진국일수록 포장폐기물이 생태환경에 미치는 영향에 민감하여 포장 재료에 대한 규제를 철저히 하는 경향이 있다.

## 3. 글로벌 레이블링

글로벌 제품에 레이블(label)을 부착시키는 레이블링(labeling)은 포장과 밀접한 관계가 있는 가운데서도 언어 · 정부규제 · 정보전달 등 독특한 의사결정변수를 가지고 있으므로 글로벌마케터는 그런 변수들을 고려하여 최적의 레이블링을 만들도록 노력해야 한다.

### (1) 언어의 적응

글로벌기업이 해외시장에서 레이블의 형태 · 메시지 · 색채 등을 글로벌하게 표준화하였다 하더라도 사용하는 언어는 시장국별로 달리해야 하는 경우가 많다. 특히 현지국 정부가 레이블 언어를 현지어로 사용하도록 법적으로 규제하는 경우나 현지소비자들에게 전달해야 할 중요한 제품정보가 있는 경우에는 레이블에 사용하는 언어는 시장국별로 달리 해야 한다. 레이블에 사용할 수 있는 언어결정 대안들은 다음과 같다.

**① 단일어 사용**

단일어(a single language)만을 모든 레이블에 사용함으로써 레이블링 언어를 글로벌하게 표준화하는 것을 말한다. 예를 들면, 코카콜라는 한 가지 언어 즉, 영어로 된 레이블을 모든 시장국에서 활용하고 있다. 단일어 레이블은 원산지효과가 좋은 제품에서 많이 발견할 수 있다.

**② 현지어 사용**

경우에 따라서는 현지어를 레이블 언어로 사용할 수 있다. 이는 레이블 언어로 현지어를 강요하는 정부규제가 있는 경우와 해외시장에서 현지어 레이블이 좋은 판매촉진 방안으로 작용하는 경우이다.

**③ 다국어 사용**

다국어 레이블(multilingual label)이란 영어와 같은 공용화된 언어와 함께 해외의 주요시장국들 언어를 레이블 언어로 함께 사용하는 것을 말한다. 이는 시계나 가전제품의 레이블에서 종종 볼 수 있다. 설명할 내용이 많은 제품과 글로벌제품이란 이미지가 좋은 판매촉진 방안으로 작용하는 제품에 적용할 수 있다.

### (2) 정부규제

글로벌기업은 해외시장에서 자사의 제품을 마케팅할 때, 시장국 정부들의 레이블 관련 규제나 법률에 순응해야 한다. 각국마다 규제와 법적 요건은 다르지만 대체적으로 제품의 용도, 중량, 내용물과 성분의 설명, 첨가

물질에 대한 정보, 생산업체명, 생산일자와 유효기간 등을 포함시키고 있다. 대체로 선진국인 경우는 레이블에 대한 규제가 까다롭고, 개발도상국인 경우는 레이블에 대한 규제가 덜 까다로운 경향이 있다.

#### (3) 마케팅 측면

레이블은 다양한 국가에서 생활하는 소비자를 대상으로 제품정보를 전달하는 소비자 커뮤니케이션의 중요한 수단이다. 그러므로 기업은 레이블을 소비자가 보기 좋고 이해하기 쉽도록 만들어 해외시장에서 자사제품의 구매를 촉진시키도록 레이블의 마케팅 측면을 고려해야 한다.

위에서 언급한 여러 가지 사항에도 불구하고 글로벌 제품 레이블에 대한 의사결정은 다른 글로벌마케팅 의사결정에 비하여 비교적 용이하다. 이는 첫째, 레이블에 관한 시장국의 규제에 대해서는 순응할 수밖에 없으며, 둘째, 레이블을 적응화하더라도 소요비용이 적기 때문이다. 따라서 글로벌 마케터는 시장국별로 레이블에 대한 욕구를 파악한 다음에 시장국 욕구에 맞추어 레이블을 적응시키려고 노력하는 것이 바람직하다.

## 제 6 절
# 글로벌 보증 및 서비스

## 1. 글로벌 제품보증과 서비스의 필요성

글로벌기업은 해외시장에서 자사제품을 구매하는 유통업체와 소비자의 만족감을 높이고 구매에 따른 리스크를 줄여주기 위해 제품보증 프로그램을 제공해야 한다. 특히 인지도가 낮은 제품을 판매하는 기업이나 원산지효과가 부정적인 기업은 구매자의 리스크와 구매저항을 완화하기 위하여 중간상과 일반소비자에게 제공하는 제품보증과 제품서비스를 획기적으로 개선할 필요가 있다.

글로벌시장에서 한국 및 한국기업의 이미지는 전반적으로 중간정도에 머물러 있다. 즉, 글로벌 일류제품에 비해 한국기업의 제품은 소비자 소구력에서 뒤지고 있다. 따라서 고품질·고이미지 제품들을 선호하는 선진국 시장에서 한국기업들은 판매제품에 대한 보증과 서비스 프로그램을 강화할 필요가 있다.

## 2. 보증 및 서비스가 필요한 분야

① 내구소비재

지구촌시장 어디에서나 승용차, TV, VCR, 전자레인지 등 내구성소비재를 구입하여 사용하는 소비자들 중에는, 제품구입가격의 수십 퍼센트에 달하는 수선유지비용을 지출하는 경우가 많다. 특히 선진국의 소비자들일수록 성능과 내구성 등에서 품질의 신뢰성이 비교적 낮은 것으로 평가되고 있는 국가나 기업의 제품을 구입할 때, 리스크를 크게 느끼는 경향이 있다.

② 산업재

지구촌시장에서는 기계류, 플랜트시설, 지게차, 건설용 중장비 등과 같은 산업재를 구입하여 활용하는 산업재 구매자들 중에도, 제품구입가격의 수십 퍼센트에 달하는 수선유지비를 지출하는 경우가 많다. 이들은 산업재를 구매할 때, 그 제조업체나 유통기구들이 제품서비스를 당연히 제공해 주기를 기대한다.

## 3. 제공되는 보증 및 서비스 내용

① 글로벌마케팅 종사기업은 판매한 제품에 대하여 수명을 연장시켜 주고 효용가치를 추가해 주는 보증 및 서비스 프로그램을 제공하여야 한다.

② 보증기간을 설정하고 보증기간 안에 제품을 수선해 줄 때는 무상으로 보증서비스를 제공하는 것이 바람직하다. 이는 판매한 제품가격에 이미

적정수준의 애프터서비스 비용을 포함시켜 받았기 때문이다. 인지도가 떨어지는 기업들은 장기적 관점에서 보증과 서비스를 촉진수단으로 활용하여 보증기간을 연장하고 서비스내용을 강화하는 것이 바람직하다.

③ 보증이 커버하지 않는 수선이나 보증기간이 지난 후에 제공하는 제품서비스는 ⓐ 소요비용에 약간의 마진을 붙여서 다소의 이익을 올리는 정책을 채택하거나, ⓑ 실제비용만을 커버하는 서비스료를 책정함으로써 제품서비스를 순수한 촉진수단으로 활용하는 정책을 채택할 수도 있다.

## 토의문제

1. 제품개념의 세 가지 차원을 이해하는 것이 글로벌 제품전략수립에 중요한 이유를 설명하시오.
2. 제품믹스의 폭을 넓게 할 때와 깊이를 깊게 할 때 어떤 이점이 있는지 각각 설명하시오.
3. 글로벌기업이 제품을 표준화하려는 이유를 설명하시오.
4. 확산에 유리한 신제품의 특성에 관하여 설명하시오.
5. 브랜드를 부착함으로써 얻게 되는 이점을 설명하시오.
6. 제조업자가 OEM브랜드를 사용할 때 얻는 것과 잃는 것을 설명하시오.
7. 글로벌브랜드와 현지브랜드의 선택시 고려해야 할 요인을 설명하시오.
8. 포장의 기능을 설명하시오.
9. 글로벌기업이 레이블링 결정시 고려해야 할 요소를 설명하시오.
10. 글로벌 제품보증과 서비스의 필요성을 설명하시오.

## 참고문헌

안광호, 한상만, 전성률(1999), 전략적 브랜드관리, 학현사.

이장로(2004), 국제마케팅, 무역경영사.

정인식(2006), 글로벌브랜드전략(역), 시그마프레스.

Aaker, D. A.(1996), *Managing Brand Equity*, The Free Press.

Johanson, J. K., and I. Nebenzahl(1986), "Multinational Production: Effect of Brand Value," *Journal of International Business Studies*, Fall.

Keegan, W. J., and M. C. Green(1997), *Principle of Global Marketing*, Prentice-Hall.

Kotler, P.(1988), *Marketing Management*, 6th ed., Prentice-Hall.

Rogers, E. M.(1995), *Diffusion of Innovations*, 4th ed., The Free Press.

Samiee, S.(1994), "Customer Evaluation of Products in a Global Markets," *Journal of International Business Studies*.

Walters, P., and B. Toyne(1989), "Product Modification and Standardization in International Market: Strategic Options and Facilitating Policies," *Columbia Journal of World Business*, 24.

# 제10장 글로벌 가격전략

## 제 1 절 글로벌 가격결정의 고려요인

가격은 두 가지 모습을 가지고 있다. 소비자 측면에서 볼 때 가격이란 제품이나 서비스에서 얻을 수 있는 만족과 효용에 대한 화폐적 가치(비용)라고 할 수 있다. 그러나 기업측면에서 볼 때 가격이란 투입된 비용을 회수하고 기업의 성장에 필요한 이익을 확보하기 위한 마케팅수단이 된다. 따라서 가격결정에는 비용과 이익이라는 두 가지 본질적 측면을 모두 고려하는 것이 바람직하다.

글로벌기업이 해외시장에 판매하는 제품의 가격을 결정하는 경우에는 가격의 본질적 측면 이외에도 다양한 해외시장 개입형태와 이질적인 현지시장 환경을 고려해야 하는 어려움에 직면하게 된다.

### 1. 가격의 중요성

가격은 소비자나 기업의 입장에서뿐만 아니라 경제 전체에서도 다음과 같은 중요한 역할을 한다.

① 가격은 제품에 대한 시장수요를 결정하는 중요한 요소로서 시장경쟁력과 시장점유율에 큰 영향을 미친다.

② 소비자들은 가격을 품질의 척도로 보는 경향이 있다. 예컨대, 구매 의사결정에 대한 정보가 불충분한 경우에는 높은 가격이 더 좋은 품질을 나타내며, 낮은 가격은 품질이 낮은 것으로 생각하기 쉽다. 따라서 마케팅 관리자들은 소비자들의 가격에 대한 심리적 측면을 이해하여야 한다.

③ 가격은 투입된 연구개발비용, 생산비, 마케팅 비용 등을 회수하고 기업의 성장에 필요한 이익을 확보하기 위한 직접적인 수단이다.

④ 가격은 경쟁자의 경쟁전략에 대하여 비교적 신속하고 쉽게 대응할 수 있는 경쟁도구이다. 예를 들면, 경쟁기업의 제품차별화 전략에 신속하게 대응할 수 없을 경우에는 자사제품의 가격을 인하하는 것이 좋은 대응 방안이 될 수 있다.

⑤ 가격은 생산요소와 그 산출물의 수요와 공급을 조정하여 균형상태를 이루도록 한다. 즉, 가격은 제반자원을 원활히 분배하여 효율적으로 이용되도록 작용한다.

## 2. 글로벌 가격결정의 유형

글로벌마케팅에 종사하는 기업은 다음과 같은 세 가지 유형의 가격결정에 개입하게 된다.

### (1) 수출가격결정

수출가격 결정은 수출국에 위치한 수출기업이 해외시장에 위치한 수입중간상(때로는 실수요자)에게 판매하는 가격을 책정하는 것을 말한다.

### (2) 이전가격결정

이전가격결정은 기업의 본사와 자화사들 사이에 그리고 자회사 상호간에, 국경을 넘어 사내거래되는 부품/제품의 가격을 책정하는 것을 말한다.

#### (3) 해외시장가격결정

해외시장가격결정은 해외자회사가 현지에서 생산한 제품을 현지시장의 구매자들에게 판매하는 가격을 책정하는 것을 말한다.

## 3. 글로벌 가격결정의 고려요인

가격결정에는 기업 내부요인(가격 목표, 원가)과 고객, 경쟁자, 유통경로 등이 고려된다. 해외시장의 경우에는 이상의 요인에 더하여 각국 통화의 환율변동, 덤핑규제, 각국 정부의 방침이 고려되어야 한다.

#### (1) 기업의 마케팅목표

가격결정은 기업의 마케팅목표에 따라 많은 영향을 받는다. 기업이 해외시장에서 달성하고자 하는 마케팅목표를 명확히 하기 전에는 적정한 가격을 책정하기가 어렵다. 일반적으로 기업의 마케팅목표는 시장점유율, 이익, 투자수익률, 매출액, 성장률 등으로 구분할 수 있다. 이 중에서 시장점유율, 매출액, 성장률은 거의 비슷한 가격행태를 가지며, 이익과 투자수익률도 같은 유형의 가격행태를 가지고 있다. 따라서 기업의 마케팅목표는 크게 시장점유율과 수익성이란 두 가지로 집약할 수 있다. 단기적인 관점에서 보면 시장점유율과 수익성간에는 반대되는 가격행태를 보인다.

시장점유율을 높이기 위해서는 저가격정책을 채택하게 되나, 이 경우에도 경쟁사가 가격을 인하하지 않을 때만 점유율확대가 가능하여진다. 따라서 저가격정책이 성공하기 위해서는 기업의 원가가 경쟁사보다 낮은 수준이 되어야만 한다.

수익성 목표는 이윤극대화와 목표수익률 달성이라는 두 가지 방법이 있으나 일반적으로 목표수익률이 많이 사용된다. 이윤극대화를 측정하기 위해서는 수요와 원가의 행태에 관한 충분한 정보가 필요하나 그것이 쉽지 않기 때문이다. 목표수익률은 투자수익률(ROI: return on investment), 매출액이익률 등이 많이 사용된다. 이 경우에는 목표하는 이익률을 달성하기 위해서는 일정한 수준의 가격을 유지하게 된다.

그림 10-1 글로벌 가격결정의 고려요인

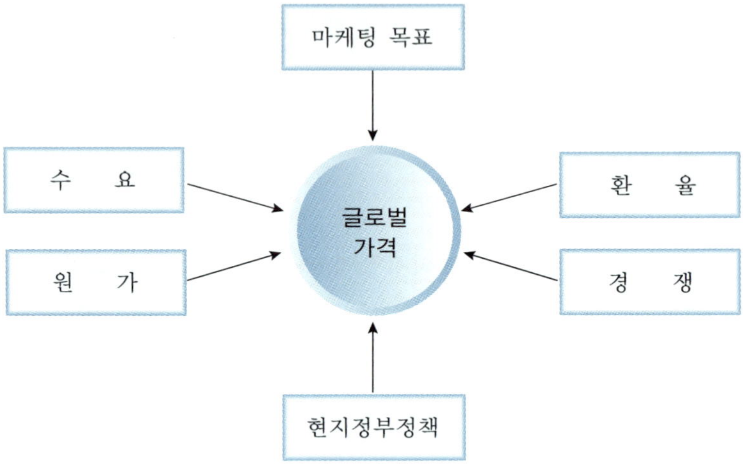


### (2) 원 가

원가는 기업이 자사제품을 생산하고 판매하는 데 소요되는 여러 비용을 말하는데, 특히 가격의 하한선을 결정할 때 그 기초가 된다. 원가에는 제조비, 물류비, 마케팅비는 물론 연구개발비, 일반관리비, 조세, 감가상각비 및 기타 간접비 등 여러 가지 비용들이 포함된다.

비용을 고정비와 변동비로 구분하는 경우에는 수출가격을 책정할 때에 탄력적인 가격책정이 가능해진다. 즉, 제품 생산국에서 발생한 고정비를 충분히 반영하지 않고 수출가격을 책정할 수 있다. 따라서 변동비와 공통비용을 포함한 일부 고정비만으로 수출가격을 형성하게 된다. 이는 국내판매가격이 해외 판매가격에 고정비부담을 보조해 주는 모양이다. 그러나 이러한 가격책정방식을 따르다 보면 수출가격이 국내가격보다 낮게 되어 해외시장에서 덤핑수출이란 문제를 야기할 수 있다.

수요의 가격탄력성이 큰 경우에는 전 세계적인 관점에서 원가를 줄여야 할 필요성이 커진다. 즉 가격책정에서 원가절감의 중요성이 커지게 된다. 따라서 이러한 경우에는 글로벌기업은 물류센터건립을 통한 물류비용 절감 모색, 유통경로 수정을 통한 유통비용 절약 추구, 제품의 표준화를 통한 규모의 경제효과 추구 등과 같은 노력이 가격책정을 뒷받침해야 한다.

### (3) 수 요

가격결정에서 가장 중요하게 고려되어야 하는 요인 중의 하나가 고객의 수요이다. 고객의 제품에 대한 인식과 반응은 가격책정의 중요한 변수이기 때문이다. 수요가 존재하는 한 가격을 인상할 수 있기 때문에 수요는 가격의 상한선을 결정하는 데 기초가 된다.

수요예측은 현재수요와 미래수요 그리고 수요의 가격탄력성과 관련한 예측이 필요하다. 해외시장에서 수요에 영향을 미치는 요소로는 인구, 구매력, 소비자선호, 습관 그리고 대체재 등이 있으나, 이들 요인들은 국가시장별로 다르기 때문에 똑같은 제품이라도 시장별로 가격을 달리 책정할 필요가 있다.

수요 결정요인 중에서 소비자의 구매력은 가격결정에 매우 중요한 영향을 준다. 소득수준이 낮은 국가의 소비자는 소득수준이 높은 국가의 소비자에 비하여 수요의 가격탄력성이 높기 때문에 가격을 낮추는 것이 바람직하다. 가격을 낮춘다는 것은 해외에 판매하는 제품을 어느 정도 수정하거나 포장단위를 축소해야 할 필요성이 있다는 것을 의미한다.

### (4) 경 쟁

가격전략은 시장구조와 경쟁상황에 따라 달라진다. 원가와 수요가 각각 가격의 하한선과 상한선의 기초를 제시해 준다면 경쟁은 이러한 가격범위 안에서 실제가격이 결정되는 기초를 제시해 준다.

대부분의 제품시장은 과점경쟁이나 독점적 경쟁과 같은 불완전경쟁상태에 놓여 있는데, 이러한 시장구조에서는 한 기업이 가격을 결정하는 데 있어서 경쟁자들의 가격정책을 필연적으로 검토하게 된다. 과점경쟁이란 한 산업 내에 소수의 기업만이 경쟁을 하는 상태로 경쟁기업의 반응이 가격결정의 주요 변수가 되며, 독점적 경쟁이란 경쟁자는 여럿이 있으나 어느 정도 제품차별화가 이루어져 있는 상황으로서 해당제품에 대한 소비자들의 주관적 가치가 가격결정의 주요 변수가 된다.

경쟁자들의 가격을 평가할 때에는 산업 내 경쟁자수, 경쟁사 제품의 차별화 정도, 경쟁사의 원가구조, 경쟁사의 마케팅목표 등을 중요하게 고려하여야 한다. 예컨대, 경쟁자 수가 소수일 때와 제품이 동질적일 때에는 경쟁사들이 상대방 기업의 가격결정에 민감하게 반응할 가능성이 높다. 만일 경쟁사의 마케팅목표가 시장점유율 확대에 있다면, 자사의 가격정책에 민감하게 반응할 수가 있으나, 수익성 증대에 있다면 광고증대나 제품의 질 향상과 같은 가격 이외의 변수를 사용하여 반응할 가능성이 크다.

해외시장의 경쟁조건은 시장국에 따라 다르다.

첫째, 시장별로 경쟁구조가 다르다. 어떤 시장에서는 과점경쟁일 수도 있으며 또 다른 시장에서는 독점적 경쟁일 수도 있다. 이러한 현상은 글로벌시장 전체를 대상으로 하는 경우에도 발생한다.

둘째, 시장별로 경쟁상대가 다르다. 어떤 시장에서는 글로벌기업이 주요 경쟁상대가 되고, 다른 시장에서는 현지의 국영기업이 경쟁상대가 될 수도 있다.

#### ⑸ 현지정부의 정책

해외시장가격을 결정할 때에는 국가시장별 현지정부의 가격관련 정책을 고려해야 한다.

첫째, 현지국정부의 반덤핑규제조치의 강도가 다르다. 우리나라 기업들은 미국, EU 등 주요 시장국에 제품을 판매할 때 반덤핑조항에 저촉되어 많은 피해를 받은 경험이 있다. 따라서 해외시장국의 반덤핑규제는 가격의 하한선을 결정함에 있어 반드시 고려되어야 한다.

둘째, 현지정부에 따라서는 기업들의 불공정거래 행위에 대한 시각에 차이가 있다. 시장경쟁을 강력히 조장하는 정부도 있고, 드물긴 하지만 경쟁을 다소 억제하는 정부도 있다. 대체적으로 선진화된 시장경제 국가일수록 효율적인 경쟁을 촉진하기 위해 독과점이나 담합 등 불공정 행위를 강력하게 규제하는 경향이 있다.

셋째, 시장별로 정부의 가격통제 정책이 다르다. 정부는 소비자와 국제수지 보호라는 측면에서 제품가격에 대한 통제를 하게 된다. 즉 인플레이션이나 국제수지 적자에 처해 있는 나라는 인플레이션이나 외환부족에 대한 대책으로 제품가격에 대한 통제를 취하게 된다. 가격통제가 실시될 경우에는 전체경제를 대상으로 가격통제를 하는 정부가 있는가 하면, 특정 산업이나 특정 제품류에 한정시켜 가격통제를 하는 정부도 있다. 가격통제는 개발도상국가나 공산주의 국가에서 자주 발생하는 경향이 있다.

넷째, 시장별로 조세정책이 다르다. 제품에 대해 부과하는 세율의 차이가 다르다. 어떤 국가는 제품의 크기에 따라 세율을 달리하는 국가도 있고, 제품의 가격에 따라 세율을 달리하는 국가도 있다. 관세율과 관세율구조는 국가에 따라 상이하다.

### (6) 환　율

글로벌 마케팅에 있어서 환율은 가격책정에 큰 영향을 미친다. 변동환율제도하에서는 외환시장의 수요와 공급에 의하여 환율이 끊임없이 변동하므로, 글로벌마케터들은 각국의 환율변화에 민감해야 한다. 환율변동이 가격책정에 주는 영향은 평가절하와 평가절상으로 나누어 볼 수 있다.

① 평가절하란 다른 나라의 화폐가치에 대한 자국 화폐가치가 떨어지는 것을 말한다. 흔히 환율이 상승했다고 표현하지만 이것은 정확한 용어는 아니다. 평가절하된 나라에서 수출을 할 경우에는 수출가격은 평가절하 폭(비율)만큼 하락할 것이다. 그러나 국내에서 만든 제품에 수입부품을 사용하는 경우에는 수출가격은 평가절하 폭보다 작게 하락한다. 평가절하된 나라의 기업이 수입을 하는 경우에는 평가절하 폭만큼 수입가격이 상승하게 되기 때문이다. 평가절하로 수출가격이 하락하게 되면 수출기업은 그만큼 가격경쟁력이 강화된다. 이런 경우에는 수출기업은 다음과 같은 전략적 결정을 고려할 수 있다.

첫째, 수출가격을 그대로 유지하거나 평가절하 폭보다 조금만 내리는 경우에는 총이윤이 늘어나는데, 이러한 이윤을 광고나 촉진, 유통경로 강화, 신제품개발 등에 사용할 수 있다.

둘째, 가격을 평가절하 폭만큼 하락시켜 판매량 증대와 시장점유율의 확대를 시도할 수 있다.

② 평가절상이란 다른 나라의 화폐가치에 대해 자국의 화폐가치가 상

승하는 것을 말하는데 흔히 환율이 떨어졌다고 표현한다. 평가절상된 나라에서 수출을 할 경우에는 평가절하된 경우와 반대되는 효과를 갖는다. 즉 수출가격이 상승할 것이다. 수출시장에서 가격이 상승하게 되므로, 수출품의 가격경쟁력이 떨어지게 되어 수출기업은 어려움에 직면하게 된다.

이러한 어려움을 완화시키기 위해 글로벌마케터들은 다음의 사항들을 고려하여 자사에 적합한 방법들을 선택하여 사용할 필요성이 있다.

첫째, 수출가격 상승을 그대로 고객에게 전가할 것인가?

둘째, 물류비, 마케팅비 등을 줄여 가격상승을 완화시킬 것인가?

셋째, 생산성 향상 등으로 국내생산가격을 하락시켜 수출가격의 상승을 완화시킬 것인가?

넷째, 물류비, 마케팅비는 그대로 유지하고 수출기업의 이윤폭을 줄여 수출가격의 상승을 완화시킬 것인가?

다섯째, 수출품에는 고정비의 일부만 부과하여 수출가격의 상승을 완화시킬 것인가?

여섯째, 환율변동의 영향에서 벗어나기 위하여 제품생산지를 수입국으로 이전하는 것은 어떤가?

**예 증** *ILLUSTRATION*

### 환율 하락에 안방 해외쇼핑 '붐'

판매가격 최고 20% 떨어져… 구매대행몰 특수,
日기저귀 판매 30배 급증… 美의류 · 화장품도 인기

온라인 장터(오픈 마켓) 운영업체인 옥션(www.auction.co.kr)에서는 지난 10월 한 달 동안 일본산(産) 기저귀가 6,000여팩 팔려나갔다. 2006년 같은 달(200여팩)보다 30배나 급증한 규모다. 대표적인 일본 기저귀 상품인 '메리즈 기저귀 테이프형 M사이즈' (72장) 가격이 1만6,000원으로 지난해 10월(2만원)보다 20% 낮아지면서 수요가 폭증한 것, 이렇게 값이 싸진 것은 원 · 엔 환율하락 덕분이다.

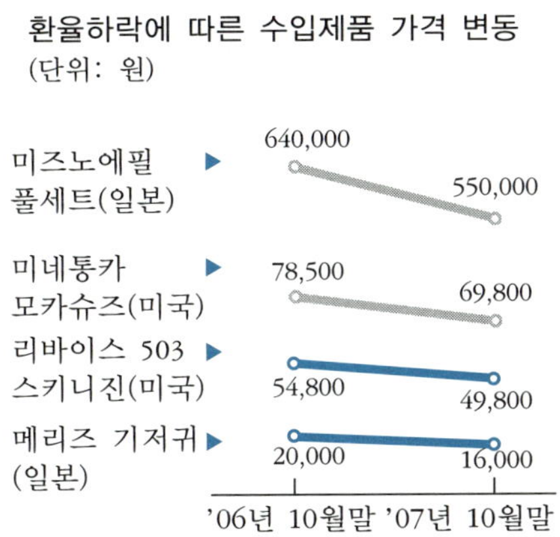


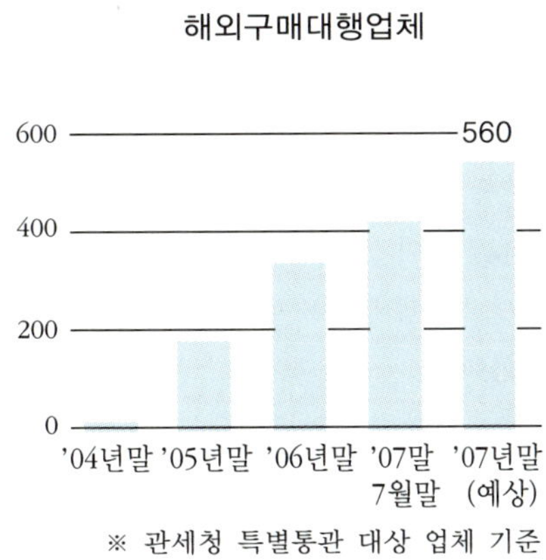


원 · 달러 환율과 원 · 엔 환율의 지속적인 동반 하락으로 미국, 일본 등에서 들어오는 상품 판매가격이 낮아지자 해외 상품의 '안방 쇼핑'이 크게 늘고 있다. 특히 해외 유행상품을 실시간으로 들여다 파는 해외 구매 대행몰의 매출이 급증세다. 관련 제품도 여성패션과 청바지 등 의류에서 기저귀, 골프채, 화장품 등으로 다양해지고 있다. 업계에서는 올해 해외구매대행 시장 규모가 2006년보다 30%가량 많은 5,000억원 선에 이를 것으로 보고 있다. 2006년 말 343개였던 해외구매대행업체 수(관세청 통관업체 기준)도 2007년말 560곳에 이를 것으로 예상된다.

미국 유명 브랜드 구매대행사이트인 엔조이뉴욕(www.njoyny.com)은 지난달 의류와 잡화 매출이 전년 동기 대비 24% 늘었다고 밝혔다. 원 · 달러 환율이 같은 기간 960원대에서 900원대로 낮아진 게 수요 증가를 불렀다는 분석이다. '리바이스 503 스키니진'과 '미네통카 모카슈즈'는 각각 6만9,800원, 4만9,800원으로 2006년 같은 기간에 비해 9%, 11% 떨어졌다. 엔조이뉴욕의 하루 평균 방문객수는 2006년 10월 2만8000명에서 2007년 10월 5만명으로 78% 급증했다.

해외 구매대행 선두업체인 위즈위드(www.wizwid.com)는 환율 하락을 마케팅에 적극 활용하고 있다. 미국의 대표적 캐쥬얼 브랜드 어메리칸이글(AE), 제이크루(Jcrew) 등을 이달 말까지 30~50% 할인 판매하는 한편, 크리스마스 기획전을 예년보다 1주일 가량 앞당겨 11월 하순부터 실시할 예정이다.

일본 제품도 엔저(低) 현상과 '일드(일본 드라마) 열풍' 등에 힘입어 매출 호조세가 이어지고 있다. 롯데닷컴이 지난 9월 설립한 일본 구매대행 사이트 도쿄홀릭(www.tokyoholic.com)은 현지 마루이백화점 제품을 찾는 소비자들이 크게 늘고 있다고 밝혔다. 지난달 주간 단위로 매출이 50%씩 증가하는 등 폭증세가 지속되고 있다는 게 롯데측 설명이다. 롯데닷컴은 소비자에게 보내는 메일에 상품 소개와 함께 환율변동 등을 함께 고지하고 있다.

옥션과 G마켓 등에서는 기저귀 외에 골프채, 화장품, 청바지 등도 잘 팔리고 있다. 미즈노 에필골프채 풀세트의 지난달 판매가는 지난해 10월 대비 14% 떨어진 55만원 선이다.

수입골프클럽 판매업체 관계자는 "미즈노 등 중가 골프채 브랜드의 가격이 지난해에 비해 10~20%가량 낮아져 매출이 40% 가량 증가했다"고 말했다.

자료: 한국경제, 2007년 11월 2일.

제 2 절

## 수출가격 결정

글로벌기업들이 해외시장에서 자사제품을 판매하는 경우에 취할 수 있는 가격결정의 유형은 크게 보아 특정국에서 제조하여 해외시장에 판매하는 수출가격 결정과 해외자회사가 현지에서 제조하여 현지시장에 판매하는 해외현지가격 결정이라는 두 가지 유형이 있다. 그런데 해외현지가격 결정은 사실상 국내가격 결정과 동일한 내용이기 때문에 여기에서는 설명을 생략하고 수출가격 결정만을 다루고자 한다.

### 1. 수출가격의 결정방식

제품의 가격결정은 새로운 제품을 시장에 출시할 때나 기존제품이라도 새로운 시장에 투입하고자 할 때 이루어진다. 가격수준의 결정은 앞에서 언급한 영향요인들을 고려하여 이루어진다.

### (1) 원가중심의 가격결정

원가중심의 가격결정은 제품의 생산원가에 일정한 이윤을 가산하여 가격을 산정하는 방식이다. 이는 기업이 손실을 받지 않는 범위 내에서 수용될 수 있는 가격을 결정하는 것을 가능하게 한다. 다음의 두 가지 방법이 주로 사용된다.

#### ① 원가가산법

원가가산법(cost plus pricing)은 기업이 제품을 생산하여 판매하는 데 소요되는 모든 원가에 일정한 이윤을 붙여서 수출가격을 결정하는 방법이다. 제품원가에 더하는 이윤은 기업별로 기대하는 수준에 따라 달라질 수 있다. 이윤율이 높아지면 가격이 상승하는 결과를 초래하므로 이윤율은 시장에 형성되어 있는 가격을 고려하여 결정할 수밖에 없다.

원가에 일정비율의 이윤을 적용하는 원가가산법은 다른 가격결정법에 비해 논리적 근거가 뚜렷하고, 생산자와 구매자 모두에게 공평하다고 인식되어 있어 많은 기업에서 사용되고 있다. 인플레이션이 지속되거나 원재료의 가격변화가 심한 경우에도 이 방법이 많이 사용된다.

그러나 이 방법은 수출가격이 원가를 기준으로 결정됨으로써 해외시장에서 경쟁기업의 가격이나 수요구조를 무시하는 경우가 발생할 수 있다는 점과 원가의 산정과 배분이 어려운 경우에는 사용하기가 어렵다는 점 등의 단점을 가지고 있다.

#### ② 목표이익법

목표이익법(target profit pricing)은 기업이 미리 순이익의 크기나 이익률을 정해 놓고 이에 맞추어서 제품의 가격을 결정하는 방법이다. 즉 ⓐ 손익분기점을 파악하고, ⓑ 가격수준별 예상매출액을 산출한 다음, ⓒ 목표로 하는 이익을 달성할 수 있는 가격수준을 확정하는 단계를 거친다. 이 방법을 택할 수 있는 기업들은 주로 시장에서 선도적 위치를 차지하고 있거나 매우 안정적인 산업에 속한 기업들로 한정된다. 목표이익을 정해 놓으면 그것을 달성할 수 있는 능력이 있어야 하기 때문이다.

### (2) 인지가치중심의 가격결정

인지가치중심의 가격결정(perceived-value pricing)은 수요중심의 가격결정이라고도 하며, 소비자들의 제품에 대한 가치지각에 바탕을 두고 가격을 결정하는 방법이다. 그러므로 기업이 그 제품을 생산하는 데 소요된 비용은 덜 중요하게 고려된다. 주로 시장 또는 소비자들이 인정해 주는 정도에 따라 가격을 결정하고 출시하는 방식이다. 소비자들이 인정해 주는 가격보다 더 높은 원가로 제품을 생산하는 기업은 시장에서 도태될 수밖에 없다. 반면에 소비자들의 인지가격이 높음에도 불구하고 낮은 원가로 우수한 품질의 제품을 생산할 수 있으면 기업은 초과이익을 누릴 수 있다. 이러한 수출가격결정 방식은 생활의 질을 향상시킬 수 있는 기술혁신 능력이 뛰어난 기업이나 높은 브랜드자산을 가지고 있는 기업이 주로 사용한다.

### (3) 경쟁중심의 가격결정

경쟁중심의 가격결정은 제품의 가치보다는 경쟁자의 가격을 중요한 가격결정기준으로 사용한다.

① 모방가격법

모방가격법(imitative pricing)이란 제품의 원가나 가치는 별로 고려하지 않고 경쟁제품의 가격과 비슷한 수준으로 수출가격을 정하는 방법을 말한다. 이러한 모형의 가격결정방식은 ⓐ 과점상태의 시장에서 선도기업이 존재하는 경우, ⓑ 소비자들의 가격탄력성이 낮거나 알 수 없는 경우, ⓒ 동질적인 제품들이 치열한 경쟁 상태에 직면하는 경우 등에서 주로 사용된다. 모방가격을 채택하더라도 처음 현지시장에 진출할 때는 경쟁제품보다 낮은 가격을 책정하고 나중에 상황을 봐서 자사제품의 가격을 서서히 올리는 것이 바람직하다. 왜냐하면 동질적 제품인 자사제품이 처음 현지시장에 진출할 때는 거의 알려져 있지 않은데다 이미 현지에서 기반을 잡은 경쟁제품들과 싸워야 하기 때문이다. 그러나 자사제품이 경쟁제품에 비하여 차별화될 수 있는 경우에는 자사제품의 수출가격은 차별화가 가능하다.

② 입찰방식의 가격결정

사업이나 업종에 따라서는 수출가격이 입찰방식에 의해 결정되는 경우도 있다. 보편적으로 입찰은 낮은 가격을 제시하는 기업이 공급계약을 하게 되므로, 입찰에 참가하는 경쟁기업들의 가격이 중요한 변수가 된다. 낙찰방식의 변형으로는 ⓐ 너무 낮은 가격을 제시하여 부실을 초래하는 것을 방지하기 위하여 발주자는 최저낙찰가격을 설정하여 그 이하의 가격으로 입찰한 기업은 계약에서 제외하는 경우도 있으며, ⓑ 사업의 규모가 크거나 장기간에 걸치는 경우에는 가격결정 방식을 낙찰방식과 협상방식을 병행하는 경우도 있다.

낙찰방식은 구매자가 ⓐ 수입국정부가 되는 경우, ⓑ 기업구매자이어서 구매물량이 많은 경우, ⓒ 건설수출의 경우 등에서 많이 사용된다.

#### (4) 목표중심의 가격결정

이는 기업이 해외시장에서 추구하고자 하는 마케팅목표에 따라 가격을 결정하는 방법으로 다음의 두 가지 방법이 많이 사용된다.

**① 침투가격전략**

침투가격전략(penetration pricing)을 추구하는 기업은 짧은 시간 내에 해외시장에서의 교두보를 확보하려는 목적과 단기이익은 희생하더라도 장기이익을 더 많이 올리려는 데 목적을 두고, 해외시장에 진출할 초기부터 시장을 선점하고 있는 경쟁기업에 비해 낮은 가격을 책정한다. 경쟁자와 비슷한 품질에 낮은 가격을 책정하는 것은 소비자들을 비교적 쉽게 확보할 수 있는 강력한 경쟁수단이 된다. 그러나 침투가격전략이 성공하기 위해서는 ⓐ 경쟁기업에 비해 낮은 원가구조를 확보해야 하며, ⓑ 수요의 가격탄력성이 커야 하며, ⓒ 진출하고자 하는 시장이 대규모시장이어야 하며, ⓓ 높은 경험곡선효과와 규모의 경제 효과로 인해 생산을 해본 경험이 쌓일수록 그리고 생산량의 규모가 커질수록 생산원가가 떨어지는 경우이어야 한다.

**② 초기고가격전략**

초기고가전략(skimming pricing)은 높은 가격을 지불하고서도 제품을 구매할 의사가 있는 해외시장의 고소득층을 표적으로 삼고서, 판매하는 고품질제품에 계획적으로 높은 가격을 책정함으로써 가능하면 많은 단기 이익

그림 10-2 침투가격전략과 초기고가격전략의 장·단기 이익효과

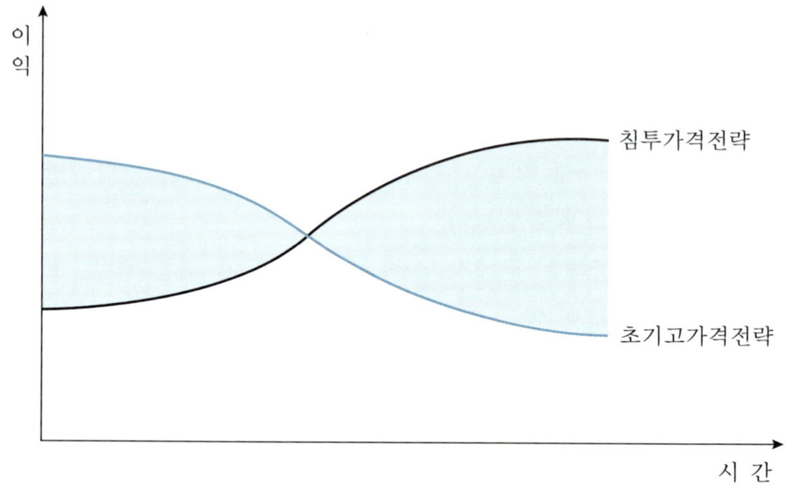


자료: 유필화 외(2005), 현대마케팅론, 박영사.

을 실현하고자 하는 가격전략이다. 그러나 시장에 경쟁제품이 출현하면 고가전략을 저가의 시장침투적 가격으로 전환한다. 초기고가격전략을 사용할 수 있는 경우는 ⓐ 차별화된 신제품인 경우, ⓑ 수요의 가격탄력성이 낮은 경우, ⓒ 고가격–고품질 연상효과가 큰 경우, ⓓ 규모의 경제 효과가 크지 않은 경우 등이다.

## 2. 수출가격 에스컬레이션 문제

### (1) 수출가격 에스컬레이션의 원인

수출품의 해외시장가격은 공장도가격에 운송비, 보험료, 관세, 각종 중간상들의 마진, 수출부대비용 등이 추가되어 수출가격 에스컬레이션(export price escalation)이 발생하게 된다. 그 결과 해외시장에서 수출품의 소비자 가격은 국내 소매가격에 비해 높아지게 되는 경우가 많다.

표 10–1은 수출가격이 에스컬레이션되는 과정을 보여 주고 있다. 수출가격의 에스컬레이션은 대부분 기업이 통제하기 힘든 외부적 요인에 의

표 10-1 수출가격 에스컬레이션 현상

| | |
|---|---|
| 공장도 FOB 가격 | $2.60 |
| +해외 현지시장까지의 보험료와 수송비 | $0.40 |
| =수입항 도착가격(CIF가격) | $3.00 |
| +수입항 도착가격(CIF가격)에 9% 관세부과 | $0.27 |
| =수입업자 원가 | $3.27 |
| +수입업자 원가에 10% 부가가치세 | $0.33 |
| =수입가격 | $3.60 |
| +수입가격에 5% 수입상 마진 | $0.18 |
| =도매원가(수입업자의 판매가격) | $3.78 |
| +도매상 마진 10% | $0.38 |
| =소매원가 | $4.16 |
| +소매상 마진 40% | $1.66 |
| =현지시장 판매(소매)가격 | $5.82 |

해 발생하기 때문에 글로벌기업의 마케팅활동에 상당한 애로요인으로 작용한다. 수출품의 현지시장가격이 에스컬레이션 문제로 가격경쟁력을 상실하는 경우에는 다음과 같은 대안적 대응책들을 활용할 수 있다.

#### (2) 수출가격 에스컬레이션에 대한 대응책

수출가격 에스컬레이션으로 인하여 가격경쟁력을 상실하는 경우에는 아래와 같은 대응책을 활용하여 수출가격 경쟁력을 강화하는 것을 고려해 보아야 한다.

**① 수출가격 조정**(한계비용 중심)

미래의 어느 기간까지 생산시설의 과잉상태가 예상되면, 특히 장치산업에 속하는 기업들은 변동비 중심으로 수출가격을 결정하는 것을 고려해 보아야 한다. 그러나 이 방법은 수입국의 덤핑규제를 초래할 가능성이 있으므로 반덤핑관세를 부과할 가능성이 적은 국가시장에 한하여 사용할 수 있다. 수출가격이 국내 판매가격보다 낮더라도 수입국 산업에 피해를 주지 않는다면 덤핑규제 대상에서 벗어날 수 있다.

**② 제품원가 인하**

수출기업은 수출제품을 수정 또는 단순화하거나 제품의 사이즈나 포장 사이즈를 축소시켜 제품원가를 낮추는 노력을 강화할 필요가 있다.

③ 제품가치 향상

품질과 디자인의 향상, 상표의 인지도 제고 등 차별화노력을 통하여 제품의 해외시장가치를 높여 수출품의 고가격을 정당화할 수 있도록 노력해야 한다.

④ 국제유통비용 축소

수출기업은 해외시장의 대형 소매상에게 직접 판매하거나 해외시장의 중간상기능을 직접 담당함으로써 유통경로를 단축시켜 국제유통비를 낮추도록 노력해야 한다. 이 경우 단축된 유통기구의 기능은 수출기업이 효율적으로 수행할 수 있어야 한다. 그렇지도 않은데 유통경로만 단축시킨다면 비능률을 초래하여 비용은 더 상승할 가능성이 있다.

⑤ 관세와 부가세의 축소

완제품으로 수출하는 경우에는 수입국에서 상대적으로 높은 관세와 부가가치세가 부과될 가능성이 크다. 그러나 제품에 따라서는 부품이나 반제품상태로 수출하여 현지에서 조립한 후에 완제품으로 판매한다면 상대적으로 낮은 관세와 부가가치세가 부과되므로 가격경쟁력을 회복하는 데 도움이 될 수 있다. 그러나 부품이나 반제품상태로 수출하는 것을 환영하지 않는 국가가 많아지고 있다. 이러한 경우에는 국제라이선싱계약을 통하여 해외현지기업들이 해당 제품을 현지생산-판매하게 할 수도 있다.

⑥ 생산입지조정

수출에 수반되는 각종 비용과 본사국의 높은 생산비용 때문에 수출품의 가격경쟁력이 떨어지는 경우에는 해당 제품을 해외시장 현지에서 하청생산(OEM생산)하거나 현지생산자회사를 설립하여 자체적으로 생산하여 판매하는 전략을 택할 수도 있다.

## 3. 수출가격의 표시

수출기업은 거래조건과 통화가치 등을 고려하여 적절하게 수출가격을 표시하여야 한다.

### (1) 표시통화

수출은 서로 다른 국가에 소속된 기업간의 거래이므로 결제통화를 어느 나라 통화로 표시하느냐가 문제가 된다. 일반적으로는 국제경제를 이끌어가는 나라의 통화로서 국제적으로 널리 사용되는 통화가 결제통화로 많이 사용된다. 예를 들면, 미국의 달러화, EU의 유로화, 일본의 엔화 등이다. 수출입거래의 표시통화는 안정적인 가치를 유지하여 환율의 급격한 변화가 없는 것이 바람직하다.

표시통화의 환율이 변하게 되면 국제거래는 환리스크에 노출이 된다. 환율이 변화하는 방향에 따라 수출기업은 환손실 또는 환이익을 얻게 된다. 표시통화가 강세통화이면 수출기업은 환이익을 얻게 되고 표시통화가 약세통화이면 수출기업은 환손실을 보게 된다. 따라서 수출기업은 표시통화로 강세통화를 선택하는 것이 바람직하나, 수입기업의 입장은 수출기업의 입장과 반대가 되기 때문에 수출기업과 수입기업간의 협의가 필요하다. 따라서 수출기업은 표시통화의 환율변동에서 오는 환위험을 회피하거나 축소하기 위하여 환위험 관리기법을 활용하는 것이 바람직하다. 예를 들면, 수출입기업들은 선물환시장을 활용하여 환위험을 헤지(hedge)할 수 있다.

**예 증** *ILLUSTRATION*

**수주 선박값 원화 포함 다중통화로 받는다**

– 삼성중공업, 노르웨이 선사로부터 계약액의 58% –

‘돈 되는 배만 수주한다. 대금도 원하는 통화로 받는다!’

배 지을 공간이 없어 수주를 늦출 만큼 초호황을 맞고 있는 조선(造船)업계가 고(高)부가가치선 선별 수주에 이어, 이번에는 배 값을 원화로 받는 계약을 체결했다.

삼성중공업은 6일 노르웨이 선사(船社)로부터 FPSO(부유식 원유 생산 · 저장설비) 1기를 100% 원화 결제 조건으로 수주하는 등 1만2,000 TEU급(20피트짜리 컨테이너 1만2000개를 실을 수 있는 크기) 초대형 컨테이너선 5척을 총 13억 달러(약 1조 2,210억원)에 수주했다고 밝혔다.

삼성중공업은 지난 2월에도 노르웨이 선주사로부터 선가(船價)의 58%를 원화로

초대형유조선(VLCC) 기준
세계 선박 가격 변화 추이

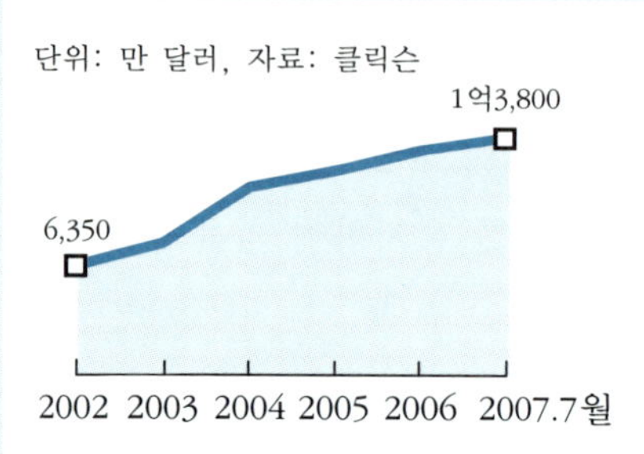


받는 다중통화계약을 체결한 바 있고, 지난달에는 여객선 2척을 유로화 결제 조건으로 계약하기도 했지만 전액 원화계약은 사상 처음이다. 이에 따라 선물환 거래를 통해 환율 변동 위험을 피해 왔던 삼성중공업은 환헤징 비용을 절약할 수 있게 됐고, 국내 환율시장 안정에도 도움을 주게 됐다.

달러화로 체결하는 국제 선박건조 계약 관례를 깰 수 있었던 것은 한국 조선소들의 경쟁력이 그만큼 우위에 있기 때문이다. 좀 비싸더라도 믿을 수 있는 한국에서 배를 지으려는 선주들의 수요는 느는데 공급이 달리다 보니 수주 협상에서 한국 조선소들이 유리한 입장에 선다는 것이다.

자료: 조선경제, 2007년 9월 7일.

### (2) 거래조건과 수출가격

수출가격표시(export price quotation)는 받을 가격을 표시할 뿐만 아니라 수출기업과 수입기업 당사자 간의 의무와 보상책임을 명시하기 때문에 대단히 중요하다.

국제무역에 있어서는, 언어, 관습, 법률이 상이한 국제무역 당사자간에 계약조건의 해석에 따른 분쟁을 방지하기 위하여 제정된 국제무역거래조건(Incoterms)을 많이 채택한다. 국제무역거래조건의 예를 들면, 공장인도조건(EXW: ex work), 본선인도조건(FOB: free on board), 운임 · 보험료 포함 인도조건(CIF: Cost, Insurance & Freight), 목적항 부두 인도조건(DEQ: Delivered Ex Quay) 등이 자주 사용되는 국제무역거래조건 들이다.

국제무역거래조건의 내용에 따라서 수출기업의 의무와 보상책임이 달라지고 이에 따라 제시되는 수출가격도 달라진다. 따라서 해외마케팅 담당자들은 각 조건에 있어서 수출자와 수입자의 최소한의 의무는 무엇이며, 수출화물의 소유권과 비용 그리고 위험은 언제 이전되는가를 알아둘 필요가 있다.

수출기업들은 공장인도(EXW)가격이나 본선인도(FOB)가격과 같이 최소한의 의무와 보상책임을 지고 수출할 수 있는 수출가격 제시를 선호하는 경향이 있다. 예를 들면, FOB조건인 경우, 수출기업의 책임과 의무는 수출화물을 선박에 선적하는 것으로 끝난다. 반면에 수입기업들은 수출기업의 의무와 보상범위가 큰 목적항 부두인도(DEQ)가격, 운임보험료포함(CIF)가격 등을 선호하는 경향을 보인다.

## 제 3 절 글로벌 이전가격 전략

글로벌 마케팅에 종사하는 기업은 제품을 본국에서 제조하여 해외에 수출하는 수출마케팅 이외에도 ① 해외에 생산자회사를 설치하여 현지생산-현지마케팅을 하거나, ② 자회사들과 네트워킹을 형성하여 자회사와 생산공정을 공유하거나, ③ 본사-자회사간에 수직적 공정관계가 형성되는 경우 등에서는 글로벌기업은 본사와 해외자회사간에 그리고 해외자회사 상호간에 내부거래가 발생하게 된다. 이러한 경우에 거래되는 제품(완제품, 반제품, 부품, 원자재 등)에 부과하는 가격을 이전가격(transfer pricing)이라 하며 이를 어떻게 책정할 것인가도 중요한 가격의사결정 분야이다.

### 1. 글로벌 이전가격의 성격

기업은 성장함에 따라 보다 효과적으로 기업목적을 달성하기 위해 이익센터(profit center)로서 분리된 사업부 또는 자회사 등을 설립하여 활동영역을 확장시켜 나가게 된다. 이익센터는 사업부나 자회사의 성과에 대한 측정과 평가, 부문관리 활동에 대한 자극·조장 등의 목적을 달성하기 위한 하나의 제도이다. 이러한 목적을 달성하기 위해서는 이전가격의 합리적 운용이 필요하다. 그러나 이전가격체제가 국경을 넘어 확장될 때에는 새롭고 복잡한 이전가격 문제가 추가된다. 이는 국가마다 조세율, 관세율, 고객의 구매력, 경쟁상황, 정부의 규제 등과 같은 시장환경 요인들이 다르기 때문이다.

## 2. 글로벌 이전가격 결정의 고려요인

글로벌 이전가격은 글로벌마케팅의 시너지효과를 실현시키기 위한 가장 효율적인 수단 중의 하나이다. 글로벌기업은 이전가격의 책정을 통하여 ① 전사적 측면에서 이익의 최대화를 도모할 수 있으며, ② 자회사의 해외 마케팅활동을 통제할 수 있기 때문이다. 이러한 시너지효과를 실현하기 위해 글로벌 이전가격을 책정할 때의 고려요인은 다음과 같다.

### (1) 법인세 절감

기업의 이익에 부과하는 세율은 국가마다 다르기 때문에 기업은 이전가격을 조정하여 가능한 한 법인세를 적게 내고자 노력한다. 예를 들면, 자회사가 위치한 국가들 중에서 세율이 낮은 곳에서 이익이 많이 발생하는 것이 세율이 높은 곳에서 이익을 많이 발생하게 하는 것보다 법인세를 절감할 수 있다. 이를 위해서 기업은 세율이 높은 나라의 자회사에서 세율이 낮은 나라의 자회사로 제품을 수출하는 경우에는 이전가격을 낮게 책정함으로써 수출하는 나라에는 이익이 적게 발생하고 수입하는 나라에는 이익이 많이 발생하도록 할 수 있다. 반대로 세율이 낮은 국가의 자회사에서 세율이 높은 국가의 자회사로 제품을 수출하는 경우에는 수출가격을 높게 책정함으로써 세율이 낮은 국가에 있는 자회사에 이익이 많이 발생하고 세율이 높은 국가에 있는 자회사에는 이익이 적게 발생하게 할 수 있다. 그 결과 기업전체로 볼 때, 법인세부담은 줄고 총이익은 증가한다.

### (2) 관세절감

수입제품에 높은 관세율이 적용되는 국가에 위치한 자회사로 수출하는 경우에는 이전가격을 낮게 책정함으로써 수입관세를 절감할 수 있다.

#### (3) 외환통제 회피

외환사정이 좋지 않은 국가에서는 외환의 국외유출에 대하여 통제를 가하는 정책을 실시하는 경우가 많다. 이러한 국가에 위치하는 자회사들은 투자이익, 배당금, 이자, 원금상환 등의 외화송금을 엄격히 통제받기 때문에 해당 글로벌기업은 자금운용에 제약을 받게 된다. 이러한 경우에 글로벌기업은 이전가격 조정을 통하여 외환통제의 영향을 완화하고자 한다. 예를 들면, 외환통제가 엄격한 국가에 위치한 자회사로 수출하는 경우에는 이전가격을 높게 책정하고 외환통제국에 위치한 자회사로부터 수입할 때에는 수입가격을 낮게 책정함으로써 외환통제를 회피하고 필요자금을 조달할 수 있다.

#### (4) 경쟁대응

해외시장국에 강력한 경쟁자가 존재하는 경우에 현지자회사로 수출하는 부품이나 원자재의 가격을 낮게 책정함으로써 현지자회사가 생산하는 제품의 가격경쟁력을 강화시킬 수 있다.

#### (5) 정치적 불안정에 대한 대응

자회사가 진출한 국가의 정치적 불안정이 높아지는 경우에는, 이로 인해 발생할지 모르는 피해를 예방하기 위하여 글로벌 본사는 현지자회사의 이익을 해외로 이전시키고자 할 수 있다. 이러한 경우에는 해당 자회사로 수출하는 이전가격은 높게 책정하고, 반대로 해당 자회사로부터의 수입가격은 낮게 책정함으로써 현지자회사의 이익을 해외로 이전시킬 수 있다.

#### (6) 공통비용의 회수

모회사가 해외자회사의 발전에 많은 기여를 한 경우, 예를 들면, 연구개발을 통한 기여, 마케팅활동을 통한 기여, 컨설팅활동을 통한 기여 등을 한 경우에는 이러한 기여도를 비용화하여 이전가격에 부과함으로써 공통비용을 회수할 수 있다.

## 3. 글로벌 이전가격의 결정방법

글로벌 이전가격은 글로벌기업 전체이익의 최대화를 도모하는 동시에 자회사의 활동의욕을 위축시키지 않는 방향에서 결정되는 것이 바람직하다. 이를 위해서는 해당되는 자회사의 갈등을 최소화하면서, 나아가서는 불이익을 당한 자회사에 대한 보상수단을 고려하면서 이전가격을 결정하는 것이 바람직하다.

#### (1) 직접원가 이전

직접원가 이전(transfer at direct cost pricing)은 직접적인 원가만을 해외자회사에 대한 수출가격으로 결정하는 방법을 말한다. 이 경우에는 가장 낮은 원가를 토대로 이전가격이 책정되므로 해외자회사의 가격경쟁력은 강화되고 해외자회사의 이익이 증가할 가능성이 있다. 그러나 이 경우 수입국으로부터 덤핑 혐의를 받을 가능성이 높아진다.

#### (2) 원가가산 이전

원가가산 이전(transfer at cost-plus pricing)은 직접원가 이외에 간접원가까지도 포함하여 이전가격을 결정하는 방법으로 글로벌기업들이 가장 많이 사용하는 방법이다. 이 경우에는 정상적인 원가를 토대로 이전가격이 책정되므로 해외자회사는 모회사의 특혜가격에 의존하기보다는 스스로의 경쟁력으로 이익을 창출해야 한다는 의미가 담겨 있다. 이 방법은 해외현지시장의 경쟁상황을 고려하지 않고 있다. 그러나 본사는 해외자회사에게 제품을 수출할 때 마진을 붙이지 않았기 때문에 마진폭만큼 해외자회사를 지원해준 것이 된다.

#### (3) 시장가격 이전

시장가격 이전(transfer at market-based pricing)은 현지시장에서 판매되는 가격을 기준삼아 해외자회사에 수출하는 제품의 가격을 책정하는 방법이다. 시장가격 이전은 현지시장의 구매력을 감안한 가격결정이므로 글로벌기업이 새로운 해외시장에 침투할 때 많이 사용하는 방법이다.

#### (4) 정상가격 이전

정상가격 이전(transfer at arm's length pricing)은 글로벌기업이 제3자에게 판매하는 가격과 동일한 가격으로 해외자회사에 수출하는 제품의 가격을 책정하는 방법이다. 따라서 이전가격에는 제품을 생산하는 데 소요된 직·간접원가에 정당한 이윤이 포함된다. 이 방법은 다른 자회사로 제품을 수출하는 본사(자회사)에게는 유리한 방법이나 제품을 수입하는 자회사에게는 부담스러운 방법이다. 차별화된 제품, 차별화된 서비스가 필요한 제품, 반제품 등에서는 제3자에게 판매하는 가격(정상가격)을 식별하기가 쉽지 않다. 따라서 이 방법은 정상가격을 식별하기 쉬운 표준화된 제품의 경우에 많이 적용된다.

## 4. 글로벌 이전가격 전략의 한계

글로벌마케팅에 종사하는 기업들의 글로벌 이전가격 전략은 다음과 같은 한계를 지니고 있다.

① 많은 국가들이 기업의 내부거래에 적용되어야 할 정상가격을 측정하기 위한 지침들을 규정하고 있으며, 세법의 관련규정들을 정비하여 세무당국의 조사권과 소득수정권한을 강화하고 있다.

② 해당시장의 정부기관들이 덤핑가격을 측정하기 위한 지침들을 규정하고 있으며, 또한 통상법을 강화하여 불공정무역에 따른 수익을 환수할 수 있는 권한을 강화하고 있다.

③ 기업 내부적으로도 이전가격에 대한 시각이 엇갈리어 모회사와 해외자회사 간에 또는 해외자회사 간에 갈등이 유발될 가능성이 있다. 이전가격에 따라 해외자회사의 영업성과가 좌우되기 때문에 기업 전체적으로는 바람직한 이전가격일지라도 해외자회사의 입장에서 보면 동의할 수 없는 이전가격이 책정될 수도 있기 때문이다.

④ 합작투자와 같이 본사가 자회사에 대한 통제권을 충분히 확보하지 못한 경우나, M&A에 의하여 해외자회사를 취득한 경우에는 본사의 의도대로 이전가격을 결정할 수 없는 경우가 자주 발생하게 된다.

제 4 절

# 글로벌 가격조정 및 변경

## 1. 글로벌 가격조정

글로벌기업은 지리적 비용의 차이, 목표시장의 요구조건 차이, 구매시기의 차이, 주문량의 차이 등으로 인하여 상황에 따라 가격을 조정해야 할 필요가 있기 때문에 세계시장에서 유일한 하나의 가격만을 고집할 수는 없다.

### (1) 지역별 가격결정

지역별 가격결정에는 기업이 여러 지역에 소재하고 있는 소비자들에게 운송비와 보험료 부과를 어떻게 하느냐에 따라 다음과 같은 유형들이 있다.

① 정형무역거래조건

이는 국제상공회의소에서 제정한 정형무역거래조건(Incoterms)에 따라 매매당사자간의 의무와 권리를 규정하고 이것에 의해 매매되는 제품의 가격을 책정하는 방식이다. 수출거래에서 많이 사용된다.

② 균일운송가격조건

고객의 거주지역과 상관없이 모든 소비자에게 동일한 운송비를 부과하는 방법이다. 이는 해외자회사가 현지시장에서 제품을 생산하여 현지시장에 판매하는 경우에 많이 사용된다.

③ 지대별 가격조건

이는 시장을 몇 개의 구역으로 나누고, 각 구역에서는 소비자들에게 동일한 운송비를 부과하는 방법이다. 이는 해외자회사가 EU와 같은 지역경제공동체에 진출해 있거나 러시아와 같이 지리적으로 넓은 시장에 진출해 있는 경우에 사용될 수 있다.

#### (2) 가격할인

대다수 기업들은 고객이 대금을 미리 지급하거나 대량구매를 하는 경우, 또는 비수기에 구매하는 경우에 고객들에게 기본적인 가격을 수정하여 판매하고 있다. 많이 사용되는 할인방법은 수량할인, 현금할인, 기능할인, 계절할인 등이 있다.

## 2. 글로벌 가격변경

글로벌기업은 기업 자체의 가격전략에 의해 일단 해외시장가격을 결정하더라도 기업환경의 변화나 경쟁양상의 변화에 따라 가격의 변경을 고려할 필요가 있다. 그러나 가격은 기업의 수익을 실현시키는 기능과 경쟁에 대응하는 기능을 가지고 있기 때문에 가격변경은 기업의 수익과 경쟁력에 중대한 영향을 미치게 된다. 따라서 기업은 가격변경에 앞서 소비자와 경쟁자의 예상되는 반응을 면밀하게 분석할 필요가 있다. 글로벌 가격의 변경을 초래하는 요인들은 다음과 같다.

#### (1) 환율의 변화

환율의 변화는 글로벌 가격변경의 중요한 원인이 되는데, 특히  수출가격 변경의 직접적인 원인이 된다. 환율의 변화는 자국통화의 평가절상과 평가절하라는 두 가지 유형으로 나타난다.

① 자국통화가 평가절상(환율의 하락)되는 경우에는 수출품의 가격경쟁력은 떨어진다. 예를 들면, 달러화와 원화의 환율이 $ : ₩=1 : 1,100에서 $ : ₩=1 : 1,000으로 변했다면 원화의 가치는 상승($당 100원)하여 원화의 평가절상을 가져온다. 이 경우에 한국에서 110,000원 하는 전자제품의 수출가격은 평가절상 전에는 100$(110,000÷1,100)이었으나 평가절상 후에는 110$(110,000÷1,000)로 10$ 인상되었다. 즉, 자국통화의 평가절상은 대외적인 가격경쟁력의 하락을 의미하므로 기존의 시장점유율을 유지하기 위해서는 수출가격을 인하할 것이 요구된다. 이는 수출기업의 채산성을 악화시키는 결과를 초래하게 된다. 이러한 결과를 피하기 위해서는 ⓐ 생산성 향상,

ⓑ 아웃소싱의 확대, ⓒ 생산공장의 해외이전 등을 고려해야 한다.

② 자국통화가 평가절하(환율의 상승)되는 경우에는 수출품의 가격경쟁력이 올라간다. 예를 들면, 달러화와 원화의 환율이 $ : ₩=1 : 1,000에서 $ : ₩=1 : 1,100으로 변했다면 원화의 가치는 하락($당 100원)하여 원화의 평가절하를 가져온다. 이 경우에 한국에서 110,000원 하는 전자제품의 수출가격은 평가절하 전에는 110$(110,000÷1,000)이었으나 평가절하 후에는 100$(110,000÷1,100)로 10$ 인하되었다. 즉, 자국통화의 평가절하는 대외적인 가격경쟁력의 상승을 의미하므로 수출가격책정에 많은 여유를 가져온다. 기업은 ⓐ 수출가격을 예전 그대로 유지함으로 수익률을 높이든지, ⓑ 수출가격을 낮추어 시장점유율을 높일 수 있다.

### (2) 원가의 변화

제품의 제조원가를 구성하는 항목에 가격변화가 발생하면 판매가격도 변화할 가능성이 높다. 주요 원가항목은 원자재비용, 인건비, 부동산사용료 등이 있다.

① 원가가 하락하는 경우에는 기업은 여유를 가지고 가격변경을 할 수 있다. 제품판매가격을 인하하여 시장점유율을 확대하든지 가격을 그대로 유지하여 수익률을 높이든지 하면 된다.

② 그러나 원가가 상승하는 경우에는 기업은 가격변경에 신중을 기하여야 한다. 경쟁자와 소비자의 반응을 고려하여야 하기 때문에 원가상승폭을 그대로 판매가격에 반영하기 어렵게 된다. 품질수준이 유사하다면, 원가가 상승하였음에도 불구하고 경쟁자가 판매가격을 올리지 않을 경우에는 자사도 판매가격을 올릴 수 없게 될 가능성이 많다. 이런 경우에는 ⓐ 원료수입선의 다변화를 통하여 원가상승을 최대한 억제하고, ⓑ 아웃소싱을 확대하여 생산기지를 다변화하고, ⓒ 새로운 원료개발에 노력하며, ⓓ 제품차별화를 통한 판매가격 인상을 추진하며, ⓔ 생산성향상 추진 등을 고려해야 한다.

### (3) 경쟁자의 가격인하

해외시장에서 경쟁기업이 가격을 인하하는 경우에 대응하는 방법에는 아래와 같은 방법들이 있다.

① 제품의 수명주기가 성숙기에 있다면 제품의 동질성이 높아진다. 이러한 경우에는 경쟁사의 가격인하에 대하여 민감하게 반응하여야 하기 때문에 자사제품의 가격도 인하하는 것이 바람직하다.

② 제품포트폴리오에서 당해제품의 중요성이 높다면, 시장점유율의 유지가 중요하므로 경쟁사의 가격인하에 대응하여 자사제품의 가격도 인하하는 것이 바람직하다. 그러나 제품포트폴리오에서 당해제품의 중요성이 낮다면 경쟁사의 가격인하에 민감하게 대응할 필요성은 적어진다.

③ 경쟁사의 의도가 시장점유율을 확대하기 위한 것이고 재무적 자원도 튼튼하다면, 가격하락은 장기적으로 진행될 것이기 때문에 이에 대응하여 자사제품의 가격도 인하하는 것이 바람직하다.

④ 당해 시장의 가격민감도가 높다면 경쟁사의 가격인하로 자사의 시장점유율이 크게 잠식당할 것이므로, 이를 방지하기 위해서는 자사제품의 가격도 인하하는 것이 바람직하다. 그러나 가격민감도가 높지 않다면, 가격인하효과는 크지 않기 때문에 가격인하로 대응하기보다는 제품차별화로 대응하는 것이 바람직하다.

⑤ 규모의 경제효과가 크다면, 경쟁사의 가격인하로 경쟁사는 대량생산-원가하락 효과가 나타나는 반면에, 자사의 시장점유율은 침식당하여

그림 10-3 수요의 변화와 가격수준

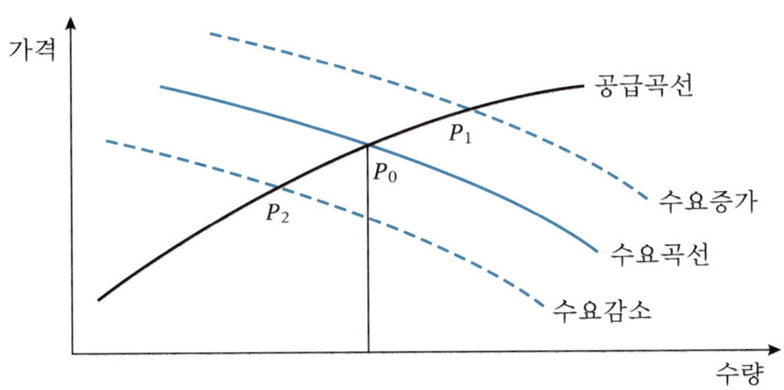

생산량축소에 따른 원가인상효과가 나타날 가능성이 크다. 이렇게 되면 경쟁사에 비해 자사는 원가구조가 불리해져서 구조적으로 가격경쟁력이 뒤지게 된다. 이러한 현상을 방지하기 위해서는 경쟁사가 가격을 인하하면 자사의 가격도 인하시켜 시장점유율을 유지하는 것이 바람직하다.

### (4) 수요의 변화

시장이 효율적으로 작용하고 있다면 가격은 수요와 공급에 의하여 결정된다. 따라서 수요가 변화한다면 가격은 자연히 변화하게 된다. 수요가 증가한다면 수요곡선은 상향으로 이동하므로 가격은 상승하게 된다. 반대로 수요가 축소되면 수요곡선은 하향으로 이동하므로 가격은 하락하게 된다(그림 10-3 참조). 수요곡선이 완만한 곡선을 나타내느냐 또는 급격한 곡선을 나타내느냐는 수요의 가격탄력성에 따라 다르게 나타난다. 가격탄력성이 높으면 완만한 곡선을 나타내어 가격하락에 따라 수요의 민감성이 커지며 가격탄력성이 낮으면 급격한 곡선을 나타내어 가격하락에 따른 수요의 민감성이 작아진다(그림 10-4 참조).

그림 10-4 비탄력적 수요와 탄력적 수요

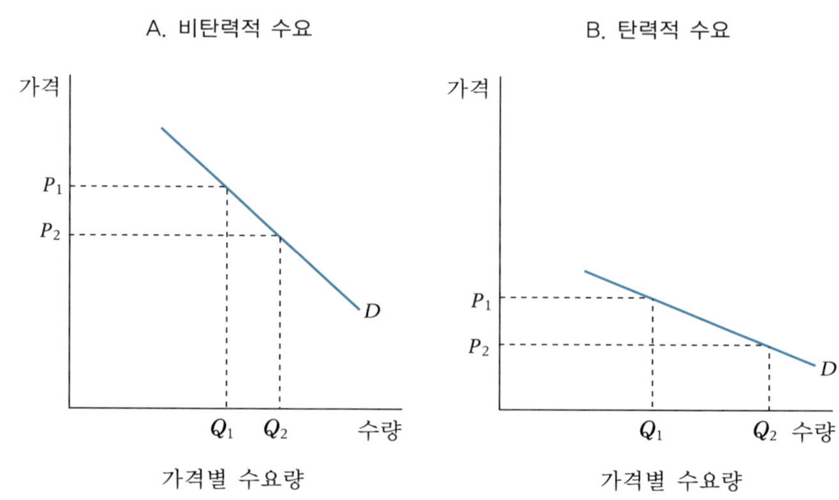

## 제 5 절
# 글로벌 가격전략의 특수문제

## 1. 국제덤핑규제

글로벌 가격전략에 있어 중요한 이슈 중의 하나가 덤핑의 문제를 들 수 있다. 수출국은 수출가격의 에스컬레이션 문제를 완화하기 위하여 직접비 중심의 수출가격책정을 하고자 하는 유인이 강한데, 이는 수입국에서 덤핑의 문제를 야기할 수 있기 때문이다.

### (1) 반덤핑관세의 부과기준

덤핑은 수입국의 산업을 해칠 가능성의 있다는 이유로 많은 규제가 가해지고 있다. 수입국이 덤핑판정을 하기 위해서는 두 가지 조건이 충족되어야 한다. ① 동일제품을 국내(수출국)에서 거래되는 가격보다 낮은 가격으로 수출하고, ② 이러한 가격으로 수출되는 수출품이 수입국의 해당산업에 현저한 피해를 입히거나 입힐 우려가 있는 경우 등이다.

수입국산업의 피해란 ① 덤핑수입물량의 현저한 증가로 수입국에서 수입국기업의 동일상품 생산량과 소비량에 현저한 감소가 있는 경우, ② 덤핑수입 때문에 수입국에서 수입국기업의 동일상품 시장점유율이 현저히 하락한 경우, ③ 덤핑수입에 의해 수입국의 동일상품의 가격이 현저하게 저하된 경우 또는 가격의 압박을 받은 경우, ④ 덤핑수입품 때문에 예상되던 가격상승이 방해받은 경우 등이다. 그러나 비록 수출가격이 국내가격보다 낮더라도 수입량이 미미하여 수입국산업에 큰 피해를 주지 않았거나, 수입국에 해당 산업이 존재하지 않는다면 덤핑판정은 받지 않을 수 있다.

덤핑은 일반적으로 ① 비교우위에 입각한 국제무역을 왜곡하고, ② 수입국의 시장질서를 문란케 하며, ③ 수입국의 산업기반을 상실하게 하는 등 부정적 효과를 초래하므로 불공정 무역으로 간주되어 국제적인 비난과

제재의 대상이 되어 왔다. 따라서 WTO 반덤핑협정은 덤핑물품의 수입국에 덤핑률에 해당하는 반덤핑관세를 부과할 수 있는 권리를 부여하고 있다. 덤핑률의 계산은 다음과 같다.

$$\text{덤핑률}(\%) = \frac{\text{조정된 정상가격}}{\text{조정된 덤핑 수출가격}} \times 100$$

반덤핑관세의 세액은 결정된 덤핑률의 전액 또는 그보다 적은 범위 내에서 수입국 해당산업의 피해를 제거하는데에 적절한 크기로 결정할 수 있으나, 그 크기는 전적으로 수입국의 재량에 속한다. 그러나 반덤핑관세의 부과기간은 원칙적으로 부과일로부터 5년을 초과할 수 없다.

#### (2) 덤핑규제에 대한 대응방안

덤핑규제를 예방할 수 있는 몇 가지 대안은 다음과 같다.

① 제품을 고급화시킨다. 즉 저가의 제품에서 품질향상, 디자인향상, 상표차별화 등을 통하여 수출제품을 높은 가치를 지닌 제품으로 차별화시킴으로써 가격경쟁에서 벗어나도록 노력한다. 이러한 차별화전략은 제품을 정상가격으로 수출할 수 있는 힘을 부여할 수 있다.

② 제품에 보증이나 서비스 등을 강화함으로써 비가격유인을 제공한다. 즉, 제품의 구성요소 중 확장제품(augmented product)을 강화함으로써 가격경쟁을 회피할 수 있다. 예를 들면, 긴 품질보증기간의 제공, 외상판매 허용 등이다.

③ 내수모델과 수출모델을 적극적으로 차별화시켜 가격 차이를 정당화하도록 노력한다. 예를 들어 자동차의 경우, 내수모델과 수출모델의 배기량을 달리 하든가, 선택사양을 달리함으로써 내수모델과 수출모델이 동일제품이 아니란 것을 강조할 수 있다.

## 2. 글로벌 가격표준화 및 적응화

글로벌기업이 해외의 많은 국가에서 자사의 제품을 판매할 경우에 글로벌마케터는 모든 해외시장에서 표준화된 가격을 설정할 것인지 또는 시장별로 적응화된 가격을 설정할 것인지를 결정해야 한다. 또한 표준화하는 경우에도 본국중심으로 표준화할 것인가, 또는 글로벌 관점에서 표준화할 것인가를 결정해야만 한다.

### (1) 가격표준화전략

글로벌 가격의 표준화전략은 모든 해외시장에서 동일한 가격을 책정하는 전략이다. 이 전략은 표준화의 기준이 어디에 있느냐에 따라 본국중심적 가격표준화와 글로벌중심적 가격표준화로 나누어진다.

① 본국중심적 가격표준화

이는 특정품목의 최종소비자가격을 본국시장가격을 중심으로 세계적으로 동일하게 책정하는 방법이다. 이런 경우에는 제품의 수출에 부수하는 비용 예컨대 운임 · 보험료 · 관세 등은 소비자들이 부담하게 된다. 이러한 가격전략은 경쟁이나 시장조건에 관한 어떠한 정보도 고려하지 않기 때문에 가격결정이 비교적 단순하고 용이하다는 장점은 있으나, 현지시장의 경쟁조건이나 시장조건 등을 감안하지 않는 전략이기 때문에 기업의 이익을 최대화하기 어렵다는 단점을 가지고 있다. 이러한 전략은 흔히 사용되는 전략은 아니나 전자상거래, 지역공동체 시장 등에서 사용할 수 있다.

② 세계중심적 가격표준화

이는 글로벌시장 관점에서 설정된 가격대(global price zone)를 국내시장을 포함하여 모든 국가시장에 적용하는 방법이다. 글로벌 가격대에서는 글로벌 경쟁우위를 획득하는 데 필요한 가격의 절대하한을 제시한다. 이러한 전략은 기본적으로는 표준화된 글로벌 가격대를 설정하여 놓고, 자회사 입장에서 현지의 시장여건을 감안하여 글로벌 가격대 안에서 신축적인 가격책정을 가능하게 한다. 이러한 접근방법의 가정은 기업의 목표달성을 위해서는 최종적인 가격결정시 전사적인 관점에서 가격을 통제하지만 현지시장의 시장요인들도 충분히 고려해야 한다는 것이다. 현지시장의 시장요인들 중에서 중요한 것으로는 현지의 비용구조, 소득수준, 경쟁 등이 있다. 이러한 가격전략은 다수의 해외시장에서 동일한 제품을 판매하는 경우에 적용할 수 있다.

#### (2) 해외시장별 가격적응

이 전략은 서브하는 해외시장별로 현지마케터들의 지각(perceptions)에 의거하여, 제품의 가격을 분권적으로 결정하는 것을 말한다. 이 전략은 해외시장별로 자회사들이 현지의 시장상황과 경쟁상황에 적합하다고 판단되는 가격을 책정할 수 있는 장점이 있다. 또한 분권화된 이익센터로서의 해외자회사들은 자신의 의사결정이 자회사의 경영성과에 밀접한 관계가 있으므로 이러한 현지중심적 가격전략은 현지자회사의 경영의욕과 책임감을 상승시킬 수 있다. 그러나 이 방법은 다음과 같은 단점들을 지니고 있다.

① 해외시장별로 가격결정을 할 수 있도록 현지마케터들의 권한을 강화해 주기 때문에, 해당기업이 글로벌전략차원의 가격전략을 수립하고 실행하는 것을 어렵게 만든다. 따라서 현지국과 현지자회사의 이익만을 고려한 가격결정이 될 수도 있다.

② 만일에 해외 현지시장들 간에 가격차이가 너무 커지게 되면, 낮은 가격을 부과하는 해외시장으로부터 높은 가격을 부과하는 해외시장으로 재정거래(arbitrage transaction)가 발생할 수 있다.

③ 글로벌시장에서 기업과 제품에 관한 공통적인 이미지를 확립하기가 어려울 수 있다.

## 토의문제

*1.* 기업이 해외시장가격을 결정할 때 고려해야 하는 요인을 설명하시오.
*2.* 수출가격의 결정방식을 설명하시오.
*3.* 수출가격의 에스컬레이션 문제와 대응방안을 설명하시오.
*4.* 글로벌 이전가격의 성격을 설명하시오.
*5.* 글로벌 이전가격 결정의 고려요인을 설명하시오.
*6.* 글로벌 가격변경을 설명하시오.
*7.* 국제덤핑규제와 대응책을 설명하시오.
*8.* 글로벌 가격표준화와 적응화를 설명하시오.

## 참고문헌


유필화 외(2005), 현대마케팅론, 박영사.

이인세 외(1997), 세계화와 국제무역, 동성사.

이장로(2001), 국제마케팅, 무역경영사.

Al-Eryani, M. F., Alam, P., and S. H. Akhter(1990), "Transfer Pricing Determinants of U.S. Multinationals," *Journal of International Business Studies*, Vol. 21, No. 3.

Erickson, G. M., and J. K. Johanson(1985), "The Role of Price in Multi- Attribute Product Evaluation," *Journal of Consumer Research*, Sep.

Hines, J. R., Jr.(1990), *The Transfer Pricing Problem: Where the Profit Are,* National Bureau Research, Inc.

Keegan, W. J.(1989), *Global Marketing Management*, 4th ed., Prentice-Hall.

Kotler, P.(1994), *Marketing Management: Analysis, Planning, Implementation and Control*, 8th ed., Prentice-Hall.

Tang, R. W.(1992), "Transfer Pricing in the 1990s: The Emphasis is on Multinational and Tax Issues," *Management Accounting*, Feb.

# 제11장 글로벌 촉진전략

국내에서 효과적인 촉진활동에 필요한 일반적인 수단들은 글로벌 마케팅에 있어서도 적용된다. 그러나 해외시장의 환경이나 제약요인 등이 국내의 그것보다 훨씬 더 다양하기 때문에 촉진활동을 수행하는 데에는 더욱 많은 조정을 필요로 한다. 본장에서는 글로벌시장에서의 촉진전략 수립에 관하여 살펴보기로 한다.

## 제 1 절 커뮤니케이션 기본이론

글로벌마케팅에서 촉진(promotion)이란 마케팅커뮤니케이션이라고 부르기도 하는데, 이는 소비자들에게 자사의 제품이나 서비스에 관한 정보를 실제 및 잠재고객에게 전달하고 설득하는 마케팅노력을 의미한다. 기업의 촉진활동은 기본적으로 기업과 소비자간의 커뮤니케이션을 기반으로 이루어지기 때문에 촉진의 본질을 이해하기 위해서는 커뮤니케이션에 관한 기초이론을 살펴보는 것이 필요하다.

## 1. 커뮤니케이션의 구성요소

촉진은 고객과의 커뮤니케이션 과정이기 때문에 이 과정을 좀 더 구체적으로 이해하기 위해서는 커뮤니케이션 과정의 구성요소를 살펴볼 필요가 있다.

### (1) 발 신 자

커뮤니케이션 과정에서 출발점은 발신자(source, sender)이다. 발신자는 메시지를 만들어 송신하는 주체이다. 그러므로 커뮤니케이션 과정에서 정보의 원천이 된다. 발신자가 메시지를 만들어 송신하는 이유는 자신의 의사를 수신자에게 정확히 전달하는 데 있으므로, 수신자가 충분히 이해할 수 있는 내용과 방법으로 메시지를 생산하는 것이 일차적 과제가 된다. 그리고 생산된 메시지를 수신자가 쉽게 접근할 수 있는 경로를 통하여 전달하는 것도 중요한 과제이다.

마케팅에서 발신자는 소비자에게 자신이 제품이나 서비스에 관한 정보나 뜻을 전달하고자 하는 기업이 된다. 기업은 소비자들이 자신의 뜻을 잘 알 수 있도록 메시지를 작성하는 데 주안점을 둔다. 기업은 메시지 작성

그림 11-1 커뮤니케이션 과정

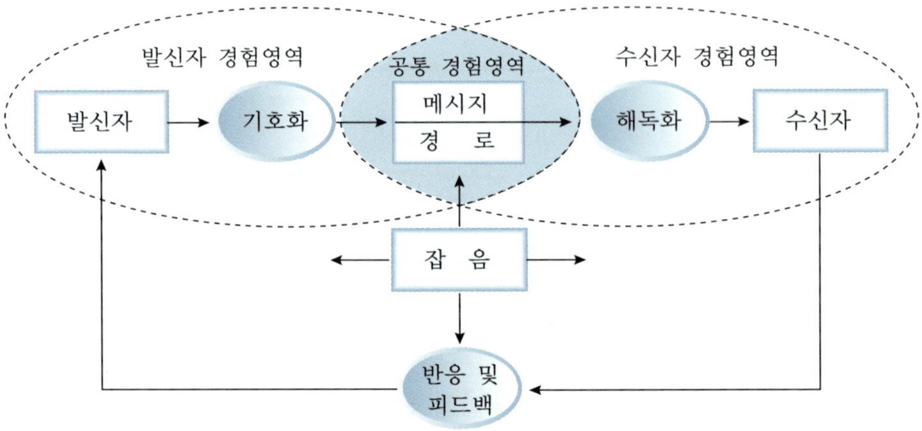

에서 소비자들의 관심을 끌기 위해서 소비자들이 좋아하는 유명 인사나 연예인 등을 활용하기도 한다. 이들은 광고에서 기업을 대신하여 정보를 전달하므로 또 다른 발신자라 할 수 있다. 그러나 발신자와 수신자의 역할이 고정되어 있는 것은 아니다. 특히 두 사람이 직접 대면해서 하는 커뮤니케이션에서는 발신자와 수신자로서의 두 사람 역할이 끊임없이 교환된다.

### (2) 기호화 및 메시지

기호화(encoding)는 언어, 그림, 영상, 기호나 상징 등을 요령있게 사용하여 발신자가 수신자에게 전달하고자 하는 메시지가 조립되는 과정을 말한다. 즉 전달하고자 하는 정보나 뜻을 언어적 · 시각적 · 청각적 수단을 동원하여 표현하는 것을 의미한다. 그리고 기호화를 통해 완성된 전달하고자 하는 내용이 메시지(message)가 된다. 그러므로 메시지는 발신자와 수신자가 의사를 주고받음에 있어서 매개의 역할을 한다. 커뮤니케이션이란 발신자의 뜻을 수신자에게 전달하는 것이 목적이므로 기호화를 통해 메시지에서 완성된 표현은 수신자가 쉽게 이해할 수 있게 이루어지는 것이 바람직하다.

### (3) 커뮤니케이션 경로

커뮤니케이션 경로(communication channel)는 발신자가 수신자에게 메시지를 전달하기 위해 사용하는 수단을 말한다. 사람들은 다른 사람들과 의사소통하는 수단으로 대화, 편지, 전화, 이메일 등 다양한 커뮤니케이션 경로를 사용한다. 동일한 메시지라도 경로특성으로 인해 수신자에게 다른 느낌이나 감정을 유발하는 경우가 많으므로, 사람들은 커뮤니케이션하고자 하는 목적이나 내용에 따라 가장 효과적인 경로를 선택하여 사용하는 것이 바람직하다. 마케팅에서 사용할 수 있는 경로는 크게 두 가지로 분류할 수 있다. 첫째는 인적경로이며, 둘째는 비인적경로로서 대중매체를 통해 의사를 전달하는 경우이다.

### (4) 해독화 및 수신자

해독화(decoding)는 수신자가 메시지를 해석하여 그 의미를 이해하는 것을 의미한다. 효과적인 커뮤니케이션에서는 수신자가 메시지를 발신자의 의도대로 해석하여 그 의미를 이해하게 된다. 그러나 실제로는 발신자의 의도가 수신자에게 충분히 전달되지 못하는 경우가 많다. 그것은 커뮤니케이션 과정에 개입되는 잡음 때문이기도 하지만, 발신자와 수신자의 경험영역의 차이 때문이기도 하다. 경험영역이란 사람들이 살아오면서 축적된 경험, 가치, 태도 등을 의미한다.

마케팅 커뮤니케이션에서 주요 수신자는 소비자가 된다. 그러므로 기업이 메시지를 제작할 때는 그 대상이 되는 소비자들의 경험영역에 대한 이해가 선행되어야 한다. 소비자들은 성별, 나이, 소득, 교육수준, 주거지역 등에 따라 경험영역이 다른 경우가 많으므로, 기업은 커뮤니케이션하고자 하는 표적청중을 구분하는 것이 바람직하다.

#### (5) 반응과 피드백

수신자는 발신자의 메시지를 해석하여 전해온 뜻을 알아차리게 되면 이에 대한 다양한 반응(response)을 보이게 된다. 수신자의 경험영역에 비추어 관심도가 높은 사항에 대해서는 높은 긍정적 또는 부정적 반응을 보이는 반면, 관심도가 낮은 사항에 관해서는 반응을 보이지 않을 수도 있다.

수신자의 반응들 중에서 발신자에게 다시 전달되는 반응을 피드백(feedback)이라 한다. 피드백은 수신자가 자발적으로 발신자에게 의견을 전달함으로써 이루어질 수도 있지만, 발신자인 기업이 소비자들의 반응을 조사함으로써 이루어질 수도 있다. 피드백 과정을 통해 기업은 커뮤니케이션 활동이 소비자들에게 자신이 원하는 대로 전달되었는지에 대해 평가할 수 있다. 이때 만약 수신자가 보인 반응으로 미루어 보아 수신자가 제대로 자기 뜻을 전달받지 못했다는 판단이 서면, 발신자는 그 원인을 분석하고 문안을 달리 작성해서 이것을 수신자에게 다시 보내는 것이 바람직하다.

## 2. 커뮤니케이션효과의 영향요인

커뮤니케이션이란 발·수신자인 두 사람이 메시지를 매개로 서로의 뜻을 상대에게 전해서 기대하는 반응을 얻어내고자 하는 행위라고 볼 수 있다. 따라서 마케팅커뮤니케이션을 보다 효과적으로 하기 위해서는 커뮤니케이션에 긍정적 또는 부정적 영향을 미치는 요인들을 파악하여 효과적으로 관리하는 것이 중요하다.

#### (1) 발신자의 신뢰도

발신자의 신뢰도(credibility)는 커뮤니케이션을 효과적으로 만들 수도 있고 그렇지 않을 수도 있다. 신뢰도는 ① 신용(trustworthiness)과 ② 전문성(expertise)으로 구성된다. 신용은 그 사람을 얼마나 믿을 수 있느냐 하는 것과 관련된다. 전문성은 어떤 일에 관하여 얼마나 전문적인 식견을 가지고 있느냐와 관련된다. 신용과 전문성이 있는 발신자의 말은 그렇지 않다고 여겨지는 발신자의 말보다 훨씬 신뢰도가 높을 뿐 아니라 설득력도 강해진다. 그런데 마케팅커뮤니케이션에 있어서는 여러 당사자가 발신자의 역할을 한다.

첫째는 광고의 주체인 기업이다. 광고하는 기업이 신뢰도를 높이려면 기업경영과 기업윤리 측면에서 성실하고 신용있는 기업으로 명성을 쌓아가야 하며, 아울러 기술개발과 인력개발 등을 통해 전문성을 향상시켜야 한다.

둘째는 매체(media)이다. 매체의 신뢰도를 높이는 방법이란 신뢰도가 높은 매체를 선정하여 사용하는 것을 의미한다. 신뢰도가 높은 매체라는 것은 ① 상대적으로 권위가 인정된 매체와, ② 광고하는 제품의 이미지와 일관성이 있는 이미지를 가진 매체를 말한다.

셋째는 광고에 나오는 배역이며 배역의 신뢰도는 커뮤니케이션 효과에 영향을 미친다. 신뢰도가 높은 배역이란 ① 사회적으로 물의를 야기하지 않은 사람 그리고 인간으로서의 신뢰를 간직하거나 그런 이미지를 가진 사람이나 배우, ② 광고하는 제품의 이미지와 유사한 이미지를 가진 사람이나 배우를 말한다.

결국 발신자의 신뢰도를 향상시키기 위해서는 기업의 신뢰도를 높이고, 신뢰도가 높은 매체를 이용하고, 신뢰도가 높은 배역을 활용하는 것을 고려하여야 한다.

### (2) 메시지의 질

잘 만들어진 메시지는 설득력이 있지만 그렇지 않은 경우에는 설득력이 떨어진다. 슈램(Schramm)은 잘 만들어진 문안의 일반적인 특징을 다음과 같이 정리하였다.

첫째, 메시지는 신뢰성이 있어야 한다. 지나치게 과장되거나 사실과 동떨어진 정보를 담고 있는 광고는 신뢰성이 결여되어 있기 때문에 기대하는 효과를 얻기 어렵다.

둘째, 메시지 내용은 이해하기 쉽고 명료해야 한다. 수신자가 정확하게 그리고 신속하게 이해할 수 있도록 메시지 내용은 명료하여야 하며, 소비자의 언어를 사용하여 되도록 알기 쉽게 표현하는 것이 바람직하다.

셋째, 글로벌메시지는 가급적 가시적이어야 한다. 가시적이지 못한 메시지는 언어상의 장벽을 극복하는 힘이 적어 수신자의 주의와 관심을 끄는데 실패할 가능성이 높다.

넷째, 메시지는 욕구충족방안을 제시해야 한다. 수신자가 메시지 내용에 관심과 흥미를 이끌어내기 위해서는 수신자의 욕구를 자극하고 이 욕구를 충족시킬 수 있는 수용가능한 방안을 제시해야 한다.

### (3) 수신자의 상태

커뮤니케이션 효과는 수신자의 신체적 · 심리적 상태에 영향을 받는다. 신체적 상태와 관련하여, 몸이 아프거나 피로한 상태에 있는 경우에는 커뮤니케이션 효과가 거의 없다. 심리적 상태와 관련하여, 미충족욕구가 있는 경우에는 그것과 관련된 메시지는 수용될 가능성이 높지만, 욕구가 충족된 후에는 그것과 관련된 메시지는 수용되지 않을 가능성이 높다. 이는 발신자가 메시지를 보낼 때는 적절한 타이밍을 잡아야 한다는 것을 시사한다.

### (4) 공통경험영역

커뮤니케이션 당사자의 공통경험영역의 크기가 클수록 두 사람 사이의 커뮤니케이션이 효과적으로 이루어질 가능성이 크다. 즉, 신념, 교육, 사회계층 및 기타 특성에서 동질성이 높을수록 두 사람간의 커뮤니케이션과 교류의 빈도가 높아지고 감정이 잘 통한다. 따라서 광고메시지를 작성할 경우에는 소비자언어를 사용하는 것이 바람직하다. 예를 들면, 어린이를 대상으로 하는 메시지에는 어린이의 언어를 사용하는 것이 의사전달 효과를 크게 할 수 있다.

## 3. 커뮤니케이션매체의 유형과 기능

커뮤니케이션매체란 발신자와 수신자 사이에서 커뮤니케이션을 전달하는 수단을 의미한다. 슈램(Schramm)은 그의 연구에서 어떤 매체는 다른 매체가 할 수 없는 특정한 기능을 가지고 있다고 지적하고 있다. 이는 매체유형에 따라 그 특징과 기능이 서로 다르다는 것을 의미한다. 이런 이유 때문에 커뮤니케이션매체를 적절히 믹스하여 사용하는 경우에는 보다 좋은 커뮤니케이션 효과를 얻을 수 있다. 매체의 주요 유형과 그 기능은 다음과 같다.

### (1) 대중매체

대중매체(mass media)란 하나 또는 소수의 발신자가 다수의 수신자에게 메시지를 전달할 수 있는 매체를 말한다. 신문, 잡지, 라디오, TV 등이 여기에 속한다. 대중매체의 특징은 ① 발신자가 신속하게 수많은 수신자에게 도달할 수 있다는 점, ② 따라서 새로운 지식과 정보를 확산시키는 기능이 뛰어나다는 점, ③ 발신자로부터 수신자에게 일방적으로 메시지가 전달된다는 점, ④ 행동, 색상, 소리 등을 통하여 입체적으로 메시지를 전달할 수 있으므로 표현력이 좋다는 점 등이다. 대중매체의 이러한 특징은 지식이나 정보의 전달에는 탁월한 효과를 나타내는 것으로 평가된다. 그러나 대중매체는 수신자의 상태를 고려하지 않는 일방적인 의사전달 때문에 수신자를 설득하는 힘은 제한적이다. 따라서 대중매체의 이러한 특징은 수신자의 지식의 변화를 초래하는 데 우월한 기능을 나타낸다. 즉 제품에 관한 정보나 사용법 등을 소비자에게 알리는 경우와 수신자가 약하게 지닌 태도를 변화시키는 데 좋은 효과를 내는 것으로 평가되고 있다.

### (2) 대인매체

대인매체(interpersonal channels)란 하나 또는 소수의 발신자가 수신자를 대면하여서 정보를 전달하는 매체를 말한다. 인적 판매가 여기에 속한다. 대인매체의 특징은 ① 발신자와 수신자가 쌍방적으로 커뮤니케이션 할 수 있기 때문에 제공되는 정보의 양이 많다는 점, ② 발신자가 수신자의 욕구와 상태를 관찰하면서 의사전달을 하기 때문에 메시지의 내용을 임기응변적으로 조정하여 수신자의 지각 선택과정을 극복할 수 있는 힘이 비교적 크다는 점, ③ 발신자와 수신자가 좋은 유대관계를 구축할 수 있다는 점, ④ 대면하여서 커뮤니케이션을 하기 때문에 정보의 확산 속도가 느리다는 점 등이다. 인적 매체의 이러한 특징은 수신자를 설득하는 기능이 우수한 반면에 정보나 지식을 확산시키는 기능은 상대적으로 떨어지는 모습을 나타낸다.

### (3) 대중매체와 대인매체의 결합

대중매체와 대인매체의 결합이야말로 두 매체의 장점을 결합시켜 수신자로 하여금 새로운 정보와 아이디어에 신속하게 접근하게 하고 또한 수신자를 설득해서 새로운 아이디어를 수용하게 하는 데 가장 효과적일 수 있다. 이러한 유형의 커뮤니케이션 예는 미디어포럼(media forums)에서 볼 수 있다. 미디어포럼은 개발도상국의 농촌을 계몽하기 위한 수단으로서 많은 나라에서 채택되어 실행되었는데, 이는 개인들의 조직화된 소규모집단으로서 그들은 정규적으로 미디어프로그램을 수용하고 그 내용을 토론함으로써 구성원들을 변화시키고 구성원들의 결정을 피드백시킨다. 사용된 미디어가 라디오인 경우는 인도와 남미의 라디오포럼이 있으며, TV인 경우는 이탈리아의 텔레스콜라(telescuola)가 유명하며, 인쇄매체인 경우는 과거 중국의 학습집단이 있다.

최근에는 급속히 발달하고 있는 인터넷이 미디어포럼의 기능을 대체하고 있다. 인터넷은 대중매체와 같이 지식이나 정보를 다수의 수신자에게

표 11-1 커뮤니케이션매체의 분류

| 특 징 | 대중매체 | 대인매체 | 절충매체 |
|---|---|---|---|
| • 메시지 전달 | 일방적 | 쌍방적 | 쌍방적 |
| • 정보전달 속도 | 빠르다 | 느리다 | 빠르다 |
| • 수신자 수 | 많 다 | 제한적 | 많 다 |
| • 피드백 양 | 적 다 | 많 다 | 많 다 |
| • 지각의 선택과정을 극복하는 능력 | 낮 다 | 높 다 | 높 다 |
| • 주요 효과 | 지식의 변화 | 태도의 변화 | 태도의 변화 |
| • 주요 매체 | 신문, 잡지, TV, 라디오 | 판매원 | 인터넷, 미디어포럼 |

신속하게 전파하는 기능을 가지고 있을 뿐 아니라, 발신자와 수신자 그리고 수신자 상호간에도 쌍방적인 의사전달이 가능하기 때문에 제공되는 정보의 양이 많고 수신자의 반응에 따라 임기응변적으로 메시지의 내용을 조정할 수 있어 수신자의 선택적 노출을 극복할 수 있는 힘이 크다. 또한 인터넷은 국경을 초월하여 커뮤니케이션을 할 수 있기 때문에 매체의 도달범위도 매우 넓다. 따라서 인터넷은 앞으로 커뮤니케이션 효과가 큰 글로벌 매체로 성장할 가능성이 크다.

## 제 2 절
## 글로벌 촉진의 고려요인

촉진은 그 본질이 커뮤니케이션에 있으므로 글로벌 촉진을 계획할 때에는 가능한 한 효율적인 커뮤니케이션이 이루어지도록 노력해야 한다. 이를 위해서는 상이한 해외환경 때문에 초래되는 글로벌 촉진의 장애요인과 글로벌 수신자에 대한 이해가 선행되어야 한다.

본 절에서는 글로벌 촉진의 장애요인, 글로벌 수신자의 유형, 이들에 대한 글로벌 마케팅 커뮤니케이션 목적 등을 살펴본다.

## 1. 글로벌 촉진의 장애요인

글로벌마케터의 입장에서 볼 때 글로벌커뮤니케이션 과정에 개입되는 국가간의 문화적 차이나 제도적 차이 등과 같은 장애요인들은 기업들의 마케팅커뮤니케이션을 제한하는 동시에 그 실패율을 높이는 작용을 한다. 그렇기 때문에 기업이 글로벌촉진전략을 수립하고 집행할 때에는 글로벌커뮤니케이션의 장애요인을 이해하고 있어야 한다.

### (1) 언어상의 제약

① 각 나라마다 상이한 언어 때문에 갖는 표현상의 미묘한 뉘앙스와 방언으로 생기는 문제점들은 효율적인 커뮤니케이션을 방해하는 심각한 장애요인 중의 하나이다.

② 개발도상국가의 높은 문맹률 역시 의사전달에 많은 제약을 가한다. 인도나 터키의 경우 문맹률이 높기 때문에, 이러한 나라의 경우는 신문이나 잡지와 같은 문자매체보다는 라디오나 TV와 같은 언어매체를 통한 의사소통이 효과적이다.

### (2) 문화적 편견

국가 간의 문화적 차이는 글로벌촉진을 어렵게 한다. 제품의 사용상황, 색상이 주는 의미, 비언어적 몸짓이 주는 의미 등은 문화에 따라 상이

그림 11-2 글로벌 촉진의 장애요인

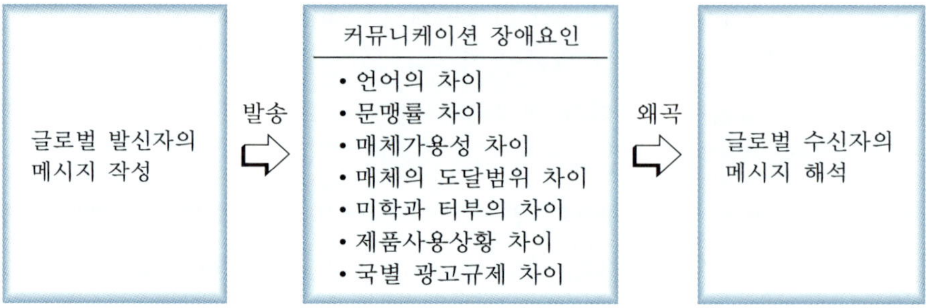

할 수 있기 때문에 광고커뮤니케이션에서 이들의 사용과 해석에 주의를 기울여야 한다.

① 제품의 사용상황이 문화에 따라 다르다. 예를 들면, 코냑을 즐기는 상황은 서구인들은 주로 저녁식사 후 조용히 한잔 마시는 술인 반면, 동양인들은 주로 연회나 회식 등 사교모임에서 즐겨 마시는 술이다. 그 결과 코냑메이커인 Henessy사는 같은 종류의 주류에 대하여 서양과 동양에서 사용하는 광고에 차이를 두고 있다.

② 색상이 의미하는 상징성도 국가에 따라 다른 경우가 많다. 국가에 따라 혐오하는 색과 좋아하는 색이 상이한데 예컨대, 중국에서는 흰색을 상가집 색으로 여기고 비교적 싫어하는 반면에 유럽에서는 순결을 상징한다.

③ 동물에 대한 생각도 국가에 따라 상이한 경우가 많다. 한국은 까치는 길조로 여기나 까마귀에 대한 인상은 좋지가 않다. 그러나 일본은 반대의 감정을 가지고 있다. 인도는 소를 신성시한다. 이러한 나라에서는 소고기를 스프원료로 사용하는 라면은 판매할 수 없을 것이다.

### (3) 커뮤니케이션매체의 활용여건

① 글로벌 촉진전략을 수립할 때에는 국가별로 상이한 커뮤니케이션 매체 여건을 고려하여야 한다.

② 현지시장에서 매체의 활용가능성이 어느 정도인가 하는 점이다. 커뮤니케이션매체 중에서도 TV, 라디오, 신문, 잡지 등과 같은 매스 미디어의 활용가능성은 국가에 따라 크게 차이가 난다. 개발도상국에서는 경제발전의 미흡으로 대중매체가 원활하게 제공되지 못하는 경우가 많다. 선진국에서도 일부 국가에서는 규제에 의해 특정 매체의 활용이 제한되는 경우도 있다. 가령 북유럽과 같이 사회주의 경향이 짙은 유럽국가에서는 최근까지도 국영방송에서 TV광고가 금지되거나 자제되고 있다.

③ 국가별로 매체의 커뮤니케이션효과에 차이가 있다는 점이다. 각 나라마다 매체의 도달범위와 도달빈도가 상이하기 때문이다. 따라서 글로벌 촉진전략을 수립할 때에는 이러한 사정을 고려하여야 한다. 예를 들면, 한국에서는 중앙에서 발간되는 많은 신문이 전국지의 성격을 가지고 있으나

미국은 몇 개의 신문을 제외하고는 대다수 신문이 지역신문이다. 또한 전파매체의 경우, 공중파방송과 유선방송, 위성방송 등 채널이 풍부한 국가시장에서는 채널수가 적은 국가시장에서와 같은 노출(exposure)을 기대하기는 어렵다.

#### (4) 광고규제

세계 각국에는 다양한 광고규제가 있기 때문에 글로벌마케터는 촉진전략을 수립할 때에 이러한 규제에 대비할 수 있어야 한다. 광고에 대한 규제는 나라마다 차이를 보이고 있으나 흔히 사용되고 있는 규제에는 다음과 같은 것이 있다.

① 매체규제

많은 나라에서는 어떤 제품은 특정유형의 매체에는 광고를 하지 못하도록 규제를 하고 있다. 예를 들면, 한국에서는 TV에 담배광고를 하지 못하도록 규제하고 있다. 주로 담배, 주류, 마약, 피임기구 등이 여기에 속한다.

② 내용규제

메시지내용에 대한 표현도 규제의 대상이 될 수 있다. 예컨대, 일본에서는 진통제나 감기약과 같은 시판의약품의 광고에서는 '안전한' 또는 이와 유사한 용어의 사용을 금지하고 있다. 또한 많은 국가에서는 TV를 통해 지나치게 선정적이거나 폭력적인 광고장면이 방영되는 것을 엄격히 통제하고 있다.

③ 비교광고 규제

많은 국가에서 특정기업이 경쟁기업을 공격하는 비교광고를 규제의 대상으로 삼고 있다. 중국이나 독일의 경우에는 자사제품을 경쟁사의 제품과 비교하거나 "최고(best)"와 같은 과장된 용어를 사용하는 것을 허용하지 않고 있다. 그러나 미국에서는 비교광고가 허용되고 있다.

④ 어린이 광고 규제

많은 나라에서 어린이를 대상으로 하는 광고를 규제하고 있다. 이탈리아에서는 어린이 대상의 만화프로그램에서는 광고를 하지 못하도록 하고

표 11-2 광고규제사항과 해당국

| 광고규제사항 | 해당국 |
|---|---|
| • 어린이 대상광고 | 캐나다, 스칸디나비아제국, 미국, 이탈리아 |
| • 비교광고 | 프랑스(완화), 독일, 필리핀(금지), 미국(장려) |
| • 식품, 의약품 방송광고 (사전심의가 있어야 함) | 캐나다, 멕시코 |
| • 광고의 섹스 | 캐나다, 네덜란드, 스칸디나비아제국, 영국, 미국 |
| • 광고에 외국어 사용 | 프랑스, 멕시코, 캐나다(퀘백주) |
| • 식품 및 의약품 광고에 사용하는 어구 | 벨기에, 미국, 일본, 이탈리아 |
| • 사생활보호와 국가정보 | 프랑스, 노르웨이, 스웨덴, 미국 |
| • 성차별 광고 | 캐나다, 스칸디나비아제국, 네덜란드, 영국, 미국 |
| • 담배광고(방송광고) | 한국, 프랑스, 아일랜드, 네덜란드, 영국 |
| • 광고내용을 입증할 책임이 광고주에게 돌아감 | 스칸디나비아제국, EU, 미국 |

자료: Jain, S. C.(1990), *International Marketing Management*, 3rd ed., Kent Publishing Co.에서 수정.

있다. 중국에서는 어린이 대상 광고가 준수해야 할 기준이 있는데 주로 연장자에 대한 예절들을 주요 내용으로 하고 있다. 각국마다 규제내용은 다르나 광고규제에 대한 원칙을 가지고 있으므로 진출시장국의 규제원칙을 파악하는 일이 중요하다.

#### (5) 광고대행사의 가용성

글로벌커뮤니케이션의 추가적인 제약요인은 특정 국가시장 내에 활용 가능한 광고대행사가 어느 정도인가 하는 문제이다. 국가시장별로 광고대행사들이 수적으로나 질적으로 차이가 있는 것은 경제개발단계, 경제체제, 시장규모 등의 차이 때문이다.

① 경제개발단계가 높은 국가일수록 활용 가능한 광고대행사는 많아진다. 따라서 선진국에는 수준 높은 광고대행사들이 많으나 개도국에서는 적절한 광고대행사를 찾기가 어렵다.

② 시장경제가 발달한 자본주의국가에서는 광고대행사가 발달되어 있으나 배급경제가 발달한 사회주의국가에서는 광고대행사가 발달되어 있지 않다.

③ 인구가 많아서 절대시장규모가 크다면 경제개발의 수준이 높지 않

더라도 질이 높은 광고대행사가 발달해 있을 가능성이 크다.

## 2. 글로벌 수신자의 유형

특정한 표적 글로벌대중(target global public)이 자사에 대하여 호의적인 태도를 갖도록 하거나 자사제품을 실제로 구매하도록 하는 것이 글로벌마케팅 종사기업이 추구하는 글로벌마케팅 커뮤니케이션의 목적인 이상, 그 기업은 우선 어떤 유형의 글로벌대중을 표적으로 삼을 것인가를 결정한 다음, 그 표적 글로벌대중을 상대로 어떠한 커뮤니케이션을 추구할 것인지를 명확히 결정하고서, 그 커뮤니케이션 목적 달성에 최적이라 판단하는 촉진전략을 결정하고 집행하는 과정을 밟아야 한다.

### (1) 고객 및 잠재고객

글로벌마케터들은 해외시장의 소비대중을 메시지의 표적수신자로 선정하는 경우가 일반적이다. 이 경우에 글로벌마케팅 커뮤니케이션의 일차적 목적은 발신자가 바라는 방향으로 메시지의 수신자가 행동하도록 영향력을 미치는 데 있다. 발신자가 "바라는 방향"이란 해외고객이 정보탐색을 하여 제품에 대한 호의적인 태도를 형성하고, 구매결정을 하는 것을 말한다.

일반적으로 제품이 처음 시장에 소개되었을 때는 고객들은 제품에 대한 기초적인 지식을 주로 대중매체를 통해 획득하지만 시간이 지나면 대중매체와 대인매체를 통해 제품에 대한 흥미를 가지게 되고 구매시점이 가까워 오면 가족, 동료, 판매원 등과 같은 대인매체를 위주로 하여 사용경험 등 보다 자세한 지식을 구하게 된다. 바꾸어 말한다면, 고객이나 잠재고객들은 정보탐색과 같은 지식단계에서는 대중매체를 주로 활용하지만, 태도 형성단계에서는 대중매체와 대인매체를 적절히 믹스하여 사용하고, 구매결정단계에서는 설득기능이 뛰어난 대인매체를 많이 활용하는 경향이 있다.

### (2) 이해관계자

커뮤니케이션의 수신자가 이해관계자인 경우도 있다. 예를 들어, 원자재공급업체들에게 자사의 기업성과, 재무상태 등에 관한 자료를 배포하여 자사의 이미지를 호의적으로 형성하고 그 책임자들과 우호관계를 유지함으로써 원자재가격을 호의적인 시세로 공급을 받을 수 있도록 노력할 수도 있다.

따라서 글로벌 커뮤니케이션의 주요 목적들이 사전에 명확히 설정되

표 11-3 기업과 글로벌대중간의 커뮤니케이션

| 표적 글로벌 대중의 유형 | 글로벌마케팅 커뮤니케이션 목적의 예 | 글로벌촉진 전략의 예 | 글로벌촉진 전술의 예 |
|---|---|---|---|
| 일반대중 | 호의적인 태도 획득 | PR : 이미지광고 | 학생들을 위한 공장견학 실시, 산업박람회 참가, 대중이 자유로이 접속할 수 있도록 인터넷 사이트 개방 |
| 정　부 | 정책결정자들로부터 공정하고 호의적인 대우 획득 | PR : 로빙 | 현지정부기관들을 상대로 로빙활동 전개 |
| 공급업체들 | 자금 · 원자재 등 기업자원을 호의적인 시세로 획득 | PR : 이미지광고 | 대중매체를 통해 공급자들에게 기업성과, 재무상태 등에 관한 자료배포 |
| 고객들 | 판매증대 | 광고, PR, 인적판매, 판매촉진 | 대중매체를 통한 브랜드 광고, 기업PR, 판매원 활용, 판촉전개 |
| 종업원들 | 사기향상: 생산성 증대 | PR : 승진과 이미지광고 | 사내잡지, 판매콘테스트, 사내인터넷 활용 |
| 언론매체 | 호의적인 커버리지 획득 | PR : 언론매체 관계 | 출입기자단 활용, 회사대변인 활용 |
| 주주들 | 투자분위기 개선 | PR | 주주총회, 연차보고서 |
| 소속산업들 | 바람직한 수준의 경쟁유지 | PR | 업종조합결성, 업계의 정례적인 대화 유지 |
| 유통기구들 | 판매증대를 위해 유통기구들과 호의적인 관계유지 | PR, 인적판매, 판매촉진 | 유통업체 운영자회의 개최, 판촉사원 방문, 판매콘테스트, 협력광고 지원 |

어 있어야만, 글로벌마케팅의 표적대중을 정확하게 타켓팅(targeting)할 수 있다. 이해관계자 집단에 속하는 수신자에는 종업원, 주주, 유통기구, 공급업체 등이 있다.

#### (3) 감시기관들

커뮤니케이션의 수신자가 감시기관인 경우도 있다. 예를 들면, 미국에 수출하는 자사제품의 수입관세율을 인하하기 위해, 워싱턴DC에 있는 로빙 전문업체를 채용하여, 의회가 자사제품에 대한 수입관세를 인하하는 법안을 통과시키도록 로비(lobby)를 시킬 수도 있다. 감시기관에 속하는 수신자에는 정부, 언론, 소속산업 등이 있다. 표 11-3은 글로벌 수신자의 유형과 글로벌마케팅 커뮤니케이션의 목표를 보여준다.

## 제 3 절
## 글로벌 광고전략

광고는 경쟁의 대명사이며 시장경제의 상징이다. 대량생산과 대량소비의 연결은 매스커뮤니케이션에 의해 효율적으로 이루어 질 수 있기 때문에 글로벌광고는 가장 활력 있는 글로벌 마케팅커뮤니케이션 도구이다. 글로벌광고의 목표는 대중매체를 통해 글로벌시장에서 자사, 자사제품 또는 자사브랜드를 가능한 한 많은 잠재고객에게 최대한 노출시키고 수요를 촉진시키는 것이라 할 수 있다. 글로벌광고 의사결정시에 글로벌마케터가 직면하게 되는 주요사항은 다음과 같다.

### 1. 광고목표의 설정

글로벌 광고전략의 첫 단계는 광고목표를 설정하는 것이다. 글로벌마케터는 광고가 해야 할 역할이 무엇인가를 결정해야 하며, 이에 따라 광

표 11-4 광고목표의 구체적인 예

| | |
|---|---|
| **정보제공(inform)** | |
| • 신상품의 시장소개 | • 제품개량을 소비자에게 알림 |
| • 가격변경을 소비자에게 알림 | • 제품의 사용법 설명 |
| • 기업의 이미지 제고 | • 제품의 새로운 용도 설명 |
| • 새로운 부가적 서비스의 제공 | |
| **설득(persuade)** | |
| • 자사상표의 선호도 제고 | • 경쟁상표로 부터의 전환유도 |
| • 자사제품의 우수성 강조 | • 자사제품의 욕구충족 능력 강조 |
| • 소비자의 제품인식도 변경 | • 즉각적 구매설득 |
| **상기(remind)** | |
| • 제품의 계절적 필요성 상기 | • 구매장소 상기 |
| • 비수기에도 기억토록 상기시킴 | • 최상의 인식상태 유지 |

자료: Kotler, P.(1994), *Marketing Management*, 8th ed., Prentice-Hall.

고메시지와 표적대중이 결정되어진다. 광고의 목표는 크게 3가지로 분류된다.

첫째는 정보를 제공하는데 목적을 둔 광고이다. 이는 상품관련 정보제공과 기업관련 정보제공으로 나누어 생각해 볼 수 있다. 상품관련 정보제공은 신제품의 도입기나 제품에 중요한 발전이 이루어진 경우에 주로 이용되는 것으로 제품에 대한 관심과 흥미를 유발하는 데 그 목적이 있다. 기업관련 정보제공은 기업의 이름이나 활동 및 성실성 등에 대하여 널리 인식시키려는 노력이다. 이러한 기업광고는 소비자는 물론 일반대중들이 자사에 대하여 좋은 이미지를 갖도록 함으로써 해외에서 기업활동을 수행함에 있어서 호의적인 반응을 얻어내기 위한 간접적인 촉진수단이다.

둘째는 소비자를 설득하여 구매행동을 이끌어내는 데 목적을 둔 광고이다. 소비자들이 자사제품을 인지하고 있고 상당한 지식도 갖고 있다면, 자사의 제품과 상표를 강조하여 자사제품에 대한 선택적 수요를 자극하는 설득광고가 필요하다. 여기서는 자사제품이 제공하는 편익을 설명하는 이성적 설득과 긍정적 감정을 유발하는 감성적 설득이 모두 가능하다. 특히 브랜드 간 경쟁이 치열한 경우에는 비교광고가 효과를 발휘할 수 있다.

셋째는 소비자들에게 자사 브랜드를 상기시키는 데 목적을 둔 광고이다. 소비자는 대부분의 브랜드에 대하여 무관심하므로, 지속적으로 광고하지 않으면 브랜드는 소비자의 기억에서 사라진다. 만약 소비자가 브랜드에 대해 긍정적인 태도를 가지고 있다면 이런 심리상태를 최대한 연장하기 위해 상기광고를 지속적으로 하는 것이 필요하다. 특히 성숙기 제품은 소비자들로 하여금 자사제품을 계속해서 생각하도록 하는 상기광고의 필요성이 크다.

## 2. 글로벌 광고대행사의 선정

광고와 관련된 업무는 특수성이 커서 일부의 업무만을 기업내부에서 담당하고 대부분의 업무는 광고대행사와 같은 외부전문기관에 의존하고 있다. 따라서 해외시장을 대상으로 글로벌광고를 효과적으로 실시하려면 적절한 광고대행사를 선정하는 것이 중요한 과제가 된다. 글로벌기업이 활용할 수 있는 광고대행사의 유형은 ① 본사국의 광고대행사, ② 해외시장에 존재하는 현지 광고대행사, ③ 많은 나라에 자회사를 가지고 있는 글로벌 광고대행사가 있다.

### (1) 광고대행사의 선정기준

해외에서 광고를 하기위해서는 광고를 제작하고 이를 매체에 배포를 하는 일을 대행할 수 있는 광고대행사를 선정하는 것이 중요하다. 광고대행사를 선정하기 위해서는 활용 가능한 광고대행사를 대상으로 다음과 같은 조건을 얼마나 충족시킬 수 있는지를 파악해 보아야 한다.

**① 광고대행사의 시장포괄범위**(market coverage)

광고대행사가 기업이 진출하고자 하는 시장에서 광고 업무를 수행한 경험의 유무와 그 시장에 지점을 가지고 있는가의 여부는 광고대행사 선정에 중요한 영향을 미친다.

**② 광고대행사가 제공할 수 있는 업무의 질**

지리적인 시장카버리지가 가능하다면, 광고대행사의 광고제작능력과 매체구매능력은 가장 중요한 고려요인이 된다. 기업은 목표 해외시장에서 수행하고 있는 광고관련 업무의 질이 양호한 광고대행사를 선호하게 된다.

**③ 광고대행사가 제공할 수 있는 지원서비스**

기업이 광고제작과 매체구매 이외에도 시장조사, PR, 마케팅첩보수집 등과 같은 지원서비스를 필요로 한다면 그런 서비스를 적절히 제공할 수 있는 광고대행사를 선호하는 경향이 있다.

**④ 기업의 광고부서와 광고대행사간 역할의 상호보완성**

기업은 자사가 보유하지 못한 전문성을 광고대행사를 통해 어느 정도 활용할 수 있는지, 그리고 양사는 적절하게 업무를 배분하고 조화시킬 수 있는지를 고려하여 광고대행사를 선정하는 경향이 있다.

**⑤ 광고대행사가 수행하는 광고활동을 통제하기를 원하는 정도**

기업이 광고대행사와 원활한 의사소통을 하면서 광고대행사가 수행하는 광고활동을 통제하기를 원한다면 해외지점을 가지고 있는 국내에 있는 광고대행사와 업무 관계를 유지하는 것이 바람직하다.

**⑥ 기업이 희망하는 광고의 글로벌 표준화 또는 현지시장 적응화 정도**

기업이 광고활동을 글로벌하게 표준화하고 조정하기를 희망한다면 글로벌 광고대행사를 활용하는 것이 바람직하다. 반면에 현지시장에 적응화된 광고활동을 희망한다면 현지광고대행사를 활용하는 것이 바람직하다.

**⑦ 현재 및 미래의 글로벌 비즈니스규모**

현재 및 미래의 글로벌 비즈니스규모가 국내규모를 크게 상회한다면 글로벌 광고대행사나 현지광고대행사를 활용하는 것이 바람직하다.

**⑧ 기업이 추구하는 기업이미지**

추구하는 기업이미지가 현지기업이라면 현지광고대행사를 활용하고, 추구하는 기업이미지가 글로벌기업이라면 글로벌 광고대행사를 활용하는 것이 바람직하다.

**⑨ 기업의 조직형태**

기업이 집권화된 조직을 보유할수록 광고대행사의 선정은 글로벌 대행사를 선호하는 경향이 있으며, 분권화된 조직을 보유할수록 광고대행사의 선정은 현지자회사에 위임하므로 현지광고대행사를 선호하는 경향이 있다.

⑩ 기업의 해외시장 진출전략

기업이 합작투자를 통하여 해외시장에 진출하거나 이익센터형 현지자회사를 통하여 해외시장에 진출하였다면 현지광고대행사를 선호할 가능성이 크다.

⑪ 경쟁사의 이용여부

광고대행사가 자사의 경쟁사를 위해 일을 하고 있는가의 여부도 광고대행사 선정의 중요한 고려요인이다. 만약 광고대행사가 자사의 경쟁사를 위하여 일을 하고 있다면 ⓐ 자사의 기업비밀이 누출될 우려가 있고, ⓑ 경쟁사를 위하여 더 우수한 인력을 배치할 우려가 있기 때문에 이러한 광고대행사는 배제하는 경향이 있다.

### (2) 글로벌광고대행사의 이점

기업의 글로벌화가 진행되고 글로벌제품이 확산됨에 따라 글로벌광고대행사를 이용하여 광고활동을 하는 경우가 점점 증가하고 있다. 글로벌광고대행사를 활용하는 경우에는 다음과 같은 장점이 있다.

① 광고제작과 관련된 활동의 중복을 방지할 수 있어 경비가 절약될 수 있다. 예를 들면, 글로벌광고대행사가 제작한 광고는 언어를 비롯하여 광고내용의 일부만 변경하여 사용함으로써 여러 시장국에서 활용할 수 있다. 그러나 현지대행사를 이용하는 경우에는 시장국마다 일일이 새롭게 광고를 제작해야 하기 때문에 상당한 비용의 중복이 발생하게 된다.

② 광고의 조정과 통제가 용이하다. 글로벌광고대행사는 여러 국가에 자회사를 가지고 있기 때문에 자기나라에 진출해 있는 글로벌광고대행사의 자회사를 통하여 세계 각 지역의 광고활동을 조정하고 통제할 수 있기 때문이다. 특히 경쟁사의 광고에 신속하게 대응하여 자사의 광고를 수정하거나 조정할 필요가 있는 경우에는 글로벌광고대행사의 이용이 많은 편리함을 가져올 수 있다.

③ 글로벌광고대행사를 이용하면 시장에 글로벌 이미지를 심어줄 가능성이 크다. 담배, 청량음료, 여행용품, 가전제품 등과 같이 글로벌 제품을 추구하는 기업에게는 글로벌 광고대행사를 통해 전 세계시장에 글로벌

이미지를 심는 것이 중요하다.

### (3) 현지광고대행사의 이점

글로벌 광고대행사와 더불어 현지광고대행사의 활동도 꾸준히 증가하고 있는데 현지광고대행사가 주는 이점은 다음과 같다.

① 현지시장의 독특한 욕구를 발견하는데 차별적인 서비스를 제공할 수 있다. 즉 고객의 욕구나 시장의 유통경로에 독특성이 있거나, 현지정부의 규제 등이 존재하는 경우에는 현지광고대행사는 시장의 독특성이나 현지정부의 정책기조나 변화를 글로벌광고대행사보다 훨씬 정확하고 신속하게 기업에 제공할 수 있다.

② 현지시장에 적합한 광고메시지와 표현방식을 창출할 수 있다. 현지광고대행사는 현지 소비자의 문화와 욕구를 누구보다 잘 파악할 수 있기 때문에 현지시장에 적합한 메시지와 표현방식을 개발할 수 있다.

③ 현지시장의 내셔널리즘을 완화할 수 있다. 현지시장이 종교적 이유나 정치적 이유 등으로 내셔널리즘이 강하다면 외국적 이미지를 강조하는 것보다는 현지의 이미지를 강조하는 것이 바람직하다. 이런 경우에는 현지광고대행사를 활용하는 것이 선량한 현지기업으로서의 이미지를 강화하는데 도움을 줄 수 있다.

## 3. 글로벌 광고메시지의 작성

글로벌마케팅의 주요 의사결정 분야 중 하나는 해외시장별로 적절한 광고의 소구(appeal)내용을 결정하는 것이다. 각 시장은 나름대로의 특성을 가지고 있어 이에 알맞은 소구내용을 개발할 필요가 있다. 메시지가 시장과 조화를 잘 이루어야 효과적인 의사전달이 이루어질 수 있기 때문이다.

### (1) 글로벌 광고메시지 개발시 고려요인

① 구매동기의 유사성

소비자가 제품을 구매하는 동기가 시장국마다 유사하다면 시장국은 달라도 광고메시지의 소구내용은 비슷할 것이나, 시장국마다 소비자의 구매동기가 상이하다면 시장별로 광고의 소구점은 달라져야 한다. 예를 들면, 캠벨수프(Campbell Soup Company)의 광고메시지는 시간을 아끼고 레저를 즐기는 미국에서는 인스턴트제품의 간편성과 시간절약성을 강조하지만, 주부의 역할을 중요시하는 남미와 프랑스에서는 제품의 영양가를 강조한다.

② 언어의 다양성

시장별로 사용하는 언어가 다르다면 현지시장의 미묘한 감정을 표현하기 위해서는 현지어를 사용한 광고메시지를 활용하는 것이 바람직하다. 특히 광고의 주제나 소구점은 현지 언어체계에 적합하게 시장별로 개발하거나 적응시키는 것이, 공동의 주제나 소구점을 개발하여 이를 현지어로 번역하여 사용하는 것보다 바람직하다. 예를 들면, 코카콜라의 광고주제는 일본에서는 "I feel Coke"이었으나, 이것이 칠레에서는 "The feeling of life"로 바뀌어 표현되었다.

③ 시장별 제품의 포지셔닝

자사제품의 시장별 포지셔닝이 상이하다면 제품에 대한 광고메시지도 상이하게 작성하는 것이 바람직하다. 예를 들면, 한국에서는 현대자동차의 그랜저는 고급자동차로 포지셔닝되어 있고 광고메시지도 품격있는 고급차임을 강조한다. 그러나 미국시장에서는 현대의 그랜저는 중형자동차로 포지셔닝되어 있고 광고메시지도 안전하고 품질이 좋은 중형차에 초점을 두고 있다.

④ 기타요인

해외시장별로 메시지내용에 영향을 주는 기타요인으로는 시장별 경제발전단계, 문화, 라이프스타일 등이 있다. 예를 들면, 유럽산 향수를 사우디아라비아로 수출하는 마케터는 유럽에서 사용하는 광고캠페인보다는 현지의 도덕적 기준에 부합하도록 노출부위를 줄이고 신체적 접촉을 완화한 광고표현을 사용하기도 하였다.

### (2) 글로벌 광고메시지의 표준화와 현지화

글로벌 광고메시지 전략은 메시지의 두 가지 차원을 국가 간에 비교함

그림 11-3 글로벌 광고메시지의 유형

| 소구점 \ 표현방식 | 동일 | 상이 |
|---|---|---|
| 동일 | 표준화 | 절충전략A |
| 상이 | 절충전략B | 현지화 |

자료: Czinkota, M., and I. A. Ronkainen, *International Marketing*, 7th ed., South-Western College Pub.

으로써 분류할 수 있다. 첫째는 광고하고자 하는 제품의 소구점(appeals)을 어떻게 잡을 것인가 하는 것이며, 둘째는 광고를 집행하는 구체적인 표현방식(creative presentation)을 어떻게 연출할 것인가 하는 문제이다. 소구점이란 광고를 통해 소구할 고객의 욕구나 동기를 말한다. 표현방식이란 광고를 표현하는데 사용되는 배역, 배경, 그림, 도안, 백 뮤직, 문안 등을 총체적으로 의미한다.

동일한 제품이라 할지라도 시장마다 그 제품에 대한 욕구나 기대가 다르다면 시장별로 광고의 소구점을 달리하는 것이 바람직하며, 반면에 시장별로 해당제품에 대한 욕구나 기대가 같다면 해외시장에서 광고의 소구점을 동일하게 하는 것이 바람직하다.

또한 소구점을 표현하는 방법이 시장마다 같을 수도 있고 다를 수도 있다. 시장별로 가치관이나 미학 등 문화의 차이가 크다면 광고의 표현방식은 다르게 하는 것이 바람직하다. 그러나 유사한 문화권이라면 광고의 표현방식도 유사하게 하는 것이 바람직하다. 그림 11-3은 소구점과 표현방식이란 두 가지 변수를 사용하여 글로벌 광고메시지 전략의 4가지 유형을 나타내고 있다.

① 표 준 화

이는 여러 해외시장에서 동일한 소구점과 동일한 표현방식으로 해외 소비자들에게 의사전달을 하고자 하는 것이다. 이러한 광고 메시지의 표준화 전략은 시장은 달라도 소비자들이 제품에서 기대하는 것이 동일하고 또한 소비자들의 문화적 배경도 유사한 경우에 가능한 전략이다. 이와 같은 표준화 전략에서는 기존에 제작되었던 글로벌광고에서 다만 언어만을 현지어로 바꾸어 그대로 사용하고자 한다.

이러한 전략이 가능한 분야는 ⓐ 소비자가 젊고 서구문화 지향적이어서 소비자수요의 동질화 경향이 높은 경우나, ⓑ 제품이나 기업의 국제적 이미지 창출이 중요한 경우, ⓒ online이나 위성TV 등을 활용하여 커뮤니케이션하고자 하는 경우, ⓓ 지리적으로나 역사적으로 가까운 지역공동시장인 경우 등이다. 청량음료나 담배 등의 광고에서 표준화된 광고를 발견할 수 있다.

광고메시지의 표준화는 ⓐ 비용의 절감과 ⓑ 전사적인 수준에서 광고활동에 대한 통제가 쉽다는 점 등의 장점이 있으나, 전면적인 광고메시지의 표준화에는 많은 장애요인이 존재하고 있다.

② 현 지 화

서로 다른 문화권에 속한 소비자들은 비슷한 기본니즈를 갖고 있을지 모르지만, 라이프스타일, 가치관, 생활수준 등이 다르기 때문에 소비자들의 요구나 인지하는 제품의 특징은 다른 것이 일반적이다. 이러한 경우에 표준화된 광고메시지는 효력을 발휘하기가 어렵다. 따라서 동일한 제품이라도 국가시장별 문화적 차이와 특성에 맞추어, 각기 다른 어필과 메시지를 담은 광고를 실시하는 것이 바람직하다. 예를 들면, 미국의 버드와이저 맥주는 동남아에서는 수입된 프리미엄맥주의 이미지를 추구하고 이에 맞는 광고를 하고 있지만, 원산지인 미국에서는 일반맥주로 자리매김하고 이에 알맞은 광고를 하고 있다.

③ 절충전략A(소구점 표준화, 표현방식 적응화)

이는 동일한 소구점을 상이하게 표현하는 광고전략이다. 즉 소비자가 제품에 대하여 기대하는 것은 유사하지만 소비자들이 지닌 문화적 배경이

다른 경우에 사용하는 전략이다. 이러한 경우에는 소구점은 글로벌하게 표준화하지만 광고의 표현방법은 현지시장의 특성에 맞게 적응화시킨다.

아주 단순한 것은 배역을 현지인으로 교체한다든지, 의상을 현지화한다든지 하는 모델 중심의 현지화이다. 현지에 친숙한 모델을 이용함으로써 현지고객의 호감도를 높이고자 하는 경우에 많이 사용된다. 예컨대, 화장품산업의 선두주자인 로레알(Loreal)은 그들의 광고에 현지국의 유명인을 모델로 사용하면서 메시지내용을 변형하기도 했는데, 한국에서는 황신혜, 고소영이 기용됐었다. 하지만 광고의 슬로건은 어디에서나 동일하였다. "Because I'm worth(나는 소중하니까요)." 이 카피는 존중받기를 원하는 여성의 기본적인 감성적 욕구에 소구점을 맞춘 것이었다.

또 다른 것으로는 광고의 배경을 현지인의 문화적 취향에 맞게 적응화시키는 것이다. 예컨대 미국이나 중남미 시장에서는 맥주광고에 중하위 계층을 타켓으로 하여 복싱이나 레슬링 경기중계를 보면서 맥주를 마시는 장면을 보여주는 것이 많은데 비하여 한국 등 동북아 권에서는 친구나 부부간의 정다운 모임에서 맥주를 마시며 즐거운 시간을 보내는 장면을 보여주는 것이 많다.

그 밖에도 글로벌광고에서는 배경음악이나 배경색채, 표현방법 등만을 현지소비자가 선호하는 것으로 적응화하는 예들이 많이 발생하고 있다.

**④ 절충전략B(소구점 적응화, 표현방식 표준화)**

이는 시장별로 상이한 소구점이나 슬로건을 동일한 표현방법을 가지고 광고를 하는 경우이다. 즉 소비자들의 문화적 배경은 같지만 제품에 대해 기대하는 것이 다른 경우에 사용한다. 그러나 이러한 방법은 흔히 사용되는 방법은 아니다. 과거에 사용된 표현방식이 소비자들로부터 상당한 호감을 받았던 경우나 광고에 사용된 배경음악이 유명하거나 사연이 있는 경우 등에서 그러한 표현방식이나 음악의 인지도를 이용하여 광고의 효과를 높이고자 하는 경우에 적용할 수 있다.

## 4. 글로벌 광고매체의 선정

기업은 광고메시지에 이어 각국에서 사용할 매체를 결정해야 한다. 글로벌광고에서 광고캠페인의 효과에 매체가 매우 중요한 역할을 한다. 글로벌마케터가 매체선정을 할 때에 어려움을 주는 것은 국가에 따라서 매체인프라에 큰 차이가 있다는 점이다. 기업은 각 시장의 매체 이용가능성과 비용 및 시장 포괄범위 등 매체인프라의 차이를 점검해야 한다. 아울러 기업은 각 시장별로 매체의 기능과 특성도 함께 점검해야 할 필요성이 있다.

### (1) 인쇄매체

대표적인 인쇄매체로는 신문과 잡지가 있다. 먼저 신문은 ① 배포범위가 넓고, ② 신뢰도가 비교적 높은 매체로 여겨지고, ③ 일반적으로 친근감이 가는 매체라는 장점이 있다. 그러나 신문은 ① 그 생명이 짧고, ② 출판의 질이 낮아 표현력이 떨어지고, ③ 목표고객을 가려내는 선별성이 낮다는 단점도 가지고 있다.

잡지는 신문에 비해 ① 전문화되어 있어 목표고객의 선별성이 높고, ② 역시 친근감이 있고, ③ 수명이 길고, ④ 인쇄의 질이 좋아 신문에 비해 표현력이 좋다는 장점을 가지고 있다. 그러나 신문에 비해 ① 배포범위가 좁고, ② 비교적 지식층이 보는 경향이 크다는 단점이 있다.

따라서 정보의 대량유통이나 제품의 대량소비를 필요로 하는 경우에는 인쇄매체 중에서는 짧은 시간에 많은 사람에게 접근할 수 있는 신문매체를 보다 많이 활용하게 된다. 특히 광고비용을 감안하여 광고효과를 측정할 때에는 신문이 가장 중요한 광고매체 중의 하나인 것으로 평가되고 있다. 그러나 인쇄매체는 문맹률이 높은 시장국에서는 바람직한 광고매체로 활용하기는 어렵다.

인쇄매체를 많이 이용하는 경우는 ① 정보를 많이 제공해서 구매의 합리성을 강조하는 제품(산업재), ② 상표보다는 기업이미지를 강조하는 경우, ③ 해외광고를 위한 예산이 충분하지 못한 경우 등에서 많이 발견할 수 있다.

### (2) 방송매체

대표적인 방송매체로는 TV와 라디오가 있다. TV는 무엇보다도 ① 도달범위가 넓고, ② 전달속도가 매우 빠르며, ③ 시청각에 모두 소구함으로 소구력이 강하며, ④ 메시지제작에도 융통성이 많다는 장점이 있다. 그러나 ① 개도국에서는 TV보급률이 낮으며, ② 국영방송의 경우 상업광고가 제한되는 경우가 많으며, ③ 목표고객을 가려내는 선별성이 매우 낮고, ④ 주요 시간대에 광고하기가 쉽지 않고, ⑤ 광고에 대한 규제와 사회적 감시가 심하며, ⑥ 광고비가 많이 소요된다는 단점이 있다.

라디오는 청각에만 소구하기 때문에 TV보다 다소 열등한 매체로 평가되는 경향이 있다. 그러나 자동차의 보유가 증가할수록 라디오 매체의 중요성이 증가하고 있다. ① 도달범위가 넓고, ② 비용이 저렴하다는 장점이 있다. 그러나 ① 목표고객을 가려내는 선별성이 떨어지고, ② 소리에 의해서만 소구하므로 광고제작에 융통성이 많지 않아 소구력이 떨어진다는 단점이 있다.

그러나 방송매체는 TV기술의 향상과 인공위성의 발달로 표현력이 향상되고 도달범위가 글로벌화되면서 그 영향력이 더욱 확대될 것으로 평가되고 있다.

### (3) 인터넷 매체

최근 들어 영향력이 크고 급속도로 확산되고 있는 매체가 인터넷이다. 인터넷은 쌍방향 커뮤니케이션을 가능하게 해 주고 시·공간의 제약을 뛰어넘을 수 있는 대중매체이기 때문에 온라인 광고의 중요성과 사용빈도가 해마다 증가하고 있다. 인터넷을 이용한 광고의 특징을 살펴보면 다음과 같다.

첫째, 인터넷 광고는 기존의 매체에 비하여 가격이 매우 저렴하다. 기존의 대중매체는 불특정 다수를 대상으로 하기 때문에 광고비가 많이 드는 반면, 인터넷 광고는 표적소비자에 대한 선별성이 높기 때문에 적은 광고비로 높은 광고효과를 거둘 수 있다.

둘째, 표적소비자층을 상대로 하여 맞춤광고를 가능하게 하고 있다.

기업은 사이트에 가입한 회원의 연령, 성별, 소득, 거주지역, 직업, 취미 등에 관한 정보를 확보할 수 있으므로 그 사이트를 방문하는 고객의 특성에 맞게 맞춤광고를 할 수 있다.

셋째, 기존의 광고에 비해서 광고효과를 측정하는 것이 용이하다. 인터넷 광고는 이용자가 몇 번이나 광고를 보았고 광고페이지에 얼마 동안 머물렀는지 등의 소비자 반응을 파악할 수 있다.

넷째, 인터넷 광고는 높은 유연성과 민첩성을 가지고 있다. TV나 신문을 통한 광고는 한번 만들면 상황이 변하여도 수정하기가 어렵다. 그러나 인터넷 광고는 그 효과에 대한 분석결과에 따라 수시로 광고내용을 변경할 수 있다.

다섯째, 인터넷 광고는 정보지향적이다. 고객이 웹 서핑을 하는 가장 큰 이유는 정보를 보다 쉽고 편하게 찾기 위함인데, 인터넷은 기존의 매체들과는 달리 시공간의 제약을 받지 않고 정보를 깊이 제공할 수 있기 때문이다.

인터넷 광고의 단점으로는 ① 웹에 찾아오는 고객에만 노출되므로 비교적 도달범위가 좁고, ② 인터넷 메시지는 주로 영문으로 이루어지기 때문에 영어를 모르거나 문맹률이 높은 국가에서는 광고효과가 제한적이며, ③ 인터넷 보급률이 낮은 국가에서도 광고효과가 제한적이며, ④ 제품을 직접 만져보거나 확인하고 구입하는 것이 아니기 때문에 소비자는 구매 후에 인지부조화(cognitive dissonance)를 크게 느끼게 될 가능성이 높다는 점이다. 따라서 인터넷을 이용하여 판매하는 제품의 유형은 아직은 제한적이다. 인터넷을 통하여 광고하기에 적합한 상품의 유형은 ① 상품이 제공하는 기능이나 내용을 중요시 여기는 정보중심적 상품과, ② 품질이나 내용을 신뢰할 수 있는 표준화된 상품과, ③ 상표만으로도 제품의 품질을 가늠할 수 있는 유명상표 제품 등이 좋다.

## 5. 글로벌 광고예산

### (1) 광고예산 책정방법

광고예산은 설정된 광고목표와 미디어를 연결시켜주는 고리역할을 한다. 그러나 여러 해외시장을 대상으로 실시해야하는 글로벌광고의 특성 때문에 글로벌 광고예산의 책정은 어렵고 복잡성을 띨 수밖에 없다. 많은 글로벌마케팅 종사기업들은 다음과 같은 대안적 방법 중에서 기업의 형편에 맞는 것을 선택하여 글로벌 광고예산을 책정하는 경향이 있다.

① 매출액의 일정 퍼센테이지 방법

광고예산을 가장 쉽게 결정할 수 있는 방법은 해외시장별로 올린 전년도 매출액의 일정비율을 다음 해의 특정 해외시장별 광고예산으로 책정하는 것이다. 이 방법을 활용하면 광고예산은 매출액의 변동에 따라 변동되어야 한다. 이 방법은 재무적 부담이 적다는 장점이 있다. 그러나 이 방법은 ⓐ 글로벌광고를 적극적인 글로벌마케팅 도구로 사용하는 것을 제한하고, ⓑ 시장별로 마케팅전략이 다르면 광고예산 역시 시장별로 달라야 한다는 것을 인정하지 않는다는 단점이 있다.

② 가용자금을 기준으로 하는 방법

이 방법은 현재의 자금동원능력에 비례하여 광고예산을 책정하는 방식이다. 이는 마케팅전략 측면에서 광고예산을 책정하기 보다는 재무적 측면을 고려한 광고예산을 책정하는 방법이기 때문에 장기적인 마케팅전략 측면에서는 많은 문제점을 가지고 있다.

③ 경쟁자의 광고비에 맞추는 방법

이는 경쟁업체의 광고비에 맞추어 자사의 광고예산을 책정하는 방법이다. 이 방법에 따를 경우에는 업계의 평균적인 광고수준을 유지함으로써 치열한 광고전쟁을 예방하는데 도움을 줄 수 있다. 그러나 이 방법은 글로벌마케팅의 후발업체인 경우에는 공격적인 글로벌마케팅 운영을 저해하는 비합리적인 글로벌 광고예산 책정방법이다. 또한 현지시장에서 선진국 계통의 글로벌기업들과 현지기업들의 광고수준에 차이가 있을 경우에는 어느 쪽 경쟁업체의 광고예산을 기준으로 삼을 것인가도 문제가 될

표 11-5 글로벌기업의 광고예산 책정방법

| 광고예산 책정방법 | 응답기업 비율* |
|---|---|
| 목적-과업 | 64% |
| 매출액 비율 | 48% |
| 경영자 판단 | 33% |
| 가용자금 | 12% |
| 경쟁자의 광고비 | 12% |
| 전년대비 소폭 증가 | 9% |
| 전년수준 | 3% |
| 기타 | 10% |

* 응답기업이 사용하는 방법을 모두 체크하였으므로 총계가 100이 넘음

자료: Synodinos, N., Keown, C., Jacobs, L.(1989), "Transnational Advertising Practices," *Journal of Advertising Research*, 29, April/May.

수 있다.

④ 목적과 과업에 입각한 방법

선진국의 많은 기업들은 목적과 과업에 입각한 방법을 광고예산책정에 사용한다. 이 방법의 핵심은 ⓐ 우선 매출액과 브랜드 인지도 등으로 표현한 광고목표를 설정한 다음에, ⓑ 그 목표를 달성하기 위하여 수행해야 하는 광고과업을 결정하고, ⓒ 그런 과업을 수행하는데 필요한 비용을 추정한 것을 바탕으로 광고예산을 결정하는 것이다. 이 방법이 많이 사용되는 이유는 현재의 해외시장 상황뿐만 아니라 앞으로 달성해야 할 글로벌마케팅 목적과 관련시켜 글로벌 광고예산을 책정할 수 있기 때문이다.

### (2) 광고예산 책정의 고려요인

광고예산은 모든 상황에서 일률적인 것이 아니라 제품유형이나 시장상황에 따라 영향을 받기 때문에 이들과 관련된 사항들을 고려하는 것이 바람직하다.

① 제품에 대한 광고의 영향 정도를 고려하는 것이 필요하다. 소비자에 대한 광고의 영향은 산업이나 제품의 범주에 따라 차이가 있다. 소비재는 산업재에 비해 광고의 영향이 크다. 그리고 소비재 중에서도 포장식품,

화장품, 청량음료 등과 같은 광고집약적 상품은 광고의 영향을 많이 받고 있다. 반면에 가구, 주방용품 등과 같이 직접 비교하면서 구매하는 제품들은 광고의 영향이 상대적으로 낮은 것으로 나타나고 있다.

② 시장에서의 경쟁구조를 고려할 필요가 있다. 시장에서 다수의 기업들이 경쟁을 하고 있거나 독점적 상태에 있는 경우라면 광고의 필요성은 크게 높은 편은 아니다. 그러나 비슷한 규모의 기업이 과점적 형태로 경쟁을 하고 있을 때에는 광고의 필요성이 높아질 가능성이 있다.

③ 시장상황에 따라 마케팅 커뮤니케이션의 수단이 달라질 수 있다. 예를 들면, 도입기에는 기업은 소비자에 대해 제품관련 정보를 많이 제공해야하기 때문에 정보제공기능이 뛰어난 대중매체가 마케팅커뮤니케이션의 중심수단이 되나 성숙기에서는 소비자에 대한 구매설득도 중요함으로 인적판매가 마케팅커뮤니케이션의 주요한 수단으로 등장할 수도 있다.

소비자의 구매단계를 예로 들면, 소비자가 구매단계 중에서 인지단계에 있는 경우에는 정보확산기능이 좋은 대중매체가 마케팅커뮤니케이션의 중요한 수단으로 작용하나, 행동단계에 이르면 설득기능이 좋은 대인매체가 마케팅커뮤니케이션에서 점하는 비중이 확대되기 때문에 광고비중이 이전에 비하여 상대적으로 감소할 수 있다.

## 6. 글로벌 광고효과의 평가

글로벌광고에 막대한 비용을 투입하는 기업들은 마땅히 그 비용 효과성(cost effectiveness)에 대한 평가를 해야 한다. 광고효과의 측정방법은 기본적으로 사전테스트(pre-test)와 사후테스트(post-test)로 구분된다.

사전테스트는 글로벌 광고캠페인을 실제로 전개하기 전에 광고 어필과 표현방법을 평가하는 것으로서 여러 대안의 광고캠페인 중에서 가장 효과적인 것을 선정하는 데 목적을 두고 있다.

사후테스트는 글로벌 광고캠페인이 광고매체에 나타난 이후에 평가하는 것으로서 커뮤니케이션 효과성과 판매효과를 측정하는 두 가지 방법이 있다. 판매효과는 광고로 인한 매출액 증대효과를 측정하는 것인데, 실제의 판매증대에는 광고이외의 요인들이 개입되어있기 때문에 광고의 진정한 판매증대 효과를 측정하기가 쉽지 않다. 따라서 차선책으로 광고가 어느 정도 광고대상자들에게 인지되었는지를 조사하는 인지도조사로 커뮤니케이션효과를 측정하는 방법들이 사용되기도 한다.

그러나 실제로는 선진 글로벌마케팅 종사기업들조차도, 글로벌 광고예산의 극히 적은 일부만을 광고효과 측정에 활용하는 등 실증적인 효과분석을 제대로 못하고 있다. 광고효과 분석 자체가 어려운 데다가, 특히 해외시장에 대한 것은 더욱 복잡하고 비용이 많이 들기 때문이다. 또한 광고는 국내와 해외시장에서 다 같이 많이 할수록 해당 기업에게 이롭다는 믿음이 널리 퍼져 있기 때문이다.

## 제 4 절
# 글로벌 인적판매

글로벌 인적판매는 글로벌 광고와 더불어 글로벌마케팅의 중요한 촉진수단이다. 그러나 글로벌 광고와는 매체유형과 기능이 크게 다르므로 글로벌 인적판매에 알맞은 촉진전략을 수립할 필요가 있다.

## 1. 글로벌 인적판매의 본질

### (1) 글로벌 인적판매의 특징

글로벌 인적판매(global personal selling)란 해외시장에서 판매원이 표적고객과 직접 대면 접촉하여 자사의 제품이나 서비스를 구입하도록 설득하는 커뮤니케이션 활동이라고 할 수 있다. 바꾸어 말한다면, 글로벌 인적판매는 해외판매원이 판매를 실현할 목적으로 예상고객들과 대화를 통하여 판매하고자 하는 제품이나 서비스를 구두로 제시하여 그들의 필요 · 욕구 ·

선호를 환기시키고, 구매저항을 줄이고, 구매행동을 유발시키는 설득적 커뮤니케이션 과정이다. 그러므로 인적판매를 위해서는 소비자의 문제해결에 도움을 줄 수 있는 훈련받은 판매원이 필요하다.

인적판매는 기업이 자사의 제품이나 서비스를 마케팅할 때 활용하는 인적 커뮤니케이션 수단이다. 인적판매는 판매원과 고객 간의 쌍방적 커뮤니케이션을 통해 정보를 제공하거나 설득하므로, 광고와 같은 비인적 커뮤니케이션 수단과는 다른 특징을 가지고 있다. 인적판매의 장·단점을 살펴보면 다음과 같다.

① 글로벌 인적판매의 장점

ⓐ 인적판매는 고객과 판매원 간에 쌍방적 커뮤니케이션이 가능하므로 고객의 특정한 욕구와 태도에 융통성 있게 대응할 수 있다.

ⓑ 개별고객에게 필요한 서비스와 정보를 충분하게 제공할 수 있다.

ⓒ 인적판매는 표적고객에게 초점을 두고 접근할 수 있어 커뮤니케이션의 효율성을 높일 수 있다.

ⓓ 인적판매는 판매행위를 그 자리에서 완결할 수가 있다. 그러므로 고객이 광고에 노출된 이후의 단계에서 유효한 촉진수단이라 할 수 있다.

ⓔ 인적판매는 기업이 필요로 하는 정보를 고객으로부터 직접 청취하고 수집할 수 있다.

② 글로벌 인적판매의 단점

ⓐ 글로벌 판매원은 한정된 수의 고객에게만 접근이 가능하므로, 수많은 고객들과 커뮤니케이션하기는 어렵다.

ⓑ 글로벌 판매원은 한정된 수의 고객과 1 대 1 또는 집약적으로 접촉을 하므로, 대중매체를 활용하여 광범위하게 커뮤니케이션하는 광고에 비해 1인당 소요비용이 많이 소요된다.

ⓒ 제품의 사용방법이나 기술적인 문제를 해결할 수 있는 전문적 지식을 보유한 우수한 판매원을 확보하기가 어렵다.

### (2) 글로벌 인적판매의 활용

위와 같은 특성을 가지고 있는 인적판매가 효과적인 촉진수단으로 작용할 수 있는 경우는 다음과 같다.

① 소비자가 구매준비단계의 후기에 도달한 경우

소비자가 구매준비단계(정보단계-태도단계-행동단계) 중에서 태도단계(호감-선호 단계)나 행동단계(확신-구매의도 단계)에 있다면, 고객의 문제해결을 위해 자사제품이 최적이라는 확신을 갖게 하거나 구매를 촉발하기 위해서는, 설득력이 강한 인적판매가 효과적인 촉진수단이 된다. 판매원이 직접 소비자의 문제를 상담하고 상세한 정보를 제공할 뿐만 아니라 소비자의 판단을 도와줌으로써 원활한 제품구매를 유도할 수 있기 때문이다.

② 전문적 서비스가 필요한 제품

제품의 설치나 운영에 전문적인 서비스가 요구되면 필수적으로 서비스요원의 투입이 필요하다. 이런 경우에는 서비스요원을 겸하는 판매원의 활용이 효과적일 수 있다.

예를 들면,이스트만 코닥은 해외시장에서 복사기를 판매할 때에 인적판매에 크게 의존하고 있다. 국가별로 판매책임자를 두고 그 산하에 3명의 인적판매원을 1팀으로 묶어 판매와 서비스를 책임지게 하고 있다. 이에 따라 각 고객은 적어도 세 명의 상이한 서비스 요원들로부터 서비스를 받는다. 판매요원은 제품시연과 고객욕구의 분석, 제품설치에 적합한 장비결정, 그리고 주문접수 등을 책임지고, 서비스요원은 설치와 유지보수, 신제품 정보의 제공 등을 책임진다. 그리고 고객 서비스요원은 판매와 서비스의 중간 연결고리 역할을 담당하는데, 고객을 순회하면서 그들의 일상적인 불평과 질문을 처리하는 것을 주요 임무로 하고 있다.

③ 산업재 시장

대부분의 산업재 제조기업들은 인적판매조직을 중심으로 마케팅활동을 전개한다. 산업재는 소비재와 달리 고객의 수가 많지 않고, 심층적인 제품정보와 서비스를 필요로 하므로 인적판매가 필수적이다. 산업재 판매원들은 정기적으로 고객을 방문하여 고객의 기술적인 문제점을 청취하고 그 해결방안까지도 제시한다. 또한 고객의 문제를 해결하는 데 도움이 되는 제품이나 부품을 소개하고 장점을 설명하여 주문을 받는다. 그리고 직접 배달이나 애프터서비스를 담당하기도 한다.

④ 고가의 소비재

가격이 매우 비싼 고급제품을 구매하는 소비자의 수는 많지 않다. 이런 소비자들을 대상으로 대중매체를 이용한 광고를 하는 것은 효과가 크지 못하다. 또한 고가의 소비재를 구매하는 소비자는 이에 상응하는 수준의 판매원과 상담하고 질 높은 서비스와 조언을 받기를 원한다. 그러므로 고가제품의 마케팅커뮤니케이션은 인적판매에 의존하는 것이 바람직하다. 고급패션의류, 인테리어용품, 고급가구 등이 이런 범주에 속한다.

⑤ 대중매체의 이용가능성이 제한되는 경우

인적판매는 국내시장보다는 해외시장에서 더 중요한 역할을 하는 경우가 많다. 시장국에 따라서는 광고의 제약이 크거나 대중매체의 이용가능성이 결여되어 있어, 기업이 현지시장 광고활동을 제대로 할 수 없다면, 인적판매에 중점을 두어야 하므로 현지 판매원을 많이 채용해야 한다.

또한 일반적으로 저임금국가로 갈수록 광고보다는 인적판매를 활용할 가능성이 높아진다. 이는 저임금국가에는 대중매체의 발달수준이 낮아 그 가용성이 크게 제약된다는 점과 저임금으로 인하여 많은 판매원을 고용하여도 자금상의 부담이 크지 않다는 점 때문이다.

⑥ 현지의 대형 실수요자를 대상으로 하는 경우

기업이 현지의 대형실수요자(정부기관이나 대형 유통기구)에게 직접 판매할 때, 인적판매의 고유한 기능과 역할이 필요하게 된다. 대형 실수요자들은 합리적인 구매결정을 하기 때문에, 비록 광고가 그 제품에 대한 정보를 제공함으로써 판매의 기반을 마련하더라도, 인적판매가 그 고유한 기능과 역할을 수행하여 실수요자가 필요로 하는 적절한 정보와 서비스를 제공하고 설득하여야만 비로소 판매는 완결될 수 있기 때문이다. 또한 수출의 경우에는 현지의 유통기구들을 상대로 마케팅하게 되므로 인적판매의 중요성이 커지게 된다.

## 2. 글로벌 판매인력의 유형

글로벌마케팅에서 어려운 과제 중의 하나는 시장의 확대에 따라 필요한 해외 판매인력을 어떻게 충당할 것인가 하는 문제이다. 이를 위해 기업은 다양한 유형의 판매인력 공급원을 개발하고 있다.

#### (1) 파견 판매인력

현지시장에서 판매업무를 담당할 인력을 본사에서 파견하는 경우이다. 이들은 주로 첨단제품이나 고가의 산업재를 판매하고, 조언해주고, 서비스하는 일을 담당한다.

파견판매원은 ① 기술적으로 잘 훈련되어 있고, ② 본사의 역사와 제품라인에 대한 지식도 풍부하며, ③ 본사에 대한 충성심도 강하기 때문에 현지시장에서 신뢰도가 높다는 장점이 있다. 그러나 파견판매원은 ① 현지문화에 대해 비교적 생소하고, ② 비용이 많이 들며, ③ 현지근무에 따른 법적 제약도 많으며, ④ 장기적인 해외근무를 기피하는 현상이 있다는 점 등이 단점으로 지적된다.

#### (2) 현지인 판매인력

많은 기업들이 본사에서 파견하는 판매원보다는 현지에서 채용하는 현지인 판매원을 선호하는 경향을 보이고 있다. 그러나 이들은 첨단제품을 판매하고 기술적 조언을 제공하는 판매원이 아니라 주로 표준품 등을 판매하는 일선 판매업무에 종사하는 판매원인 경우가 대부분이다.

이들의 장점은 ① 문화적 · 법적 장벽이 없고, ② 비용이 저렴하며, ③ 판매효과 면에서 뒤지지 않으며, ④ 고용효과를 나타내어 현지국에게 좋은 이미지를 줄 수 있다는 장점이 있다. 그러나 현지판매원은 ① 제품에 대한 지식이나 숙련도가 떨어지며, ② 기업문화에 대한 이해가 부족하고, ③ 충성심과 책임감이 뒤진다는 단점이 있다.

**예 증** *ILLUSTRATION*

**LG전자 인도법인 — 정신교육 받은 현지 판매직원 2,000명이 전역 누비며 시장 장악**

LG전자 인도법인에 근무하는 P. K. 다스(Das, 42) 씨는 2005년 5월 한국에서 있었던 일을 잊지 못한다. 당시 그는 14명의 동료 인도인 직원들과 함께 경남 창원 LG전자의 사내 혁신교육센터인 '혁신학교'에서 4박 5일간 교육을 받았다.

하루 4시간만 자고 12km 새벽 구보하기 등 난생 처음 겪는 스파르타식 교육이었다. '플라스틱 빨대로 생감자에 구멍 뚫기'며, '날계란 세우기'처럼 불가능이라고 생각했던 과제를 부여받아 해결하는 경험도 했다. 불가능을 가능케 만드는 한국식 정신교육의 세례를 받은 것이었다.

### 정신교육의 힘

다스 씨는 지금 인도 남동부 IT도시 하이데라바드에 주재하며 LG전자의 인도 남부지역 판매 담당 매니저를 맡고 있다. 그의 담당지역에서 LG전자는 가전시장 점유율이 30%를 넘어 단연 1위다.

그의 일하는 스타일은 '악바리 코리안'이다. 술 싫어하고, 야근 꺼려하는 인도의 기업 문화에서 그는 폭탄주며 밤샘 근무도 마다하지 않는다. 새벽 1시에 미팅을 마치고도 새벽 5시면 지방 출장을 떠난다. 인도 남부 수천 km를 누비며 한 달에 20일을 출장으로 보낸다.

그는 "경쟁사에 지고는 못 산다"고 말했다. 원래 그랬던 것은 아니다. 한국식 정신교육을 통해 근성이 있고 파이팅 넘치는 산업전사로 새로 탄생했다. 다스 씨는 "생애 가장 힘든 교육이었지만 나를 가장 많이 바뀌게 했다"며 "이런 교육은 한국 기업밖에 없을 것"이라고 말했다.

다스 씨처럼 LG전자의 '혁신학교'를 나온 직원들이 LG전자 인도 법인엔 2,000여 명이 있다. 이들의 활약 덕에 11억 인도 시장에서 냉장고 · 에어컨 · 세탁기 · 전자레

**인도에서 통한 LG전자의 한국식 경영**

| 분 야 | 내 용 | 효 과 |
|---|---|---|
| 교육 | LG혁신학교 | 해병대 훈련 같은 강도 높은 교육으로 악바리 근성을 키워 영업조직 활기 |
| 마케팅 | 요리 강습 판촉 | 소비자에게 전자레인지 활용법 알리면서 판촉. 소니 등 경쟁사들 LG따라하기 한창 |
| | 트럭 판촉전 | 가전제품 싣고 지방을 돌면서 소비자에게 현장 판촉 |
| 노사문화 | 피자 미팅(CEO가 일주일에 이틀씩 함께 점심 먹으면서 대화) | 무분규, 무노조 |
| | 성적 좋은 직원 자녀에게 PC · 장학금 지급 | |

인지 등은 LG전자가 1등을 질주하고 있다. 삼성전자며, 소니 · 히타치 · 월풀 · 비데오콘 같은 경쟁 업체들은 모조리 제쳤다.

### 한국식 체험 마케팅

직원 교육만 그런 게 아니다. '요리강습 판촉전'. 중산층이 폭발적으로 늘어나는 인도에서 전자레인지 수요는 충분했다. 그런데 좀처럼 팔리지 않았다. 전자레인지 활용법을 잘 몰랐기 때문이다.

그래서 LG전자는 한국식 마케팅 전략을 가져왔다. 90여명의 요리강사를 채용, 이들을 인도 전국으로 내보내 매주 3번씩 커리(카레)나 사부지(야채요리) 등 인도 전통 음식을 전자레인지로 조리하는 무료 강습회를 연간 1만 4,000회 이상 열었다.

8~90년대 국내에서 가전업체들이 동네마다 요리강습회를 열어 소비자가 전자레인지에 친숙하게 하는 마케팅을 펼쳤던 경험에서 따온 것이었다. 덕분에 LG전자는 인도 전자레인지 시장의 35%를 장악했다.

LG전자 인도법인의 신문범 부사장은 "한국에서 성공했던 방법이 통했고 지금은 경쟁 업체들이 따라한다고 난리"라고 전했다.

신문 · 방송이 제대로 들어가지 않는 농촌지역을 파고들기 위해 '트럭 체험 판촉'도 구사했다. 90년대 한국에서 홈씨어터가 처음 등장했을 때 제품을 버스에 싣고 판촉을 했던 것처럼, 2.5t트럭을 개조해 냉장고 · 에어컨 · 세탁기를 싣고 시골 구석구석을 돌아다니며, 직접 보고 사용해 보게 했다.

### 가족까지 배려

노사문제 역시 한국식 방식을 가미했다. 신문범 부사장은 매주 이틀은 꼭 현장 직원들과 피자를 놓고 점심을 먹는다. 중간 간부 배석 없이 현장의 얘기를 직접 듣는 시간이다. 89년 이후 무분규 전통을 이어오는 LG전자의 '노 · 경(勞經)문화'를 인도식으로 접목한 것이다.

LG전자 인도 공장 직원의 자녀들은 전교 1등을 하면 1,000달러짜리 노트북 PC를 받는다. 반에서 1등 하면 데스크 톱 PC를 받는다. 시험 성적이 80점이 넘으면 100~250달러 상당의 문구류 선물도 준다. 벌써 247명이 받았다.

인도나 서구식 문화에선 있을 수 없는 '가족 대사(大使)' 제도도 운영하고 있다. 사무직 직원이 모든 현장직 사원들의 가정을 방문해 가족들의 애로와 요망사항을 청취해 경영진에게 보고하게 한다. 가족까지 배려해 애사심(愛社心)을 키우는 한국식 문화다.

자료: 조선일보, 2007년 10월 22일.

### (3) 글로벌 판매인력

기업이 점점 글로벌화 되어감에 따라 판매인력의 국적에 많은 변화가 일어나고 있다. 즉 능력만 있다면 국적에 관계없이 제3국인을 채용하여 판매업무를 맡기는 경향이 증가하고 있다. 이러한 현상은 판매관리층에서 흔히 나타나고 있다.

이와 같이 국적에 관계없이 글로벌한 판매인력의 활용도가 늘어나는 것은 글로벌기업에서 판매관리 경험을 축적한 유능한 인력을 초빙하여 활용하는 것이, 직접 글로벌 판매인력을 육성하는 것보다 시간을 단축하면서 자사의 글로벌마케팅 경쟁력을 높이는 길이라고 판단하기 때문이다.

**예 증** *ILLUSTRATION*

#### LG전자 마케팅 지휘 외국인 손에 맡긴다

LG그룹 간판 계열사인 LG전자의 마케팅 부문을 사상 최초로 외국인이 총괄하게 됐다. LG그룹과 제약업계에 따르면 화이자의 동북아 지역 책임자(regional director)인 더모트 보든(49) 부사장이 LG전자의 최고마케팅책임자(CMO: 부사장급)로 최근 영입돼 2007년 12월부터 정식 출근한다.

외국기업의 한국계임원이 국내 대기업의 핵심 요직에 영입된 경우는 꽤 있지만 보든 부사장처럼 외국인이 핵심분야인 마케팅의 총책임자로 임명된 사례는 극히 드물다.

보든 부사장은 아일랜드 출신으로 영국 런던대를 졸업했고 미국의 Jonson & Jonson에서 13년, Pfizer에서 11년 동안 마케팅 업무를 담당해 온 '마케팅 전문가'이다.

LG그룹의 한 임원은 "이번 인사는 LG전자를 진정한 글로벌기업으로 성장시키면서 글로벌마케팅역량도 한층 강화하려는 회사의 이른바 '두 마리 토끼' 전략이 반영된 것"이라고 설명했다.

LG전자는 마케팅뿐만 아니라 신설될 최고 구매책임자(CPO)에 임명될 외국인의 영입작업도 거의 마무리 단계에 있는 것으로 알려졌다.

이 같은 외국인의 본사 요직 배치는 LG전자의 조직 문화에도 상당한 변화를 가져올 것으로 예상된다. 일단 영어구사 능력 등 글로벌 역량을 갖추지 못한 임직원들은 상사에게 보고조차 할 수 없는 처지가 될 가능성이 있다.

이 회사의 한 임원은 "2008년이 'LG전자의 영어 공용화 원년' 이지만 상당수 임직원이 선언적 의미로만 받아들인 것이 사실"이라며 "그러나 상당한 권한을 갖는 CMO 등이 외국인이면 근무환경이 근본적으로 변할 수밖에 없다"고 토로했다.

외국인 CMO체제의 출범을 계기로 LG전자의 공격적인 '글로벌 마케팅' 전략도 한층 강화될 것으로 전망된다.

donga. com. 2007년 11월 14일.

## 3. 효과적인 글로벌 인적판매의 요건

글로벌판매원들이 해외시장에서 인적판매과업을 효과적으로 수행할 수 있으려면 ① 뛰어난 세일즈맨십을 갖추고, ② 고객관계를 잘 관리하고, ③ 고객들의 당면한 구매상황에 맞추어 그들의 구매문제를 잘 해결해 줄 수 있어야 한다.

### (1) 글로벌판매원의 세일즈맨십

글로벌마케팅 종사기업들은 글로벌 판매원훈련에서 해외판매원들을 수동적인 주문수령자(order taker)가 아닌 능동적인 주문창출자(order getter)로 만드는 데 중점을 두어야 한다.

주문창출자란 잠재적 고객을 실제고객으로 전환시키기 위해 창의적이고 적극적인 판매활동을 전개하고 뛰어난 판매실적을 올리는 판매원을 말한다. 주문창출자로서 맡은 바 과업을 성공적으로 수행할 수 있으려면, 해외판매원들은 다음과 같은 요건을 발휘해야 한다.

① 자사의 제품 · 서비스와 고객에 대한 전문성 보유

② 효과적 판매단계를 위시한 판매기법에 대한 전문성 보유

③ 높은 수준의 커뮤니케이션 능력과 사교적 재능

④ 철저한 관계마케팅 강조 태도

### (2) 고객관계관리

지구촌 어디서나 인적판매는 판매지향적이기 때문에 즉각적인 판매증대 실현뿐만 아니라 장기적 관점에서 인적판매 성과를 최대화하기 위해서도 판매원들이 현지고객관계관리를 잘해야 한다. 현지고객들과 좋은 관계를 유지하려면, 판매원들은 고객들에 대해 친선사절(goodwill mission)의 임무까지도 수행해야 한다. 단지 주문을 받고 고객을 창출하기 위해서만 고객들을 방문할 것이 아니라, 고객들의 경영/마케팅문제에 대해 자문을 해주거나 판매원을 훈련시켜 주고, 경조사에도 관심을 보이는 등 각종 서비스를 제고함으로써 현지고객들과의 유대를 강화해야 한다.

### (3) 구매상황에 다른 판매원의 역할

해외판매원들은 해외시장의 현지구매자들이 당면한 구매상황에 맞추어서 적절한 역할을 수행해야 한다. 해외구매자가 당면하는 구매상황은 구매자가 구매의사결정을 할 때 투입하는 시간과 결정과정별로 취하는 행동에 따라서 다음과 같이 분류할 수 있다.

① 해외구매자가 구매결정을 할 때 제품이 고가품목이거나 제품에 대한 지식정보 등의 부족으로 인하여, 높은 수준의 불확실성과 리스크를 느끼는 상황을 뜻하는 포괄적 문제해결 상황(extensive problem solving situation)

② 제한적/일상적 문제해결상황(limited or routine problem solving situation)

③ 자동적 반응상황(automatic response situation)

해외판매원의 역할은 ①의 상황 하에서 가장 중요하고, ②의 상황 하에서는 어느 정도 중요하고, ③의 상황 하에서는 별로 중요하지 않게 된다.

## 제 5 절
## 기타의 글로벌 촉진수단

### 1. 글로벌 판매촉진

최근에는 경쟁이 치열해 지면서 판매촉진에 대한 인식이 강화되어 기업들은 광고에 지출되던 촉진예산의 일부를 판매촉진으로 전환하는 경향이 나타나고 있다. 이는 첨예한 시장경쟁에서는 직접적으로 매출을 발생시킬 수 있는 판매촉진에 지출하는 것이 효과적이라는 판단 때문이다. 그러나 판매촉진에 대한 불신과 우려의 시선도 만만치 않다. 따라서 해외시장에서 기업은 체계적인 방법으로 판매촉진이란 마케팅수단을 활용하는 방법을 모색할 필요가 있다.

#### (1) 글로벌 판매촉진의 의의

글로벌 판매촉진은 해외고객들의 구매의사를 강력하게 자극하기 위해 제공되는 단기적인 유인을 의미하는데, 광고, 인적판매, 홍보, PR 등을 제외한 촉진활동을 말한다. 바꾸어 말한다면, 판매촉진은 유통업자나 소비자로 하여금 특정상표를 취급하거나 구매하고자 하는 마음이 생기도록 부가적 가치나 유인을 제공하는 행위라고 할 수 있다. 요약하면 글로벌 판매촉진은 ① 해외시장에서 광고, 인적판매, 홍보, PR을 제외한 촉진활동으로써, ② 그 대상은 유통업자와 최종소비자가 되며, ③ 단기적인 반응을 유도하기 위해 부가적 가치나 유인을 제공하는 활동이라 할 수 있다.

효과적인 글로벌 판매촉진활동을 전개하기 위해서는 다른 촉진수단과 병행하여 보완적으로 활용할 필요가 있다. 판매촉진이 즉각적인 판매증대 효과가 있다고 하더라도, 광고 등의 커뮤니케이션 효과가 축적되어 있지 않다면 그 효과를 발휘하기가 쉽지 않다. 그러나 판매촉진은 단기적인 판매효과를 목적으로 하기 때문에 조심스럽게 활용하지 않는다면 다른 촉진수단과의 시너지효과가 발생되지 않을 수도 있다. 따라서 글로벌 판매촉진이라는 마케팅수단이 주는 기회와 위험을 파악하는 것이 중요하며 이를 위해서는 글로벌 판매촉진의 장·단점을 살펴보는 것이 필요하다.

① 글로벌 판매촉진의 장점

ⓐ 유통업자나 소비자에게 할인, 샘플, 사은품 등을 제공함으로써 유통업자나 소비자들이 구매위험을 감소시키면서 제품을 획득할 수 있는 기회를 제공하기 때문에 브랜드나 유통업체에 대한 우호적인 태도를 형성할 수 있다.

ⓑ 고객에게 구매를 설득하는 효과가 있기 때문에 광고나 인적판매를 통해 형성된 설득효과에 더하여 부가적인 설득효과를 나타낼 수 있다.

ⓒ 글로벌 판매촉진이 제공하는 유인은 일반적으로 구매시점에서 이루어지므로 다른 촉진수단에 비하여 신속한 매출효과를 나타낼 수 있다.

ⓓ 글로벌 판매촉진은 다양한 형태의 유인수단을 사용할 수 있으므로 중간상이나 소비자의 요구에 적합한 촉진활동을 할 수 있는 여지가 많다. 또한 기대효과와 다른 상황이 나타날 경우에는 즉시 중단할 수 있는 융통성이 있다.

ⓔ 글로벌 판매촉진은 제품시연, 샘플제공 등을 활용하여 소비자들로 하여금 신제품을 직접적으로 경험하게 함으로써 신제품의 빠른 확산을 유도할 수 있다.

② 글로벌 판매촉진의 단점

ⓐ 글로벌 판매촉진은 해외시장에 존재하는 유통경로의 지원을 받아야 한다. 만약 현지유통경로의 지원을 받지 못하거나 해외시장의 유통경로에 적극적으로 개입하지 못하고 있다면 글로벌 판매촉진은 목표했던 효과를 거두기가 어렵다. 바꾸어 말한다면, 글로벌 판매촉진은 해외시장의 유통경로에 적극적으로 개입하고 있는 기업에게 유리한 전략이다.

ⓑ 판매촉진의 빈도가 높을 경우에는 브랜드이미지를 손상할 수 있다. 즉 판매촉진의 빈도가 많아지면 소비자들로 하여금 "비인기품목", "재고처리" 등과 같은 좋지 못한 이미지를 형성할 수 있다. 이러한 인식의 변화는 브랜드 자체에 대한 호의적인 이미지형성, 즉 브랜드자산 구축을 방해하게 된다.

ⓒ 소비자의 가격민감성이 높아진다. 따라서 글로벌 판매촉진은 일반적으로 소득수준이 낮은 시장국에서 그 효과가 증대된다. 그러나 가격할인을 수반하는 판매촉진 기법들을 빈번하게 사용하는 경우에는 소비자들로 하여금 추가적인 인센티브를 토대로 제품을 구매하도록 만든다. 따라서 소비자들이 판매촉진 기간에 맞추어 구매를 미루거나 앞당기는 구매선행 및 지연 효과(lead and lag effect)가 나타날 수도 있다.

ⓓ 글로벌 판매촉진은 해외시장에서 고객 충성도를 확보하는 힘이 적다. 브랜드 충성도가 강한 소비자는 판매촉진에 의해 그들의 구매패턴을 변경할 가능성은 높지 않다. 판매촉진에 민감하게 반응하는 소비자는 특정 기업이나 브랜드에 대해 충성심을 갖지 않는 유동형 고객층이 대부분이다. 판매촉진이 끝나면 자사제품에 대한 관심도 끝난다. 그러므로 판매촉진이 끝나면 매출이 감소하는 부작용이 나타난다.

ⓔ 글로벌기업의 판매촉진 활동에 대해 많은 국가에서 규제를 가하고 있으며 판매촉진을 규제하는 정부정책, 법률 등은 각국마다 많은 차이가 있다. 판촉수단에 따라서는 은연중에 속임수가 내포되어 있을 가능성이 있으며 고객을 현혹시킬 가능성이 크기 때문이다.

### (2) 글로벌 판촉의 유형

판매촉진은 그 대상에 따라 크게 현지 유통업자 판매촉진(dealer sales

그림 11-4 글로벌 판매촉진의 유형

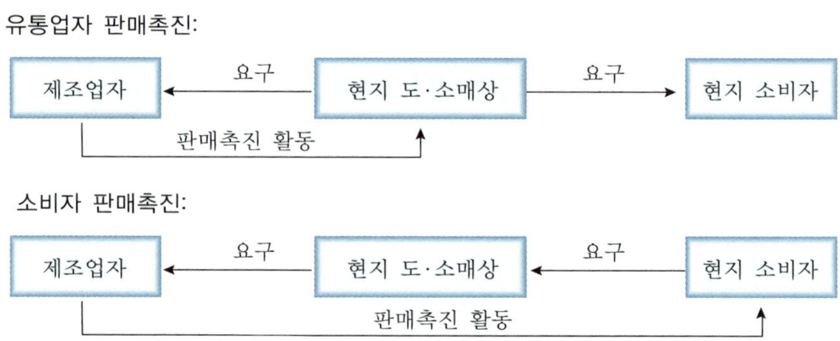

promotion)과 소비자 판매촉진(consumer sales promotion)으로 구분된다.

① 현지 유통업자 판매촉진

기업이 현지유통업자의 판매활동을 자극하기 위해 실시하는 마케팅 커뮤니케이션의 한 형태라고 할 수 있다. 이 때 유통업체의 판매를 자극하는 목적에는 현지 유통업체로 하여금 적극적으로 협력하게 하여 자사의 매출을 증대시키는데 목적이 있다. 이 전략은 유통업체를 자극하여 자사의 제품을 소비자에게 밀어내는 전략이기 때문에 푸시전략(push strategy)이라고도 한다. 이러한 전략은 해외시장에서 지명도가 낮아 고객의 수요를 이끌어 내기가 어려운 경우에 주로 사용된다. 해외시장에서 지명도가 낮은 경우는 ⓐ 국제화 초기단계에 있는 기업과, ⓑ 상표의 인지도가 낮은 기업 등이다.

현지 유통업자 판매촉진의 구체적인 수단은 푸시머니(push money)제공, 판매점 콘테스트, 행사초대 등과 같은 단기적 유인수단과 협동광고, 유통업체에 대한 판매지원, 판매원파견 등과 같은 장기적 지원활동 등 여러 형태가 있다.

제조기업이 현지유통업자에 대한 판매촉진을 효과적으로 수행하기 위해서는 사전에 현지유통업자가 당면한 상황을 정확하게 파악하여 이를 바탕으로 거래선 관리 자료를 작성하고 현지유통업자의 경영기반을 강화시켜 효과적으로 수요를 창출하도록 다각적인 대책을 강구해야 한다.

② 소비자 판매촉진

소비자를 대상으로 하는 판매촉진은 구매를 촉진하기 위해 소비자들에게 직접 소구하는 촉진활동이다. 이 전략은 기업이 최종소비자에게 직접 제품을 촉진해서 이들 소비자들 사이에 제품에 대한 수요를 높이고 이것을 알아차린 중간상인들로 하여금 자사제품을 자발적으로 취급하도록 유도하는 전략이기 때문에 풀전략(pull strategy)이라고도 한다. 소비자 판매촉진에는 매우 다양한 수단들이 이용되고 있으나, 경쟁상황이나 시장상황에 따라 각 수단들은 효과 면에서 차이가 크다. 소비자 판매촉진은 기업이 ⓐ 현지시장에 개입의 정도가 높은 경우 즉, 생산자회사나 마케팅자회사를 통하여 현지의 유통경로에 적극적으로 개입하고 있는 경우, ⓑ 인지도가 높은 상

표 11-6 글로벌 판매촉진 수단

| | | |
|---|---|---|
| 소비자 판매촉진 | 사은품(premium) | 소비자가 제품을 구매하면 무료 또는 저렴한 가격으로 물품을 제공 |
| | 샘플(sample) | 소비자에게 특정제품을 소량으로 포장하여 무료로 제공 |
| | 쿠폰(coupon) | 소비자가 제품을 구매할 때 쿠폰에 표시된 조건에 따라 할인 혜택을 받음 |
| | 리베이트(rebate) | 제품을 구입할 때는 정상가격을 지불하지만, 구매 확인을 통해 일부 금액을 되돌려주는 방법 |
| | 가격할인(discount) | sale기간 동안 제품의 가격을 일정비율 할인 |
| | 경품(prize) | 제품을 구입하면 추첨을 통해 상품이나 상금 제공 |
| | 보너스 팩(bonus pack) | 동일제품 또는 상이한 제품 여러 개를 묶어서 싼 가격에 판매 |
| | 보상판매(trade-in) | 기존제품을 반납하고 새 제품을 구입하는 조건으로 가격을 할인 |
| | 시연(free trial) | 일정기간 동안 제품을 무료로 사용해 보도록 함 |
| | 콘테스트(contest) | 제품과 관련된 퀴즈를 맞추거나, 심사에 통과한 사람에게 상품이나 상금을 제공 |
| | 단골고객보상(patronage award) | 특정회사 제품을 구매한 양이나 액수에 비례하여 보상을 제공. 흔히 마일리지 제도라고 함 |
| 유통업체 판매촉진 | 리베이트(rebate) | 유통업체 인도가격을 할인해 주지는 않지만, 유통업체가 지불한 대금의 일부를 환급해 줌 |
| | 판촉물 | 제조회사의 이름이나 브랜드가 부착된 판촉물을 무료로 제공 |
| | 콘테스트(contest) | 유통업체를 서로 경쟁시켜 우수한 성과를 낸 업체에게 상품이나 상금 지급 |
| | 푸시머니(push money) | 일정기간 동안 특정제품을 판매하는 판매원에게 판매량에 비례하여 일정액의 현금을 지급 |
| | 협동광고(cooperative ad) | 유통업자가 제조기업의 제품을 광고해 주는 대가로 제품대금의 일부를 공제 |
| | 구매시점광고(point-of-purchase ad) | 소비자들이 구매하는 유통현장에 구매를 유도하기 위해 각종 광고물을 게시 또는 설치 |
| | 판매원파견 | 유통업자의 점포에 제조업자의 직원을 파견하여 판매활동을 지도하고 지원함 |
| | 유통업체 경영지도 | 유통업체의 경영과 관련된 재고관리, 회계관리, 구매관리 등 경영전반에 걸쳐 조언과 지도를 함 |

표를 보유한 경우에 효과적이다.

그러나 소비자를 직접 상대하는 판매촉진은 현지정부의 규제를 많이 받을 가능성이 크다. 특히 선진국일수록 판촉활동을 엄격히 규제하는 경우가 많은데, 이는 자국의 소비자들을 보호하기 위해서다.

#### (3) 글로벌 판매촉진의 수단

판매촉진의 수단들은 판매촉진이 수행할 기능과 표적고객에 따라서 분류할 수가 있다. 판매촉진이 수행하는 기능은 크게 ① 신제품 도입을 위한 판매촉진과, ② 제품의 판매량 증대를 위한 판매촉진으로 나눌 수 있다. 무료샘플이나 할인쿠폰, 보상판매, 리베이트 등은 신제품 도입을 위한 판촉수단에 속하고, 가격할인, 사은품, 소비자 콘테스트, 보너스 팩, 경품 등은 제품 사용량 증대를 위한 판촉수단에 속한다.

여러 판매촉진기법들은 소비자를 대상으로 하는 것과 유통업체를 대상으로 하는 것으로 구별할 수 있다. 구체적인 기법들은 표 11-6에 요약되어 있다.

#### (4) 글로벌 판매촉진관리

글로벌 판매촉진을 효과적으로 실행하려면 글로벌마케터는 글로벌 판매촉진 과정을 종합적으로 관리해야 한다.

첫째, 판매촉진의 목표를 명확히 설정해야 한다. 예를 들면, 신제품의 시장도입, 기존제품의 매출증대, 축제 등 계절적 요인을 활용한 매출증대, 경쟁기업 견제 등이 그것이다.

둘째, 예산을 할당해야 한다. 판촉예산은 기업의 광고나 인적판매 등과의 연계성을 고려하여 총체적인 촉진예산의 관점에서 설정되어야 한다. 또한 판촉예산은 판매촉진에 의해 제공하고자 하는 유인수준을 고려하여 책정되어야 한다. 유인수준은 판매촉진의 목표 및 판매촉진 프로그램과 밀접한 관련을 갖는다.

셋째, 판매촉진 시행계획을 수립해야 한다. 여기에는 구체적으로 실시기간, 실시시기, 표적 집단, 판매촉진을 실시할 때 제공되는 구체적인 판촉수단, 유통업체에 대한 교육 등이 포함된다.

넷째, 판매촉진 캠페인에 대한 평가를 실시해야 되는데, 이에는 목표와 판촉효과의 비교, 목표와 효과간의 차이를 조정할 수 있는 방법의 모색, 유사한 판촉방법을 다른 해외시장에서도 실행할 수 있는지 여부 등이 포함된다.

## 2. 글로벌 PR

글로벌촉진의 여러 가지 방법 중에서 그 중요성에 비해 기업들의 관심과 이해가 부족했던 분야가 글로벌 PR, 홍보, 이미지관리 분야이다.

### (1) 글로벌PR

글로벌PR은 해외시장에서 직접적인 소비자가 아닌 기업의 이해당사자, 사회기관 및 단체, 정부기관, 그리고 일반대중을 대상으로 기업에 대한 호의적인 이미지를 형성하고 유지하기 위한 글로벌마케팅 커뮤니케이션 수단이다. 글로벌기업이 해외시장에서 일반대중에게 나쁜 기업이라는 인상을 심어주게 되면 제품판매에 커다란 타격을 입을 뿐만 아니라, 그 시장에서

그림 11-5 글로벌 PR의 대상과 수단

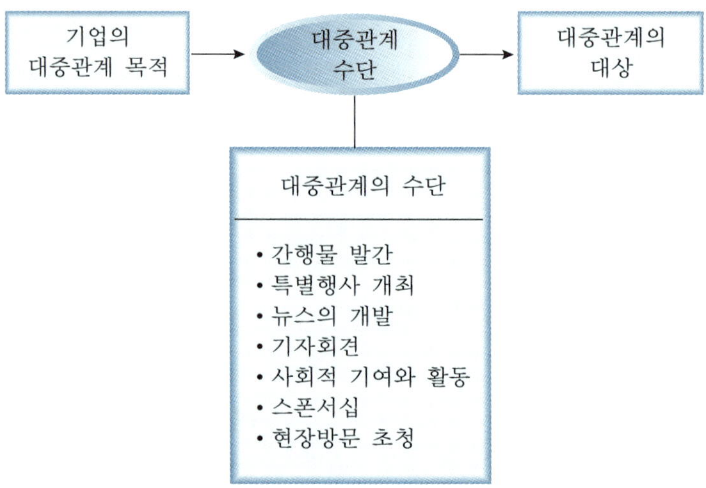

기업활동이 어려움에 빠질 수 있다. 따라서 글로벌기업은 장기적인 관점에서 해외시장국의 일반대중이나 사회단체와 원만한 관계유지를 위해 PR에 적극적인 관심을 기울여야 한다. 이를 위해 글로벌기업은 기업에 대한 현지사회의 요구에 관심을 보이는 것이 바람직하다. 기업에 대한 사회의 요구는 대체적으로 다음과 같다.

첫째, 사회적 책임을 요구한다. 사회에서는 기업이익의 일부를 사회적 약자를 위한 지원으로 돌려줄 것을 요구한다.

둘째, 기업의 영리활동에 의해 나타나는 부정적 현상을 해결해 줄 것을 요구한다. 대표적인 이슈가 소비자보호이다. 기업의 제품을 구매한 소비자가 사용과정에서 발생하는 불량품, 신체손상, 건강침해 등에 관해 기업에서 책임질 것을 요구한다.

셋째, 기업활동에서 발생하는 환경문제를 기업 스스로 해결할 것을 요구한다. 제품의 설계나 공장의 설계에서 환경보호를 우선적으로 고려할 것을 요구하면서도, 이로 인한 원가상승을 소비자에게 전가시키지 않도록 기술개발과 경영혁신도 요구한다.

### (2) 글로벌PR의 대상

#### ① 기업의 구성원

기업의 구성원은 PR의 대상으로 중요하게 취급되지 않은 게 사실이다. 그러나 고객만족경영의 중요성이 대두되면서 기업구성원의 만족이 외부고객이나 대중의 호의적인 태도로 연결될 수 있음을 인식하였다. 특히 해외시장에 존재하는 자회사 종업원인 경우는 더욱 그렇다. 이에 따라 기업은 구성원을 대상으로 내부마케팅을 실시하게 되었고, 한 걸음 더 나아가 PR의 대상으로 인식하게 되었다.

#### ② 이해관계자

기업의 이해관계자 중에서 가장 중요한 사람들이 주주와 투자자이다. 또한 금융기관, 산업분석가, 신용평가기관 등도 중요한 이해관계자이다. 이들은 기업의 경영상황에 대해서 궁금해 하고 나름대로 평가를 하는 집단이다. 그러므로 이들에게 기업의 경영상태와 전망에 관한 정보를 제공하고 긍정적인 평가를 유도하는 일이 중요하다.

③ 언론기관

기업은 대중매체를 통해 일반대중에게 기업에 관한 기사를 제공할 수 있다. PR에서는 광고를 통해서가 아니라 TV나 신문, 잡지의 기사를 통해 일반대중에게 커뮤니케이션을 한다. 대중들은 TV나 신문의 기사에서 기업의 사업 착수, 신기술 개발, 신제품 출시 등의 내용을 알 수 있다. 대중들은 광고에 비해 기사에 대해 훨씬 높은 신뢰를 보내는 경향이 있다.

④ 정부 및 입법부

정부와 입법부는 기업의 중요한 PR 대상이 된다. 이들은 기업활동에 대해 규제범위를 정하고 실행하는 기관이므로 기업으로서는 사업의 확장과 변경에 이런 기관들이 정하는 규제의 제한을 받는다. 그러므로 기업은 규제를 유리한 방향으로 이끌기 위해 직·간접적인 로비(lobby)를 하고 싶어 한다. 기업의 공식적 로비에 대해 나라마다 태도가 다른데 우리나라는 엄격히 금지하는 반면, 미국은 허용하고 있다.

⑤ 시민단체 및 일반대중

기업에 대한 일반대중의 다양한 요구는 주로 시민단체(NGO: non governmental organization)를 통해 표출되는 것이 현대사회의 특징이다. 그러므로 기업은 시민단체를 통해 일반대중에 대한 긍정적 여론을 조성할 수 있다.

기업이 시민단체와 협력하는 수단은 이런 단체에 ⓐ 재정적으로 지원하는 사회적 기여와, ⓑ 직접 활동에 참여하는 사회적 활동으로 나누어진다. 시민단체에 대한 기업의 공헌은 주로 사회적 기여에 치중되지만, 최근에는 적극적으로 사회적 활동에 나서기도 한다.

### (3) 글로벌 PR의 주요 수단

① 간행물 발행

기업은 대중의 인식과 태도에 영향을 주기 위해 현지국에서 간행물을 발간할 수 있다. 기업보고서, 브로슈어, 시청각자료, 사보 등이 이에 해당된다.

② 특별행사 개최

특별한 행사를 개최하여 자사제품에 대한 주의를 환기할 수도 있다.

예를 들면, 투자설명회, 신제품발표회, 미술전시회, 음악연주회, 국제적인 스포츠행사 개최 등 다양한 유형이 있다.

③ 뉴스의 개발

기업, 제품, 종업원에 관한 흥미있는 기사를 제공함으로써 대중과의 거리를 가깝게 할 수 있다. 이를 위해서는 기사거리의 발굴과 더불어 기사가 매스컴에 실리도록 연계하는 능력도 필요하다.

④ 기자회견

기업의 중요한 사건이나 행사에 관해서는 기자회견을 통해 대중의 관심을 환기할 수도 있다. 사회적 파장이 큰 신기술 개발, 신제품 출시, 경영정책의 선포, 사회봉사의 선포, 다른 기업의 인수합병 등과 같은 사건은 기자회견의 이슈가 될 수 있다.

⑤ 사회적 기여와 활동

건전한 사회운동에 기여하거나 직접 참여함으로써 일반대중들에게 우호적인 기업이미지를 형성할 수 있다. 예를 들면, 환경보호운동, 도서관이나 탁아소 건립, 희귀병환자 돕기 등은 사회적으로 긍정적인 이미지를 유도할 수 있다.

⑥ 스폰서십

각종 사회단체들이 주최하는 행사를 후원함으로써 기업의 이미지를 긍정적으로 형성할 수 있다. 대표적으로는 예술 및 학술분야, 연예분야, 스포츠분야로 나눌 수 있다.

⑦ 현장방문 초청

공장이나 시설물 현장에 기자나 일반대중을 초청하여 생산공정, 기계설비, 작업현장, 개발과정 등을 소개하는 행사이다. 이런 행사는 기업에 관심을 가지고 있는 관련단체나 일반대중에게 현장에서 긍정적 정보를 제공하고 눈으로 확인하게 함으로써 매우 큰 효과를 얻을 수 있다.

## 3. 특수형태의 글로벌 촉진전략

한국기업들은 글로벌 커뮤니케이션 전략을 수행하기에는 많은 제약을 가지고 있기 때문에, 선진국기업들이 일상적으로 활용하는 글로벌마케팅 도구들을 충분히 활용하지 못하고 있다. 한국기업들이 가지고 있는 제약조건들을 구체적으로 보면, ① 기업의 글로벌화 단계가 뒤떨어져 있고, ② 글로벌브랜드가 부족하고, ③ 보유하고 있는 글로벌브랜드들도 대부분이 유명 글로벌브랜드가 아니고, ④ 글로벌 마케팅커뮤니케이션에 배분하는 예산도 불충분하다는 것 등이다. 따라서 한국기업들은 특수형태의 글로벌 촉진에 많은 관심을 가질 필요가 있다.

### (1) 국제전시회

국제전시회는 세계적으로 1년에 수천 개가 열리는데 이중에는 ① 제품만 전시하는 것도 있고(국제박람회: exposition), ② 전시도 하고 즉석에서 판매하는 것도 있고(전문견본시장: trade fair), ③ 상담과 매매계약이 이루어지는 것(종합전시회: exhibition)도 있다.

① 국제전시회의 장점

국제전시회에는 수많은 구매자, 기술자, 경영자 등과 같은 기업관계자들과 일반대중이 모여들기 때문에 참여하는 기업은 다음과 같은 장점들을 누릴 수 있다.

ⓐ 다른 촉진방법으로는 몇 년이 걸려 달성할 수 있는 많은 해외고객들과 접촉 · 상담 · 거래하는 것이 가능하다.

표 11-7 촉진수단의 주요 특징

| 촉진수단 | 범 위 | 비용/단위고객 | 장 점 | 단 점 |
|---|---|---|---|---|
| 광고 | 다중고객 | 보통 | 빠르고 메시지<br>통제 가능 | 효과측정어려움<br>전달정보량 제한 |
| 인적판매 | 개별고객 | 고가 | 정보의 양과 질<br>즉각적인 피드백 | 비용이 큼, 정보<br>전달속도 느림 |
| 판매촉진 | 다중고객 | 고가일 수 있음 | 주의환기력<br>즉각적 효과 | 모방이 쉬움 |
| PR<br>(홍보) | 다중고객과 대중<br>(다중고객과 대중) | 보통<br>(거의 무료) | 다각적 효과<br>(신뢰도 높음) | 장기/간접적 효과<br>(통제곤란) |
| 국제전시회 | 다중고객 | 보통 | 해외고객과 접촉,<br>상담, 거래 | 촉진범위 제한적<br>촉진속도 제한적 |

ⓑ 그와 같은 접촉과 상담을 통하여 수출계약을 체결하고 해외 유통업체들과의 정보교환을 할 수 있다.

ⓒ 해외고객들을 상대로 자사제품을 시험판매할 수 있고, 해외고객들의 반응을 조사할 수 있다.

ⓓ 자사제품을 해외시장에서 장기간 취급해 줄 유통업자를 발견하고 거래관계를 체결할 수 있다. 이들은 특정 해외시장에서 자사제품을 수입하여 판매하는 고정 바이어가 된다.

ⓔ 국제전시회는 전시회가 개최되는 해당국 시장에 자사와 자사제품을 홍보할 수 있는 좋은 기회를 제공한다.

ⓕ 국제전시회는 전시회에 참여한 경쟁기업의 동향을 파악할 수 있다. 또한 전시회를 통하여 새로운 기술진보의 동향, 신제품의 개발 방향 등을 파악할 수 있다.

② 국제전시회 출품시의 유의사항

ⓐ 국제전시회의 성격을 파악해야 한다. 세계 각국에서 수많은 전시회가 개최되기 때문에 글로벌마케터는 언제, 어디서, 어떤 성격의 국제전시회가 열릴 것인가를 파악한 다음, 자사의 글로벌마케팅 계획에 따라 어떤 전시회에 참여할 것인가를 결정해야 한다.

ⓑ 국제전시회 참석방법을 결정해야 한다. 참여에는 비용이 들기 때문에 독자적으로 참여할 것인가 또는 다른 기업과 협동하여 참여할 것인가를 결정해야 한다.

ⓒ 구체적인 참여계획을 수립하여야 한다.

- 현지국의 잠재고객명단을 파악
- 잠재고객에게 전시회를 관람하도록 초청장 발송
- 전시회기간 중에는 초청장을 발송한 기업체에게 일일이 전화로 연락하여 관람을 독려
- 참관한 잠재고객에게 줄 견본, 카탈로그(catalog) 준비
- 참관한 잠재고객과의 미팅 및 상담에 관한 계획 수립

ⓓ 참여한 후에는 비용편익 분석을 실시하여 다음 번 참여에 더 효과적이 되도록 대비한다.

### (2) 기타의 특수촉진방법

널리 활용되고 있는 해외 특수촉진방법들로서는 ① 특정 기업의 브랜드를 부착한 공항여객용 짐수레, ② 운동경기장 광고, ③ 스포츠 팀 운영, ④ 스포츠 팀 스폰서링, ⑤ 차량부착 광고, ⑥ 주요 장소에서의 입간판 등이 있다.

**예 증** *ILLUSTRATION*

#### "스포츠 마케팅 전성시대: 스포츠 스타가 곧 돈이다"

영국 프리미어리그의 명문 축구구단 첼시(Chelsea) 선수들의 유니폼 가슴에는 '삼성 모바일(Samsung Mobile)'이 적혀 있다. '삼성전자'는 이 문구를 2007년 8월부터 '삼성(Samsung)'으로 전환했다. 휴대전화만이 아니라, 자사 모든 전자기기의 마케팅에 첼시의 프리미엄 이미지를 활용하겠다는 것이다.

휴대전화 부문이 지원하던 비용도 삼성전자 전사가 부담할 예정이다. 삼성은 첼시와 1년에 약 200억원의 지원 계약을 맺고 있다. IT업계 관계자는 "명문 구단에 걸맞은 성적을 보이고 있는 첼시 이미지를 삼성이 더욱 적극적으로 활용키로 결정한 듯하다"고 설명했다.

IT업계의 '스포츠 마케팅'이 전성기를 맞고 있다. 한때 유행 정도로 여기던 풍조는 사라지고, IT업계 마케팅 담당자들은 프로 스포츠구단이나 스타와 계약을 논의하기 위해 국내외를 바쁘게 누비고 있다.

#### 매력덩어리 '글로벌 콘텐츠'

최근 IT업계의 스포츠 마케팅은 흐름이 바뀌고 있다. 단순히 제품이나 브랜드 홍보에 국내 스포츠 스타나 구단을 쓰는 수준이 아니다. 투입과 효과를 정확히 계산하고, 유망한 국내외 선수를 프로 스카우터처럼 골라 투자한다.

예를 들면 최근 LG전자 스웨덴법인은 노르웨이의 여자 골프선수 수잔 페테르센(Suzann Pettersen)과의 스폰서 계약 때문에 표정관리가 어려울 정도다. 1년 동안 모자와 경기복에 페테르센이 'LG' 로고를 쓰면서 받는 금액은 불과 3만 달러(약 2,700만원).

2006년 2월 계약 당시만 해도 페테르센은 북유럽에서 국지적으로 알려진 유망주 정도였기 때문이다. 하지만 페테르센은 2007년 잠재력을 폭발시키며 미국 LPGA상금 랭킹 2위에 올랐다. LG전자는 자체집계 500억 원의 브랜드 노출효과를 올리는 '대박'이 터졌다.

LG전자 관계자는 "LPGA 신인왕 안젤라 박과의 올해 후원 계약도 브라질 현지법인의 발 빠른 대처 때문에 가능했다"며 "가능성이 있는 선수의 경우, 본사와는 협의 정도만 거친 뒤 현지 법인이 바로 계약할 수 있도록 과감하게 재량권을 주고 있다"고 말했다.

스포츠 마케팅은 매출에까지 위력을 발휘하고 있다. 첼시에 투자한 삼성전자의 경우, 영국법인 휴대전화 시장점유율이 2004년 9.8%에서 2006년 16%로 올랐다. 페테르센에 투자한 LG전자 스웨덴 법인은 2006년 4억 달러였던 매출이 2007년 5억 달러로 상승할 것으로 예상된다.

### 대기업은 '프리미엄', 중소기업은 '틈새' 전략

2~3년의 실험기 끝에 찾아온 최근 성공사례는 IT업계 전반의 분위기를 바꾸고 있다. 대기업은 물론, 중소업체까지 스포츠 마케팅에 부쩍 적극적으로 임하고 있는 것.

다만 접근 전략은 나뉜다. 대기업은 주로 유명 선수를 통한 '프리미엄' 이미지를 중시하는 데 반해, 중소기업은 적은 비용으로 특정 타깃 소비자층을 노리는 '틈새' 전략을 쓰는 것. 특히 자동차 경주(레이싱)나 프로 게이머들이 시합을 벌이는 e-스포츠 등 젊은 팬층이 형성된 스포츠가 중소 업체들의 주요 타깃이다.

2007년 8월 게임업체 위메이드엔터테인먼트(위메이드)가 e-스포츠 구단 '팬택 EX'를 인수한 게 대표적인 예다. 위메이드는 당시 하나금융지주와 경쟁입찰까지 벌여가며 인수를 성공시켰다.

제훈호 e-스포츠협회 이사는 "최근에는 한국뿐 아니라 일본 · 대만 기업들까지 찾아와, IT업계의 스포츠 마케팅 성공 사례를 활발히 벤치마킹하고 있다"고 말했다.

자료: 한국일보, 2007년 12월 3일.

## 제 6 절
## 글로벌 촉진믹스

글로벌 촉진믹스를 할 때에 글로벌마케터는 소비자의 구매준비단계에 따른 촉진수단들의 마케팅커뮤니케이션 목적별 상대적 기여도를 가장 기초적 참고자료로 사용해야 한다. 그런 후에 시장별 상황을 감안하여 촉진믹스를 결정하는 것이 바람직하다.

## 1. 촉진수단의 구매준비 단계별 기여도

구매결정을 할 때 잠재고객들은 AIDA(attention, interest, desire, action) 모형 등으로 알려진 일련의 구매준비단계를 거치는데, 그림 11-6에서 보는 바와 같이, 구매준비의 단계에 따라서 대중매체(광고, 홍보 등)와 대인매체(인적판매 등)의 상대적 중요성이 달라진다. 따라서 글로벌마케터는 구매준비 단계별로 달라지는 커뮤니케이션 매체 유형의 상대적인 중요성을 감안하여 해외시장에 적용하는 촉진믹스를 결정하는 것이 바람직하다.

그림 11-6 촉진수단 구매준비 단계별 상대적 기여도

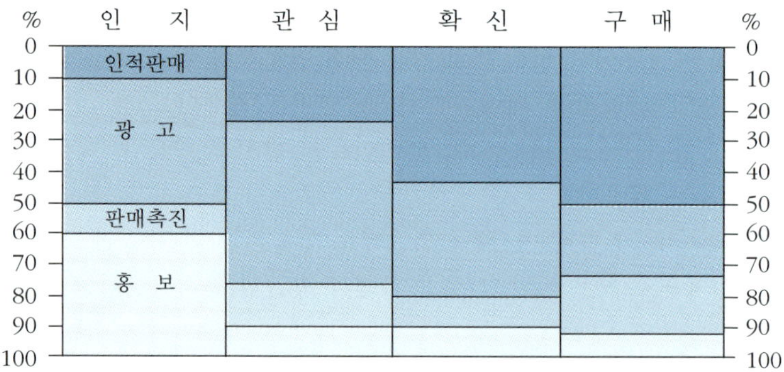


## 2. 제품유형과 촉진믹스

글로벌마케터가 고려해야 하는 또 다른 요소는 기업이 글로벌마케팅하는 제품의 유형이다. 그림 11-7에 제시한 대로 산업재 · 첨단기술제품 · 고가소비재 등과 같이 쌍방적 의사전달과 많은 서비스를 필요로 하는 제품

그림 11-7 제품유형별 촉진믹스

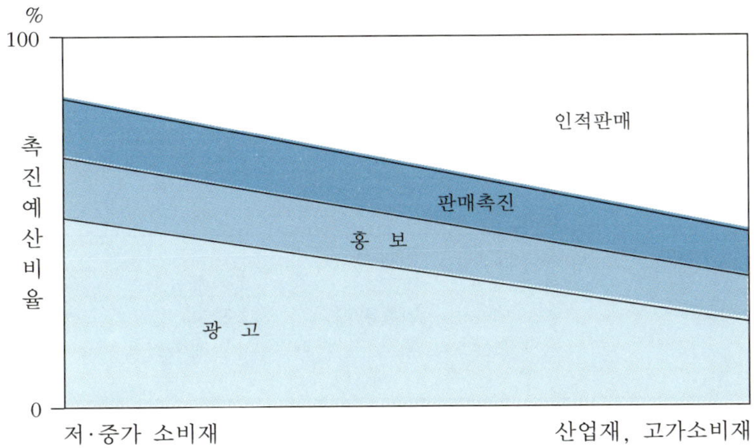


을 마케팅할 때는 인적판매를 상대적으로 강조해야 하고, 광고 · 홍보 · 판매촉진 등과 같은 비인적 촉진수단은 상대적으로 덜 강조해도 된다. 그러나 소비자들이 저몰입상태에서 빈번히 구매하는 중 · 저가 소비재를 글로벌 마케팅할 때는 일반적으로 광고에 가장 중점을 두고서 판매촉진 · 홍보 · 인적판매 등은 부수적인 촉진수단으로 사용하게 된다.

## 3. 글로벌제품수명주기와 촉진믹스

글로벌 촉진믹스 결정시에는 해외시장별로 판매하는 제품들이 각기 다른 제품수명주기단계도 고려하는 것이 바람직하다. 제품의 수명주기가 시장별로 어떤 단계에 도달했는가에 따라서 촉진수단별 비용효과성이 달라지기 때문이다.

그림 11-8에서 보는 바와 같이 도입기제품의 인지도를 높이는 데는 정보전달기능이 뛰어난 대중매체를 활용하는 광고와 홍보가 가장 효과적이며, 출시한 신제품을 현지유통업체들이 취급하도록 그리고 소비자들의 조기에 시험사용하고 채택하도록 유인하는 데는 판매촉진이 효과적이다.

그림 11-8 글로벌제품수명주기 단계별 촉진믹스

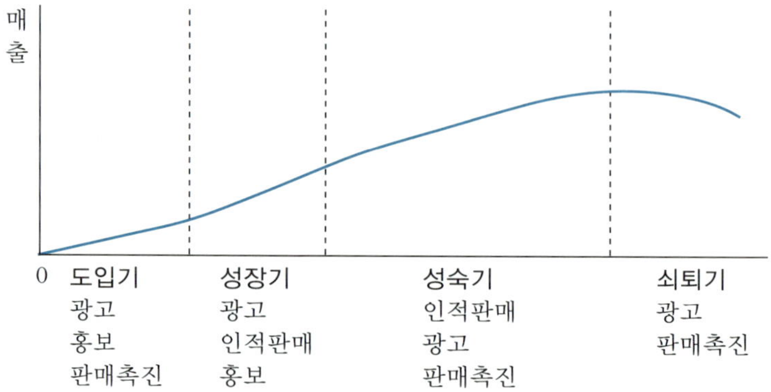


성장기제품에 대해서는 제품과 브랜드를 전파하는 기능이 좋은 광고 · 홍보와 고객설득기능이 좋은 인적판매가 비용효과성이 높은 것으로 알려져 있다.

경쟁제품 간에 표준화가 이루어지는 성숙기단계에서는 가격할인 효과가 큰 판매촉진과 설득기능과 서비스기능이 우수한 인적판매 그리고 상표를 차별화하는 힘이 큰 광고가 상대적으로 효과적인 촉진수단으로 작용하게 된다.

쇠퇴기제품에 대해서는 수요수준을 유지하고 고객의 기억을 상기시키는데 목적을 둔 광고와 고객유인 효과가 큰 판매촉진이 상대적으로 효과가 있는 반면에 홍보는 거의 할 필요가 없고, 제품 당 촉진비용이 큰 인적판매도 상대적으로 덜 중요하게 된다.

## 토의문제

1. 커뮤니케이션효과의 영향요인을 설명하시오.
2. 커뮤니케이션매체의 유형과 기능을 설명하시오.
3. 글로벌 광고메시지 개발시의 고려요인을 설명하시오.
4. 글로벌 광고대행사의 선정기준을 설명하시오.
5. 인터넷매체의 특징을 설명하시오.
6. 글로벌 광고의 표준화와 적응화에 관하여 설명하시오.
7. 글로벌 광고예산의 책정방법에 관하여 설명하시오.
8. 글로벌 인적판매의 특징을 설명하시오.
9. 글로벌 판매인력의 유형을 설명하시오.
10. 글로벌 판매촉진의 장 · 단점을 설명하시오.
11. 글로벌 판매촉진의 유형을 설명하시오.
12. 국제전시회의 장점을 설명하시오.
13. 글로벌 촉진믹스를 설명하시오.

## 참고문헌

문병준 외(2007), 국제마케팅, 비즈프레스.

반병길 외(2006), 현대마케팅, 형설출판사.

이장로(2001), 국제마케팅, 무역경영사.

Aaker, D. A., Batra, P., and J. G. Myers(1992), *Advertising Management*, 4th ed., Prentice-Hall.

Belch, G. E., and M. A. Belch(1995), *Introduction to Advertising and Promotion*, 3rd ed., Richard D. Irwin.

Cateora, P. R.(1990), *International Marketing*, 7th ed., Richard D. Irwin.

Czinkota, M., and A. Ronkainen(1994), *International Marketing*, 7th ed., South-Western College Pub.

Hite, R., and C. Fraser(1988), "International Advertising Strategies of Multinational Corporations," *Journal of Advertising Research*, 28.

Keegan, W. J.(1989), *Gloval Marketing Management*, 4th ed., Prentice-Hall.

Rogers, E. M., and F. Shoemaker(1984), *Communication of Innovations*, The Free Press.

Shimp, T. A.(1997), *Advertising, Promotion and Supplemental Aspects of Integrated Marketing Communication*, 4th ed., The Dryden Press.

Stanton, W. J., Buskirk R. H., and R. L. Spiro(1991), *Management of Sales Force*, 8th ed., Irwin.

Synodinos, S., Keown, C., and L. Jacobs(1989), "Transnational Advertising Practices: A Survey of Leading Brand Advertisers in Fifteen Countries," *Journal of Advertising Research*, 29.

# 제12장 글로벌 유통전략

글로벌 유통이란 일반적으로 한 국가의 생산자로부터 다른 국가의 최종소비자에게 제품을 전달하는 것을 의미한다. 유통의 특징은 ① 유통활동은 제조기업과 독립된 유통업자들에 의해 수행되는 경우가 일반적이다. 따라서 유통활동은 제조기업의 통제의 대상이라기보다는 유통경로와의 협력의 대상이 된다. ② 유통경로는 일단 구성이 되면 좀처럼 변경하기 어렵다. 그러므로 기업은 각국의 유통구조를 분석한 후에 여러 형태의 중간상들을 고려하여 합리적인 유통경로전략을 수립할 필요가 있다.

## 제 1 절 글로벌 유통경로의 본질

### 1. 글로벌 유통경로의 개념

글로벌 유통경로란 “특정 기업이 생산하는 제품이나 서비스를 해외소비자에게 이전하는 과정에 적극적으로 개입하는 상호의존적인 조직과 개인"을 통칭하는 것을 말한다.

이러한 정의에 비추어 볼 때 글로벌 유통경로의 특징은 다음과 같이 정리할 수 있다.

첫째, 글로벌 유통경로는 집중화되고 지역화되어 있는 생산과 지리적으로 분산되어 있는 수요를 보다 쉽게 연결해 주는 역할을 한다. 소비자가 만족할 수 있는 제품을 생산하는 것도 중요하지만, 이러한 제품의 생산만으로는 지구촌 소비자의 욕구를 만족시키고 이를 통해 기업의 목표를 달성하는 것은 불가능하다. 이를 성취하기 위해서는 제품이 표적시장의 소비자들에게 적절한 시간 내에, 적절한 장소에서, 적절한 수량만큼 제공되어짐으로써 효용을 창출하는 것이 필요한데 이것을 수행하는 것이 바로 유통경로인 것이다.

둘째, 글로벌 유통경로는 시장에 제품을 효율적으로 유통시키는 업무를 수행하는 독립적인 기업과의 협력관계를 나타낸다. 따라서 생산자가 자사의 마케팅전략을 실현하기 위하여 유통업자와의 관계를 어떻게 설정하느냐, 즉 자율적 협력관계를 유지하느냐 아니면 통제적 협력관계를 유지하느냐 하는 문제가 경로의사결정의 핵심이 된다. 이와 관련된 의사결정의 결과는 제조업자의 글로벌 유통경로 구조로 나타난다.

셋째, 글로벌 유통경로는 제품이나 서비스의 매매과정이나 흥정과정에 개입하여 소유권/사용권의 이전을 촉진하거나 제품/서비스에 새로운 가치를 추가하는 역할을 능동적으로 수행한다. 이런 관점에서 보면 단순히 매매대금만을 지원하는 금융회사나 배달서비스만을 담당하는 물류회사는 유통경로에서 제외된다.

넷째, 각국의 지역적 특수성에 따라 고유한 유통경로나 경로패턴이 존재하는 경우가 많다. 그러므로 유통경로전략은 표준화보다는 지역/국가시장별로 가용한 대안적 경로들의 범위 내에서 현실성 있는 최적 유통경로를 개발하는 것이 바람직하다.

## 2. 글로벌 유통경로의 기능

글로벌 유통경로란 실제로 해외소비자에게 제품을 이전하는 것 이상의 기능을 수행하게 된다. 이러한 기능으로 인해 마케팅시스템이 더 효율적으로 운영되어 제조업자와 소비자 모두가 거래의 경제성을 달성할 수 있게 된다. 글로벌 유통경로가 수행하는 마케팅 기능을 구체적으로 보면 다음과 같다.

### (1) 거래기능

글로벌 유통경로가 수행하는 중요한 거래기능에는 다음과 같은 것들이 포함된다.

첫째, 판매기능으로 해외의 잠재고객에 대한 판매촉진을 담당한다.

둘째, 구매기능으로 재판매를 위해 글로벌시장에 존재하는 공급자로부터 상품을 구입한다.

셋째, 거래의 경제성 기능으로 중간상이 개입할 경우에는 제조업자와 소비자 간의 거래를 단순화시켜 줌으로써 제조업자는 중간상을 이용

그림 12-1 유통경로에 의한 거래수 절감

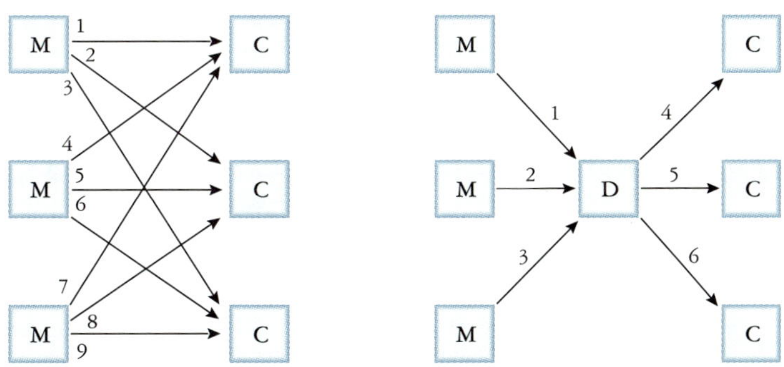


(a) 접촉수
M×C=3×3=9

(b) 접촉수
M+C=3+3=6

M=제조업자 C=소비자 D=유통업자

하여 그림 12-1과 같이 거래의 경제성을 달성할 수가 있다.

넷째, 위험부담기능으로 상품의 수송 및 소유와 관련된 위험을 부담하는 기능이다. 예컨대, 재고를 유지할 때 발생하는 상품의 진부화 위험 등이다.

다섯째, 협상기능으로 가격을 비롯한 상품의 거래조건들에 관한 최종적인 합의에 도달함으로써, 제품의 소유권이 이루어지도록 노력한다.

#### (2) 물적 유통기능

글로벌 유통경로가 담당하는 중요한 물적 유통기능에는 다음과 같은 것들이 포함된다.

첫째, 보관기능으로 잠재고객을 위해 여러 상품을 분류하여 보관하고 적정한 재고수준을 확보하고 유지한다.

둘째, 소량판매기능으로 대량으로 구입한 품목이나 부피가 큰 상품을 고객의 기호에 맞게 소량으로 나누어 판매한다.

셋째, 수송기능으로 상품을 해외의 제조업자로부터 구입하여 현지의 소비자에게 운송한다.

#### (3) 촉진기능

글로벌 유통경로가 담당하는 중요한 촉진기능에는 다음과 같은 것들이 포함된다.

첫째, 등급분류기능으로 상품을 품질수준에 따라 분류한다.

둘째, 시장정보 수집기능으로 예상 판매량, 소비자 추세, 경쟁자 동향, 현지시장 환경 등 제조회사가 필요로 하는 여러 정보를 수집하여 제공한다.

셋째, 재무기능으로 고객에게 외상판매나 할부판매를 실시하고 제조회사에게 자금을 공여하기도 한다.

#### (4) 효용창출기능

글로벌 유통경로가 수행하는 효용창출기능은 다음과 같다.

첫째, 형태적 효용창출기능으로 상품을 고객에게 좀 더 매력있게 보이게 하기 위해서 그 형태와 모양을 변경시키는 여러 활동을 수행한다.

둘째, 장소적 효용창출기능으로 소비자가 원하는 장소에서 상품을 구입할 수 있게 해주는 활동을 수행한다.

셋째, 시간적 효용창출기능으로 소비자가 원하는 시기에 상품을 구매할 수 있는 편의를 제공하는 활동을 수행한다.

#### (5) 적응기능

글로벌 유통경로는 해외진출기업들이 외국에서 접하게 되는 상이한 문화나 환경에 쉽게 적응할 수 있도록 하고, 해외소비자들에게 당해 기업을 적절히 소개하는 역할도 수행한다. 예를 들면, ① 지리적 배분기능으로 고객이 지리적으로 분산되어 있는 경우에는 유통경로는 길어지고 지리적으로 집중되어 있을 경우에는 유통경로는 짧아지며, ② 고객반응기능으로 고객의 반응과 요구에 따라 판매방식과 서비스의 수준이 달라지며, ③ 구매능력 반응기능으로 고객들의 재정능력이나 구매주기에 따라 유통형태가 달라지기도 한다.

## 3. 글로벌 유통경로의 복잡성

#### (1) 유통경로 구성의 복잡성

유통경로의 기본적인 특성 중의 하나는 유통경로 구성의 복잡성이다. 일반적으로 한 제품의 유통경로는 어떤 특정형태의 유통기구가 선택적으로 활용되어지는 것이 아니다. 대다수의 경우에는 여러 유통기구가 복합적으로 활용된다. 즉 동일한 제품이라도 독립된 소매점에 의해 판매될 수도 있고, 연쇄점이나 대형 유통체인 등에 의하여 판매될 수도 있다. 따라서 유통경로는 이러한 다양한 대체가능한 유통기구를 복합적으로 운용해야 할 필요성이 있다.

이러한 유통기구의 복합적 활용은 제조업자와 유통업자 간의 갈등을 초래할 수 있는데, 구체적인 내용은 아래와 같다.

첫째, 수평적 갈등으로 이는 동일한 유통단계의 유통업자간에 발생하는 갈등으로 동일한 유통업자간의 갈등(동일지역에 두 도매업자가 존재하는 경우)과 상이한 유통업자간의 갈등(동일지역에 전문점과 일반매장이 존재하는 경우) 등이 있다.

둘째, 수직적 갈등으로 이는 동일한 유통과정 속에 상이한 유통단계 간의 갈등으로 생산업자와 도매업자 간의 갈등, 도매업자와 소매업자 간의 갈등이 그것이다.

#### (2) 유통경로 구성주체의 복잡성

유통경로의 또 다른 복잡성은 유통경로 구성주체의 복잡성에 있다. 일반적으로 유통기구 구성주체는 시장지배력과 계약관계에 기초하고 있는데 이의 구체적인 내용은 다음과 같다.

① 시장지배력에 기초한 유통경로 구성주체 결정이다. 전통적으로 유통경로는 제조업자들이 주도적으로 설계하고 관리하여 왔다. 즉 제조업자들은 자사제품의 판매에 유리한 유통경로를 설계하고 적정한 경로구성원을 선정하여 제품을 판매하여 왔는데, 이러한 경우에는 유통경로는 제조업체의 경로전략에 부수하여 결정되는 것으로 간주되었다. 그러나 최근 들어 유통업자의 파워가 막강해지면서, 종종 유통업자들이 경로형성에 영향력을 발휘하게 되었다. 이 경우 제조업자들은 유통업자들의 의도에 맞추어 제품을 공급하는 존재로 바뀌게 된다. 후자의 경우에는 제조업체 입장에서 볼 때, 유통경로는 제조기업의 통제 밖에 존재하게 된다. 결론적으로 말해, 시장을 지배하는 조직이 유통경로의 구성주체가 되고, 구성주체의 의도에 따라 유통경로는 이에 적응하게 된다.

② 유통경로의 구성이 계약관계에 의해서 결정되기도 한다. 즉 제조업체나 유통업체 중 어느 일방이 유통경로 구성의 주체가 되는 것이 아니라, 제조업자와 유통업자 간의 계약관계에 의해 유통경로가 결정되는 것이다. 예를 들면, 현지시장에 대한 독점판매계약, 마케팅활동 협정, 생산업자의 유통업자에 대한 자본참여 또는 이와 반대되는 현상, 생산업자와 현지유통업자 간의 제휴 등에 따라 제조업체와 유통업자간의 협력에 의해 유통경로를 구성하거나 경로형성에 영향력을 행사하게 된다.

제 2 절

# 글로벌 유통경로의 구조

유통경로는 어느 한 형태가 모든 산업이나 시장에서 통용될 수는 없다. 유통경로는 시장과 고객의 필요를 가장 효율적으로 충족시키는 형태를 취하는 것이 바람직하다.

## 1. 유통기관의 유형

제조업체가 자사제품을 해외시장의 소비자에게 전달하기까지에는 다양한 형태의 유통기관 내지는 중간상이 개입하게 된다. 유통기관의 유형은 크게 다음의 네 가지 기준에 의해 분류할 수 있다.

① 제조업자가 소유하고 있는지 아니면 독립적으로 운영되는지에 따라 직접유통경로와 간접유통경로로 구분할 수 있다. 제조업자가 직접소유하고 운영하는 직접유통경로는 제조업자가 직접 재고를 보유하여 도·소매점이나 소비자에게 판매한다. 이러한 경로는 ⓐ 고객들에게 기술적 지원이나 판매관련서비스를 직접제공하고 통제하고자 할 때에, ⓑ 소비자가 기관구매자이거나 대량구매자인 경우 등에서 활용된다.

② 상품 소유권의 유무에 따라 소유권을 취득하는 상인중간상(merchant middleman)과 취득하지 않는 대리중간상(agent middleman)으로 구분할 수 있다.

제조기업이 독립적인 상인중간상을 활용할 경우에는 일단 이들에게 제품을 넘겨주기만 하면 환위험, 신용위험 등 수출활동에 수반되는 여러 위험으로부터 어느 정도 해방된다는 이점이 있다. 그러나 제조기업은 독립적 중간상의 해외마케팅 활동에 관한 통제력이 크게 약화된다는 단점이 있다. 또한 독립중간상은 취급하는 품목에 대한 거래위험을 떠맡게 되므로 이윤전망이 불투명한 제품은 취급하기를 꺼려한다. 따라서 제조업자의 상표가 유명상표이든가 높은 마진을 보장하지 않는 한 중간상의 협력을 확보하기가 어렵다.

대리중간상은 소유권을 획득하지 않으면서 마케팅기능을 수행하는 중간상으로서 주로 제조업자와의 장기계약 하에 특정지역에서만 제조업자를 대리하여 마케팅활동을 하게 된다. 대리상을 활용할 경우 이들에 대한 통제가 비교적 용이하다는 장점이 있다. 그러나 제조기업의 명의와 계산으로 거래가 이루어지기 때문에 거래에 대한 모든 위험을 제조업자가 떠맡게 된다. 주로 부품과 원료, 농산물, 의료품 등의 해외판매에서 볼 수 있다.

③ 수행하는 기능의 많고 적음에 따라 완전기능 중간상(full-function middleman)과 한정기능 중간상(limited-function middleman)으로 분류할 수 있다. 전자는 거래, 물적 유통, 촉진기능 등 거의 모든 기능을 수행하는 중간상을 말한다. 완전기능 중간상은 다방면에 걸쳐 각종 서비스기능을 수행하기 때문에 다른 형태의 중간상에 비해 더 높은 마진을 취하고 있다. 이들은 제조업자가 해외시장에 대한 지식과 경험이 부족한 경우 주로 활용된다.

그림 12-2 유통기관의 유형

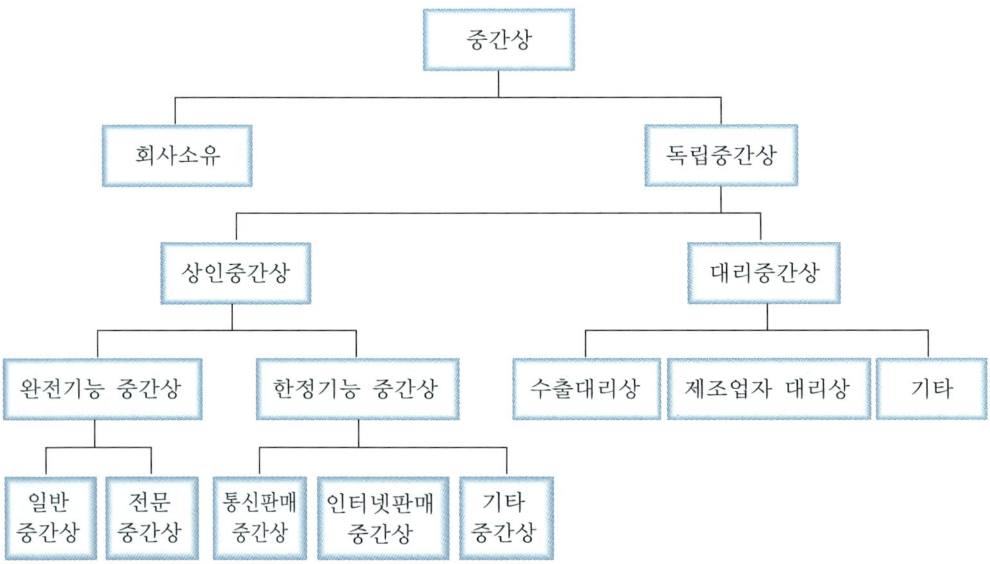

한정기능 중간상은 유통서비스의 일부가 생략되므로 현지시장에서 판매가격을 인하할 수 있는 장점이 있다. 따라서 수요가 안정적이고 판매에 따른 서비스가 적게 소요되는 소비재에서 활용된다. 통신판매나 인터넷마케팅에 종사하는 유통기업 등이 여기에 속한다. 부피가 큰 산업재의 경우에도 한정기능 중간상이 주문을 받은 후 그 주문량을 생산자에게 연락하여 생산자가 직접 구매자 앞으로 수출하게 하고 그 대금만을 회수하는 경우가 있다.

④ 취급하고 있는 제품라인의 폭과 깊이에 따라서도 구분할 수 있다. 즉 일반중간상(general merchandiser)은 각종 제품라인을 폭 넓게 취급하는데 비해서 전문상(special merchandiser)은 특화된 제품라인만을 취급한다.

## 2. 소비재의 유통경로

소비재의 유통경로(그림 12-3)는 다양한 형태를 취한다. 유통경로에 개입되는 중간상의 수에 따라 5 가지의 유형으로 분류할 수 있다. 이 중 직접

그림 12-3 소비재의 유통경로

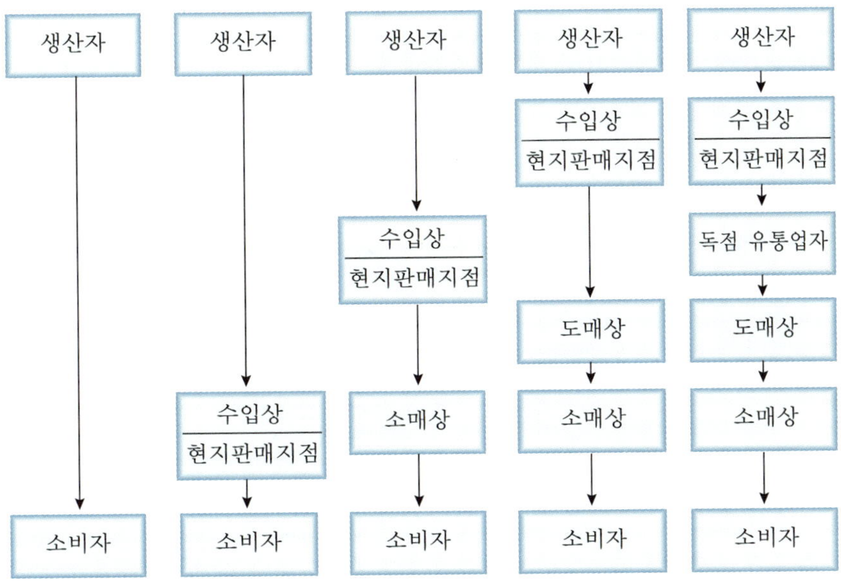

유통이란 제조기업이 최종소비자에게 직접 판매하는 것을 말한다. 나머지 4 가지 경로에는 대리상, 도매상, 소매상 형태의 중간상이 포함된 간접유통경로의 제 형태가 표시되어 있다. 경로가 길어질수록 중간상의 기능은 더욱 더 전문화되는 경향이 있다.

기업에 따라서는 어느 하나의 경로만을 채택하는 것이 아니라 동일한 상품에 대하여 두 가지 이상의 복수유통경로를 사용하여 자사의 매출을 증대하고자 하는 경우도 있다.

## 3. 산업재의 유통경로

산업재의 유통경로는 소비재와는 달리 생산자가 직접 고객에게 판매하는 형태가 많다. 즉 산업재 제조기업은 자사의 판매원을 통하여 산업재 사용자에게 직접 판매하는 것이 보편적이다. 이는 ① 산업재는 기술적으로 복잡하고 단위당 금액이 크기 때문에 전문화된 지식과 애프터서비스를 필요로 한다는 점과, ② 산업재 시장이 소수의 대규모 구매자들로 구성되어 있다는 점 때문이다.

그림 12-4 산업재의 유통경로

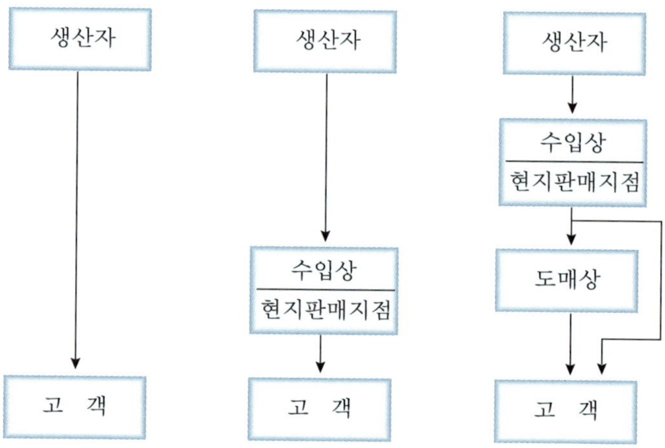

그러나 그림 12-4에서 보듯이 몇몇 산업재의 경우는 현지수입상을 통한 간접경로를 활용하고 있다. 이는 ① 제조기업이 영세하거나 소수의 제품라인을 취급하거나, ② 지리적으로 분산되어 있는 고객에게 판매하는 경우이다. 또한 판매경로에 도매상이 개입되는 경우도 있는데, 이는 부품 등과 같이 저가이면서도 표준화된 상품의 경우에 주로 사용된다.

## 제 3 절
## 글로벌 유통동향

### 1. 전반적인 유통동향

#### (1) 유통기구의 대규모화 경향

1990년대부터 2000년대 초까지 일고 있는 글로벌비즈니스 환경변화와 깊은 관련이 있는 주요 글로벌 유통동향의 하나는 유통의 대규모화 경향이다. 글로벌 차원의 유통대규모화 경향은 구체적으로 다음과 같다.

① 도소매상의 평균규모는 확대되는 반면에 그 수는 감소중이다. 이러한 경향은 미국 · 서유럽국가 · 신흥공업국에서 다 같이 나타나고 있다.

② 대규모화된 유통기구는 과거에 제한된 제품라인만을 취급하던 것에서 벗어나, 다양한 제품라인들의 상품화(scrambled merchandising)를 대폭적으로 늘이고 있다. 그들은 동시에 온라인 마케팅활동을 급속히 확대중이다. 백화점들 역시 점포신설과 M&A를 통하여 더욱 대규모화되고 글로벌화하면서 운영체질을 강화하고 있다. 동시에 온라인을 통한 전자상거래를 급속히 확대중이다.

③ 각 시장국의 환경에 따라 다양한 형태의 도소매상이 등장하고 있다. 예컨대, 업종별/제품라인별로 글로벌 스케일의 online portal 마케팅기업들이 수적으로 급증하고 마케팅활동 또한 급속히 확대중이다. 이러한 경향은 유통기업들이 유통과 관련한 전문지식과 핵심역량이 강화되는 것을

표 12-1 세계의 유통대기업

| | 주거래형태 | 본사국 | 매출액(1993)<br>(10억 달러) | 연평균 매출액<br>증가율(88-93) | 점포수(1993) |
|---|---|---|---|---|---|
| Wal-Mart | 할인 | 미 국 | 68.0 | 26.7 | 2,540 |
| Metro Int. | 다각화 | 독 일 | 48.4 | 19.1 | 2,750 |
| K-Mart | 할인 | 미 국 | 34.6 | 5.6 | 4,274 |
| Sears & Roebuck | 백화점 | 미 국 | 29.6 | 0.5 | 1,817 |
| Tengelmann | 슈퍼마켓 | 독 일 | 29.5 | 8.2 | 6,796 |
| Rewe Zentrale | 슈퍼마켓 | 독 일 | 27.2 | 13.2 | 8,497 |
| Ito-Yokado | 다각화 | 일 본 | 26.0 | 19.4 | 12,462 |
| Daiei | 다각화 | 일 본 | 22.6 | 10.5 | 5,920 |
| Kroger | 슈퍼마켓 | 미 국 | 22.4 | 3.3 | 2,208 |
| Carrefour | 하이퍼마켓 | 프랑스 | 21.7 | 16.0 | 647 |
| Leclerc, Centres | 하이퍼마켓 | 프랑스 | 21.1 | 11.1 | 524 |
| Aldi | 슈퍼마켓 | 독 일 | 20.9 | 23.9 | 3,435 |
| Intermarche | 슈퍼마켓 | 프랑스 | 20.7 | 12.0 | 2,890 |
| J. C. Penney | 백화점 | 미 국 | 19.6 | 4.2 | 1,766 |
| Dyton Hudson | 할인 | 미 국 | 19.2 | 4.2 | 1,766 |
| American Stores | 슈퍼마켓 | 미 국 | 18.8 | 0.3 | 1,695 |
| Edeka Zentrale | 슈퍼마켓 | 독 일 | 17.9 | 8.2 | 11,670 |
| Promodes | 하이퍼마켓 | 프랑스 | 16.0 | 15.6 | 4,676 |
| J. Sainsbury | 슈퍼마켓 | 영 국 | 15.9 | 12.2 | 514 |
| Jusco | 다각화 | 일 본 | 15.8 | 15.3 | 2,452 |
| Price/Costco | 창고클럽 | 미 국 | 15.5 | 2.3 | 1,078 |
| Safeway | 슈퍼마켓 | 미 국 | 15.2 | 2.3 | 1,078 |
| Koninklijke Ahold | 슈퍼마켓 | 네덜란드 | 14.6 | 14.5 | 2,152 |
| Otto Versand | 우편판매 | 독 일 | 14.4 | 13.6 | – |

자료: The Economist, March 4, 1995.

뜻하기 때문에, 유통기구들이 현지 제조업체들뿐만 아니라 외국계 제조업체들에 대한 협상력(bargaining power)이 강화되어 유통기업들은 더욱 유리한 거래조건을 가질 수 있게 되어가고 있다.

④ 북유럽국가들에서와 같이 협동적 도매행위(cooperative wholesaling)가 번창하는 국가시장들과 EU와 NAFTA에서와 같이 소매기구들이 대규모화 · 지역화 · 글로벌화하고 있는 지역시장들에서는 제조업체들에 비해 유통기구들의 집단적 파워(collective power)가 가일층 강화되고 있다.

⑤ 그 결과로서 ⓐ 미국과 서유럽의 대형 글로벌 유통업체들은 외국인기업이나 현지제조기업의 브랜드 제품들을 단순판매하기 보다는 자신들의 자체브랜드인 유통업자 브랜드(private brands)를 붙여서 판매하는 것을 확대하고 있다. 앞으로 유통업체의 자체상표 제품이 일반화되는 경우에는 상품기획, 가격, 촉진, 유통 등 모든 마케팅 의사결정을 유통업체가 내리게 되고 제조업체는 단순히 생산만 담당하여 납품하는 공급업체로 전락하게 될 수도 있다. ⓑ 또한 도·소매유통업체들의 마진율은 높아지는 반면에 외국인기업이나 현지제조기업의 마진율은 감소하는 경향이 있는 등 거래조건이 유통업체들에게 더욱 유리해 지고 있다. ⓒ 외국인기업과 현지제조기업들은 이미 오래전부터 미국과 서유럽시장에서 그런 문제에 당면해 왔는데 최근에 와서 신흥공업국시장에서도 점증적으로 그러한 문제에 당면하고 있다.

### (2) 유통기구의 글로벌화

① 주로 소매유통기구들의 소매활동 지역화 및 글로벌화 확대는 ⓐ 미국계 소매기업들이 개척자적인 글로벌화를 통해 항상 앞장서 왔고, ⓑ 최근에는 EU의 소매기업들이 그 동안의 유럽지역시장 중심에서 빠르게 벗어나 글로벌화에 박차를 가하고 있는 데서 비롯되고 있고, ⓒ 주로 동남아 시장을 중심으로 한 일본계 소매기업들의 지역화에서 비롯되고 있다.

② 구체적으로 보면 ⓐ 미국의 유명한 대규모 소매업체들이 앞장서서 NAFTA · EU · 일본 · 동남아 등 주요지역에서 디스카운트 스토어(discount store), 대중양판점(GMS: general merchandise store), 전문양판점(category killer), 회원제 도매클럽(MWC: membership wholesale club) 등과 같은 수직적 마케팅시스템을 계속 확장시키고 있는 것에 발맞추어서, ⓑ 캐나다 · 영국 · 네덜란드 · 프랑스 등의 대규모 소매상들 역시 M&A, 합작투자, 전략적 제휴 등을 통하여 EU · NAFTA · 일본 · 동북아 등을 중심으로 소매활동의 지역화와 글로벌화를 가일층 확대하고 있다.

③ 위와 같은 지구촌시장에서 일고 있는 유통업 변화패턴에 비추어, 앞으로는 유통이 단일국가시장 중심에서 빠르게 벗어나서 점점 더 지역시장과 글로벌시장을 중심으로 변화해 갈 것으로 보인다.

## 예 증 ILLUSTRATION

### 롯데마트, 中 대형 할인점 '마크로' 인수
#### - 점포 확장 속도내는 신세계와 유통 경쟁 -

롯데마트가 중국에서 네덜란드계 대형할인점 체인 '마크로'를 인수했다. 이에 따라 유통 라이벌 롯데와 신세계의 경쟁이 중국에서도 불붙을 전망이다.

롯데마트는 2007년 12월 17일 중국 마크로를 운영하는 CTA마크로(스위스 SHV 49%, 중국국영 CTA 51%)의 지분 49%를 5,760만 유로(약 780억원)에 SHV사로부터 인수하는 계약을 맺었다고 밝혔다. 이번에 인수한 SHV사 지분은 경영권을 갖고 있는 것이어서, 롯데마트는 중국 마크로의 경영권을 취득하게 된다. SHV사는 마크로가 해외투자를 위해 설립한 법인이다. 마크로는 한국에도 1993년 진출해 4개 점포를 운영하다가 98년 월마트에 넘기고 철수했다.

중국 마크로는 현재 베이징(北京)에 5개, 텐진(天津)에 2개 점포를 운영 중이며, 2008년 초 베이징에 1개 점포를 더 개설할 예정이다. 롯데마트측은 "베이징 기반의 유통기업을 인수함으로써 일거에 중국 진출의 교두보를 마련했다"고 평가했다. 롯데마트는 중국 정부의 최종 승인이 나오는 대로 롯데마트의 영문 표기 'LOTTE MART'와 중국 상호인 '樂天滿意得(러티엔만이더)'를 병기한 간판으로 교체하는 작업을 벌일 계획이다.

롯데는 2008년 상반기 베이징에 백화점을 오픈하고, 2008년 말 롯데마트의 칭다오(青島) 출점도 추진 중이다. 이로써 상하이(上海)를 중심으로 현재 중국에 이마트 10개점을 낸 신세계와의 격돌이 불가피할 것으로 보인다. 실제 롯데마트와 신세계 이마트 모두 중국시장 공략을 가속화하고 있다. 신세계는 올 들어서만 부지 10곳을 추가 확보하는 등 이마트 출점 부지 18곳을 확보한 상태로, 2012년까지 최소 50개 점포를 내겠다는 계획이다. 롯데마트는 10년 뒤 중국 100호점을 목표로 신규점포 오픈과 기존 유통업체의 추가 인수에 적극 나서겠다는 입장이다.

자료: 한국일보, 2007년 12월 18일.

### (3) 인터넷 유통경로의 확산

인터넷의 상업화가 허용되고 월드와이드 웹(WWW)이 등장하면서 글로벌 차원에서 인터넷이 마케팅의 장으로 발전하게 되었다. 특히 컴퓨터의 활용이 확대되고 정보통신망이 빠르게 확산됨에 따라서 인터넷마케팅이 매우 빠른 속도로 지구촌 전체로 확산될 가능성이 크다. 인터넷마케팅이 확산됨에 따라 유통경로에도 인터넷의 영향이 미치기 시작하였다.

① 경로구조의 변화

전통적인 유통경로 기능을 담당해 온 중간상과 이를 포괄하는 유통채널의 전반적인 개념은 인터넷이 새로운 유통채널로 등장함에 따라 다음과 같은 변화를 겪게 되었다.

첫째는 중간상 배제 현상으로 생산자와 최종소비자 사이에 존재하던 도매업자나 소매업자의 기능이 생략되어 유통경로가 단축되었다.

둘째는 중간상 재창출 현상으로 인터넷거래를 효율화시키기 위해 새로운 형태의 중간상, 예를 들면 가격비교 사이트나 각종 검색엔진, 인터넷 쇼핑몰 등이 새롭게 등장하였다. 새로운 중간상들은 온라인상에서 거래당사자들을 연결시키고 이에 수반하는 공급자 탐색, 제품가격 비교 등을 더욱 효율적으로 수행하게 한다.

② 인터넷 유통경로의 유형

ⓐ 기업과 기업 간 거래(B2B)

인터넷의 발달로 중간상 배제 현상이 발생하여 기업과 기업 간에 직거래 또는 직거래에 가까운 거래가 발생하는 경우이다. 공급기업은 고객접근력을 높이기 위해 정보중간상(informediary)을 이용하기도 한다. 정보중간상이란 고객정보를 수집하여 제공하는 새로운 유형의 중간상이다. 산업재 거래에서는 인터넷을 통한 기업과 기업 간의 거래방식이 중요한 거래방식이 되고 있다. B2B거래에서는 거래내역에 대한 데이터베이스를 구축하여 중간상 마진 축소, 주문비용 감소, 재고비용 감소 등의 혜택이 발생하고 있다.

ⓑ 기업과 소비자 간 거래(B2C)

기업과 소비자 간의 거래로 도매상을 배제한 거래유형이다. 현재 인터넷 전문기업이라고 하는 대부분의 업체가 이러한 유형에 속한다. 인터넷 전문기업이 소매상의 역할을 담당한다. B2C거래에서도 고객의 과거 구매행위나 선호도 등과 같은 고객정보를 수집 · 분석하여 제공하는 유형의 정보중간상과 판매정보 중에서 고객에게 필요한 정보만을 여과하여 제공하는 유형의 정보중간상이 개입하기도 한다.

ⓒ 소비자 대 소비자 간 거래(C2C)

소비자와 소비자 간의 거래인데 시·공간의 제약을 극복하는 능력이 뛰어난 인터넷이 거래의 장을 마련해 준다. 이 분야의 선도업체로는 이베이(e-bay)가 있으며, 새로운 중간상이 개입한 중간상 재창출의 경우에 속한다.

③ 온라인 유통경로와 오프라인 유통경로

전통적인 오프라인 유통경로와 온라인 유통경로를 조화시키거나 차별화시키는 방법으로는 다음과 같은 것이 있다.

ⓐ 오프라인 경로와 온라인 경로의 통합관리

온라인과 오프라인 간에 상호보완적 기능을 수행하는 경우에는 두 경로를 통합하여 관리하는 것이 시너지효과가 크다. 두 가지 경우를 생각할 수 있는데 첫째는 기존에 구축해 왔던 오프라인 경로의 인프라가 온라인 경로사업을 전개하는데 필요한 인프라를 제공해 주는 경우이고(예: 오프라인 경로의 운송수단이 온라인 경로에 도움을 주는 경우), 둘째는 온라인이 오프라인이 제공하기 어려운 추가적인 가치를 제공함으로써 기존의 오프라인 점포를 보완하는 역할을 수행하는 경우이다(예: 주문처리의 효율성, 구매시간의 절약).

ⓑ 오프라인 경로와 온라인 경로의 제휴

오프라인 경로와 온라인 경로가 상호보완적인 자산을 보유하고 있지만 두 경로 간의 완전한 통합이 부담스러운 경우도 있다. 이러한 경우는 두 경로 간에 제휴를 통하여 자원을 공유함으로써 시너지효과를 크게 할 수 있다. 예를 들면, 오프라인 경로가 브랜드파워를 보유하고 있으나 고객이 구매과정에서 유연성과 편리함을 원한다면 온라인과 오프라인 간에 제휴의 가능성이 높아진다.

ⓒ 오프라인 경로와 온라인 경로의 분리

오프라인 경로의 성격이 온라인 경로와 성격이 달라 시너지효과를 창출할 여지가 상대적으로 작다면 브랜드, 목표시장, 취급상품, 고객서비스, 영업방침 등에서 오프라인 경로와 온라인 경로를 완전히 분리하여 운영하는 것이 바람직하다.

## 2. 글로벌 유통구조의 변화

최근 세계시장의 유통구조는 많은 변화를 보이고 있는데 이러한 유통구조의 변화는 주로 시장국의 경제발전 단계와 직접적인 관련을 맺고 있다.

### (1) 도매구조의 변화

해외시장의 도매구조는 국가에 따라 많은 차이를 보이고 있으나 다음과 같은 추세가 점차 강화되고 있다.

① 도매상과 제조업체와의 수직적 통합이 증가하고 있다. 이에는 제조업체가 주도하는 수직적 통합과 유통업체가 주도하는 수직적 통합이 있는데 후자의 경우가 더 증가하고 있다. 어떤 경우든간에 수직적 통합이 성행하는 시장에 외국 제조기업이 진출하고자 하는 경우에는 현지시장에서 유통경로 접근이 봉쇄당할 우려가 있거나 적절한 유통경로를 찾기가 쉽지 않다. 따라서 외국 제조업자는 현지시장에서 적절한 유통경로를 찾기 위해서는 ⓐ 수직적 유통경로가 아닌 전통적 유통경로상에 위치하는 도매상을 이

용하거나, ⓑ 현지시장의 유망한 유통경로와 제휴하거나, ⓒ 자사가 현지시장에 직접 유통경로를 구축하거나, ⓓ 도매상을 배제하고 직접 소매상과 거래를 하는 방법을 모색해야 한다.

② 도매상과 도매상간의 수평적 통합이나 제휴가 증가하고 있다. 이를 통해 정보교환, 공동구매, 유통인프라의 공동이용, 업무에 대한 조언 등을 통해 비용절감과 유통능력을 제고하고자 한다. 이러한 현상은 네덜란드, 스웨덴, 핀란드 등과 같은 북유럽국가에서 비롯되어 서구 전역으로 확산되고 있다. 이러한 현상은 제조업체에게 현지유통경로에 대한 협상력의 약화를 초래할 가능성이 있다. 따라서 제조업자는 이에 대응하는 적절한 접근방법을 모색하기 위해 노력해야 한다.

한편, 각국의 도매구조는 일반적으로 그 나라의 경제발전 정도에 따라 달라지는 경향이 있는데, 이를 요약하면 다음과 같다.

첫째, 경제가 발전할수록 외국수입상의 영향력은 감소하고, 현지국의 생산부문이 발전할수록 현지의 도매상이 발전하게 된다.

둘째, 경제가 발전할수록 제조기업, 도매상, 소매상의 기능은 점차 분리되고 전문화하게 된다.

셋째, 경제가 고도로 발전하게 되면, 현지시장의 도매기능은 대규모로 운영되는 미국도매상의 다양하고 효율적인 운영방식에 접근하게 된다.

넷째, 경제가 발전할수록 유통업자의 파워가 증가하여 제조업체 마진은 감소하는데 비해 도매상의 이익마진은 상대적으로 증가하는 경향을 보인다.

### (2) 소매구조의 변화

전세계적으로 발생하고 있는 소매구조 변화의 특징은 다음과 같다.

① 셀프서비스 형태의 새로운 유통업태인 디스카운트 스토어(discount store), 슈퍼센터(super center), 하이퍼마켓(hyper market), 아울렛(out-let), 카테고리 킬러(category killer), 편의점(CVS), 대중양판점(GMS) 등과 같은 할인점이 지속적으로 확장되고 있다는 점이다. 이들 유통기구는 체인화를 통해서 성장을 추구하고 규모의 경제를 이루어 냄으로써 가격경쟁력 향상효과

를 가져오고 있다. 미국이나 서구의 예를 살펴보면, 디스카운트 스토어와 대중양판점(GMS) 등의 도입에 있어서 이러한 업태들이 성공적으로 정착될 수 있었던 이유가 주로 체인화를 통한 저가격 실현과 다양한 상품구색, 그림 12-5에서 보는 바와 같이 기존의 백화점이나 전문점이 제공하지 못했던 새로운 포지셔닝 개발 등에 있었음을 발견하게 된다. 이 밖에도 글로벌경제와 국가경제가 전반적으로 발전하고 있는 데 따른 지구촌 사람들의 전반적인 소득증대, 노동력부족, 고객의 one-stop shopping선호, 소비생활 합리화 경향 등도 새로운 유통기구들이 발전하게 되는 원인을 제공하고 있다. 글로벌차원에서 이와 같은 유통기구들은 수적으로나 중요성면에 있어서나 계속 증가할 것으로 보인다.

② 선진국들과 신흥공업국들에서는 물론이고 일부 저소득국가에서도 도시개발과 자동차소유자가 증가하고 여가시간이 늘어남에 따라서 도시교외에 다양한 유형의 쇼핑센타들과 특수형태의 유통기구들이 계속 증가할

그림 12-5 업태별 포지셔닝 맵

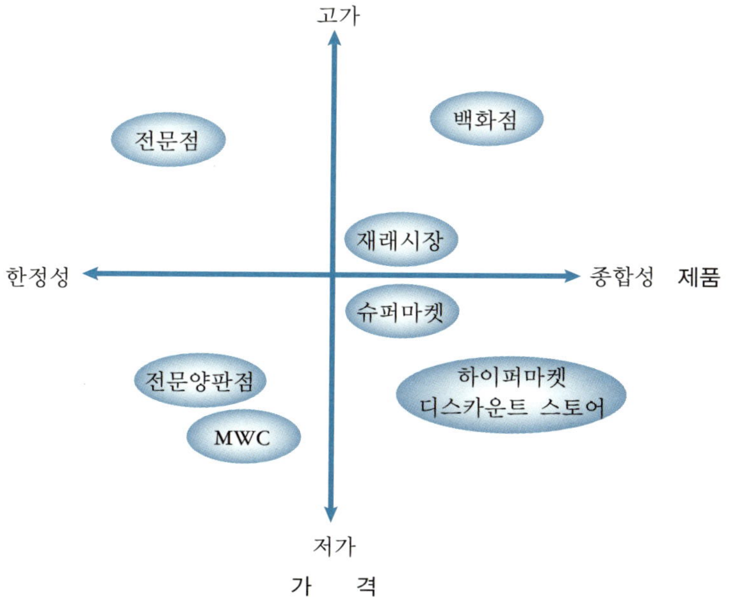

것으로 보인다. 유통기구의 대형화를 위해서는 넓은 매장면적과 아울러 주차장 등 넓은 공간을 요구하게 되는데, 이러한 넓은 공간을 입지적인 편의성을 가지고 있는 도심이나 주택밀집지역에서 확보한다는 것은 높은 지가 때문에 거의 불가능할뿐더러 확보한다 하더라도 사업의 경제성이 없게 된다. 그러므로 점포의 대형화를 추구하는 대부분의 신규 유통기구는 그 입지를 도심이나 주택밀집지역이 아닌 교외에서 찾으며, 이로 인한 약점을 어느 정도 감소시키기 위해서 교통이 편리한 간선도로변이나 교차로 등에서 입지를 찾고 있다.

③ 해외시장에서 우편주문 소매(mail-order retailing)가 계속 확장되고 있다. 이 방법은 원래 미국에서 시작되어 퍼진 것이며 지금은 서유럽과 일본 등 다른 선진국에서도 확장일로에 있고, 개도국에서도 어느 정도 확장되는 경향을 보이고 있다.

한편, 각국의 소매구조는 경제발전 수준에 따라 달라지는 경향이 있는데, 이를 요약하면 다음과 같다.

첫째, 경제발전 수준이 높은 국가일수록 전문점, 슈퍼마켓, 백화점, 편의점, 할인점, 우편판매, 텔레마케팅, 인터넷마케팅 등이 발달했으며, 농촌지역에도 그런 소매점들을 많이 갖고 있어 도시와 농촌 간에 유통경로의 이중구조가 존재하지 않는다.

둘째, 경제발전 수준이 높아질수록, 소규모 소매상 수가 감소하는 동시에 소매상의 평균운영규모는 증가한다.

셋째, 경제가 발전할수록 재래시장, 노천시장, 행상, 노점상 등 영세상의 역할과 중요성이 줄어든다. 이는 수직적 통합화(체인화 또는 제휴화)한 소매상은 점진적으로 발전하지만 재래적 형태의 소매상은 점진적으로 경쟁력을 상실하고 있음을 나타낸다.

넷째, 경제가 발전할수록 소매상의 마진이 증가하는 경향이 있다. 이는 경제가 발전할수록 소매상의 기능이 전문화되고 커진다는 것을 의미한다.

제 4 절

# 글로벌 유통경로의 설계

기업이 선택하는 유통경로는 일단 결정되면 다른 마케팅믹스와는 달리 쉽게 변화시킬 수 없는 비탄력성 때문에 그 기업의 다른 모든 마케팅 의사결정에 많은 영향을 미친다. 따라서 제조업체의 글로벌마케터는 글로벌 유통경로를 선정할 때 신중을 기해서 효율적인 유통경로를 선정하여야 한다. 그러기 위해서는 다음과 같은 절차를 밟는 것이 바람직하다. 유통경로를 설계하는 과정은 그림 12-6과 같다.

## 1. 글로벌 유통경로전략의 목표

글로벌마케팅에 종사하는 기업은 유통경로와 관련한 비용(cost), 통제(control), 커버리지(coverage), 특성(character), 지속성(continuity) 등의 요소를 유통경로전략의 목표로 삼는 것이 바람직하다.

### (1) 해외유통경로 비용의 적정선 유지

해외현지유통경로를 개발하고 유지하는데 드는 비용(channel cost)에는

그림 12-6 글로벌 유통경로 설계과정

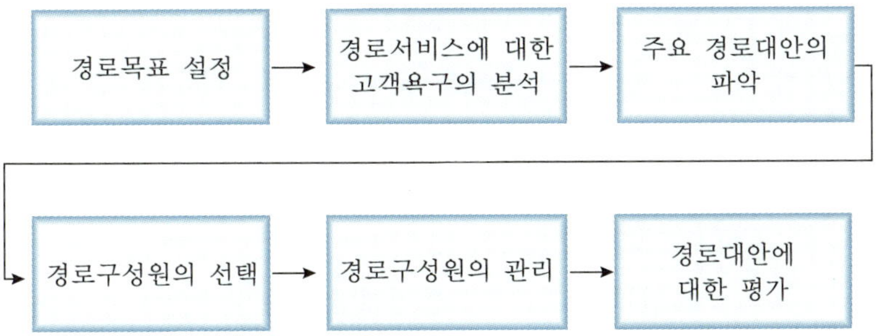

① 유통경로를 개발하는데 들어가는 비용, ② 개발된 유통경로를 계속 유지하는데 필요한 비용 등 크게 두 가지가 있다. 현지유통경로의 개발투자비와 유지비를 해당 기업이 어떻게 정의하든 간에, 그 기업의 현지유통경로정책은 현지유통목적을 최적화하는 목적과 경로비용을 바림직한 수준으로 억제하는 목적 사이에 균형을 잡는데 초점을 맞추어야 한다.

#### (2) 해외유통경로의 통제정도

일반적으로 말할 때, 특정 기업의 자체 판매요원들이 현지유통에 직접 개입하게 되면, 경로통제(channel control)가 최대한으로 가능해져서 글로벌제품의 마케팅활동을 최대한 관리할 수가 있다. 그렇지만 유통경비가 상당히 증가하는 문제가 뒤따른다.

현지유통경로의 형태와 현지중간상의 종류에 따라서도, 현지유통경로를 통제할 수 있는 정도와 성격이 달라진다. 또한 현지유통경로의 길이(length)가 길어질수록, 기업이 경로기구들(channel institutions) 및 그들의 판매가격 · 판매량 · 프로모션방법 · 기타행동 등을 통제할 수 있는 능력이 약화된다.

그러므로 기업은 이러한 현지유통환경 변수들을 고려하여, 어느 정도로 현지유통경로와 현지유통기구들을 관리하고 통제할 것인가를 결정하여 현지유통정책에 포함시켜야 한다.

#### (3) 시장커버리지 목적

기업은 마케팅하는 모든 글로벌제품라인에 대해 해외 표적시장에서 완전한 시장커버리지(full market coverage)를 달성하는 것도 현지유통경로전략의 하나로 삼아야 한다. 이는 ① 표적으로 삼고 있는 각각의 해외시장에서 가능한 최적의 매출액을 달성하고, ② 적절한 시장점유율을 유지하고, ③ 만족할 만한 정도의 시장침투를 달성하는 것을 말한다.

그렇지만 아래와 같은 해외시장의 유통환경변수들이 기업이 완전한 시장커버리지를 달성하는 것을 제한할 수도 있다.

① 기업이 현지중간상들에게만 글로벌제품의 유통을 맡기게 되면, 그들은 판매가 손쉬운 글로벌제품만을 취급 · 판매하고 나머지 글로벌제품은

등한시할 가능성이 높다.

② 경쟁이 심하거나 적은 수의 소비자들이 광범위한 지역에 분산되어 있는 표적시장국에서는 효율적으로 시장커버리지를 달성하기가 어렵다.

③ 기업이 판매하려는 글로벌제품의 경쟁제품이 표적시장 내에서 이미 확고한 기반을 구축하고 있다면, 상당한 비용을 들이고 노력하더라도, 충분한 시장커버리지를 달성하는 데는 한계가 있다.

이상과 같은 해외시장 유통환경변수들을 고려하여, 기업은 최적이라 판단하는 수준에서 시장커버리지 정책을 표적시장국별로 다르게 결정해야 한다. 시장커버리지 목적은 궁극적으로 이익증대를 달성하는데 있으므로, 시장커버리지 자체는 수단에 불과하기 때문이다.

#### (4) 기업특성과 시장특성의 적합성 평가

기업은 기업특성(corporate characteristics)과 표적시장국별 시장특성(market characteristics)에 적합하도록 현지유통경로를 선정하는 것도 현지유통경로전략 목적의 하나로 삼아야 한다.

그런데 표적시장국들의 유통패턴과 특정기업의 특성은 시간의 흐름과 시장환경의 변화에 따라서 바뀌게 마련이다. 그러므로 기업이 특정시점을 기준으로 하여 표적시장별로 시장특성에 적합한 효과적인 유통경로를 개발했다 하더라도, 그 유통경로가 현지에서 지속적으로 효과적일 수는 없다. 따라서 이미 선정하여 활용하는 현지유통경로가 현지시장특성을 제대로 반영하지 못한다든지 현지시장특성에 적응하지 못한다면, 현지유통경로를 바꾸어야 한다.

#### (5) 유통경로 지속성 목적

기업은 해외시장 유통경로의 지속성(channel continuity)을 유지하는 것도 해외유통경로전략 목적의 하나로 삼아야 한다. 현지유통경로의 지속성이 없이는 현지유통경로가 주어진 현지유통책임을 효과적으로 수행할 수 없기 때문이다. 해외유통경로의 지속성에 제약을 가하는 요인은 다음과 같다.

① 해외시장 유통경로를 형성하는 유통기구들이 "유통혁명"진행으로

새로이 생겨나거나 사라지는 것과 같은 유통기구들의 형태에 큰 변화가 발생하는 경우.

② 소규모로 운영하는 유통기구들의 경우에 그 소유자/운영책임자가 사망하거나 은퇴하든지 또는 취급업종을 바꾸는 경우.

③ 현지 유통기구들이 취급해온 브랜드와 그 공급업체에 대한 충성심이 희박하여 제조기업에 심각한 현지유통경로문제를 야기하는 경우. 예컨대, 경쟁업체가 더 좋은 이익 마진, 더욱 유리한 여신조건 등 보다 좋은 거래조건을 제시하면, 유통기구들이 기존의 취급품목을 포기하는 경우.

따라서 위와 같은 경우를 감안하여, 기업은 현지유통경로의 지속성을 확보하는 것을 현지유통경로정책 목표의 하나로 삼아야 한다.

## 2. 고객이 원하는 경로서비스 분석

제조업체가 실시하는 유통설계과정의 두 번째 단계는 표적시장국의 고객이 원하는 경로서비스와 이를 충족시키기 위해 각 경로구성원들이 제공해야 할 구체적인 서비스가 무엇인지를 파악하는 것이다.

### (1) 대기시간

대기시간은 고객이 제품을 주문한 후 그 제품을 받기까지 기다려야 하는 시간을 의미한다. 고객들은 대기시간이 가능하면 짧기를 원할 것이다.

### (2) 제품구색

한 유통경로가 갖추고 있는 제품구색(product variety)이 다양할수록 소비자들은 그 경로가 제공하는 서비스의 수준에 만족하는 경향이 있다. 소비자들의 one-stop shopping 경향이 커지고 있고, 그 결과 소비자들은 정보탐색비용, 교통시간, 교통비 등을 절감할 수 있게 되기 때문이다.

### (3) 최소구매단위의 크기

소비자는 자신이 소비하는 양에 알맞는 크기의 제품수량을 구매하기 원한다. 이것을 최소구매단위의 크기라고 하는데, 유통업체들은 판매단위를 크게 하기를 원하고 소비자는 구매단위를 자기의 필요수준에 맞게 하기를 원한다. 만일 표적시장국의 소비자들이 소량으로 제품을 구매하기를 원한다면, 제조업체는 더 많은 도·소매상을 개입시켜 소비자가 원하는 수준의 구매단위로 제품을 분류하는 기능을 수행하여야 한다.

#### (4) 서 비 스

고객이 제품을 구입할 때, 유통기구에서 제공하는 서비스의 정도는 유통경로를 선택할 때 중요한 요인이 된다. 여기에는 제품정보, 사용방법, 설치, A/S 등 다양한 항목들이 포함된다.

#### (5) 입지의 편리성

소비재의 경우에는 입지의 편리성도 중요한 요인이 될 수 있다. 그러나 소비재라 할지라도 제품의 유형에 따라 점포의 분산도는 달리하는 것이 바람직하다.

## 3. 경로대안의 파악과 평가

기업은 제품의 특성이나 자사의 특성, 시장환경 등을 고려하여 유통경로에 참여시킬 중간상의 유형과 길이 등을 결정해야 한다.

#### (1) 글로벌 경로패턴과 국가시장별 경로패턴

글로벌마케터가 해결해야 하는 중요한 글로벌 유통문제의 하나는 서브하는 모든 국가시장들에 대해 표준화된 경로패턴을 채택할 것인가의 여부이다. 이 질문에 대한 궁극적인 대답은 국가시장별로 가장 이익적인 유통경로를 선정해야 한다는 것이다. 어느 기업에서나 궁극적인 유통목적은 유통이익의 최대화이지, 유통경로의 글로벌 표준화가 아니기 때문이다. 따라서 가장 이익적인 유통경로를 선정하려면 다음과 같은 요소들을 고려하는 것이 바람직하다.

**① 경로표준화의 이점**

만일에 유통경로를 글로벌하게 표준화할 수 있다면 그 이점은 다음과 같다.

ⓐ 보다 능률적인 글로벌마케팅운영을 할 수가 있다.

ⓑ 국가시장별로 수행해야 할 유통직무를 표준화할 수 있어서, 유통요원들의 능률이 향상될 수 있다.

ⓒ 유사한 유통환경을 가진 국가시장들이 몇 개 있다면, 한 국가시장에서 성공적으로 활용한 경로믹스를 다른 국가시장들에게도 손쉽게 경제적으로 적용할 수가 있다.

② 경로적응화에 영향을 미치는 요소

– 기업외적 요소

ⓐ 국가시장별로 이미 존재하는 유통구조는 제각기 독특하다.

ⓑ 국가시장별로 유통 인프라가 상이하고 그 가용성도 다르다.

ⓒ 국가시장별로 시장의 지리적 집중도가 상이하다.

ⓓ 국가시장별로 시장특성이 상이하다.

ⓔ 국가시장별로 주요경쟁업체의 유통형태와 파워가 상이하다.

– 기업내적 요소

ⓐ 해외시장에 진입 · 침투하고 있는 정도: 기업이 시장별로 상이한 진출형태를 보인다면 서브하는 시장별 유통경로도 상이해진다. 기업의 해외시장 진출형태는 기업의 해외유통경로를 결정할 때 행사할 수 있는 재량권의 정도에 영향을 미치기 때문이다.

ⓑ 마케팅하는 제품라인의 폭과 추구하는 매출규모: 마케팅하는 제품라인의 폭과 매출액을 포함한 추구하는 마케팅목표가 국가시장별로 다른 경우에는 여러 국가시장에서 동일한 유통경로를 활용할 수 없다.

제조기업은 위에서 본 유통경로 표준화/적응화의 장·단점을 고려하여 대안을 평가해야 한다. 그러나 유통경로는 국별로 분산되어 있어 표준화에 따른 규모의 경제 효과가 작기 때문에, 국가시장별로 유통환경의 이질성이 크다면 기업은 무리하게 유통경로를 글로벌하게 표준화하려 해서는 안 될 것이다.

### (2) 직접유통경로와 간접유통경로

일반적으로 어느 국가시장에서나 제품을 유통하는 데는 직접유통경로가 간접유통경로보다 경로통제력이 크고 경로서비스도 우수하다. 그러나 소요되는 비용이 다르다. 직접유통경로에는 조직을 관리하는 비용이 필요하며 간접유통경로에는 중간상과 거래하는데 소요되는 거래비용이 필요하다. 그러므로 기업이 두 가지 경로대안 중에서 실제로 어느 것을 활용할 것인가를 결정할 때는, 아래와 같은 요소들을 고려하는 것이 바람직하다.

① 거래비용 기준

거래를 수행하기 위해 시장과 기업조직을 활용하는 데에는 각각의 비용이 발생하는데, 시장을 활용하는 비용(거래비용)이 더 크면 거래는 기업조직으로 내부화하고 기업을 활용하는 비용(관리비용)이 더 크면 시장거래를 활용하게 된다. 그런데 거래비용에 영향을 미치는 요인으로는 자산의 특유성과 거래빈도 등이 있다.

자산의 특유성이란 특정 거래를 위해 이루어진 투자가 전문화된 정도를 말한다. 즉 거래를 지탱하고 있는 자산의 특유성이란 해당거래가 단절되었을 경우에 그 거래에 투입되었던 자산의 가치를 희생시키지 않고 다른 거래관계에 재배치하여 활용할 수 있느냐 하는 것을 의미한다. 재배치하기 어렵다면 자산의 특유성은 높아지며 재배치가 용이하다면 자산의 특유성은 낮아진다. 자산의 특유성이 높은 경우에는 기회주의를 억제하기 위하여 거래비용이 높아지기 때문에 시장거래보다는 기업내부거래를 선호하게 된다. 일반적으로 표준품을 거래하는 경우에는 거래에 투입되는 자산의 특유성이 낮고 반대의 경우에는 자산의 특유성이 높다. 따라서 표준품을 거래하는 경우에는 시장경로인 간접유통경로를 이용하는 것이 바람직하고, 특유성이 높은 제품의 거래에는 유통경로를 내부화하는 직접유통경로나 현지 유통상과 제휴하는 것이 바람직하다.

② 비용부담능력 기준

비용부담능력 기준은 세 가지로 분류하여 생각할 수 있다. 첫째는 거래의 발생빈도와 관련된 것이고, 둘째는 초기고정비 및 변동비와 관련된 것이며, 셋째는 매출규모와 관련된 것이다. 그러나 이상의 세 가지는 모두

규모의 경제와 관련된 것이다.

첫째, 거래의 발생빈도는 규모의 경제를 의미하는 것으로 거래를 내부화해서 직접 수행하려면 이를 담당하는 조직이나 설비를 갖추는데 필요한 관리비용이 발생하는데 적정한 빈도의 거래가 이루어져야 비용분산이 가능해진다는 것이다. 거래빈도가 작으면 간접유통경로를 이용하는 것이 바람직하며 거래빈도가 많고 자산의 특유성이 크면 직접유통경로를 이용하는 것이 바람직하다.

둘째, 해외시장에서의 직접경로는 그림 12-7에서 보는 바와 같이 초기의 고정비 부담이 매우 많다. 그러나 매출액이 커짐에 따라서 증가하는 변동비는 상대적으로 작다. 반면에 간접경로는 고정비 부담은 작으나 매출액이 커짐에 따라 증가하는 변동비가 상대적으로 많다. 따라서 매출액이 일정규모 이상 커진다면 직접유통경로가 바람직하다.

셋째, 경로관리비용이다. 특정 국가시장에서 달성가능한 매출규모가 크고, 시장이 지리적으로 집중되어 있다면 제조기업은 직접경로를 활용하는 것이 바람직하다. 그러나 시장수요가 소규모이고, 시장의 지리적 집중도가 낮고, 소득이 낮고, 중간상들이 소규모이고, 대량구입기관이 수적으로 적은 경우에는 직접경로를 활용하는 데는 많은 비용이 소요되므로 간접

그림 12-7 직접경로와 간접경로의 유통비용 비교

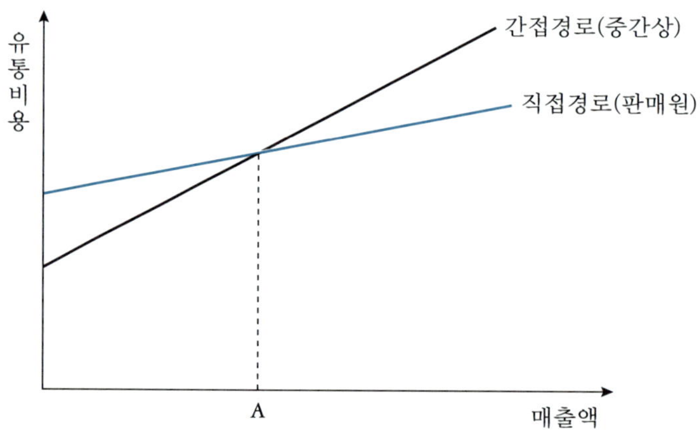

경로를 적절히 활용하는 것이 바람직하다.

③ 통제기준

기업이 유통경로에 대해서 어느 정도의 영향력을 발휘하기를 원하느냐에 따라 유통경로가 달라질 수 있다. 직접경로는 최종고객과의 거리가 짧아지고 정보수집이 용이하여지며 중간상을 통제하기가 쉬워진다. 그러나 간접경로는 독립된 중간상을 이용하기 때문에 이들이 다음단계의 중간상이나 고객에게 채택하는 경로정책을 통제하기가 어려워진다. 또한 중간상은 자사제품 이외의 여러 다른 회사의 제품을 취급하고 있기 때문에 자사의 교섭력도 약화되게 된다.

④ 신축성 기준

유통경로는 일단 확립되면 단기간 내에 변경하기가 쉽지 않다. 그러나 앞 절에서 보았듯이 시장환경의 변화는 유통경로의 변경을 필요로 하는 상황을 초래한다. 이러한 경우에 대비하여 유통경로를 변경시키기가 용이한 체제를 갖추는 것이 필요하다. 따라서 경로의 형태를 선택하는데 있어서 환경변화에 어느 정도 신축적으로 대응할 수 있느냐 하는 점도 고려되어야 한다. 일반적으로 간접경로가 직접경로보다 신축성이 크다.

### (3) 선별적 유통과 집약적 유통

집약적 유통(intensive distribution)이란 제품을 취급하기를 원하는 지역내의 모든 유형의 유통업체들에게 제품을 판매하게 하는 정책을 말한다. 한편 선별적 유통(selective distribution)은 특정 해외시장에서 제한된 수의 유통업체들만을 엄선하여 제품을 판매하도록 하는 경로정책을 말한다.

집약적 유통경로의 이점으로는 ① 상품에 대한 소비자의 인식 증가, ② 소비자의 편의성 제고 등을 들 수 있다. 반면에 단점으로는 ① 소량주문이 되기 쉽고, ② 재고비용이 증가하며, ③ 통제력이 적어지는 점을 들 수 있다.

집약적 유통경로를 활용하게 되면 판매량이 증가하는 경향이 있으나 광고비 및 판매관리비 또한 늘어나게 된다. 또한 중간상에게 다른 경쟁사의 상품보다 자사의 상품을 더 팔아달라고 동기부여를 하는데 어려움이 있다.

그렇지만 일반소비재를 대량 마케팅하고자 할 경우에는 자사제품을 가능한 한 광범위한 시장지역을 대상으로 집약적 유통을 하는 것이 바람직하다.

선별적 유통경로는 ① 유통업자의 충성도가 높아지며, ② 판매지원이 활발하게 이루어진다. 또한 ③ 상대적으로 정확한 판매예측과, ④ 보다 효율적인 재고관리시스템과, ⑤ 중간상 통제시스템을 가질 수 있다. 그러나 단점으로는 ① 시장커버리지가 떨어져 판매량이 제한되게 되며, ② 중간상의 파워가 커지는 경향이 있다.

제품의 단위가격이 대단히 높고 특수계층에 속한 극히 제한된 수의 고소득층 고객들만이 잠재적 시장을 형성하고 있을 경우에는, 극히 제한된 특약점(exclusive dealers)에게만 판매를 허용하는 전속적 유통정책을 채택할 수도 있다. 특수제품이나 고가품을 마케팅할 때는 현지시장의 소매상들이 경쟁을 제한시킬 목적으로 전속적 유통을 요구하는 경우가 많기 때문이다.

상표충성도가 강한 내구성소비재를 마케팅하는 경우에도, 전속적 유통방법을 택하는 것이 바람직하다. 그래야만 제품관련 서비스를 제공하는데 있어 현지유통업체의 협력을 얻을 수 있기 때문이다. 단점으로는 단일유통경로를 가지므로 판매량이 제한되며, 소수점포의 매출에 의해 회사의 판매수준이 좌우된다는 점이다.

표 12-2 집약적 유통, 전속적 유통, 선택적 유통의 비교

| 구 분 | 집약적 유통 | 전속적 유통 | 선택적 유통 |
|---|---|---|---|
| 전 략 | 가능한 많은 점포들로 하여금 자사제품을 취급하도록 함 | 한 지역에 하나의 점포에게 판매권을 부여함 | 한 지역에 제한된 수의 점포들에게 판매권을 줌 |
| 점포수 | 가능한 많은 점포 | 극소수 | 소수 |
| 통 제 | 제조업자의 통제력이 낮음 | 제조업자의 통제력이 높음 | 제한된 범위에서 제조업자의 통제가 가능함 |
| 제품 유형(소비제) | 편의품 | 전문품 | 선매품 |
| M-D협력 | 보통 | 매우 높음 | 높음 |

M: 제조업자, D: 유통업자.

## 4. 경로구성원의 선택

각 경로대안들을 비교 · 평가하여 가장 바람직한 경로대안이 결정되면, 글로벌마케터는 자사의 표적시장이 요구하는 경로서비스를 가장 잘 제공할 능력이 있는 중간상을 선택해야 한다.

일반적으로 제조업자가 보다 나은 중간상들을 선택하는데 고려하는 평가기준에는 ① 요구되는 재고수준과 소비자 신용을 제공할 수 있는 신용능력, ② 중간상의 활동력과 신뢰성, ③ 전문화된 판매능력과 영업경험, ④ 영업사원의 규모와 질, ⑤ 취급하는 제품의 종류와 특성, ⑥ 조직의 탄력성과 기동성, ⑦ 자사제품의 판매에 대한 충성도, ⑧ 제조업자와의 협력 정도 등이 있다.

## 5. 경로구성원의 관리

중간상의 선정이 끝난 후에는 기업은 선택된 중간상들이 자사제품의 판매를 위해 최선을 다하도록 계속적으로 동기부여를 해야 한다. 일반적으로 제조업자는 중간상들의 협력을 얻기 위해 긍정적 동기부여수단(positive motivations)인 높은 마진, 특별가격할인, 프리미엄제공, 협동광고지원 등과 같은 방법을 활용하고 있다. 그러나 경우에 따라서는 부정적 동기부여수단(negative motivations)인 마진의 삭감, 제품인도 지연, 거래관계의 종식 등의 방법을 활용하기도 한다.

한편 어떤 기업들은 전문적으로 관리되는 수직적 마케팅시스템의 구축을 통해 중간상들과 장기적인 협력관계를 형성하려고 한다. 각 제조회사들은 중간상들과 공동으로 머천다이징, 판매원교육, 광고 및 판촉전략 등을 계획함으로써 수직적 마케팅시스템의 한 구성원이 되는 것이 그들에게 많은 이익을 실현시킴을 확신시키고자 한다.

기업은 판매수량, 평균재고 수준, 고객에 대한 제품인도시간, 제조업체와의 협력정도, 고객에 대한 서비스 등의 측면에서 장기적으로 중간상의 실적을 검토한 후, 높은 성과를 보인 경로구성원에 대해서는 보상하고, 성적이 나쁜 경로구성원에 대해서는 지원책을 강구하거나 새로운 경로구성원으로 대체하여야 한다.

## 제 5 절

# 글로벌 물적유통관리

글로벌 물적유통의 효율성은 고객만족과 기업의 원가에 크게 영향을 미치고 있다. 특히 마케팅 총비용에서 차지하는 물류관리 비용이 점점 높아간다는 사실은 물류관리의 중요성이 점점 커진다는 것을 의미한다. 치열한 국제경쟁에서 효율적인 물류관리는 상품의 국제경쟁력을 높이는 수단으로써 중요시되고 있다.

그림 12-8 물적유통시스템의 상품흐름

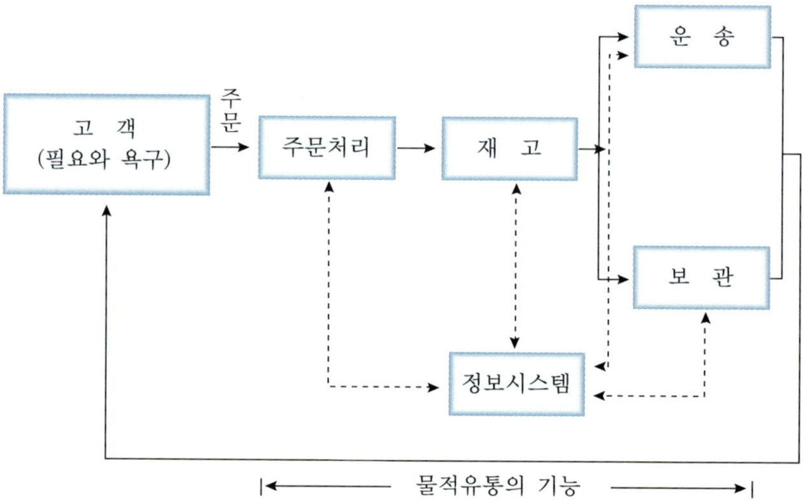


자료: Kinnear, T. C. and K. L. Bernhardt(1983), *Principles of Marketing*, Scott, Foresman.

## 1. 물적유통의 개념

물적유통(physical distribution)이란 상품의 물리적 이동과 관련된 여러 활동을 의미한다. 즉 물적유통이란 "적절한 이윤을 보장하면서 고객의 욕구를 충족시키기 위하여 원산지로부터 사용자에게로 물자와 상품의 효율적인 이동을 계획하고 실행하며 통제하는 활동"을 말한다. 이러한 활동에는 수송, 보관, 재고관리, 주문처리 과정, 그리고 소비자에 대한 서비스 등이 포함된다.

물적유통은 제조업체로부터 최종소비자에게 직접 보내지거나, 혹은 중간상으로부터 전달되거나, 또는 지역물류센터로부터 전달되게 된다. 대량구입을 하는 경우에는 제조업체의 재고나 생산라인으로부터 직접 적송된다. 또한 물적유통을 통한 상품운송은 파손 등의 이유로 반송되기도 한다. 이러한 반송품의 흐름 역시 물류시스템의 일부를 이룬다.

## 2. 글로벌 물류관리의 목표

글로벌 물류관리는 고객에 대한 서비스 향상, 비용의 최소화, 그리고 수익성의 제고라는 목표를 가지고 있지만 이를 달성하기위한 물적유통활동의 최적믹스는 쉬운 일이 아니다. 왜냐하면 물적유통의 각 단계에서 발생하는 비용은 서로 상충관계(trade off)에 있기 때문이다. 예컨대, 비용절감을 위해 육로수송을 사용하는 경우에는 수송시간이 길어져 빠른 배달을 원하는 고객에게 제공하는 서비스수준이 떨어지기 때문이다.

### (1) 고객서비스 수준

물적유통의 주요 목표 중의 하나가 고객에 대한 서비스를 향상시키는 것이다. 고객서비스란 고객의 욕구를 만족시키는 것을 말하는데, 고객은 적당한 규모의 주문량을 적당한 가격수준으로 구매할 수 있게 되기를 원한다.

기업에서 이러한 욕구를 충족시키는 것은 매우 중요하며 이를 위해서 구체적인 성과기준을 설정해 놓는 것도 좋은 방법이다. 이 경우 물류관리 목표를 명확하게 계량화해서 간결하게 표현하는 것이 중요하다. 예를 들면 ① 주문접수 후 10일 이내 상품배송, ② 재고부족률은 10% 이내로 유지, ③ 반송품 수준은 2% 이내로 억제 등이다. 물류에 관한 고객선호도를 파악하기 위한 자료는 시장조사를 통해서 얻을 수 있다.

#### (2) 시스템적 물류비용 절감

여기서 물류비용이란 고객서비스 향상을 위해 소요되는 모든 물류관련 비용을 말한다. 물류비용 절감을 위해서는 물류의 특정 요소비용을 최소화하는 것보다는 총비용을 최소화하는데 노력해야 한다. 총비용관점은 물적유통시스템을 구성하는 어느 한 요소가 다른 요소에 미치는 영향을 전반적으로 고려하는 것이 중요하다. 이러한 총비용 접근방법은 물적유통을 창고, 수송, 재고관리 등 여러 기능의 전체시스템으로서 파악하는 것을 의미한다.

총비용 접근방법을 사용할 경우에 물류비용의 상충관계(distribution cost trade-offs)를 살펴보아야 한다. 비용구조의 상충이란 물류관리시스템 내의 각 기능별 의사결정이 상충관계에 있다는 점을 뜻한다.

예를 들면, 만약 창고의 수를 늘린다면, 수송비가 저하되지만, 이와 동시에 재고비와 주문처리비가 증가하게 된다. 즉, 창고의 수가 많아지면 그만큼 보관할 수 있는 재고량이 늘어 재고유지비가 증가하게 되며, 마찬가지로 각 창고별로 주문량이 늘게 되면 관리비가 더 늘어나게 되므로 주문처리비가 증가한다. 따라서 물류비용 절감을 위해서는 상충관계를 고려하여 총물류비용이 최소가 되도록 의사결정을 해야 한다.

## 3. 글로벌 물적유통의 기능

글로벌 물적유통시스템의 목적을 효과적으로 달성하기 위해서는 이들 기능을 효율적으로 관리하여야 한다. 물류시스템의 활동을 구성하는 글로벌 물적유통시스템의 주요 기능은 다음과 같다.

### (1) 수송기능

수송은 물품의 공간적 격차를 극복하기 위한 장소적 이동을 말한다. 수송은 물류의 핵심적 요소로서 보관, 하역, 포장, 정보 등과 밀접한 관련을 맺고 있으며, 이러한 비수송요소는 수송과 배송을 원활히 해주는 보조적 요소로 볼 수 있다. 수송활동을 위한 수단으로는 철도, 자동차, 선박, 항공기 등이 있다.

실제로 어떠한 수송수단을 사용할 것인가에 대한 의사결정은 화물의 종류에 크게 의존한다. 최근 들어 여러 가지 수송수단을 서로 결합하여 이용하는 것이 크게 늘어나고 있다. 이와 같이 물품운송을 적어도 두 가지 이상의 각각 다른 수송방법으로 하는 것을 복합운송 또는 일괄결합운송방식이라 부른다. 그 특징은 개개의 운송수단을 독립적으로 이용하는 것보다 편리하고 비용이 적게 든다는 점이다. 이러한 결합운송방식의 대표적인 예로서 피기백(piggy-back)방식을 들 수 있다. 이는 트럭과 철도의 결합방식이다. 이 밖에 육로와 항공로의 결합방식인 버디백(birdy-back)과 육로와

그림 12-9 글로벌 물적유통기능

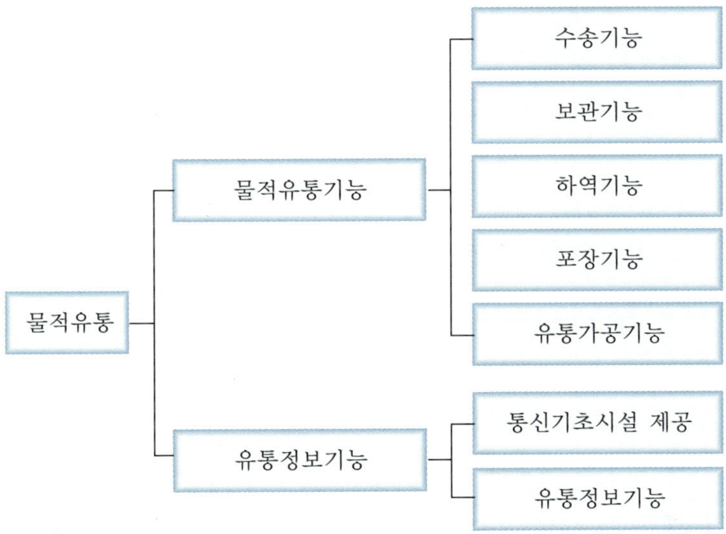

수로의 결합방식인 피쉬백(fish-back) 등이 있다. 이러한 복합운송은 컨테이너의 보급이 일반화되면서부터 널리 사용하게 되었다.

### (2) 보관기능

보관은 물품의 시간적 격차를 극복하기 위한 것으로 적시에 원료 및 부품을 공급하여 생산을 원활히 하고, 또한 제품을 적기에 수요에 맞춰 공급함으로써 물품의 시간적 효용을 창출하기 위한 활동이다. 보관기능의 목표는 어떻게 하면 총재고비용을 최소화하면서 동시에 고객의 수요와 고객서비스를 만족시키느냐에 있다.

재고비용은 재고유지비와 주문비 그리고 재고부족비로 구성된다. ① 재고유지비란 일정기간 동안 상품의 재고를 유지하는데 드는 비용이며, ② 주문비란 재고량을 확보하여야 하는 경우 발생하게 되며 여기에는 주문처리비, 발송비, 화물취급비 등이 포함된다. ③ 재고부족비란 주문량에 비해 재고량이 적은 경우에 발생하게 되는 기회비용이다. 즉 재고부족 때문에 일어난 고객상실로 인해 발생하는 이익의 감소와 기업이미지의 손상 등이다. 보관기능에서는 이러한 재고유지비, 주문비, 재고부족비가 균형을 이루어 재고비용을 최소화하도록 노력하는 것이 중요하다.

재고를 유지하기 위해 물품을 보관하는 시설이 창고인데 제조기업은 이용할 창고를 내부조달과 아웃소싱 중에서 전략적으로 활용하는 방법을 모색해야 한다. 회사창고(내부조달)는 구매자의 수요를 충족시키기 위해서 정기적으로 대량의 상품을 보관하여야 하는 경우에 유리하며, 영업용 창고(아웃소싱)는 창고를 직접 운영하는 번거로움을 피하려는 경우와 계절적 수요와 같은 비정기적 수요의 상품보관에 많이 사용된다.

### (3) 하역기능

하역은 운송과 보관 및 포장과정과 그 전후에 수행되는 화물취급 작업(material handling)으로 수송과 보관의 종속적인 위치에 있다. 그러나 하역은 글로벌 물류에 있어 없어서는 안 될 중요한 부분으로, 생산에서부터 판매에 이르기까지의 유통과정에 하역단계가 많이 개입하기 때문에 하역작업에 따라 물류비에 미치는 영향이 크다. 동시에 하역기능은 하역과정에서 발생하기 쉬운 물품자체의 파손 · 오손 등을 방지하기 위해 물품의 포장비에도 영향을 미친다.

최근의 하역은 유통 및 배송센터의 자동창고에서 상·하차하는 작업뿐만 아니라 컨테이너에 적재하는 작업에서부터 철도역 또는 트럭터미널 등의 내륙거점이나 공항 및 항만에서의 하역작업에 이르기까지 지게차, 컨베이어, 기중기 등 각종 운반도구들이 이용되고 있어 하역작업의 효율화가 이루어지고 있다. 지게차는 팔레트(pallet)를 움직일 때, 컨베이어는 부피가 작고 무거운 상품을 움직일 때, 기중기는 무거운 화물을 움직일 때 각각 사용된다. 이와 같이 운반도구들을 용도에 맞게 사용해야만 파손으로 인한 손해를 최소화할 수 있다.

#### (4) 유통가공기능

유통가공은 유통과정에서 이루어지는 제품의 단순한 가공, 조립 등 물류의 효율을 향상시키기 위해 시행되는 보조적인 활동으로써, 물류과정에서 물품에 가해지는 형태변화를 위한 활동을 말한다. 이러한 활동으로는 포장작업, 소량화작업, 절단, 조립, 레이블 부착 등이 있다.

이와 같이 유통가공을 행하는 목적은 ① 물류관리 전체에 있어 리드타임과 재고보유시간을 단축하면서도 상품의 부가가치를 향상시켜, ② 고품질의 상품을 소비자에게 제공하면서도 납품시간을 단축시켜 물류서비스를 제고하여, ③ 다양한 서비스를 받고자하는 고객의 욕구를 충족시킴으로써, ④ 수송활동과 배송활동의 효율성과 효과성을 높이기 위해서다.

#### (5) 포장활동

포장은 기능적인 측면에서 상업포장과 공업포장으로 구분되는데 이중 공업포장이 물류와의 관계가 높다. 공업포장 관점에서 볼 때 포장이란 ① 수송과 보관 등의 물류과정에서 그 가치와 상태를 유지할 수 있도록 적당한 재료나 용기를 사용하여 물품을 안전하게 보호하고, ② 적당한 단위로 묶어서 운송, 하역, 보관이 용이하도록 하는 것을 말한다.

포장의 기본적인 기능은 보호성, 편의성, 판촉성, 경제성 및 환경보존성으로 포장설계시 고려하여야 할 요인은 내용물의 성질과 특성, 포장재의 성질과 특성, 그리고 유통환경 및 사용조건이다.

#### (6) 유통정보기능

최근에는 물류관리를 보다 효과적으로 실행하기 위해 컴퓨터를 사용한 정보시스템을 도입하는 일이 크게 늘어나고 있다. 이러한 유통정보시스템은 유통활동을 촉진시키는데 필요한 각종 정보를 생산하고 배포하는 시스템으로써 물류의 주요요소인 수송, 보관, 하역 등 각 기능들을 서로 연결시켜 전체적인 물류관리를 종합적으로 기능화하고 총체적인 활동을 원활히 추진하는 데 중요한 요소이다. 유통정보기능의 미비는 물류의 여러 기능에 커다란 영향을 미쳐서 중복 및 공차수송, 화물의 장기적인 체류, 부적절한 재고수준 등과 같은 비효율화를 초래한다.

정보활동은 전화, 팩시밀리, 컴퓨터를 이용한 온라인시스템, 지역물류를 연계시키는 근거리통신망(LAN: local area network) 또는 전세계를 연결할 수 있는 부가가치통신망(VAN: value added network) 등을 이용하여 중앙통제방식으로 물류정보의 지시 및 통제가 이루어지고 있다. 물류정보는 물품이 생산자로부터 중간상인인 도·소매업자를 통하여 소비자로 이전될 때에 수주정보시스템, 재고정보시스템, 생산지시정보시스템, 출하정보시스템, 물류관리정보시스템 등에 의하여 그 흐름이 통제된다.

## 토의문제

1. 글로벌 유통경로의 기능을 설명하시오.
2. 글로벌 유통구조의 변화를 설명하시오.
3. 해외시장에서 경로적응화에 영향을 미치는 요인을 설명하시오.
4. 인터넷 유통경로의 유형을 설명하시오.
5. 글로벌 유통경로전략의 목표를 설명하시오.
6. 해외시장에서 직접유통경로와 간접유통경로를 선택하는 경우를 각각 설명하시오.
7. 경로구성원을 관리하는 방안을 설명하시오.
8. 글로벌 물류관리의 목표를 설명하시오.

## 참고문헌

반병길 외(2006), 현대마케팅, 형설출판사.

안광호, 한상린(2005), 유통원론, 학현사.

Berman, B., and J. R. Evans(1998), *Retail Management*, Prentice-Hall.

Cateora, P. R.(1993), *International Marketing*, 8th ed., Richard D., Irwin.

Kinnear, T. C., and K. L. Bernhardt(1983), *Principle of Marketing*, Scott, Foresman.

Stern, L. W., and A. I. El-Ansary(1992), *Marketing Channel*, 4th ed., Prentice-Hall.

Terpstra, V., and R. Sarathy(1991), *International Marketing*, 5th ed., The Dryden Press.

## 제 5 부

# 글로벌마케팅의 조정과 통제

제13장 글로벌 마케팅활동의 조정과 통제
제14장 글로벌 마케팅조사

제13장

# 글로벌 마케팅활동의 조정과 통제

글로벌 마케팅에 관여하는 기업은, ① 마케팅믹스/전략을 어느 정도로 글로벌하게 표준화하여 집행할 것인가를 먼저 결정한 다음에, ② 결정된 글로벌표준화 정도를 글로벌마케팅운영 네트워크를 통하여 실제로 집행하는 방법을 모색하고, ③ 그 결과를 평가하고 수정하게 된다.

## 제 1 절 마케팅믹스의 글로벌표준화

### 1. 마케팅믹스 전략의 글로벌표준화 단계

글로벌마케팅에 종사하는 기업은 진출하는 시장들 간에 존재하는 시장수요의 공통성 내지 유사성의 정도를 가장 중요한 기준으로 삼아 마케팅믹스를 어느 정도까지 글로벌표준화하는 것이 바람직한가를 결정해야 한다. 그런 결정의 결과로 글로벌마케팅 종사기업의 글로벌 마케팅믹스는 각기 ① 글로벌차원에서 표준화할 수도 있고, ② 현지시장 차원에서 개별화할

그림 13-1 마케팅믹스의 글로벌표준화 단계

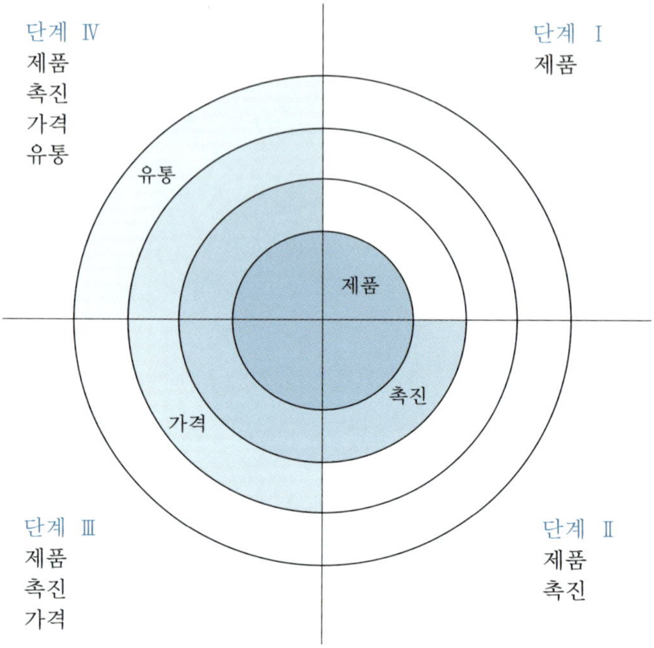


수도 있고, ③ 양극단을 절충한 부분적인 표준화를 할 수도 있다.

점진적으로 많은 기업들이 글로벌 마케팅믹스를 글로벌하게 표준화시키고 있다. 글로벌표준화 정도가 높을수록 규모경제 효과와 경험효과를 최대화할 수 있기 때문이다. 그렇지만 해외시장들 간에 존재하는 마케팅환경의 차이 때문에 완전하게 표준화된 글로벌 마케팅믹스를 마련하여 집행하는 기업은 드물다.

그림 13-1이 가리키는 대로, 많은 글로벌기업들은 제품의 글로벌표준화(단계Ⅰ)로부터 시작하여 촉진(단계Ⅱ), 가격(단계Ⅲ), 유통(단계Ⅳ)을 차례로 추가적으로 글로벌하게 표준화함으로써, 마케팅믹스의 글로벌표준화를 진전시키는 접근방법을 따른다. 글로벌기업들은 마케팅하는 제품과 서브하는 해외시장을 참작하여 마케팅믹스의 글로벌 표준화 단계를 결정하고자 한다.

그렇기 때문에 기업이 특정 시점에서 채택하고 있는 글로벌 마케팅믹스의 표준화정도는 그림 13-1에서 제시된 4단계 가운데 어느 한 단계에 배속시킬 수 있다.

단계Ⅰ은 글로벌시장에서 제품만은 글로벌하게 표준화시키되, 국가시장 별로 촉진·가격·유통 전략 등을 달리하여 마케팅하는 것을 의미한다.

단계Ⅱ는 글로벌시장에서 표준화된 제품을 표준화된 촉진전략을 활용하여 마케팅하지만, 가격전략과 유통전략은 국가시장 별로 달리하여 마케팅하는 것을 나타낸다.

단계Ⅲ은 글로벌시장에서 표준화된 제품을 표준화된 촉진전략과 표준화된 가격전략을 활용하여 마케팅하지만, 유통전략만은 국가시장별로 달리하는 것을 나타낸다.

단계Ⅳ는 글로벌시장에서 4P's를 모두 표준화하여 마케팅하는 것을 나타낸다. 단계Ⅰ에서 단계Ⅲ까지는 마케팅믹스의 글로칼라이제이션(glocalization)전략이라 할 수 있고, 단계Ⅳ는 마케팅 믹스의 글로벌라이제이션(globalization)전략이라 할 수 있다.

## 2. 마케팅믹스의 글로벌표준화 결정요소

글로벌기업들은 그림 13-2에 제시한 시장, 기업외부환경, 제품, 재무적 요소 등의 요소들을 고려하여 글로벌시장에서 적용할 마케팅믹스의 글로벌표준화 정도를 결정해야 한다.

① 시 장

글로벌기업이 표준화된 마케팅믹스를 가지고 성공할 수 있으려면 표적시장들은 시장수요의 유사성이 크고, 규모가 크고, 진입장벽이 낮아야만 한다.

표적시장의 시장특성이 위와 반대의 경향을 보인다면 기업은 시장별로 개별화된 마케팅믹스를 하는 것이 바람직하다.

② 외부환경

글로벌기업이 표준화된 마케팅믹스를 가지고 성공할 수 있으려면 표적시장들의 정치 · 경제 · 법 · 문화 등 주요 마케팅환경 요소들이 표준화된 마케팅믹스에 호의적인 작용을 해야 한다. 즉, 유사한 문화적 환경, 높은 지리적 유사성, 낮은 법적 장벽, 변화수용성이 높은 시장분위기, 정치논리보다는 경제논리에 움직이는 사회 등과 같은 환경을 가진 국가시장 간에는 표준화된 마케팅믹스를 활용할 수 있다.

③ 제　품

기업이 판매하는 제품이 내구성 소비재이거나 산업재이면 마케팅믹스의 글로벌 표준화에 많은 영향을 미칠 수 있다. 예를 들면, 메모리 칩이나 마이크로프로세서 칩과 같은 산업재는 비교적 글로벌하게 표준화된 마케팅믹스를 활용해도 무방하다.

그러나 국가시장별로 이질성이 많고 소비자들이 정서적으로 집착하는 제품, 예컨대, 식품과 같은 경우에는 고유한 소비자수요에 맞추어 국가시장별로 적합한 개별화된 마케팅믹스를 활용하는 것이 마케팅목표를 최대화하는데 효과적일 수 있다.

④ 재무적 요인

우선 코스트를 고려해야 한다. 예를 들면, 특정 제품을 연구개발하고 생산하는데 소요되는 코스트가 낮다면, 국가시장별로 개별화된 마케팅믹스가 적절할 수도 있다.

그러나 첨단치료용 의약품인 경우와 같이 연구개발코스트가 막대하다면, 그런 제품에 대해서는 표준화된 마케팅믹스를 활용하는 것이 바람직하다. 더군다나 그런 제품의 수명주기가 짧을수록 표준화된 글로벌마케팅의 활용이 필수적이다.

가격도 고려해야 한다. 승용차, 가전제품 등의 경우와 같이, 잠재적 구매자들이 개별화된 고가제품들보다는 표준화된 저가제품들을 선호하는 경향이 클 때는 표준화된 글로벌 마케팅믹스가 성공할 가능성이 더욱 많다. 판매량의 증대에 따라 단위당 생산코스트와 마케팅코스트가 삭감될 경우에는 더욱 그렇다.

그렇지만 고객들의 구미에 맞추어 주문 생산하는 요트, 발주처의 기술적 요건에 맞추어 생산하는 핵발전소 등과 같이 가격의 역할이 그리 중요

그림 13-2 마케팅믹스 글로벌표준화 여부의 영향요인

| 요인 | 개별화 ↔ 표준화 | |
|---|---|---|
| 시 장 | 비(非) 유사 시장 | 유사한 시장 |
| | 농촌 | 도시 |
| 환 경 | 정치에 의해 움직이는 | 경제에 의해 움직이는 |
| | 높은 법적 장벽 | 낮은 법적 장벽 |
| | 특유한 문화 | 유사한 문화 |
| | 변화저항적 | 변화수용적 |
| | 지리적 상이성 | 지리적 유사성 |
| 제 품 | 감정에 호소하는 | 합리에 호소하는 |
| | 제품수명주기 상이함 | 제품수명주기 같음 |
| 재무적 요소 | 낮은 연구개발비 | 높은 연구개발비 |
| | 가격의 낮은 중요성 | 가격의 높은 중요성 |
| | 소규모 자본요건 | 대규모 자본요건 |
| 기업내부환경 | 높은 유연성 | 낮은 유연성 |
| | 제한된 경험 | 광범위한 경험 |
| | 단기적 비전 | 장기적 비전 |

하지 않은 제품의 경우에는, 오히려 개별화된 마케팅믹스의 성공가능성이 더욱 높다.

소요투자 역시 고려해야 한다. 글로벌하게 표준화된 마케팅믹스를 채택하게 되면 표준화된 제품들에 대한 글로벌시장 수요를 충족시킬 정도의 대규모 생산시설을 갖추는 데, 그리고 생산한 제품들을 대량 마케팅하는 데 비교적 많은 투자가 소요된다. 그렇지만 제품단위당 생산코스트와 마케팅코스트는 대폭 삭감될 것이므로, 가격경쟁력은 보다 강화될 수 있다.

그러나 개별화된 마케팅믹스를 채택하게 되면, 적은 코스트로 기존의 생산시설과 마케팅과정을 있는 그대로 활용하여 소규모 해외시장들에 진입할 수 있기 때문에, 일반적으로 비교적 소규모 투자가 소요된다.

⑤ 기업내부환경

어느 기업에서나 최고경영자의 태도는 글로벌마케팅전략에 막대한 영향을 미친다. 만일에 최고경영층이 대단히 유연성 있게 변화를 받아들이는 태도를 지녔다면, 필요적절하게 개별화된 마케팅믹스가 채택될 확률이 높다. 그러나 최고경영층의 태도에 유연성이 불충분한 경우에는 표준화된 마케팅믹스가 채택될 확률이 크다.

다국적기업의 해외시장을 책임지고 있는 많은 마케팅담당자들의 경우, 글로벌마케팅 오리엔테이션이 부족하여, 그들이 책임지고 있는 국가시장들만을 기준으로 해서 생각하고 행동하는 경향이 많다. 그러므로 글로벌마케팅에 관여하는 기업이 마케팅믹스의 글로벌표준화 여부 및 정도를 결정할 때는, 최고경영층, 마케팅담당자 등의 태도를 포함한 글로벌마케팅 오리엔테이션 정도를 고려해야 한다. 그리고 글로벌마케팅 오리엔테이션의 부족이 합리적인 글로벌마케팅믹스를 결정하고 집행하는 것을 방해할 정도인 경우에는, 적절한 방법으로 이들에게 글로벌안목을 심어주도록 노력해야 한다.

## 제 2 절
## 글로벌 마케팅믹스의 평가모형

제품과 커뮤니케이션을 고려한 마케팅믹스의 글로벌 표준화전략을 시도하는 경우에는 표 13-1과 같은 네 가지 전략적 대안을 도출할 수 있다.

표 13-1 표준화-적응화를 위한 전략적 대안

| 전략대안 | 제품용도(기능) | 제품사용조건 | 제품전략 | 커뮤니케이션전략 |
|---|---|---|---|---|
| 제품-커뮤니케이션 표준화 전략 | 동 일 | 동 일 | 표준화 | 표준화 |
| 제품표준화-커뮤니케이션 적응화 전략 | 상 이 | 동 일 | 표준화 | 적응화 |
| 제품적응화-커뮤니케이션 표준화 전략 | 동 일 | 상 이 | 적응화 | 표준화 |
| 제품-커뮤니케이션 적응화 전략 | 상 이 | 상 이 | 적응화 | 적응화 |

## 1. 제품-커뮤니케이션 표준화

국내와 동일한 제품과 동일한 마케팅 커뮤니케이션 방법을 해외시장에 적용시키는 전략이다. 이 전략은 제품의 용도와 사용조건이 국내시장과 해외시장이 동일한 경우에 주로 적용된다. 예를 들면, 펩시콜라는 제품의 용도와 사용조건이 미국에서나 해외시장에서나 동일하다. 용도는 청량음료이며 사용조건은 냉장해서 마시는 것이다. 콜라를 데워서 마시는 나라는 없다. 펩시콜라는 전 세계적으로 동일한 제품을 거의 동일한 광고캠페인으로 마케팅하고 있다. 이 전략의 장점은 동일한 제품을 대량생산함으로써 제품개발비와 생산비를 절감시키는 규모의 경제를 실현시킬 수 있고, 동시에 광고비와 같은 커뮤니케이션비용을 줄임으로써 이윤을 늘릴 수 있다는 점이다.

## 2. 제품표준화-커뮤니케이션적응화

표준화된 제품을 해외시장에 판매하지만 마케팅 커뮤니케이션 방법은 해외시장 환경에 적응시키는 전략이다. 이 전략은 제품의 용도가 국내시장과 해외시장이 상이하지만, 제품의 사용조건이 국내와 해외가 동일한 경우에 주로 적용된다. 예를 들면, 일본의 전통적인 샌달인 '조리'를 미국에 처음 수출했을 때, 일본수출업자들은 조리를 일본에서와는 전혀 달리 해변에서 신는 레저용 신발로 용도를 변경하였다. 이런 경우에는 제품의 내용은 일본시장이나 미국시장에서 거의 동일하지만 마케팅 캠페인 내용은 전혀 다르게 나타난다. 일본에서는 전통적 신발로, 미국에서는 레저용 신발로 광고내용이 달라졌다. 미국소비자들은 '조리'를 해변가에서 뿐 아니라 비공식적인 모임에 사용하는 값싸고도 실용적인 신발로 받아들여 그 제품은 성공을 거둘 수 있었다.

## 3. 제품적응화-커뮤니케이션표준화

국내와 상이한 제품을 해외시장에 판매하지만 마케팅커뮤니케이션 방법은 국내시장과 해외시장 모두에서 동일한 방법을 사용하는 전략이다. 이 전략은 제품의 용도가 국내시장과 해외시장에서 동일하지만, 제품의 사용조건이 국내시장과 해외시장이 상이한 경우에 적용된다. 예를 들면, Exxon사는 휘발유를 팔 때 각국의 기후조건에 따라 그 나라에 파는 휘발유의 내용을 달리하였다. 그러나 광고캠페인의 내용은 세계 각국에서 "put the tiger in your tank"라는 문안을 동일하게 유지하였다.

## 4. 제품-커뮤니케이션 적응화

국내와 상이한 제품과 상이한 마케팅커뮤니케이션 방법을 해외시장에 적용시키는 전략이다. 이 전략은 제품의 용도와 사용조건이 국내시장과 해외시장이 상이한 경우에 주로 적용된다. 예를 들면, 자전거메이커가 개발도상국에 자전거를 수출할 때, 국내에서와는 전혀 다른 접근방법을 취한다. 국내에서 자전거의 용도는 레저용이다. 레저용 자전거는 가벼움, 속도, 디자인 등이 중요하다. 레저용 자전거를 광고캠페인 하는 경우에는 자전거의 디자인이나 경쾌함을 주로 강조한다. 그러나 개도국에서는 자전거의 용도는 운송수단이다. 운송수단으로서의 자전거는 튼튼함, 짐을 싣는 시설 등이 중요하다. 광고캠페인도 디자인보다는 내구성, 운반능력 등을 강조한다. 제품의 스타일과 광고의 내용이 전혀 다르게 나타나는 것이다.

## 제 3 절

# 글로벌마케팅운영 네트워킹전략

### 1. 부가가치활동의 글로벌네트워크

네트워크조직은 수평적으로 연계된 구조로서 정보통신기술을 이용함으로써 조직의 유연성과 유기적 연계성을 극대화하고, 환경변화에 신속히 적응할 수 있게 한다. 그림 13-3과 같은 네트워크조직의 장점은 무엇보다도 중복노력과 비효율성을 피할 수 있다는 것이다. 또한 컴퓨터와 통신기술을 활용하여 조직 내에서 시간과 공간의 제약 없이 원활한 커뮤니케이션이 이루어질 수 있다. 글로벌 전략의 범위 내에서 각 단위의 자율적 경영이 허용됨으로써 다른 곳에서 개발된 아이디어에 대한 거부감을 줄일 수 있다. 그리고 시장상황에 대한 신속한 대응이 가능하다.

기업의 부가가치 활동을 원활하게 수행하기 위해서는 다수의 가치창

그림 13-3 네트워크화된 글로벌 조직 모형

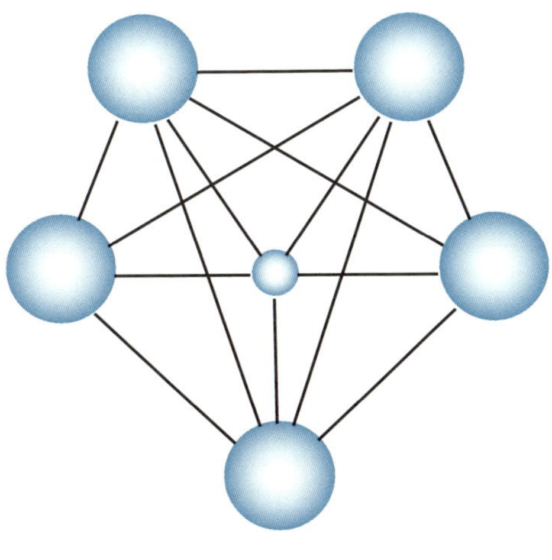

자료: Gross, T. et al.(1987), Building Teams for Global Operations, *Management Review*, June.

출활동들이 서로 연결되어 조화를 이루어야 한다. 기업시스템 그 자체의 가치창출활동은 일반적으로 말할 때 제품연구개발 → 소싱/제조 → 마케팅 → 로지스틱 → 비즈니스 지원활동 등 여러 기능을 수행하는 활동들의 집합으로 구성된다. 따라서 기업의 글로벌네트워크를 분석할 때 이용하는 모형 중의 하나가 가치사슬모형이다. 기업의 경쟁우위의 원천은 기능별 활동의 연쇄관계 및 상호작용을 체계적으로 나타내는 가치사슬(value chain)의 분석을 통해서 파악할 수 있다. Porter의 가치사슬모형은 기업의 전반적인 경영활동을 기본적 활동(primary activity)과 지원활동(support activity)으로 나누어 기본적 활동에는 원자재나 부품의 소싱, 제조활동, 유통, 판매, 애프터서비스 등으로 구성되고 기본적 활동을 보조하는 지원활동은 인적자원관리, 기술개발, 기타 등으로 구성된다고 하였다. 따라서 글로벌 마케팅에 종사하는 기업은 가치사슬을 크게 두 가지 유형으로 나누어 기본적 활동 중심의 가치사슬과 지원활동 중심의 가치사슬을 형성할 수 있다. 이 두 가지 유형 중에서, 제조기업의 경쟁우위 창출에는 기본적 활동 중심의 가치사슬이 더욱 중요한 역할을 하게 된다.

그러므로 여기에서는 글로벌마케팅 종사기업의 기본적 활동 중심의 가치사슬과 관련한 네트워크에 초점을 두고 설명한다. 글로벌마케팅에 종사하는 기업이 해외시장에서 경쟁업체들을 능가하는 경쟁우위를 확보하려면 경쟁업체들보다도 상호관련된 일련의 비즈니스 활동들을 ① 보다 낮은 코스트로 수행하고, ② 차별화된 제품과 서비스를 제공할 수 있게 수행하여야 한다.

그림 13-4 기본적 활동 중심의 글로벌 가치사슬의 예

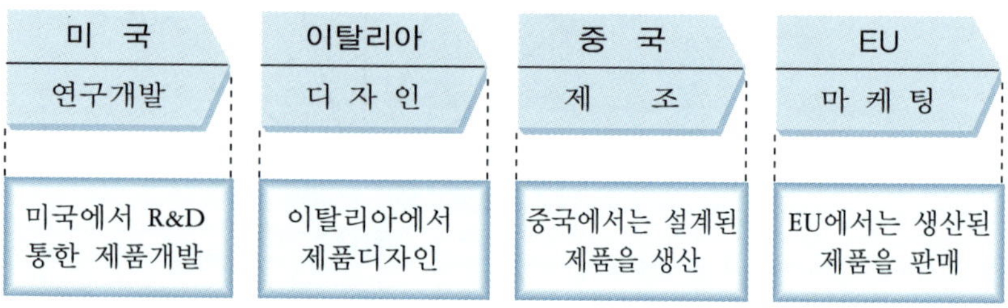

## 2. 글로벌 제조/소싱-마케팅 네트워크

글로벌기업은 제조/소싱 부문과 마케팅부문간에 나름대로의 갈등이 존재한다. 제조/소싱 부문에서는 표준화된 저비용 생산/소싱 활동을 추구하기 위해 가급적 모든 부품과 완제품을 표준화하기를 원하고 동시에 비용 효율성이 있는 범위 내에서 최대한 아웃소싱(outsourcing)하기를 원하는 경향이 있다.

그렇지만 마케팅부문은 다양한 글로벌세분시장들과 국가시장들의 이질적 수요를 만족시키는 데 초점을 두고서 추가제조비용이 발생하더라도 폭넓은 제품라인과 빈번한 제품개량을 요구하는 경향이 있다.

글로벌마케팅 종사기업은 제품정책과 제조-소싱 활동의 네트워킹을 통해 이러한 갈등을 해결할 수 있다. 기업은 다양한 판매시장들에서 수행하는 마케팅의 유연성을 희생시키지 않으면서 제조-소싱 코스트를 절약하기 위해서는 다음의 네 가지 방법을 생각할 수 있다.

### (1) 모듈접근법

제품의 부품들을 범세계적으로 표준화하고 개별시장국 내지 지역적 요구조건의 차이를 반영하여 부품들의 조합을 다양화함으로써 국가의 특수성을 고려하면서 글로벌 내지 지역적 핵심제품을 개발하는 방식이다. 이러한 방법은 자동차산업에서 많이 사용하는데, 특히 경차나 소형차 등의 대부분은 모듈변경만으로 국내시장과 이질적인 해외시장들을 다같이 서브할 수 있다.

### (2) 핵심제품접근법

문화적 차이나 지리적 차이 때문에 시장별로 소비자의 욕구가 다양하다 해도 실제로 제품의 기본적인 편익에는 많은 경우에 유사한 반응을 보이게 된다는 데 착안한 접근방법이다.

이 방법에서는 기본적인 혜택을 제공하는 핵심제품은 전 세계적으로 동일하게 디자인하고, 거기에 부수적으로 제공하는 혜택은 현지의 요구를 반영하여 디자인하므로 표준화와 현지화를 동시에 달성할 수 있게 한다는 접근방법이다.

예를 들면, 가전분야의 글로벌기업인 유럽의 Electrolux는 Design Families라는 컨셉트를 채택하고 세계시장의 여러 지역에 판매하는 제품의 기본모델이나 기본디자인은 똑같이 하였고 부수적인 편익만을 국별 특성에 맞게 변형하였다. 냉장고의 글로벌 제품컨셉트가 성공하려면 필수적으로 모터, 펌프, 콤프레서 등을 포함한 주요부품을 글로벌 표준화해야 하는데 Electrolux의 경우에는 미국의 White Consolidated와 이탈리아의 Zanussi가 전 세계적으로 완성품생산에 사용하는 모터의 표준화된 부품들을 생산 · 공급하였다.

#### (3) Built-in 접근법

생산과정에서 각 국가별로 차이가 나는 사용조건들을 규명하여 이들을 하나의 묶음(bundle)으로 만들어 글로벌 표준제품에 장착(built-in)하므로 제품적응의 필요성을 고려하면서도 동시에 제품표준화의 가능성을 최대한 이용할 수 있게 하는 방법이다. 예컨대 각종 전기제품의 자동전압전환(free voltage)이나 TV에서 볼 수 있는 다중채널시스템을 제품에 장착함으로써 나라마다 존재하는 제품사용조건의 차이를 극복할 수 있다.

#### (4) 시장포지셔닝을 통한 접근법

해외시장별로 소비자의 선호가 서로 다를 경우 동일한 제품에 대해 각 선호도에 따라 서로 다르게 시장포지셔닝을 하는 대신에 대대적인 차별화 광고를 실시함으로써, 제품표준화를 유지하면서 각 시장에 맞는 독특한 이미지를 부각시킬 수 있도록 하는 것이다. 예컨대, 폭스바겐사는 자사제품인 소형차 Golf에 대해 국가에 따라 다른 시장포지셔닝을 강조하는 광고를 실시하였다. 즉 스웨덴에서는 안전성이 강조된 반변, 외양을 중요시하는 이탈리아에서는 외관의 특징을 강조하는 광고를 통해 동일한 제품을 차별화시켰다.

이상에서 언급한 접근방식들의 공통점은 다음과 같다.

첫째, 비교우위를 가진 자회사나 외주공장에서 전 세계적으로 사용하는 특정부품을 대량으로 생산하여 이들을 조립공장, 마케팅자회사 등과 네트워킹시킨다.

둘째, 이에 따라 규모의 경제와 경험효과가 발생하고 부품과 제품의 개발시간을 현저히 단축함으로써 제조코스트를 크게 절감할 수 있다.

셋째, 표준화된 부품의 공급원이 부품의 유형별로 각각 통일되므로 전세계적으로 균일한 제품품질을 유지할 수 있다.

넷째, 결과적으로 글로벌시장, 지역/국가시장에서 다 같이 가격, 품질, 브랜드 이미지 등에서 경쟁우위를 확보할 수 있다.

## 3. 글로벌 소싱네트워크

글로벌기업은 글로벌 소싱네트워크의 지원이 있어야만, 비로소 위와 같은 글로벌 마케팅 네트워킹전략들을 성공적으로 수행할 수 있다. 글로벌 소싱전략은 글로벌 소싱네트워크를 구성하는 방법에 따라 다음과 같이 구분할 수 있다.

### (1) 계약적 관점(조달방법)에 의한 분류

① 사내기반에 의거하여 모기업이나 국내외자회사로부터 부품이나 제품을 조달하는 사내소싱(intrafirm sourcing)

② 계약적 기반에 의거하여 독립적인 외부 공급업체로부터 부품이나 제품을 조달하는 사외소싱, 즉 아웃소싱(outsourcing)

③ 사내소싱과 아웃소싱의 적절한 혼합

### (2) 입지적 관점(조달장소)에 의한 분류

① 부품이나 제품을 국내에서 조달하는 국내소싱(domestic sourcing)

② 부품이나 제품을 해외로부터 조달하는 해외소싱(foreign sourcing)

### (3) 글로벌 소싱네트워크 구성 시 고려요소

그러므로 기업의 소싱전략은 그림 13-5에서 보는 바와 같이 네 가지 유형으로 나눌 수 있다. 글로벌기업들은 이러한 유형의 소싱전략 중에서

그림 13-5 글로벌 소싱전략의 유형

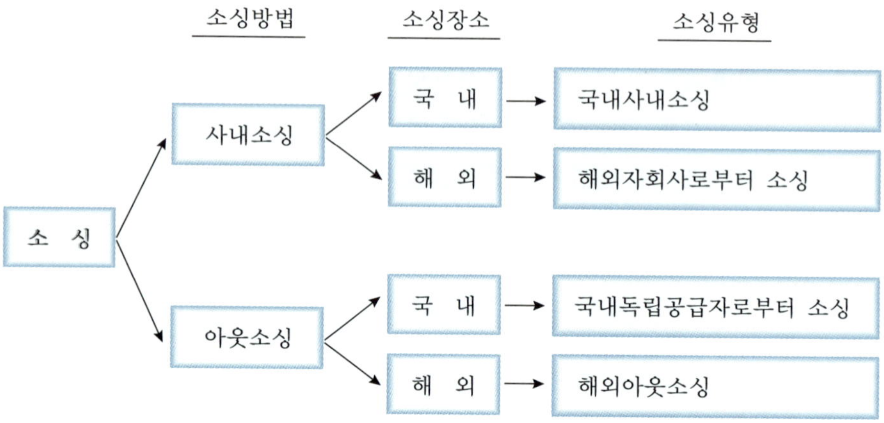


하나 또는 그 이상을 선택하게 된다. 기업은 글로벌 소싱네트워크를 구성할 때 다음과 같은 요소들을 고려하는 것이 바람직하다.

① 부품과 제품들의 아웃소싱 코스트와 사내소싱 코스트의 차이 정도

② 국내소싱, 국내 독립공급업체로부터 소싱, 해외자회사로부터 소싱, 해외 아웃소싱 등 소싱유형별 부품과 제품 생산에 필요한 노동 · 자금 · 기술 등 투입요소 코스트들의 차이 정도

③ 소싱유형별 외환율 변동

④ 소싱유형별 원료와 제품의 생산업체 등 지원산업과 사회간접시설의 가용성

⑤ 소싱유형별 특유한 산업-문화적 환경

⑥ 소싱유형별 현지국 정부와의 협력 용이성

⑦ 해외소싱에 제한 내지 제약을 초래할 수 있는 글로벌물류 문제와 민족주의 문제들

## 4. 글로벌 연구개발-제조 네트워킹

연구개발 활동에서 비롯되는 기술은 크게 보아 제품기술과 공정기술

로 구성되는데, 기업이 글로벌시장에서 경쟁우위를 확보하려면 연구개발부문에서 개발하는 제품기술(product technology)과 제조부문에서 개발하는 공정기술(process technology)을 철저히 네트워킹하고 신크로나이즈(networking and synchronize)함으로써 두 부문 모두에서 동시적 혁신을 실현해야 한다. 특정기업이 특정 제품기술을 최초로 발명하였는데도, 공정기술과 제조능력을 충분히 확보할 수 없어서 대량으로 상업적인 생산을 하지 못하면 제품기술과 공정기술을 동시에 다 같이 혁신한 경쟁기업이 글로벌시장을 먼저 석권할 수도 있기 때문이다.

Bartlett과 Ghoshal의 자회사 역할 모형은 이 문제에 관하여 좋은 통찰력을 제공한다. 이들에 의하면 글로벌기업은 획일적인 통제시스템을 가진 조직이 아니라 각 시장의 특성과 개별 자회사의 능력에 따라서 다음과 같이 차별화된 자회사들로 구성된 네트워크 조직임을 강조하고 있다.

첫째, 전략적 리더(strategic leader)에 해당하는 자회사로 이는 핵심역량이 높으며 현지시장의 전략적 중요성도 높은 경우이다. 이러한 자회사는 글로벌시장에서 일어나는 상황변화를 조기에 탐지하며, 예상되는 기회와 문제점을 분석하고, 적절한 대응책을 개발하는 능력이 크다. 전략적 리더는 경우에 따라서는 독자적으로 신제품 개발을 추진하고, 이러한 신제품의 제조와 마케팅에 있어서도 기업 전체를 선도하는 역할을 수행한다. 이들은 본사를 지원해야 한다.

둘째, 기여자(contributor)에 해당하는 자회사로 이는 핵심역량은 뛰어나지만 현지시장은 규모가 작거나 전략적 시장영역이 아닌 경우이다. 그러나 자회사가 실질적으로 특정 분야에서 상당한 핵심역량을 보유하고 있기 때문에 모기업이나 다른 자회사에게 상당한 기여를 하게 된다. 이 경우 본사는 이 자회사가 보유하고 있는 특별한 역량을 강화할 수 있도록 계속적인 지원을 해줌으로써 글로벌기업의 네트워크 안에서 갖고 있는 기여자로서의 역할을 계속 유지할 수 있게 해야 한다.

셋째, 실행자(implementer)에 해당하는 자회사로 이는 진출한 시장의 전략적 중요도가 낮고, 보유한 핵심역량도 일상적 수준인 경우이다. 이들은 보통 글로벌기업 본사나 다른 자회사에서 개발한 핵심역량을 도입하여,

현지에 제품을 조립하거나 제품을 만들어 판매함으로써 글로벌기업의 수익을 증가시키는 데 중요한 기여를 한다. 특히 표준화되고 성숙기에 이른 제품이나 산업의 경우에는 이들 자회사가 현금흐름의 중요한 역할을 수행하기 때문에 중요성을 무시해서는 안 되고, 오히려 이들 자회사가 글로벌기업이 지니고 있는 기술이나 규모의 경제성을 최대한 활용할 수 있도록 도와주어야 한다.

넷째, 블랙홀(black hall)에 해당하는 자회사로 이는 현지시장의 중요성이 매우 크기 때문에 끊임없이 경영자원을 투입하지만, 자회사의 핵심역량이 부족하여 그 능력이 개발되지 않는 경우이다. 자회사가 보유한 강점분야를 중심으로 대규모 기업자원을 투입하여 핵심역량을 개발하고, 동시에 현지환경에 신속하게 대응할 수 있는 능력을 키워주어야 할 것이다.

결론적으로 볼 때, 네트워크의 중심 역할을 하는 글로벌기업의 본사는 네트워크의 node에 해당하는 자회사들을 그 역할에 따라 적절한 방법으로 조정하고 통제하여야 한다. 즉, 본사는 ① 전략적 리더에 해당하는 자회사가 독창적이고 기업가적 역할을 수행할 수 있도록 필요한 재량권을 부여하고 경영자원을 제공하여야 한다. ② 기여자의 역할을 하는 자회사에게는 현지 자회사의 경영자원을 다른 자회사로 이전하여 범세계적 차원에서 기업전체에 이익을 줄 수 있도록 동기를 부여하는 것이 중요하다. ③ 그리고

그림 13-6 글로벌네트워크 내 자회사의 유형

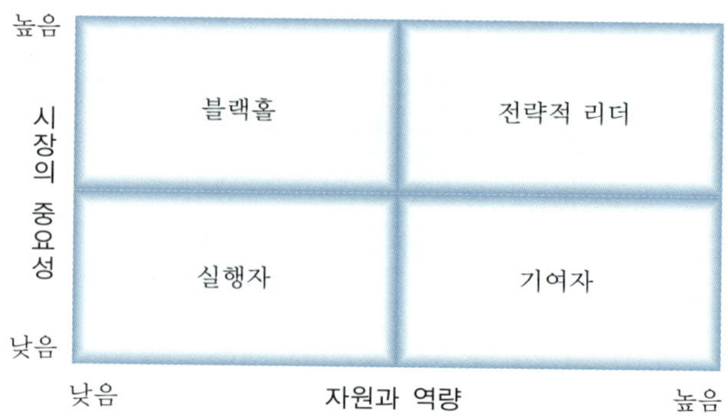


자료: Bartlett, C. A. and S. Ghoshal(1998), *Managing Across Borders*, Harvard Business School Press.

실천자의 역할을 수행하는 자회사에게는 전략적 리더나 기여자가 개발한 기술이나 전략을 통해서 규모의 경제와 범위의 경제성을 충분히 활용하여 경쟁우위를 창출할 수 있도록 해야 한다. ④ 블랙홀 상황의 자회사에게는 다른 자회사와의 네트워크를 통해 핵심역량을 개발하여 현지 환경에 보다 민첩하게 대응할 수 있는 능력을 키워줄 필요가 있다.

해외 연구개발시설은 해당제품의 대규모 소비시장에만 국한시키지 말고, 해당 기술의 혁신이 가장 활발히 일어나는 장소에도 입지시키는 것이 바람직하다. 예컨대, 소비재 전자공학 관련 해외연구시설은 일본의 그 분야의 중심지에, 정보통신 · 생명공학 · 유전공학 관련 해외연구시설은 미국의 그 분야의 중심지에, 자동차 관련 연구시설은 미국 · 독일 · 일본 등의 그 분야의 중심지에 입지시킨다.

## 제 4 절

# 글로벌 마케팅통제

## 1. 글로벌 마케팅통제의 필요성

Kotler는 통제를 "요구되는 결과와 실제결과를 좀 더 가깝게 하기 위한 조정과정"이라고 정의하였다. 즉 기업의 경영목표를 달성하기 위해 수립된 경영계획이 의도대로 달성될 수 있도록 성과를 평가하고 수정하는 일이다. 따라서 글로벌 마케팅통제의 목표는 글로벌마케팅의 목적을 최대한 달성함으로써 궁극적으로는 국제적 기업의 전사적인 경영목표달성에 공헌하도록 하는데 있다.

합리적인 통제제도란 체계적인 통제시스템을 통하여 기업 내부에 잠재되어 있는 문제점을 미리 포착하여, 이를 시정하고 동시에 해외자회사의 경영효율화를 높이는 것을 말한다. 따라서 기업은 그들 나름대로의 조건과 상황에 맞도록 독자적인 통제제도를 마련하는 것이 필요하다. 통제는 불확실성을 줄이고 예측가능성을 증가시키며, 조직 내 여러 부서의 행동이 일관성을 유지하고 공동목표를 지향하도록 설계되어야 한다. 한편으로는 통제는 세계 여러 자회사의 활동이 전체 조직에 최대한 기여하도록 독려해야 하지만 또 다른 한편으로는 이것이 법률처럼 지나치게 엄격하여 자회사의 현지시장 주도권을 박탈해서는 안 된다.

## 2. 글로벌 마케팅통제의 방법

### (1) 통제의 대상

통제시스템을 설계할 때에 중요한 요소는 통제대상을 결정하는 것이다. 통제대상에는 크게 다음과 같은 두 가지가 있다.

첫째, 결과통제(outcome control)이다. 이는 판매량, 생산량, 시장점유율, 순이익, 투자수익률, 고객만족 등 경영활동의 결과에 대한 통제이다. 각 자회사의 결과 측정치를 기간별로 수집하여 본사로 보내고, 본사는 계획 또는 예산에 대비하여 이 결과를 평가한다. 평가결과를 계량화하여 해당 현지 자회사에 통보하고, 평가우수 자회사에게는 포상하고 경영자평가에도 반영하는 통제방식이다.

둘째, 행동통제(behavioral control)이다. 이는 구성원의 행동에 대한 통제로서 구성원의 행동이 발생하기 전에 또는 발생한 후에 그 행동에 영향을 주기 위하여 실행한다. 행동통제는 제도적 통제와 비공식적 통제로 구분되는데, 명시적 규칙이나 절차, 그리고 예산과 지출에 대한 규정 등에 의해 통제하는 것이 제도적 통제이고 본사의 비공식적 모니터링에 의하는 것이 비공식적 통제이다.

### (2) 통제의 수단

기업이 통제대상에게 원하는 영향을 주기 위해서는 통제수단을 사용해야 한다. 일반적 통제수단에는 제도적(공식적) 통제와 문화적 통제가 있다.

#### ① 제도적 통제

제도적 통제(bureaucratic control)는 바람직한 성과수준을 제시하는 명시

표 13-2 글로벌 마케팅통제의 방법

| 통제의 대상 | 통제의 유형 | |
|---|---|---|
| | 제도적 통제수단 | 문화적 통제수단 |
| 마케팅 결과 | 실적보고서 | 실적에 대한 규범 |
| 마케팅 행동 | 기업방침, 매뉴얼 | 경영철학 |

자료: 문준연(2006), 글로벌마케팅, 명경사.

적인 규정이나 절차에 의해 자회사의 마케팅활동을 통제하는 것이다. 예를 들면, 자회사의 영업사원에 대한 통제는 판매 매뉴얼을 제공함으로써 달성할 수 있다.

제도적 통제의 요소는 ⓐ 예산과 기획, ⓑ 실적보고, ⓒ 매뉴얼로 구성되어 있다. 예산은 기업에서 사용하는 가장 기본적인 공식적 마케팅통제기법이다. 예산은 마케팅목표와 이런 목표를 달성하기 위한 투자와 지출 등에 관한 단기적 지침을 제시한다. 기획은 1년 이상에 걸치는 공식적이고 장기적인 성과목표 를 제시해 준다. 예산에 비하여 정성적이고 판단을 요구하는 것이다.

실적보고는 보통 대차대조표, 손익계산서, 생산량, 시장점유율, 현금흐름, 재고수준, 제품별 판매량 등을 말한다. 자회사의 실적보고 과정을 원활하게 하기 위해서는 자회사 참여 또는 피드백 방법을 쓰는 것이 좋다. 보고서 작성자를 보고서 평가과정에 참여시키면 자회사의 협조와 평가결과의 원활한 수용을 얻을 수 있다. 이것이 불가능한 경우에는 실적평가 결과를 피드백 해 줌으로써 본사-자회사간 커뮤니케이션을 강화할 수 있다.

본사는 매뉴얼을 통하여 자회사의 의사결정과 전략 실행에 대한 지침을 제시할 수 있다. 통상 미국 기반의 다국적기업은 일본기업에 비하여 매뉴얼 의존도가 높고 훨씬 더 공식화된 절차를 따른다. 매뉴얼은 마케팅의 주요기능에 대하여 작성되는데, 예컨대 판매원에 관한 경우에는 판매원의 채용, 교육훈련, 동기유발 및 해고 등에 대한 기준을 제시한다.

② 문화적 통제

둘째, 문화적 통제(cultural control)는 조직구성원이 공유하는 신념 및 기대에 의해 자회사의 활동을 통제하는 것으로 비공식적 성격이 강하다.

예를 들면, 자회사의 영업사원에 대한 통제는 기업문화에 대한 오리엔테이션을 제공함으로써도 달성할 수 있다.

문화적 통제는 공통문화의 공유에 의해 자회사 활동을 조정하고 통합하는 활동이며, 간접적인 통제방식이면서도 또한 효과적인 통제방식이라 할 수 있다. 따라서 문화적 통제에서는 자회사의 마케팅실적을 계량적 지표에 의해 평가하기보다는 기업문화와 가치가 강조되고, 자회사의 마케팅 활동이 이러한 기업문화에 어느 정도 잘 부합하는가를 평가한다.

문화적 통제는 기업 내에서 광범위한 사회화과정을 요구하는데, 이 과정에는 비공식적, 인적 상호작용이 활발하게 이루어져야 한다. 모든 조직 구성원이 조직문화를 공유하도록 교육훈련에 상당한 투자를 해야 한다. 이러한 교육훈련은 일본을 비롯한 동양사회에서 보다 많이 실시되지만 서구 기업에서도 실시되고 있다. 문화통제의 수단은 판매원의 선발과 교육훈련 및 마케팅관리자의 자기통제에 집중되어 있다.

문화적 통제는 본사의 가치관을 자회사에 반영되도록 하는 경향이 있다. 자회사가 현지 시장에 맞도록 제도와 시스템을 바꾼 현지화가 중요하다 하더라도 모기업의 철학과 경영방식이 자회사의 경영스타일에 반영되도록 하는 것이 필요한 경우에 많이 사용된다.

한 가지 유형의 통제방법에 전적으로 의존하는 기업은 거의 없다. 많은 기업은 계량적 지표와 정성적 지표를 동시에 사용한다. 다만 대다수 기업이 두 가지 중 어느 한쪽에 보다 중점을 둔다고 할 수 있다. '80년대 이후 이루어진 국제기업의 현지 자회사에 대한 연구에서는 대부분 현지 자회사들의 상이한 특성과 다양한 역할을 강조하면서, 획일적인 통제방식보다는 자회사의 특성에 맞도록 차별적으로 통제하는 것이 바람직한 것으로 나타났다. 그리고 실제로 많은 다국적기업들은 해외사업의 규모가 커지고 경영환경의 불확실성이 증가됨에 따라 차별화관점의 통제방식으로 전환하고 있다.

## 토의문제

1. 마케팅믹스의 글로벌표준화 단계를 설명하시오.
2. 마케팅믹스의 글로벌표준화에 영향을 미치는 요인을 설명하시오.
3. 제품-커뮤니케이션 표준화를 설명하시오.
4. 제품적응화-커뮤니케이션 표준화를 설명하시오.
5. 제품-커뮤니케이션 적응화를 설명하시오.
6. 제조-소싱 코스트를 절약할 수 있는 방법을 설명하시오.
7. 글로벌소싱의 유형을 설명하시오.
8. 글로벌 마케팅통제의 방법을 설명하시오.

## 참고문헌


김광수 외(2005), 국제경영, 박영사.

문병준 외(2007), 국제마케팅, 비즈프레스.

문준연(2006), 글로벌마케팅, 명경사.

이장로(2001), 국제마케팅, 무역경영사.

Bartlett, C. A., and S. Ghoshal(1998), *Managing Across Border, The Transnational Solution*, 2nd ed., Harvard Business School Press.

Czinkota, M. P. et al.(2005), *International Business*, Thomson.

Griffin, R. W., and M. W. Putsay(2001), *International Business, A Managerial Perspective*, Prentice-Hall.

Keegan, W. J.(1989), *Global Marketing Management*, 4th ed., Prentice-Hall.

Keegan, W. J., and M. C. Green(1997), *Principles of Global Marketing*, Prentice-Hall.

Porter, M. E.(1985), *Competitive Advantage*, The Free Press.

Yip, J.(1992), *Total Global Strategy*, Prentice-Hall.

제14장

# 글로벌 마케팅조사

글로벌마케팅전략을 조정하고 통제하기 위해서는 먼저 해외시장에 대한 이해가 선행되어야 한다. 글로벌마케팅전략을 수립하고 조정하는데 있어서 사전에 충분한 시장정보를 수집하는 노력을 기울인다면 보다 효과적인 글로벌마케팅전략의 조정과 통제가 이루어질 수 있을 것이다. 따라서 글로벌마케터는 진출하고자 하는 시장에 대한 철저한 시장조사를 통하여 글로벌마케팅의사결정을 바람직한 방향으로 이끌도록 노력해야 한다.

## 제 1 절
## 글로벌 마케팅조사의 특징

글로벌 마케팅조사란 기업의 글로벌마케팅 활동과 관련된 의사결정에 필요한 정보를 체계적이고 과학적인 방법으로 수집 · 분석하는 것을 말한다.

글로벌 마케팅조사는 국내마케팅조사와 크게 다르지 않으나 환경측면에서 더 복잡하기 때문에 추가적인 고려사항을 요구하게 된다. 즉 글로벌

마케팅은 다양한 해외시장을 상대로 이루어지는 것이기 때문에 시장별로 이질적인 환경요인을 더 고려해야 한다. 또한 시장별 시장조사인프라 발달의 차이로 인하여 조사방법상에 차이가 있을 수도 있다.

## 제 2 절
## 해외시장조사의 영역

글로벌 마케팅조사는 필요로 하는 정보 및 자료에 따라서 ① 글로벌시장 및 지역시장에 대해 일반적인 정보를 수집하는 데 목적을 둔 조사, ② 특정제품을 마케팅하는 것과 연관된 제품개발 · 광고 · 가격책정 · 유통경로 등 문제해결에 목적을 두고 특수하고 구체적인 정보를 얻기 위한 조사, ③ 글로벌시장 내지 지역시장별로 사회 · 경제 · 소비자동향 등을 분석해서 미래의 마케팅 요구사항을 예측하기 위한 조사 등으로 분류할 수 있다.

기업이 필요로 하는 실제적인 마케팅조사의 유형 및 범위와 깊이는 ① 특정기업체가 현재 글로벌시장과 지역시장별로 마케팅운영에 개입하고 있는 정도와, ② 특정기업체가 생산 · 판매하는 제품특성 · 시장특성 · 마케팅특성 등에 따라서 달라진다. 기업이 실시하는 마케팅 조사의 유형은 다음과 같다.

### 1. 경제전반과 산업에 대한 조사

목표해외시장에 대한 거시경제 환경을 예측하고 해당산업의 활동 동향을 파악하는 것과 관련된 조사를 포함시켜야 한다. 이러한 조사는 기업체의 조사능력에 따라서 내부조사로 실시할 수도 있고, 시장조사 전문회사에 의뢰하여 실시할 수도 있으며, 양자를 다 같이 활용할 수도 있다.

#### (1) 거시경제환경

① GNP규모 및 성장률

② 인구의 규모와 성장률

③ 1인당 국민소득과 성장률

④ 소득배분

⑤ 정부의 재정 통화정책

⑥ 물가상승률

#### (2) 미시경제환경

① 해당산업의 장·단기 전망조사

② 해당산업의 경쟁정도

③ 해당산업에 속한 경쟁기업들의 활동동향 조사

#### (3) 국제수지환경

① 국제수지추세

② 외채 및 외화보유고

③ 환율의 행태

## 2. 마케팅기반 조사

기업은 마케팅전략을 수립하고 개선할 때 바탕이 되는 4P's와 관련한 시장조사를 실시해야 한다. 이러한 조사에는 아래와 같은 세부적인 조사가 포함되어야 한다.

#### (1) 소비자조사

① 소비자 또는 사용자의 지역적 분포, 소득별 분포, 사회 · 경제계층별 분포

② 고객의 구매동기 조사

③ 해당기업 및 경쟁기업 제품의 브랜드, 가격, 품질 등에 대해 고객들이 갖고 있는 이미지 조사

### (2) 제품조사

① 기존제품에 대한 현재의 수요와 장래수요

② 경쟁품과 대체품의 가격 · 품질 · 규격 등을 바탕으로 한 기존제품의 경쟁력 조사

③ 수요가 많은 기존제품의 색상 · 디자인 · 규격 · 스타일 · 포장 등에 대한 특성조사

④ 신제품의 수용도 및 잠재성조사

⑤ 기존제품 및 신제품과 관계되는 특허권에 관한 조사

### (3) 가격조사

① 해당제품의 가격추세 및 최근 현황

② 현지생산품과 수입품의 가격비교

③ 경쟁상품과 대체상품의 가격

④ 계절 · 유행 등에 따른 가격변동의 추세

⑤ 제품계열별 · 지역시장별 가격라인

⑥ 할인 · 신용기간 등 가격조건의 추세와 최근현황

### (4) 유통경로조사

① 제품계열별 유통정책 · 유통경로 · 유통기구의 결정 및 관리에 관한 조사

② 해당제품 내지 제품계열별 상거래 관습에 관한 조사

### (5) 광고조사

① 소비자 니즈 조사

② 광고문안 조사

③ 광고매체 조사

④ 광고효과 조사

### (6) 기타 촉진조사

① 해당기업체와 경쟁업체들이 실수요자 · 유통기구 등에게 제공하는 가격조건 · 판매서비스 · 판매조정 · 리베이트 등에 관한 조사

② 해당기업체와 경쟁업체들이 유통기구들에게 제공하는 판매지원의 여부 및 그 비용-편익에 대한 조사

③ 해당기업체와 경쟁업체들의 소비자판촉 및 유통기구판촉, 인적판매, 대중관계, 홍보 등에 관한 조사

## 제 3 절
# 글로벌 마케팅조사 과정

글로벌 마케팅조사의 목적은 마케팅 운영을 계획하고 조정 · 통제하는데 필요한 정확하고 신빙성 있는 정보와 자료를 가장 합리적으로 제공하는데 있다.

글로벌 마케팅조사를 과학적으로 실시하려면, 그 조사과정은 다음과 같은 과정을 거쳐서 실시하는 것이 바람직하다.

## 1. 조사문제의 정의

글로벌 마케팅조사의 절차 중 첫 번째 단계는 마케팅의사결정을 효과적으로 수행하기 위해 당면한 문제가 무엇인지 조사문제를 파악하는 것이다. 문제가 명확하게 정의되어야만 문제를 해결하는데 필요한 자료를 밝히고 수집할 수 있는 것이다. 조사문제를 잘못 정의함으로써 마케팅조사를 올바르게 수행하지 못하는 경우가 많이 있다. 조사문제를 너무 광범위하게 정의하면 추상적 성격을 띠기 때문에 구체적인 마케팅조사에는 크게 도움

그림 14-1 글로벌 마케팅조사의 일반적 절차

조사문제의 정의 ⇨ 조사의 설계 ⇨ 자료의 수집 ⇨ 자료의 분석 및 해석

이 되지 못하는 경우가 많으며, 문제를 너무 협소하게 정의하면 필요한 자료를 누락시켜서 잘못된 조사결과를 초래할 수 있다. 이 같은 실수를 범하지 않기 위해서 본사 시각뿐 아니라 현지시장 관점에서도 조사문제를 볼 수 있어야 한다. 이를 위해 국내외 관련자들과 인터뷰를 실시하고 관련문헌을 검토하여 해결해야 할 문제를 보다 명확하게 정의하여야 한다. 그래야만 후속으로 진행될 조사과정에서 시간과 노력을 절약하면서도 효과적인 조사결과를 얻을 수 있다.

### (1) 문제의 규명에 수반되는 문제점

글로벌마케팅조사에서는 국내시장조사에 비해 다음과 같은 어려움이 있다.

① 공간적 · 문화적 거리

마케팅계획은 본사에서 하고 시장조사는 현지에서 하는 경우가 많은데, 이 경우 의사결정자들과 시장조사자들이 서로 거리적으로 떨어져 있고 문화적 배경이 다른 경우가 많다. 이런 공간적 · 문화적 거리감 때문에 조사문제의 이해, 대안의 평가 등에서 본사와 현지 간에 가치관이 다르고 문제점을 보는 시각이 달라 의견의 일치를 보기가 어려운 경우가 많다.

② 각국별 상이한 시장상황

글로벌기업은 해외시장마다 시장개입의 정도가 다르고 시장상황도 다를 경우가 많다. 그 결과 각 해외시장마다 조사의 목적과 조사의 의미도 다를 것이고, 규명된 문제점도 다를 것이다.

### (2) 문제의 유형

글로벌마케팅조사가 필요한 문제는 크게 글로벌기업의 전략적 차원의 의사결정에 관계되는 문제와 전술적 차원의 의사결정에 관계되는 문제로 나눌 수 있다.

① 전략적 의사결정에 관한 문제는 기업 전체의 관점에서 이루어지는 것으로서 주로 해외시장 진출 및 확대와 관련된 것이다. 즉 해외시장의 사업기회, 시장진출 의사결정, 진출형태의 결정 등과 관련된 것이다.

이런 문제들을 해결하기 위해서는 1인당 GNP, 도시화 수준, 경쟁기업의 수와 규모, 현지시장의 산업인프라 등의 다양한 정보가 필요하게 된다.

② 전술적 의사결정에 관계되는 문제들은 전략적 목표를 달성하는데 필요한 구체적인 방법에 관한 문제로서 마케팅믹스와 관련된 문제들이다. 즉 제품정책을 결정하는 문제, 광고정책 결정문제, 촉진정책 결정문제, 판매인력 결정문제, 가격정책 결정문제, 유통정책 결정문제 등이다. 이런 문제들을 해결하기 위해서는 제품편익, 소비자태도, 가격민감도, 쇼핑패턴, 상이한 판매점 유형에 관한 소비자태도조사, 매체습관조사 등의 다양한 정보가 필요하게 된다.

## 2. 조사의 설계

일단 조사할 문제를 명확히 규명하고 조사목적을 설정하였다면 글로벌마케터는 조사활동을 어떻게 수행할 것인지 조사계획을 수립해야 한다. 조사설계는 조사의 진행방향을 제시하는 청사진을 제공한다.

조사설계과정에서 먼저 조사목적을 달성하는데 필요한 정보의 가용성 여부를 판단해야 한다. 자료의 유형은 일차자료(primary data)와 이차자료(secondary data)로 나뉜다. 일차자료는 조사목적을 위하여 조사자가 직접 수집한 자료를 말하며, 이차자료는 다른 목적을 위해 이미 출판된 자료를 의미한다. 만일 필요한 자료를 외부기관으로부터 수집할 수 있다든지 출판물을 통해 얻을 수 있다면 그러한 이차자료를 수집해야 한다. 그러나 이차자료는 대부분 조사목적에 정확하게 부합되지 않는 경우가 많다. 그러므로 대부분의 기업들은 이차자료와 더불어 일차자료를 수집한다. 일차자료를 수집하게 되면 조사설계과정은 훨씬 복잡해진다. 조사방법, 표본추출, 측정도구 등을 결정해야 하기 때문이다.

일차자료를 수집하기 위한 조사설계단계에서 고려해야 할 점은 구성의 동질성(construct equivalence), 측정의 동질성(measurement equivalence), 표본의 동질성(sample equivalence) 세 가지이다.

**① 구성의 동질성**

구성의 동질성이란 조사자나 조사대상자들이 특정현상을 어떻게 보며, 이해하고, 해석하느냐와 관계가 있다. 각국의 조사자나 조사대상자들은 사회문화적 · 경제적 · 정치적 차이로 인해 세상을 보는 관점이 서로 다르며, 동질적이 아니다. 따라서 국가가 다르면 동일한 현상을 연구하고 있는가 하는 문제가 발생할 수 있다. 조사하는 시장이 다르면 (서로 다른 국가에서) 구성의 동질성은 세 가지 측면으로 나누어진다.

첫째, 기능의 동질성인데 이는 인간의 행위가 각 나라에서 같은 기능을 하고 있느냐에 관한 문제이다. 예를 들면, 자전거를 탄다는 것의 사회적 기능은 선진국과 후진국에서 다른 의미를 갖는다. 선진국에서는 자전거의 사회적 기능은 여가활용이나 스포츠 활동을 의미하는데 반하여 후진국에서는 자전거의 사회적 기능은 수송기능이다. 따라서 자전거에 대한 마케팅조사는 선진국과 후진국에서 그 의미와 해석이 다르다.

둘째, 개념의 동질성인데 이는 특정국가의 소비자에게 맞는 모형이나 개념들이 다른 국가의 소비자들에게 그대로 적용할 경우, 같은 개념으로 받아들여질 수 있느냐하는 문제이다. 대부분의 개념은 문화에 의존하는 경향이 크기 때문에 해외조사나 국가 간의 비교조사의 경우, 다른 나라에 그대로 사용되기에 적합하지 못한 경우가 많기 때문에 다른 나라의 소비자에게 맞게 변형될 필요가 있다.

셋째, 범주의 동일성인데 조사자가 자료를 분류할 때 사용하는 기준이 같으냐에 관한 문제이다. 제품, 가족의 역할, 직업 등이 나라마다 다르게 분류될 수 있다. 예를 들면, 맥주는 한국, 영국, 독일 등에서는 알코올음료로 분류되지만, 이탈리아 등 남유럽국가에서는 청량음료로 분류된다.

② 측정의 동질성

측정의 동질성은 조사자가 필요한 자료와 정보를 수집하고 분류하는데 사용되는 측정도구(방법과 절차)에 관한 문제를 다루고 있다. 색상을 측정도구로 하여 어떤 개념을 측정하는 경우, 문화권에 따라 색상이 상징하는 의미가 다른데도 이를 무시하고 색상이 주는 의미가 같은 것으로 가정하고 결론을 내리면 많은 문제가 발생할 소지가 있다. 예를 들어, 일반적으로 서양에서는 파란색이 남성적인 색을 상징한다고 인식되고 있지만, 영국에서는 붉은색이 오히려 더 남성을 상징하고 있다. 이런 경우 색상을 측정도구로 사용하여 영국에서는 파란색이 아닌 붉은색을 선호한다고 하여 영국 사람들의 성향이 남성적이 아니라고 결론을 내린다면 이는 잘못된 해석이다.

따라서 글로벌마케팅조사에서 문화권이 다른 경우에는 측정도구가 동질성이 유지되도록 노력하는 것이 매우 중요하다.

③ **표본의 동질성**

이는 상이한 국가 내에 있는 모집단의 성격을 제대로 대표하도록 표본이 추출되어야 한다는 의미이다. 모집단에 관한 어떤 정보를 추론하는 데는 표본을 추출하는데 사용되는 기법과 표본의 질에 좌우되는 경우가 많다.

그러나 사회문화적 · 경제적 · 정치적 차이로 인해 글로벌마케터는 나라별로 비교할 수 있는 모집단이나 표본을 추출하기가 쉽지 않다. 예를 들면, 소득수준으로 모집단을 정의하고 표본을 추출하는 경우에, 같은 소득수준에 있는 사람들이라도 나라에 따라 소득계층이 다르고 라이프스타일이 다른 경우가 많기 때문에 서로 비교하기가 어렵게 된다.

## 3. 자료의 수집

구성, 측정, 표본의 동질성을 유지할 수 있는 조사설계가 완료되면 계획된 방법과 절차에 따라 자료수집이 이루어져야 한다. 해외시장 자료수집 과정에서 국내시장에서 발생하지 않는 문제점들이 나타나게 된다.

① **자료의 이용가능성**

나라에 따라서는 도매상, 소매상 등에 관한 세부적인 자료가 집계조차 되지 않는 경우가 있다. 또한 국가차원의 통계자료 수집을 책임지고 수행하는 정부 부처나 기관이 존재하지 않는 나라도 많다. 이런 경우는 일차자료 수집을 하여야 한다. 즉 기업이 직접 필요한 자료를 수집하는 노력을 기울이거나 다른 조사대행기관에게 의뢰해야 한다.

② **자료의 신뢰성**

이차자료가 존재한다 하더라도 자료의 신뢰성에 문제가 있는 경우가 많이 있다. 많은 개발도상국의 경우에는 통계자료를 믿기 어려운 경우가 흔하다. 이러한 자료의 신뢰성 문제로 국가별 이차자료를 해석할 때에 주의가 요망된다.

③ 자료의 비교문제

이차자료는 국가 간에 그 비교가능성이 문제가 되는 경우가 대부분이다. 국가별로 자료를 수집하는 방식이나 표시방법에 많은 차이가 있기 때문이다.

④ 시장조사의 집권화 문제

국제마케팅의 조정이나 통제와 관련된 문제는 본사에 의해 수행되는 전략적 의사결정영역에 속하는 것이 보편적이기 때문에, 기본적으로는 중앙집권적인 조사가 효율적이다. 그러나 조사결과가 자회사의 전략에 영향을 미칠 것으로 예상되는 경우에는 자회사가 직접 조사에 참여할 필요가 있다. 그렇지 않을 경우 시장조사에 대한 해당 자회사의 협력을 기대하기 어렵고 더 나아가 그 결과의 적용에 있어 이들의 불만을 초래하게 된다. 따라서 글로벌마케팅조사는 기본적으로는 중앙집권적으로 계획되고 수행되지만, 그 조사는 자회사의 의견을 반영하여 실시되는 것이 바람직하다.

## 4. 자료의 분석 및 해석

일단 수집한 자료를 마케팅문제와 연관시켜 어떻게 분석하고 해석할 것인가도 대단히 중요한 문제이다. 글로벌마케터는 먼저 사회관습이나 단어의미 등의 차이로 인해 자료의 본래 의미가 왜곡될 수 있는 문화적 편견을 수정하는 작업이 필요하다. 수집된 자료에 대한 분석이 끝나면 수치로 된 분석결과를, 의사결정에 사용될 수 있도록 실질적이고 의미있는 형태로 해석하는 과정이 필요하다. 이를 위해서는 마케팅에 관한 개념적 지식뿐만 아니라 조사대상에 관한 높은 수준의 이해력을 보유한 사람, 그리고 뛰어난 창의력을 보유한 사람이 분석결과를 해석하는 것이 바람직하다.

## 토의문제

1. 국내마케팅조사와 비교하여 글로벌마케팅조사의 특징을 설명하시오.
2. 글로벌마케팅조사의 일반적인 절차를 설명하시오.
3. 글로벌마케팅조사에서 나타나는 이차자료수집상의 문제점을 설명하시오.
4. 문제의 정의단계에서 글로벌마케팅조사의 특수한 문제를 설명하시오.
5. 글로벌마케팅조사에서 문제의 규명에 수반되는 문제점을 설명하시오.
6. 글로벌마케팅조사에 있어 자료수집과정의 문제점을 설명하시오.

## 참고문헌

김주헌(2006), 국제마케팅, 문영사.

유필화, 김성령(2001), 국제마케팅, 한국방송통신대학 출판부.

Craig, C. S.(2005), *International Marketing Research*, 3rd ed., Willey.

Douglas, S. P., and C. S. Craig(1983), *International Marketing Research*, Prentice-Hall.

Keegan, W. J., and M. C. Green(2005), *Global Marketing*, 4th ed., Prentice-Hall.

Kumar, V.(2000), *International Marketing Research*, Prentice-Hall.

# 국문색인


[ㄱ]
가격 223
가격 프리미엄 165
가격결정 225
가격의 중요성 223
가격조사 384
가격탄력성 250
가격할인 247
가치사슬모형 368
간접수출 140
간접유통경로 323, 343
감축보조금 35
개념의 동질성 388
개별브랜드 206
개인주의 성향 82
거래기능 319
거래비용 343
거시경제환경 383
결과통제 376
결제통화 239
경로기구들 338
경로서비스 340, 343
경로통제 338
경로통제력 343
경영의 합리화 42
경쟁 227
경쟁구조분석 11
경쟁력 창출의 주요원천 65
경쟁의 격화 41
경쟁자분석 11
경쟁환경분석 11
경제연합 44
경제주체의 변화 42
경제지리 63
경험영역 260
경험효과 371
고객 충성도 300
고객관계관리 297
고객만족경영 42
고배경문화 86
고정비 226
공급자의 교섭력 118
공동브랜드 206
공동시장 44
공업포장 353
공장인도조건 240
공정기술 371
공정무역의 원칙 40
공통경험영역 262
과점경쟁 227
관리계약 154
관리비용 343
관세동맹 44
관세인하 38
관습법 99
광고 313

광고규제 268
광고대행사 269, 274
광고메시지 272, 277
광고목표 272
광고예산 285
광고의 소구점 278
광고조사 384
광고집약적 상품 287
광고효과 287
교차라이선싱 149
구매 후 만족 132
구매 후 행동 132
구매결정 131
구매결정단계 270
구매의사결정과정 132
구매자의 교섭력 118
구매자의 힘 180
구매준비단계 290
구매행동모형 127
구상무역 146
구성의 동질성 387
국가횡단적 시장세분화 114
국내보조금 35
국내소싱 371
국내지향적 제품 176
국민교육수준 77
국제라이선싱 149
국제마케팅 7
국제수지환경 383
국제적 인수 · 합병 160
국제전시회 308
국제합작투자 159
국제화 20
권력거리 82
규모의 경제 46, 183, 371
규제적 역할 92
균일운송가격조건 246
글로벌 광고메시지 전략 278
글로벌 레이블링 216
글로벌 마케팅조사 381
글로벌 마케팅통제 375
글로벌 브랜드전략 201, 207
글로벌 시장세분화 106
글로벌 시장세분화의 기준 107
글로벌 유통 317
글로벌 유통경로 317, 319
글로벌 유통동향 327
글로벌 인적판매 288, 289
글로벌 제품 177, 276
글로벌 제품보증 218
글로벌 제품적응화 183
글로벌 제품표준화 182
글로벌 촉진믹스 311
글로벌 판매인력 295
글로벌 판매촉진 298
글로벌 PR 304
글로벌광고대행사 276
글로벌기업 184, 196, 217
글로벌네트워크 368
글로벌라이제이션 전략 361
글로벌마케팅 3, 6, 8
글로벌시장지향 9
글로벌표준화 360
글로벌화 20
글로칼라이제이션 361
긍정적 동기부여수단 347
기능의 동질성 388
기본적 활동 368

기업광고 273
기업성장이론 166
기업특유의 우위 165
기여자 373
기호화 259

[ㄴ]
남성주의적 성향 83
내구소비재 219
내국민대우 39
내부화 우위 166
내용규제 268
내적 탐색 130
네트워크조직 367
농산물 수입자유화 35
농산물관세도 35
농업보조금 35

[ㄷ]
다국어 레이블 217
다국적마케팅 8
다단계 시장분류법 112
단계적 시장세분화 113
단기적 유인수단 301
단일세분화시장 120
대리중간상 324
대안의 평가 131
대인매체 264, 270, 312
대중매체 270, 312
대중매체의 특징 263
대중양판점 329, 334
대체재 11
더닝 165
WTO의 주요원칙 38
덤핑 251
덤핑률 252
덤핑수출 226
독점적 경쟁 227
독점적 우위이론 165
등록상표 199
등록우선주의 211
디스카운트 스토어 329, 334

[ㄹ]
레이블 214, 216
레이블 언어 217
레이블링 216

[ㅁ]
마케팅목표 225
마케팅믹스 359
마케팅커뮤니케이션 257, 366
매체 261
매체규제 268
매체의 활용가능성 267
멀티도메스틱 제품 176
메시지 259, 262
모듈접근법 190, 369
모방가격법 234
목적항 부두 인도조건 240
목표수익률 225
목표이익법 233
무역왜곡효과 35
무역자유화의 원칙 38
무역전환효과 46
무역정책검토제도 36
무역창출효과 46
무차별의 원칙 39

문제인식 129
문화적 통제 377
물적유통 320, 349
미디어포럼 264
미시경제환경 383

[ㅂ]
바터무역 147
반덤핑관세 40, 252
반덤핑규제 228
발신자 258
방송매체 283
버디백 351
범위의 경제효과 179
범주의 동일성 388
법적 환경 98
변동비 226
변동환율 229
복수세분화시장 120
복수유통경로 326
복합운송 351
본선인도조건 240
본원적 경쟁전략 14
부가가치 활동 367
부메랑효과 205
부정적 동기부여수단 347
북미자유무역협정 54
분쟁해결절차 36
불공정 무역 251
불확실성 회피성향 82
브랜드 198
브랜드 네임 198
브랜드 마크 198
브랜드 해적행위 211
브랜드보호 198
브랜드의 기능 199
브랜드이미지 299
브랜드자산 199, 299
브랜드전략 198, 201
브랜드충성도 111
브랜드파워 333
블랙홀 373
비관세장벽 35
비관세장벽철폐 38
비교광고 268
Built-in 접근법 370

[ㅅ]
사내소싱 371
사업성 분석 193
사용우선주의 211
사회간접시설 63
산업의 집중도 180
산업재 219
삼각무역 148
상계관세 40
상기광고 274
상인중간상 323
상표충성도 199, 346
상품화 194
상호구매 147
새로운 경쟁질서 41
생산국의 이미지 186
서비스무역 37
서비스무역협정 37
선별적 유통 345
선택적 노출 265
선택적 수요 273

설득광고 273
세계무역기구 33
세계시장 41
세분시장의 평가 116
세일즈맨십 296
소구점 279
소득배분 61
소비자 판매촉진 301
소비자수요의 동질화 184, 208
소비자언어 263
소비자조사 383
수송포장 213
수신자 259
수요 227
수요곡선 250
수요의 가격탄력성 226, 227
수직적 갈등 322
수직적 마케팅시스템 347
수직적 유통경로 333
수직적 통합 333
수출 140
수출가격 232
수출가격결정 224
수출가격표시 240
수출경로 140
수출마케팅 7
수출보조금 35, 40
수평적 갈등 321
수평적 통합 334
슈퍼센터 334
SWOT분석 13
스폰서십 307
시나리오 경영 98
시너지효과 298
시장가격 이전 244
시장개방 34
시장개방 확대 34
시장경제 41
시장성장률 180
시장세분화 105
시장실험 193
시장의 확대 41
시장점유율 225, 249
시장커버리지 338
시장포괄범위 274
시장포지셔닝 105
신용 261
실행자 373
심리적 세분화 109
쌍방적 의사전달 312
쌍방향 커뮤니케이션 283, 289

[ㅇ]

아세안자유무역지대 55
아울렛 334
아웃소싱 369, 371
아이디어 선별 192
아이디어 창출 192
여성주의적 성향 83
역구매 148
역내무역 50
OEM브랜드 201
오프라인 유통경로 332
오프셋 147
온라인 유통경로 332
완전기능 중간상 324
우편주문 소매 335
운임 · 보험료 포함 인도조건 240

원가 226
원가가산 이전 244
원가가산법 233
원가우위전략 15
원산지효과 133
위험자본시장 49
유럽연합 45, 47
유럽통화동맹 50
유리한 신제품 195
유통가공 353
유통경로 구성주체 322
유통경로조사 384
유통업자 브랜드 329
유통업자 판매촉진 301
유형제품 175
이윤극대화 225
이익센터 241
이전가격 241
이전가격결정 224
이차자료 387
이차적 포장 213
이해관계자 270
인구관련 지표 58
인구통계적 세분화 108
인쇄매체 282
인적판매 313
인지부조화 132, 284
인터넷 264
인터넷 광고 283
인터넷 매체 283
인터넷 전문기업 332
인터넷마케팅 331
인터넷쇼핑몰 331
일괄결합운송방식 351
1단계 시장세분화 112
일반중간상 325
일차자료 387
일차적 포장 213
입찰방식 234

[ㅈ]
자국중심성향 7
자료의 신뢰성 389
자료의 이용가능성 389
자산의 특유성 343
자유무역지역 43
장소특유의 우위 165
재고부족비 352
재고비용 352
재고유지비 352
재정거래 52, 254
재판관할권 100
저몰입상태 313
저배경문화 86
적응기능 321
전략적 리더 373
전문상 325
전문성 261
전문양판점 329
전속적 유통 346
전통적 유통경로 334
절충이론 165
정보의 탐색 130
정보중간상 331
정상가격 이전 245
정치적 위험 93
정형무역거래조건 246
제도적 통제 376

제품 173
제품개발 193
제품구색 340
제품기술 371
제품라인 177
제품믹스 177
제품믹스의 깊이 177, 179
제품믹스의 폭 177
제품수명주기 313
제품적응화 189
제품조사 384
제품포트폴리오 249
제품품목 179
조사문제의 정의 385
조사의 설계 387
주문비 352
주문창출자 296
지대별 가격조건 246
지리적 세분화 107
지식단계 270
지역경제통합 43
지역경제통합의 유형 43
지역시장중심성향 8
지역시장지향 9
지원활동 368
지적재산권 36
직접수출 143
직접원가 이전 244
직접유통경로 323, 343
집약적 유통 345
집중화전략 15

[ㅊ]
차별화전략 15
참여적 역할 92
참조국가 113
창고 352
체인화 335
초기고가전략 235
촉진 257
최혜국대우 39
측정의 동질성 387, 388
침투가격전략 235

[ㅋ]
카테고리 킬러 334
커뮤니케이션 259, 260
커뮤니케이션 경로 259
커뮤니케이션 매체 263, 312
커뮤니케이션 효과 262
코틀러 174
쿼터제도 34

[ㅌ]
태도형성단계 270
트레이드 마크 198
특수촉진방법 310

[ㅍ]
파견 판매인력 292
판매점 콘테스트 301
판매촉진 298, 313
판매촉진의 수단 303
판촉예산 303
펜로즈 166
편의점 334
평가절상 247
평가절하 229, 247

포장 213, 353
포장의 개념 213
포지셔닝 121
표본의 동질성 387, 389
표적 글로벌대중 270
표적시장선정 105
푸시머니 301
푸시전략 301
풀전략 301
프랜차이징 153
프레미엄 124
피기백 351
피드백 260
피쉬백 351

[ㅎ]
하역 352
하이머 165
하이퍼마켓 334
해독화 259
해외비용 123, 158, 165
해외소싱 371
해외시장가격 225
해외시장국중심성향 7
해외시장분석 11
해외직접투자 155
핵심제품 174
핵심제품접근법 369
행동단계 290
행동통제 376
행태적 세분화 110
허용보조금 35
현장방문 초청 307
현지광고대행사 277
현지부품사용비율 188
현지브랜드전략 210
현지시장지향 9
현지인 판매인력 292
현지중심적 가격전략 254
현지화 20
협동광고 301
협동적 도매행위 329
홀의 모형 86
홉스테드 모형 82
홍보 313
확장제품 175, 252
환리스크 239
환손실 239
환율 229
환이익 239
회사공식언어 72
회원제 도매클럽 330
효용창출기능 320

# 영 문 색 인

[A]
AFTA: ASEAN Free Trade Area 55
agent middleman 323
antidumping duties 40
arbitrage 52
arbitrage transaction 254
augmented product 174

[B]
B2B 331
B2C 332
barter trade 147
Bartlett 373
behavioral control 376
birdy-back 351
black hall 374
brand 198
brand equity 199
brand loyalty 199
brand mark 198
brand name 198
brand piracy 211
bureaucratic control 376
buy back 148

[C]
C2C 332
category killer 329, 334
channel continuity 339
channel control 338
channel cost 337
channel institutions 338
CIF: Cost, Insurance & Freight 240
cognitive dissonance 132, 284
Common Law 99
common market 44
communication channel 259
company official languages 72
compatibility 195
construct equivalence 387
consumer sales promotion 301
contributor 373
cooperative wholesaling 329
core product 174
cost plus pricing 233
counter purchase 147
counter trade 146
countervailing duties 40
country of origin effect 133
creative presentation 279
cross licensing 149
cross-border mobility 185
cultural control 377
customs union 44

CVS 334

[D]
dealer sales promotion 300
decoding 259
DEQ: Delivered Ex Quay 240
discount store 329, 334
domestic sourcing 371
Dunning 165

[E]
eclectic theory 165
economic infrastructure 63
economic union 44
economy of scale 46
EMU: European Monetary Union 50
encoding 259
ethnocentric 21
ethnocentrism 7
EU: European Union 45, 47, 186
expertise 261
export price escalation 236
export price quotation 240
external search 130
EXW: ex work 240

[F]
family brand 206
feedback 260
fish-back 352
FOB: free on board 240
foreign cost 123, 158, 165
foreign sourcing 371
franchising 153
free trade area 43
full market coverage 338
full-function middleman 324

[G]
GATT 33
general merchandiser 325
geocentric 21
geocentrism 9
Ghoshal 373
global personal selling 288
global price zone 253
globalization 20, 361
glocalization 9, 361
glogionalization 9
GMS: general merchandise store 329, 334
goodwill mission 297

[H]
high-context culture 86
Hymer 165
hyper market 334

[I]
illiteracy rate 77
imitative pricing 234
implementer 373
income distribution 61
Incoterms 240, 246
individual brand 206
individualism 82
informediary 331

intensive distribution 345
inter-market segmentation 114
internal search 130
internalization specific advantage 166
international acquisition 160
international licensing 149
international merger 160
international merger & acquisition 160
internationalization 20
interpersonal channels 264
intrafirm sourcing 371

[J]
jurisdiction 100

[K]
Kotler 174, 375

[L]
label 214, 216
labeling 216
limited-function middleman 324
local contents regulation 188
localization 20
location specific advantage 165
low-context culture 86

[M]
mail-order retailing 335
management contract 154
market acceptance 189
market coverage 274
market positioning 105
market segmentation 105
market targeting 105
masculinity 83
mass media 263
measurement equivalence 387
media 261
media forums 264
merchant middleman 323
message 259
monopolistic advantage theory 165
multi-domestic product 177
multilingual label 217
MWC: membership wholesale club 330

[N]
NAFTA 46, 54
negative motivations 347
NGO: non governmental organization 306
observability 195
offset 147

[O]
Ohmae 64
one-stop shopping 335, 340
online portal 327
original equipment manufacturer's brand 201
outcome control 376
out-let 334
outsourcing 369, 371
ownership specific advantage 165

[P]
participatory role 92
penetration pricing 235
Penrose 166
perceived-value pricing 234
Perlmutter 21
physical distribution 349
piggy-back 351
polycentric 21
polycentrism 7, 9
Porter 11, 14, 368
positioning 121
positive motivations 347
post-purchase satisfaction 132
power distance 82
premium 124
primary activity 368
primary data 387
primary package 213
private brands 329
process technology 373
product line 177
product mix 177
product technology 373
product variety 340
profit center 241
promotion 257
pull strategy 301
push money 301
push strategy 301

[R]
reference country 113
regiocentric 21
regiocentrism 8, 9
regulatory role 92
relative advantage 195
religious needs and taboo 79
risk capital market 49
risk taking strategy 98
Rogers 195

[S]
sample equivalence 387
school enrollment rate 77
scrambled merchandising 327
secondary data 387
secondary package 213
selective distribution 345
shipping package 213
simplicity 195
skimming pricing 235
source 258
special merchandiser 325
Stanton 3
strategic leader 373
substitute goods 118
super center 334
support activity 368
switch trading 148

[T]
tangible product 174
target global public 270
target profit pricing 233
technical specification 186

testability 196
trade creation effects 46
trade diversion effects 46
trademark 198
trustworthiness 261

[U]
uncertainty avoidance 82

[V]
value chain 368

[W]
Written Code of Law 99
WTO 33, 36, 186

## 공저자 소개


### 반병길(潘柄吉)

반병길 교수는 미국 University of Washington에서 경영학 학사와 석사, 그리고 The Pennsylvania State University에서 경영학 박사학위를 받았음.

주요 경력으로는 한국생산성본부 훈련위원 및 컨설턴트, 아시아생산성기구(동경)상임고문, 한양대학교 경상대학 부교수(경영학과장), 서강대학교 경영학부 교수(경상대학장, 경영대학원장, 대학원장), 미국 The Pennsylvania State University에서 국제경영 및 로지스틱 분야의 교수를 역임하고 현재 서강대학교 경영대학 명예교수로 있으면서 서강대학교와 삼육대학교에서 국제마케팅, 국제경영학 등을 강의하고 있음.

학회활동으로는 경영관련 분야 각종 학회의 임원, 한국국제경영학회 회장 등을 역임함.

주요 저서로는 교통산업론(박영사), 다국적기업론(박영사), Export Processing Zones in Asia(아시아생산성기구, 동경), 국제마케팅(박영사), 국제경영(박영사), 마케팅관리(박영사), 다국적기업관리(박영사), 한국기업의 세계화전략 사례연구(신원문화사), 경영학원론(박영사), 다국적기업전략과 관리(박영사) 등이 있음.

### 이인세(李仁世)

이인세 교수는 한양대학교 경영학과를 졸업하고 연세대학교에서 경영학 석사, 서강대학교에서 경영학 박사학위를 받았음.

주요 경력으로는 한국무역협회 조사역, 청주대학교 경상대학 교수, 청주대학교 경상대학 학장, 청주대학교 산업경영연구소 소장, 미국 Auburn University Visiting Scholar를 역임하고 현재 청주대학교 경영학부 교수로서 국제마케팅, 국제경영, 경영전략 등을 강의하고 있음.

학회활동으로는 한국국제경영학회 이사, 한국무역학회 이사, 대한경영학회 편집위원, 한국국제지역학회 부회장 등을 역임함.

주요 저서로는 중간관리직의 위기(역서, 한국경제신문사), 세계화와 국제무역(공저, 동성사), 다국적기업전략과 관리(공저, 박영사), 국제마케팅(공저, 박영사), 현대마케팅(공저, 형설출판사) 등이 있음.



글로벌마케팅

2008년 2월 25일 초판발행
2014년 3월 10일 중판발행

공저자 반병길 · 이인세
발행인 안 종 만
발행처 (주) 박영사
서울특별시 종로구 평동 13-31번지
전화 (733)6771 FAX (736)4818
등록 1959. 3. 11. 제300-1959-1호(倫)

www.pybook.co.kr e-mail: pys@pybook.co.kr





정 가 25,000원 ISBN 978-89-6454-060-2